Whistleblowing und Corporate Reputation Management

Schriftenreihe für Wirtschafts- und Unternehmensethik

Band 6   herausgegeben von
Th. Beschorner,
M. König,
O. J. Schumann

Klaus M. Leisinger

Whistleblowing und
Corporate Reputation Management

Rainer Hampp Verlag   München und Mering 2003

Bibliografische Information Der Deutschen Bibliothek

Die Deutsche Bibliothek verzeichnet diese Publikation in der Deutschen Nationalbibliografie; detaillierte bibliografische Daten sind im Internet über http://dnb.ddb.de abrufbar.

ISBN: 3-87988-731-4
sfwu: ISSN: 11616-6876
1. Auflage, 2003

© 2003   Rainer Hampp Verlag   München und Mering
           Meringerzeller Str. 10   D – 86415 Mering

           www.Hampp-Verlag.de

∞   *Dieses Buch ist auf säurefreiem und chlorfrei gebleichtem Papier gedruckt.*

Liebe Leserinnen und Leser!
Wir wollen Ihnen ein gutes Buch liefern. Wenn Sie aus irgendwelchen Gründen nicht zufrieden sind, wenden Sie sich bitte an uns.

Vorwort der Herausgeber

Whistleblowing ist in der deutschsprachigen Wirtschafts- und Unternehmensethik – im Gegensatz zur amerikanischen Business Ethics – ein bis heute stark vernachlässigtes Thema. Das liegt nicht etwa daran, dass das durch Whistleblowing ausgedrückte Problem hier weniger relevant wäre – ganz im Gegenteil. Ohne auf zu einfache Erklärungsmuster zurückzugreifen kann ein Grund vielmehr darin gesehen werden, dass in der deutschsprachigen Wirtschafts- und Unternehmensethik von Beginn an immer gewisse Berührungsängste mit praktischen moralischen Problemen bestanden. Erst seit kurzer Zeit ist insbesondere im Bereich der Unternehmensethik ein deutlicher Schritt in Richtung Anwendungsorientierung zu beobachten. Das vorliegende Buch von Klaus M. Leisinger füllt also einerseits thematisch ein Desiderat in der unternehmensethischen Debatte und schließt andererseits an die „praktische Wende" in der Unternehmensethik an.

Potentielle Whistleblower gehören nach Leisinger zu den Anspruchsgruppen (Stakeholdern) von Unternehmen und ihre Anliegen müssen daher ernst genommen werden. In diesem Sinn geht es in der Studie nicht nur um die Whistleblower bzw. das Whistleblowing selbst, sondern vor allem um die Mechanismen und Prozesse in Unternehmen oder anderen Organisationen, die Whistleblowing entstehen lassen. Diese werden in aller Deutlichkeit herausgearbeitet, um auf dieser Basis Lösungsvorschläge zu entwickeln. Whistleblowing wird dabei aus der Perspektive eines „Praktikers" beschrieben, der das Thema sowohl anschlussfähig an die Managementtheorien als auch an die Wirtschafts- und Unternehmensethik macht. Leisinger regt zu mehr Individualethik an und sieht darin eine Grundvoraussetzung für konstruktives und erfolgreiches Dissensmanagement – ein Aspekt der lange Zeit in der Wirtschafts- und Unternehmensethik vernachlässigt wurde. Über die moralischen Voraussetzungen des Einzelnen hinaus sind aber auch institutionenökonomische Bedingungen erfolgsentscheidend. In diesem Zusammenhang steht eine *offene* und ethisch reflektierte Unternehmenskultur im Vordergrund. Offene Systeme sind – so der Autor – humaner, leistungsfähiger und erfolgreicher.

Kurz gefasst: Whistleblowing entsteht aus einem Dissens zwischen Handlungsweisen im Unternehmen oder des Unternehmens und deren Beurteilung hinsichtlich Legalität und Legitimität durch Mitarbeiterinnen und Mitarbeiter. Unabhängig davon, wer das juristische oder moralische Recht auf seiner Seite hat, kann für ein Unternehmen insbesondere durch externes Whistleblowing erheblicher langfristiger Schaden – meist in Form von Reputationsverlust – entstehen. Um dies zu verhindern, müssen Unternehmen ein konstruktives Reputation Management umsetzen, das dazu beiträgt, Whistleblowing bereits im Ansatz zu vermeiden. Und genau das ist das Ziel dieser Studie, die anhand einer Fülle von Fallbeispielen das gesamte Spektrum von Whistleblowing deutlich macht. Eigene Untersuchungen zeigen, dass Whistleblowing aus unternehmensethischer Perspektive dabei nicht eindeutig zu bewerten ist. Das Buch ist ein Appell sowohl an die Aufrichtigkeit des Einzelnen als auch an die Schaffung von entsprechenden organisatorischen und institutionellen Bedingungen.

Die ersten fünf Bände der Schriftenreihe waren Dissertationen, die zwar für die Praxis relevant, aber doch vor allem wissenschaftliche Studien sind. Die vorliegende Untersuchung *Whistleblowing und Corporate Reputation Management* richtet sich dem gegenüber deutlicher gleichermaßen an Praktiker und an Wissenschaftler. Damit sind wir der Zielsetzung der sfwu, die wichtige Verbindung von Theorie und Praxis in der Wirtschafts- und Unternehmensethik zu unterstützen, einen Schritt näher gekommen.

Die Herausgeber

Inhaltsübersicht

Inhaltsverzeichnis

Kapitel A

Einleitung

> I cannot think of a time when business o-
> ver all has been held in less repute.
>
> *Henry M. Paulson Jr.*
> *Chairman und CEO Goldman Sachs*

> Our lives begin to end the day we become
> silent about things that matter.
>
> *Martin Luther King*

A.   Einleitung

Wenn uns die Geschichte eines lehrt, dann ist es dies: Wo Unrecht geschieht, darf man weder wegsehen noch schweigen. Zwar gilt dies in erster
Linie bei den großen Problemen wie z.B. Menschenrechtsverletzungen, a-
ber letztlich auch bei (tatsächlich oder vermeintlich) kleinen Problemen –
wobei die Beurteilung, was nun gerade noch klein und was schon groß ist,
schon Gegenstand von Kontroversen sein kann. Ein gleichgültiges Hinnehmen von Unrecht und Ungerechtigkeit würde zu einer schleichenden
Erosion von akzeptierten Handlungsstandards und letztlich zu einer Schä-
digung des Allgemeinwohls führen. Während dieser generellen Feststellung
breite Zustimmung sicher ist, steht es mit der Beurteilung derjenigen Menschen, die im konkreten Einzelfall nicht nur nicht weg-, sondern sogar sehr
genau hinsehen und nötigenfalls auch laut darüber reden, nicht mehr so
eindeutig.

Um was geht es? Dem Phänomen *Whistleblowing* nähert man sich am besten
durch Fallstudien:

> Die Tierärztin Margrit Herbst war mit der Aufgabe betraut, als
> Stallveterinärin im Schlachthof nach dem Rechten zu sehen
> und die öffentlichen Gesundheitsinteressen zu wahren. Sie tat
> dies mit größerer Genauigkeit als den staatlichen Stellen und
> den fleischverarbeitenden Betrieben recht war. Als sie – frust-
> riert vom jahrelangen internen vergeblichen Kampf – mehr-
> fach mit dem durch Fakten belegten Vorwurf an die Öffent-
> lichkeit ging, man ginge bei der differentialdiagnostischen Klä-
> rung von BSE-Verdachtsfällen nicht mit der dem sensiblen
> Sachverhalt angebrachten Sorgfalt ans Werk, wurde sie entlas-
> sen und vom Schlachthofbetreiber auf Schadensersatz ver-
> klagt. Obwohl sie in der Sache Recht hatte, bedurfte es jahre-

langer juristischer Auseinandersetzungen, damit sie ihr Recht denn auch bekam. Das Schleswig-Holsteinische Oberlandesgericht sah sich im Mai 1997 zur Feststellung legitimiert, dass den staatlichen Stellen im Einklang mit den fleischerzeugenden und –verarbeitenden Betrieben daran gelegen war, einen amtlichen BSE-Nachweis wenn irgend möglich zu verhindern. In dieser Konstellation störte der Eifer der Tierärztin – also entließ man sie.[1]

Vor Margrit Herbst gab es andere Wissenschaftler, welche die BSE-Katastrophe sogar hätten verhindern können, hätte man ihre fundierte Kritik zum Anlass einer vertieften Untersuchung genommen – stattdessen wurden sie abgestraft:

Die Frankfurter Allgemeine Zeitung berichtete Anfang Dezember 2000 über den britischen Mikrobiologen Stephen Dealler, der bereits im Jahre 1987 einen Artikel über die großen gesundheitlichen Gefahren von BSE-belastetem Rindfleisch veröffentlichte. Ihm wurde von staatlicher Seite nicht nur nicht geglaubt, seine Kritik wurde als Zumutung empfunden und in der Folge wurden ihm ohne jegliche Begründung sämtliche Forschungsgelder gestrichen.[2]

Aus einer anderen Branche hat dieser Fall Lehrbuchcharakter:

Bei Unfällen mit dem Personenwagen *Ford Pinto* fanden viele Menschen wegen eines dem Unternehmen bekannten Konstruktionsfehlers in der Anordnung des Tanks den Tod oder erlitten schwerste Verbrennungen. Bald stellte sich heraus, dass Frank Camps, einer der Ingenieure bei Ford, früh auf die Probleme und die damit verbundenen Gefahren für die Kunden hingewiesen hatte. Anstatt ihn wegen seines Könnens auszuzeichnen und die Probleme zu beheben, wurde er mit innerbetrieblicher Degradierung und Versetzung bedroht.[3]

---

[1] Von Dieter Deiseroth ausgezeichnet aufgearbeitet in Deiseroth (2001).

[2] Vgl. Dealler (2000).

[3] Vgl. Davidson (1984), Strobel (1980) und Gioia (1992). Es wird sich bei der Aufarbeitung der zutage getretenen Probleme mit der Firestone-Bereifung von Ford Explorer-Geländewagen herausstellen, inwieweit das Automobil-Unternehmen interne Lehren aus dem Fall Pinto gezogen hat. Vgl. dazu die ausführlichen Berichte der Newsweek vom 18.09.2000 und des New York Times Magazines vom 17.12.2000.

Und schließlich ist da der Fall des ehemaligen sowjetischen Marinekapitäns Alexander Nikitin:

> Er machte – viele Jahre vor dem tragischen Unglück der *Kursk* – wiederholt auf den generell schlechten Zustand der ehemals sowjetischen und nun russischen U-Bootflotte aufmerksam und berichtete über die katastrophalen Auswirkungen verwahrloster Atommüllplätze im und am Nordmeer. Nikitin, der zwischenzeitlich für eine norwegische Umweltgruppe arbeitete, wurde dafür verfolgt, verhaftet und sogar wegen Hochverrats angeklagt. Dies geschah, obwohl er nur allgemein zugängliches Informationsmaterial verwendet hatte und nach bestehendem russischem Recht im öffentlichen Interesse liegende Informationen über Umweltprobleme ausdrücklich von der Geheimhaltungspflicht ausgenommen sind. Man mag sich nicht vorstellen, was mit Alexander Nikitin ohne den Aufschrei und den Druck westlicher Umweltgruppen und Medien geschehen wäre.

Für die einen sind Whistleblower Helden, die sich selbstlos zum Nutzen einer bedeutungsvollen Sache aufopfern: in einer TIME/CNN Umfrage waren 59 Prozent der befragten US-amerikanischen Erwachsenen dieser Ansicht.[4] Stellvertretend für viele andere wurden Cynthia Cooper (Enron), Coleen Rowley (FBI, Minneapolis) und Sherron Watkins (WorldCom) vom TIME Magazine im Dezember 2002 mit einer Ehre bedacht, die im Jahr zuvor den Feuerwehrleuten der Stadt New York im Zusammenhang ihres Einsatzes bei den tragischen Ereignissen des 11. September 2001 zugeeignet wurde: Sie wurden zu „Persons of the Year" gewählt. Die Laudatio erhellt die wesentlichen Gründe, welche die Jury zu ihrer Wahl bewogen:

> "They were people who did right just by doing their jobs rightly – which means ferociously, with eyes open and with the bravery the rest of us always hope we have and may never know if we do. Their lives may not have been at stake, but Watkins, Rowley and Cooper put pretty much everything else on the line. Their jobs, their health, their privacy, their sanity – they risked all of them to bring us badly needed word of trouble inside crucial institutions. Democratic capitalism requires that people trust in the integrity of public and private institutions alike. As whistleblowers, these three became fail-safe systems that did not fail. For believing – really believing – that

---

[4] Veröffentlicht in TIME, 30.12.2002-06.01.2003, 62.

the trust is one thing that must not be moved off the books, and for stepping in to make sure it wasn't, they have been chosen by TIME as its Persons of the Year for 2002."[5]

Doch die Sicht als *Heilige einer säkularen Kultur*[6] ist nur die eine Seite der Beurteilung. Für andere handelt es sich um Verräter (18 Prozent in der TIME/CNN Umfrage) oder Profilneurotiker, die sich wichtig machen und aufspielen: *Whistleblower.*

Whistleblower sind Menschen, die sich – zunächst meist auf dem Dienstweg, dann aber auch dezidiert außerhalb desselben – bemerkbar machen. Sie weisen auf illegale oder – aus ihrer Sicht – illegitime Handlungsweisen einer Person, eines Unternehmens, einer Partei, einer Gewerkschaft, einer Kirche oder einer anderen Institution hin. Der Preis, den sie für ihre Einmischung bezahlen, kann hoch sein: In vielen Fällen werden sie als Lügner, als inkompetente Wichtigtuer oder gar als geistig verwirrt verleumdet und in ihrer wirtschaftlichen und sozialen Existenz geschädigt.[7] Damian Grace und Stephen Cohen berichten über eine US-amerikanische Studie, nach der die Konsequenzen von Whistleblowing dramatische Dimensionen erreichen können: [8]

➢ 90 Prozent verloren ihren Job oder wurden degradiert

➢ 27 Prozent wurden juristisch verfolgt

➢ 27 Prozent brauchten psychiatrische oder medizinische Hilfe

➢ 17 Prozent verloren ihr Haus

➢ 15 Prozent ließen sich scheiden

➢ 10 Prozent versuchten Selbstmord

Ein generalisierendes Urteil über die moralische Qualität von Whistleblowern käme vermutlich der menschlichen Neigung zu einfachen Erklärungen entgegen und würde die bestehende Komplexität des Sachverhalts unzulässig einebnen.

Zum Beleg der These, dass großes menschliches Leid und immenser Sachschaden die Folge sein kann, wenn intern seriös und kompetent vorgebrachtes, aber ignoriertes Wissen über gravierende Probleme *nicht zu*

---

[5]   Ebenda, 38 und www.time.com/time/magazine/printout/0,8816,401944,00.html

[6]   Grant (2002).

[7]   Vgl. Dworkin/Baucus (1998). Zu einem besonders drastischen Fall vgl. Hubbard (1998).

[8]   Vgl. Grace/Cohen (1998), 149.

6

Kapitel A

Whistleblowing führt oder *dieses ohne Konsequenzen bleibt*, gibt es allerdings gut dokumentierte Beispiele. Die Tragödie der *Raumfähre Challenger* ist ein solches:

> Die zur späteren Katastrophe führenden technischen Probleme der Raumfähre Challenger wären mit kleinem Aufwand an Zeit und relativ geringen finanziellen Mitteln lösbar gewesen, wenn man das der Explosion zugrunde liegende und hinreichend bekannte Problem – die Versprödungsanfälligkeit der Dichtungsringe der Trägerraketen bei niedrigen Temperaturen – ernst genommen hätte. Trotz nachhaltiger Warnungen des Ingenieurs Roger Boisjoly und verschiedener seiner Kollegen wurde, aus vermeintlichen politischen Sachzwängen, an jenem 28. Januar 1986 nicht korrigierend in den Startablauf eingegriffen. Es kam zur vermeidbaren Katastrophe: aus Fahrlässigkeit mussten sieben Astronauten unter tragischen Umständen sterben.[9] Roger Boisjoly hielt bis zuletzt den "Dienstweg" ein, resignierte schließlich und ging nach Hause. Erst nach dem Unglück sagte er in einem offiziellen Untersuchungsausschuss gegen großen Druck der tatsächlichen Verantwortlichen die unbequeme Wahrheit aus, danach gelangte die Geschichte an die Öffentlichkeit. Im Nachhinein ist offensichtlich, dass Roger Boisjoly noch verantwortungsvoller gehandelt hätte, wenn er – nachdem er alle internen Möglichkeiten ohne Erfolg genutzt hatte – nicht nur den internen Dienstweg verlassen hätte, sondern mit einem Anliegen an die Öffentlichkeit gegangen wäre.

Zur Einordnung des Whistleblowing

Das Phänomen Whistleblowing stellt eine Spezialproblematik sowohl der Institutionen- als auch der Individualethik dar.[10] Whistleblowing, falls es sich nicht auf plumpes illegales und menschenverachtendes Handeln bezieht, hat seine Ursachen oft in einer Mischung aus Ungleichzeitigkeit von Wissen und Erkennen, in Differenzen bei der Bewertung von Fakten, und in individuellen Unterschiedlichkeiten bei der Sensibilität für Schwellen, die nicht überschritten, sowie Verantwortungen, die nicht vernachlässigt wer-

---

[9] Vgl. http://onlinethics.org/moral/boisjoly/RB-intro.html, Boisjoly et al. (1989), Werhane (1991) sowie Herkert (1991).

[10] Vgl. Leisinger (1997) und die dort verarbeitete Literatur sowie Korff et al. (1999), Homann/Blome-Drees (1992), Steinmann/Löhr (1991) und Ulrich (1997).

den dürfen. Im Kontext unternehmerischen Handelns und Verhaltens wird Whistleblowing hier als Spezialproblematik der Unternehmensethik betrachtet – einer Disziplin, die sich in Zeiten der Globalisierung und der globalen Verbreitung neuer Technologien wieder stetig wachsenden Interesses erfreut.

Zur Beurteilung der Seriosität von firmenspezifischem Whistleblowing und überall, wo gesellschaftlich kontroverse Handlungsweisen im Kontext unternehmerischen Handelns stattfinden, ist die alte unternehmensethische Frage zu beantworten: *Was ist im unternehmerischen Kontext moralisch gutes, gerechtes, menschenwürdiges und zukunftsfähiges Handeln?* Dass die Beantwortung dieser Frage nicht leicht fällt, liegt zum einen an der Pluralität der gesellschaftlichen Werte, zum anderen an unterschiedlichen Auffassungen über die Verantwortungsbreite und -tiefe verschiedener gesellschaftlicher Akteure mit unterschiedlichen Interessen.

Je nach Größe der Organisation gibt es auch unternehmensintern einen ausgeprägten Werte- und Normenpluralismus. Daher wird die Frage nach dem *Guten* und *Gerechten* auch innerhalb eines Unternehmens keineswegs immer im Konsens beantwortet. Darüber hinaus entstehen überall, wo mehrere Ziele zur gleichen Zeit mit denselben zur Verfügung stehenden Ressourcen erreicht werden sollen, unternehmensinternen Zielkonflikte. Dass über die Gewichtung bzw. Prioritätensetzung (z.B. zusätzliche Ausgaben für Umweltschutz versus höherer Gewinn) zwischen verschiedenen Personen innerhalb und außerhalb von Unternehmen unterschiedliche Auffassungen bestehen – Differenzen, die auch als ethisch relevant betrachtet werden können – liegt in der Natur der Menschen. Solche Beurteilungsdifferenzen sind in vielen Fällen auch Gegenstand von Whistleblowing.

Ethisch einwandfreies Handeln wird erwartet...

Über eines besteht kein Zweifel: Die Menschen moderner Gesellschaften erwarten ethisch einwandfreies Verhalten, und zwar sowohl von Unternehmen als Kollektiven Akteure als auch von den dort Verantwortung tragenden Menschen. Die sich dadurch implizit stellenden Fragen sind jedoch schwierig zu beantworten: Was ist für ein privates Wirtschaftsunternehmen in einer konkreten Situation ethisch einwandfreies Handeln? Welche Art unternehmerischen Handelns genügt ethischen Ansprüchen? Was genau ist das Gute oder das Allgemeingut, zu dem alle gesellschaftlichen Akteure – also auch Unternehmen – in welchem Ausmaß beitragen sollen? Wer be-

stimmt über die Verbindlichkeit der Maßstäbe mit denen Forderungen aufgestellt werden?[11]

Antworten auf diese Fragen sind häufig nicht nur inhärent komplex, son-
dern auch von komplexen kulturellen und persönlichen Werturteilen abhängig. Ethische Beurteilungen sind in extremen Fällen offensichtlicher
Verfehlungen oder plumper Verstöße gegen das Gesetz leicht zu fällen.
Schwierig wird es bei komplexen Bewertungsfragen in pluralistischen Gesellschaften und erst recht in Grauzonen: Nach welchen Kriterien ist die
Legitimität unternehmerischen Handelns festzulegen, wenn bestimmte *legale
Aktivitäten* aus der Perspektive des Managements der Firma X *gerade noch*,
aber aus der Sicht der Umwelt- oder Menschenrechtsorganisation Y *gerade
nicht mehr* akzeptabel sind? Hat die unternehmerische Innenperspektive gegenüber externen Bewertungen a priori geringere ethische Relevanz, nur
weil sie mit dem Gewinnstreben verbunden ist?

Und wie steht es bei innerbetrieblichen Beurteilungsdifferenzen? Nach welchen Kriterien kann die Legitimität unternehmerischen Handelns sichergestellt werden, das gemäß des professionellen Urteils des Managers X gerade
noch, aber aus der moralischen Beurteilung des (Herrn oder Frau X unter-
geordneten) Managers Y gerade nicht mehr akzeptabel ist? Sind bei der
Festlegung der Handlungsmaximen in diesem Fall hierarchische Positionie-
rungen nicht nur von organisatorischer, sondern auch ethischer Bedeutung?
Wohl kaum – wenn aber das Urteil eines hierarchisch höher Angesiedelten
nicht schon deshalb aus ethischer Perspektive größere Verbindlichkeit hat,
weil dieser in der Organisation höher gestellt ist, dann stellt sich die Frage
nach den Möglichkeiten Untergebener, ihre Sicht der Dinge kritisch-loyal
einzubringen. Dürfen sie den Dienstweg verlassen und zum Mittel des
Whistleblowing greifen? Und wenn dies zu keinen Resultaten führt, müssen
sie gar die Firma verlassen – oder gibt es sozialverträglichere Möglichkeiten? Darf ein Unternehmen (oder eine Kirche, eine Gewerkschaft, eine U-
niversität oder eine andere Institution) leviathanische Handlungseinschränkungen einfordern und dem Individuum – als Gegenleistung für den gewährten sozialen Schutz – einen Teil seiner Freiheiten oder gar Grundrechte z.B. das auf freie Meinungsäußerung vorenthalten? Über die Schwierigkeiten, bei diesen Fragen zu einfachen Antworten zu kommen, mache sich

---

11   Vgl. z.B. die Diskussion in *The Economist* (16.08.2001) über *The politics of human rights* und
      die Tatsache, dass mehr und mehr Forderungen des Südens im Gewande großzügig aus-
      gelegter Ansprüche auf die Wahrung der Menschenrechte vorgebracht werden.

keiner Illusionen. Auch im Kontext des Whistleblowing gilt, dass komplexe Probleme keine einfachen Lösungen haben.

...auch beim Whistleblowing

Manchmal liegen die Dinge einfach: Es gibt eine Vielzahl von Fällen, in denen korrektes und konstruktives Handeln zynisch ignoriert wurde und für die Whistleblower zur persönlichen Katastrophe mit größtem persönlichem Leid führte.[12] Stellvertretend für solche Fälle sei derjenige des Frank Serpico genannt. Er war ein New Yorker Polizeioffizier, der die Korruption seiner Polizeibehörde nicht länger erdulden mochte, der auf den ihm zugänglichen Dienstwegen nichts erreichte und sich nach vielen Frustrationen über die Presse Gehör verschaffte. Er bezahlte dafür einen hohen persönlichen Preis und scheiterte.[13] In anderen Fällen hatten Whistleblower bei äußerst komplexen und für das Allgemeinwohl in hohem Maße relevanten Sachverhalten früher als alle anderen wesentliche Einsichten und teilten diese mit.[14] Ihre Warnungen wurden nicht nur ignoriert, sondern als Überbringer der unerwünschten, weil schlechten Botschaft wurden sie auch noch bestraft und mussten zusehen, wie aus Indifferenz, Ignoranz oder Unfähigkeit keine Korrekturen unternommen und vermeidbarer Schaden nicht verhindert wurde.

Aber es gibt auch Fälle von Whistleblowing, in denen die Faktenlage keineswegs unzweideutig ist oder unterschiedliche wissenschaftliche Denkschulen, divergierende Werturteile und religiöse Überzeugungen involviert sind. In solchen Fällen sind für ein gerechtes Urteil schwierigste Güterabwägungen erforderlich. Eine von William De Maria zusammengestellte und über das Internet zugängliche internationale Bibliographie weist auf eine immense Anzahl von Whistleblowing-Fällen in allen Berufsgruppen und Beschäftigungssektoren hin: Treuhandgesellschaften, Umweltbehörden, Bildungsinstitutionen, Gesundheitssektor, Journalismus, Rechtswesen und Polizei, Militär, Krankenpflege, Forschung und Wissenschaft, Gewerkschaften und Wohlfahrtsorganisationen.[15] Wer je der Ansicht war, die Welt sei in Bezug auf innerorganisatorische Kritik und Kommunikation heil,

---

[12] Vgl. die frühe Publikation von Nader et al. (1972), aber auch die neuesten wie Hubbard (1998) und im Fall Margrit Herbst Deiseroth (2001).

[13] Vgl. Glazer/Glazer (1989), 53–58.

[14] Vgl. Anechiarico/Jacobs (1996).

[15] www.uow.edu.au/arts/sts/bmartin/dissent/documents/DeMaria_bib.html

wird spätestens nach der Lektüre dieser Veröffentlichungen eines Schlechteren belehrt.

Einen gemeinsamen Nenner scheint es zu geben: Jede Art von Institution ist anfällig für Selbstgefälligkeit und selbst-referenzielle Ausschließlichkeit des Urteils. Dadurch steigt die Versuchung, von Organisationsmitgliedern begangenes Unrecht nicht als solches zu bezeichnen, sondern es entweder als Ausnahme von der Regel oder als Befehlsnotstand zu verharmlosen. Die Verhaltensweisen, die Albert Camus beim Ausbruch der Pest beschrieb, leben im Portfolio vieler Institutionen fort. Belege dafür sind ohne großen Aufwand zu finden, sei es aus der Justiz,[16] der Kirche,[17] aus Gewerkschaften,[18] Parteien – oder eben Unternehmen. Das Ergebnis ist meist dasselbe wie in Camus Erzählung: Probleme verschwinden nicht dadurch, dass man sie verdrängt oder nicht beim Namen nennt.

Sachlich falsches...

Der immer wieder zutage tretende handwerkliche Fehler der öffentlich aufgearbeiteten Whistleblowing-Fälle liegt darin, dass auf deutliche und frühe Hinweise in Bezug auf die später sich katastrophal manifestierenden Fehlentwicklungen nicht reagiert wird. Die diesbezüglichen Fakten waren zwar irgendwo in der jeweiligen Institution bekannt und benannt – korrigierende Konsequenzen wurden allerdings nicht gezogen. Obwohl bei offensichtlichen Missständen meist mehr als nur der eine Whistleblower Bescheid wissen, reagiert die schweigende Mehrheit der stillen Mitwisser meist so lange nicht, wie sie vom anstößigen Sachverhalt nicht selbst negativ betroffen ist. Der zum späteren Großproblem führende Umstand hätte im Vorfeld vermieden bzw. die tragischen Fehlentwicklungen korrigiert werden können, wenn es irgendwo ein funktionierendes *Sicherheitsventil* bzw. einen brauchbaren *Feuermelder* gegeben hätte.

---

[16]   Vgl. besonders bei Schminck-Gustavus (1996).

[17]   Vgl. u.a. die Fälle der Theologen Leonardo Boff, Eugen Drewermann, Rupert Lay oder Hans Küng, die wegen kritischen Diskussionsinhalten, die den Mächtigen ihrer Kirchen nicht genehm waren, großem Druck – ja Mobbing – ausgesetzt und letztlich innerkirchlich kaltgestellt wurden.

[18]   Vgl. z.B. die bekannt gewordenen Skandale um die *Neue Heimat* oder COOP, die seit 1982 Gegenstand mehrerer Titelgeschichten des SPIEGEL waren. Dazu auch: Mehnert (1998).

...und menschlich tragisches Handeln ist vermeidbar

Tragisch ist in vielen Fällen die menschliche Seite des Whistleblowing: Statt der Anerkennung für den Hinweis auf Missstände kommt es zur archaischen Hinrichtung des Überbringers der schlechten Botschaft. Whistleblowing wird meist als Verpfeifen im negativen Sinne gewertet, als destruktives Einmischen in Dinge, die den Whistleblower tatsächlich oder vermeintlich nichts angehen. Das Abweichen vom vorgeschriebenen Dienstweg oder gar das öffentliche Waschen schmutziger interner Wäsche genießen in keiner Organisation der Welt Sympathie. Dies ist so, obwohl ein konstruktiver Umgang mit Fehlentwicklungen – und solche kommen überall vor, wo Menschen Entscheidungen treffen – nicht nur persönliche Tragödien beim Whistleblower vermeiden, und obwohl die frühzeitige und unspektakuläre Korrektur von Missständen möglich würde, die später – im Scheinwerfer der Öffentlichkeit – ohnehin beseitigt werden müssen.

Von Helden und Schurken

Die moralische Beurteilung der Whistleblower bleibt in den meisten Fällen kontrovers. Hat sich Stanley Adams durch sein Handeln ordnungsethisch verdient gemacht und den Konsumenten von Vitaminpräparaten einen Dienst erwiesen, weil er Preisabsprachen ans Licht der Öffentlichkeit brachte, oder hat er das Vertrauen seiner Kollegen und Vorgesetzten missbraucht und sich aufgespielt?[19] Wie steht es mit der ethischen Beurteilung des Whistleblowing von Uli Hoeness im *Fall Christoph Daum* oder von Heiner Geissler im Spendenskandal der CDU? Wie ist umzugehen mit dem Whistleblowing des Eugen Drewermann, des Rupert Lay, des Hans Küng oder des Leonardo Boff in Bezug auf die innerkirchlichen Usancen im Umgang mit Mitbrüdern, die sich gegen – machtstrategisch motivierte – Befehle aus der Kirchenhierarchie wehren? Wie ist das Handeln eines Christoph Meili zu beurteilen?[20] Wie steht man zu den Undercover-Maskeraden eines

---

[19] Vgl. die angehängte Fallstudie sowie Adams (1984) und die beiden Entscheidungen des Schweizerischen Bundesgerichts BGE 102 IA 211 und BGE 104 IV 175.

[20] Dieser war als Angestellter eines Bewachungsunternehmens in einem Schredderraum der Schweizer Großbank UBS auf Dokumente gestoßen, die dort vernichtet werden sollten, aber legitimerweise nicht hätten vernichtet werden dürfen, da sie Vorgänge aus der Zeit des Dritten Reiches zum Inhalt hatten. Diese hätten im Zusammenhang mit der Abklärung von Ansprüchen jüdischer Nazi-Opfer bzw. deren Erben Bedeutung erlangen können. Meili nahm die Dokumente an sich und übergab sie zur Auswertung der Israelitischen Cultusgemeinde in Zürich. Dies löste ein Ermittlungsverfahren wegen Ver-

Günter Wallraff?[21] In der Regel wird dem Whistleblower bis heute (z.B. im Falle der TIME Persons of the Year) von den unliebsam Betroffenen zunächst einmal mit schroffer Ablehnung, persönlichen Verdächtigungen und Unterstellung eigensüchtiger Motive begegnet. Dass es auch Whistleblower gibt, die aus unlauteren Motiven aktiv werden und es mit der Wahrheit nicht so genau nehmen, liegt in der menschlichen Natur – diese Spezies fällt allerdings *nicht* in die Kategorie der hier angesprochenen Verhaltensweisen.

Offene Fragen

Auch andere Mutanten des Whistleblowing werden hier ignoriert: Es gab und gibt Whistleblowing-ähnliche Verdächtigungen gegen ganze Qualifikationsgruppen (z.B. Experten[22]), ganze Berufsgruppen[23] sowie gegen ganze Dienstleistungsbranchen (z.B. Banken im Zusammenhang mit Geldern von Holocaust-Opfern). Anklagen in solcher Undifferenziertheit sind nicht sonderlich glaubwürdig. Es gab früher und gibt heute auch Whistleblowing aus Unternehmen, das seine Ursache in wissenschaftlichem Dissens hat und solches, das aus prinzipiell unterschiedlichen Wertprämissen resultiert. Eine faire Beurteilung solcher Fälle fällt besonders schwer. Ein Beispiel aus der Pharma-Industrie soll das erläutern: Welche Art und welche Schwere von Nebenwirkungen eines zur Therapie von lebensbedrohenden Krankheiten eingesetzten Arzneimittels sind in einer Nutzen-Risiko-Analyse gerade noch akzeptabel?[24] Welche Perspektive – falls es legitimerweise unterschiedliche gibt – hat für eine verbindliche Entscheidung das größere Gewicht, die des Unternehmens, der Registrierungsbehörde oder des betroffenen Patienten? Und: Wie soll ein international tätiges Unternehmen, das Wert auf legitimes Handeln legt, bei der Suche nach einer Antwort auf solche Fragen vorgehen, wenn es in verschiedenen Ländern forscht und somit

---

letzung des Bankgeheimnisses sowie einen erheblichen Sturm der Entrüstung gegen die UBS aus.

21 Günther Wallraff schlüpfte in die Rolle des Ausländers, der schwerste Drecksarbeit für niedrige Bezahlung suchte – und auch fand: Wallraff (1985). Um zu beweisen, dass sich eine bekannte deutsche Tageszeitung eher unorthodoxen Berufspraktiken bediente, schlüpfte Wallraff in die Gestalt des Hans Esser und ließ sich als BILD-Reporter anstellen: Wallraff (1977).

22 Vgl. Chafetz (1996).

23 Vgl. Ogger (1992).

24 Vgl. den noch immer wegweisenden Beitrag von Vere (1988).

mit sehr unterschiedlichen gesetzlichen Regelungen oder mangelnder Durchsetzung bestehender Gesetze konfrontiert ist?[25]

Der moralische Grobraster für Entscheidungen unter solchen Bedingungen ist klar: Spätestens seit Immanuel Kant und seiner Unterscheidung zwischen der *Legalität* (im Sinne der bloßen Übereinstimmung oder Nichtübereinstimmung einer Handlung mit dem Gesetz) und der *Moralität* (im Sinne des *zur festen Grundhaltung gewordenen Gutseinwollens* als Triebfeder der Handlung) gilt auch für unternehmerisches Handeln: Längst nicht alles, was legal ist, ist auch legitim.[26] Auch die Frage, ob man wissenschaftlich oder technisch alles dürfe, wozu man nach Entwicklung des Wissens in der Lage wäre, muss nicht mehr erörtert werden: man darf nicht.[27]

Offen bleibt, was man gerade noch und was man gerade nicht mehr darf, und wer dies mit welcher Legitimation und mit welchem Anspruch auf Verbindlichkeit auf welche Weise bestimmt. Zumindest teilweise stellen sich hier Bewertungsfragen prinzipieller Art, die mit *guten Gründen unterschiedlich beantwortet* werden können. Wenn es bei solchen Sachverhalten oder durch wissenschaftlichen Dissens zu Whistleblowing kommt, sind Laien, ja selbst Fachleute mit divergierenden Werturteilen mit großen Beurteilungsproblemen konfrontiert.

Loyalität als organisatorische Bürgerpflicht…

Keine Organisation der Welt, sei es ein Klein- oder ein Großunternehmen, die katholische Kirche oder eine politische Partei, eine Gewerkschaft oder das Rote Kreuz, ja nicht einmal der örtliche Gemeinderat, kann auf Dauer konstruktiv arbeiten, wenn eine Atmosphäre des Misstrauens herrscht und andauernd Interna – selektiv, unvollständig und bereits mit einer klaren Tendenz zugespitzt berichtet – anonym öffentlich gemacht werden. Andererseits wird keine Organisation der Welt eine dem STASI-System der e-

---

[25] Die Frankfurter Allgemeine Zeitung berichtete am 12.01.2001 darüber, dass es in Rußland legal sei, mit menschlichen Föten zu arbeiten, weil keine Gesetze gebe, mit welchen die Genforschung auf eine verantwortungsvolle Weise reguliert werde (Frankfurter Allgemeine Zeitung, Nr. 10, 12.01.2001, 41).

[26] Vgl. Kant (1991a), 324ff.

[27] Auf die Beantwortung der wichtigen Frage, was jenseits privater Wertpräferenzen die Legitimation unternehmerischen und individuellen Handelns begründet, wird später eingegangen.

hemaligen DDR vergleichbares Spitzelsystem im eigenen Hause schaffen und Intriganten zu ihrem unappetitlichen Geschäft einladen wollen.

Whistleblowing ist in jedem Fall nur *eine* Handlungsvariante unter mehreren. Sie sollte von denjenigen, die sich dazu entschließen, erst nach einer gründlichen Gewissensprüfung über die möglichen Folgen, aber auch über die eigenen Motive als letztes zur Verfügung stehendes Mittel zur Abwendung eines signifikanten Übels erwogen werden.

...bei konstruktiver Streitkultur als Organisationspflicht

Es muss nicht zu Whistleblowing kommen: Wo eine offene Diskurskultur herrscht und Managementpraktiken ermutigt werden, die soziale Verantwortung, ökologische Fürsorge und gesellschaftliches Rechenschaftsbewusstsein pflegen, wird es aus strukturellen Gründen wenig Anlass zu Whistleblowing geben. Anders ist es in Unternehmen, in denen Intransparenz gepflegt und amoralisches Handeln, vor allem wenn es kurzfristig finanzielle Vorteile bringt, als clevere Managementkunst durchgeht oder gar ermutigt wird. Wo Verantwortungsträger auf allen Ebenen versuchen, State-of-the-art zu arbeiten, konstruktiver Kritik zugänglich sind und ohne Rollenzwänge oder Gesichtswahrungs-Reflexe eigene Meinungen wegen besserer Argumente ändern können, sinkt die Wahrscheinlichkeit, dass sich Missstände entwickeln, die später Gegenstand von Whistleblowing werden.

Konstruktive Kritik ist subtile Wertschöpfung

Die Kunst im Umgang mit Whistleblowing liegt im proaktiven Handeln gegen potenzielle Schieflagen und im Verhüten vermeidbarer Fehler. Jede Institution braucht funktionierende Sicherheitsventile, um unliebsamen Entwicklungen vorzubeugen oder die Wahrscheinlichkeit ihrer Entwicklung zu minimieren. Daher geht es im vorliegenden Buch nicht um die Frage, soll es Whistleblowing geben oder nicht und schon gar nicht um eine Anleitung zum Whistleblowing. Versucht werden eine differenzierte Auseinandersetzung mit institutionsinternem Dissens und die Erörterung von organisatorischen, unternehmensethischen und -kulturellen Maßnahmen, die Whistleblowing innerhalb der eigenen Institution weitestgehend unnötig und Whistleblowing nach außen zum letztmöglichen legitimen Mittel und somit zur absoluten Ausnahme werden lassen.

Wichtig ist, dass Unternehmen, aber auch andere Institutionen das Prinzip der Fehlerfreundlichkeit pflegen und kritischen Anliegen ihrer Mitarbeiter auf allen hierarchischen Ebenen Beachtung schenken. Kritik aus konstruktiver Gesinnung ist eine unschätzbare Wertschöpfung und sollte unbedingt gefördert werden. Dies gilt in allen sozialen Bezügen, sei es in der Familie, in der Gemeinde, in der Kirche, im Verein oder im Unternehmen. Wenn das Entdecken und Rapportieren von Missständen zunächst einmal Ablehnung provoziert und für ehrliche und konstruktive Mahner Probleme entstehen, dann wächst die Gefahr, dass Menschen auch bei sichtbaren Schräglagen dem Prinzip der chinesischen Affenparabel nachleben: *Nichts sehen, nichts hören, nichts sagen.* Eine Vogel-Strauß-Politik mag zwar temporär den Kopf schützen, die Verwundbarkeit der restlichen Körperteile steigt jedoch enorm.

In jedem Fall sind frühe und einvernehmliche Problemlösungen Gemein- und Individualwohl-verträglicher, als späte und konfliktreiche Auseinandersetzungen unter Zeit- und öffentlichem Druck. Daher liegt es im wohlverstandenen Eigeninteresse jeder Institution, Sicherheitsventile zu installieren und alles zu tun, damit Dampf erzeugende Prozesse abgestellt werden, auch wenn dies u.U. betriebswirtschaftliche oder andere unerfreuliche Auswirkungen hat. Da die zur Beanstandung Anlass gebenden Umstände von Fall zu Fall verschieden sind und das Maß der involvierten persönlichen oder institutionellen Schuld variiert, ist in jedem einzelnen Fall eine spezifische ethische Beurteilung vorzunehmen.

Zum Stand der deutschsprachigen Erörterungen des Whistleblowing

Der Whistleblowing-Diskurs hat in der US-amerikanischen Diskussionssphäre viel früher begonnen und ist bis heute viel weiter gediehen.[28] Gibt man auf einer Suchmaschine wie *Google* das Stichwort *Whistleblowing* ein, so erhält man Verweise auf über 25.000 Dokumente und Websites. Dies zeigt zum einen das große Interesse am Phänomen, zum anderen jedoch auch die inflationäre Anwendung des Begriffs auf höchst verschiedene Sachverhalte.[29] Als Folge verschiedener schlechter Erfahrungen, aber auch als Kon-

---

[28] Vgl. Nader et al. (1972) sowie Peters/Branch (1972). Eine frühe ausführliche Literatursammlung zum Thema bieten Bowman et al. (1983). Vgl. auch die Website www.whistleblowing.org – dort werden einzelne Fälle erörtert und – wenn irdische Gerechtigkeit nicht erreicht werden konnte, himmlische Gerechtigkeit vermutet, z.B. wenn Menschen, die aus der Sicht des Whistleblowers Schurken waren, später entlassen werden oder gar an Krebs oder Herzinfarkt sterben.

[29] So wird z.B. zum Whistleblowing aufgefordert, um die Transferpreis-Politik von Unternehmen bloß zu stellen. Wer – wie der Autor des folgend zitierten Artikels – die Auswirkungen des Engagements transnationaler Unternehmen überwiegend in "contribu-

sequenz einer Fall-orientierten Rechtsprechung gibt es in den USA seit 1978 eine spezielle Whistleblowing-Gesetzgebung. Diese hatte ursprünglich zum Ziel, Whistleblower, welche Korruption zu Lasten von Regierungsstellen aufdecken, vor Vergeltungsmaßnahmen zu schützen. Als zur Kenntnis genommen werden musste, dass z.b. im Zusammenhang mit Rüstungsaufträgen oder der Verschwendung militärischer Ressourcen trotz allem Repressalien bis zur Entlassung an der Tagesordnung sind, wurde die Position der Whistleblower vom US-Kongress weiter gestärkt. Mit Berufung auf den *Federal False Claim Act*[30] können heute Whistleblower sogar einen Prozentsatz der Geldsumme beanspruchen, welche durch den Whistleblowing–bedingten Betrugs- oder Schadensersatzprozess verfügbar wird.[31]

Obwohl sich im deutschsprachigen Raum in der letzten Zeit im organisatorischen[32] wie juristischen[33] Bereich und durch die Publikation von Dieter Deiseroth[34] einiges getan hat, ist die unternehmensethische Erörterung des Whistleblowing im Vergleich zur US-amerikanischen[35] noch nicht sehr ent-

---

ting to, if not causing, economic hardship, social deprivation, unsustainable growth, labour exploitation, resource plundering and ecological degradation in home and host countries" sieht, hat sein Urteil, so scheint es, abgeschlossen, bevor er sich der Mühe eines differenzierten Urteils unterziehen muss. Die Aufforderung zum Whistleblowing aus dieser politisch motivierten Sicht muss denn auch in einer anderen – nämlich überwiegend politischen – Perspektive gesehen werden (vgl. Mehafdi (2000)).

[30]   Dieser besteht seit 1863 und wurde von Präsident Lincoln initiiert, der sich im Krieg mit den Südstaaten mit minderwertigen Waffen, kranken Pferden und ungenießbaren Nahrungsmitteln auseinandersetzten musste (vgl. www.falseclaimact.com).

[31]   Vgl. die Websites http://science.kennesaw.edu/csis/msis/stuwork/WhistleBlowing.html sowie http://onlineethics.org/codes/ACMcode.html.

[32]   Vgl. die Website der Fairness-Stiftung: www.fairness-stiftung.de, die *Whistle Blowing Arbeitsgemeinschaft* über Rohde-Mediation@t-online.de sowie www.ethikschutz.de, eine E-thikschutz-Initiative, die 1992 von Günter Emde gegründet wurde, um Whistleblowern und ethisch motivierten Arbeitsverweigerern zu helfen. Die Ethikschutz-Initiative vergibt, zusammen mit anderen Institutionen, alle zwei Jahre einen Preis, um eine *Kultur individueller und institutioneller Verantwortung* zu fördern.

[33]   So dürfen Whistleblower, die vor Gericht oder in juristischen Untersuchungsverfahren gegen ihren Chef aussagen, nicht mehr automatisch entlassen werden (vgl. Bundesverfassungsgerichtsentscheid Az: 1 BvR 2049/00, weitere Urteile in dieser Hinsicht bei www.fairness-stiftung.de/Urteile.htm).

[34]   Vgl. Deiseroth (2001).

[35]   Dies hat auch mit spezifischen Eigenarten des US-amerikanischen Rechtssystems zu tun, wo einerseits Kompensationen des Whistleblowers im Verhältnis zum vermiedenen

wickelt. Diese Arbeit soll einen Beitrag zur Überwindung dieses Defizits leisten.

Großen Dank für eine kritische und äußerst hilfreiche Peer Review schulde ich Peter Ulrich und Susanne Stalder vom Institut für Wirtschaftsethik der Universität St. Gallen sowie Markus Breuer für seine Hilfe beim Einstieg in diese Arbeit. Ebenso bin ich einmal mehr meiner Kollegin Karin Schmitt von der Novartis Stiftung für Nachhaltige Entwicklung für ihre unermüdliche kollegiale Hilfe zu großem Dank verpflichtet. Ferner danke ich Alexander Brink (Universität Bayreuth) und Olaf Schumann (Universität Tübingen) für das Lektorat und die Erstellung der druckfähigen Fassung. Mein Dank gebührt auch den Herausgebern für die Aufnahme in ihre Schriftenreihe. Schließlich danke ich Jürg Bürgi, Nikolaus Cybinski und Albrecht Kern für ihre editorische und andere Hilfe sowie Norbert Copray und der *Fairness-Stiftung* für deren Geduld im Umgang mit den erheblichen Verspätungen bei der Fertigstellung des Manuskripts. Die Verantwortung für die verbleibenden Defizite liegt allein bei mir.

Schaden möglich sind, andererseits Präzedenzfälle zu quasi-gesetzlichen Regelungen führen.

Kapitel B

Begriffliche Klärung und legitimatorische Einordnung von Whistleblowing

Der Querulant
Fraglos, quaerens heißt fragend
doch ob ein Kopf
der immerfort Fragen stellt
ein Querkopf ist, das ist die Frage.
Und wenn man ihn fragwürdig nennt
ob das dann heißt,
er ist würdig zu fragen oder würdig
gefragt zu werden?

Erich Fried

B. Begriffliche Klärung und legitimatorische Einordnung von Whistleblowing

Es gibt in der deutschen Sprache keinen äquivalenten Begriff für Whistleblowing. Verschiedene Autoren arbeiten mit Begriffen wie *Alarm-Pfeifen*, *Nebelhorn-Blasen*, *Alarmglocken läuten* oder gar *Verpfeifen*, um jene Art von zivilem Ungehorsam zu beschreiben, die hier zur Erörterung steht. Keiner dieser Begriffe vermag für eine nüchterne Auseinandersetzung zu befriedigen: Die einen sind zu prosaisch, die anderen sind a priori unsympathisch besetzt. Beides erschwert einen konstruktiven Umgang mit einem äußerst komplexen Sachverhalt. Da wir den Ausdruck auch nicht besser eindeutschen können, bleiben wir bei Whistleblowing.

1. Annäherung an das Phänomen

Der US-amerikanische Unternehmensethiker Richard T. De George nähert sich dem Phänomen Whistleblowing mit einem Vergleich aus der Welt des Sports: Wenn sich ein Spieler unfair verhält oder gegen die Regeln verstößt und dies vom Schiedsrichter gesehen wird, wird im Normalfall gepfiffen und das Spiel unterbrochen.[1] Wenn aber Tore aberkannt werden, weil sie tatsächlich oder vermeintlich aus einer Abseitsposition oder mit der Hand (nicht, wie einst bei Diego Maradonna, der *Hand Gottes*) erzielt wurden, dann hat es der- oder diejenige, der auf den Sachverhalt hinweist und seine

---

[1]   Vgl. De George (1993), 1275ff.

ihm verliehene Sanktionsmacht ausübt, meist schwer. Auch wenn diese Person objektiv entsprechend der geltenden Regeln den Tatbestand richtig beurteilte und in korrekter Anwendung der Regeln entschied, wird sie ein Teil des Publikums (das Heimpublikum) dafür kritisieren. Der Kritikgrund kann ein unterstellter Irrtum über das tatsächliche Geschehen sein, eine zugunsten der eigenen Mannschaft verharmlosend verzerrte Wahrnehmung oder wider besseres Wissen eine *right-or-wrong-my-team*-Attitude. Handelt es sich – um die Schiedsrichtermetapher noch weiterzuführen – um ein grobes Foul, und sieht der gegen die Regeln verstoßende Spieler in einem Finale gar die rote Karte, kann das regelgemäße Handeln des Schiedsrichters u.U. den Erfolg einer ganzen Saison negativ beeinflussen – je nach Liga mit substanziellen finanziellen Konsequenzen.

In der Unternehmenswelt und bei anderen Institutionen fehlen im täglichen Normalfall *externe* unparteiische Schiedsrichter, ihre Funktion soll von den jeweiligen Führungsverantwortlichen auf den verschiedenen Ebenen wahrgenommen werden. Zwar gibt es klar definierte *Spielregeln* (z.B. Gesetze und Vorschriften, aber auch interne Codes of Conduct) und diese sind im Normalfall auch bekannt, doch dann und wann gibt es *Spieler* (Manager, Angestellte, Arbeiter), die versteckt gegen die Regeln verstoßen oder sie vermeintlich *clever* umgehen. Bei einer großen Anzahl von Spielern, bei komplexen Spielregeln sowie bei hohem Einsatz bleibt es nicht aus, dass bestimmte *Fouls* von den professionellen Schiedsrichtern (z.B. Umweltbehörden, Finanzämtern, Gesundheitsämtern) nicht erkannt und daher auch nicht geahndet werden. In dieser Situation kann ein Insider auftreten, der diese Funktion übernimmt: Ein *Mitspieler* weist auf den regelwidrigen Sachverhalt hin und schlägt – zumindest zum kurzfristigen Nachteil der eigenen *Mannschaft* – Alarm.

Die Akzeptanz eines solchen Mitspielers ist im Normalfall niedrig, kaum jemand möchte so jemanden im eigenen Team haben. Meist gilt, um bei der Metapher des Fußballspiels zu bleiben, ein Spieler, der ein Tor nach einem nicht geahndeten Foul am gegnerischen Torwart erzielte und das Foul selbst dem Schiedsrichter meldet, nicht als fair, sondern als von allen guten Geistern verlassen.

In den meisten Institutionen gibt es implizite, aber eindeutig spürbare wechselseitige Verhaltenserwartungen über die Art und Weise, wie sich Mitglieder in problematischen Situationen verhalten sollen. Sie mögen sich im konkreten Fall im Detail unterscheiden, eines haben sie jedoch gemeinsam: Nach *innen* wird zusammengehalten, wer *nach außen* plaudert, ist ein

Verräter. Je kleiner und persönlich verflochtener eine Institution ist, desto klarer werden auch informelle Abmachungen eingehalten – je größer und anonymer eine Institution wird, desto mehr verlieren Gruppenloyalitäten ihre Kraft. Da der Begriff Loyalität für die Bewertung von Whistleblowing von großer Bedeutung ist, muss er näher definiert werden:

Loyalität, Widerspruch oder Abgang

Albert O. Hirschman hat lange vor dem eigentlichen Beginn der wissenschaftlichen Auseinandersetzung mit Whistleblowing darauf hingewiesen, dass es überall, wo Menschen arbeiten, in jeder Art von Organisation und in allen Ausprägungen politischer Systeme, Abweichungen vom optimalen Handeln gibt.[2] Jede Gesellschaft lernt, mit einem gewissen Maß an Dysfunktionalität zu leben, und kommt auch damit zurecht. Damit sich aber individuelle Fehlhandlungen nicht zu generellen Verfallserscheinungen kumulieren, muss jede Gesellschaft – und eben auch jedes Unternehmen – aus sich selbst heraus korrigierende Kräfte entwickeln, die zu den optimalen Handlungsweisen zurückführen.

Hirschman spielt die Verhaltensoptionen von unzufriedenen Kunden und Mitarbeitern eines Unternehmens durch. Entweder protestieren sie gegen die bestehenden Missstände und drücken ihre Unzufriedenheit aus (Hirschman nennt diese Option *voice*) oder sie hören auf, die Produkte des betreffenden Unternehmens zu kaufen bzw. es verlassen unzufriedene Mitarbeiter das Unternehmen. Diese Option nennt Hirschman *exit*. Als zusätzliche Handlungsoption sieht Hirschman eine *neglect*-Variante, d.h. es wird – aus welchen Gründen auch immer (mindere Schwere, höhere Hürden, Indifferenz etc.) – nichts unternommen.

Diejenigen, welche die *voice*-Option wählen, versuchen die Praktiken eines Unternehmens durch Kritik und/oder Veränderungsvorschläge zu verbessern. Sie richten ihre Appelle an verschiedene Adressaten. *Voice* kann auch durch Whistleblowing geschehen. Die *voice*-Option ist das Ergebnis einer Güterabwägung: Wenn *exit* ohne Probleme möglich oder gar vorteilhaft ist, nimmt die Wahrscheinlichkeit von *voice* ab. Wo also z.B. bei leicht zugänglichen Konkurrenzprodukten oder angespannten Arbeitsmärkten Unzufriedenheit bzw. Unbehagen entsteht, wird eher die *exit*-Option gewählt, ohne dass es zuvor zur Artikulation von Kritik kam. Die *voice*-Option kommt überwiegend dann zum Zuge, wenn *exit* als Option nicht zur Verfügung

---

2   Vgl. Hirschman (1970).

steht, oder mit zu hohen Kosten für die Unzufriedenen verbunden ist. Die Effektivität der *voice*-Option steigt mit ihrer Lautstärke.

Loyalität zu was oder wem?

Hirschman führt einen Loyalitätsfaktor (concept of loyalty) in die Erörterung der *voice*- versus *exit*-Entscheidung ein. Als persönliche Treue-Einstellung ist Loyalität auch im Kontext von Whistleblowing von großer Bedeutung. Sie kann *exit* erschweren, verzögern oder gar verhindern, weil Menschen hoffen, die Probleme von innen heraus zum Guten zu verändern und aus eigener Kraft darauf hinarbeiten. Loyalität ist aus unternehmensinterner Sicht ein immens wichtiger Faktor. Loyalität kann ein gewisses Maß an Handeln wider besseres Wissen und damit ein selektives Außerachtlassen des eigenen Urteilsvermögens beinhalten.[3]

Loyalität wird unterschiedlich definiert, nämlich als

➢ *unkritische Loyalität* dem Unternehmen gegenüber und daher als unreflektierte Einstellung, eine übertragene Aufgaben möglichst gut zu erledigen sowie sich auch in jeder anderen Hinsicht voll und ganz für den Erfolg des Unternehmens einzusetzen. Falls die übertragenen Aufgaben im legalen Grenzbereich sind oder gegen die guten Sitten verstoßen, dies dem Unternehmen (kurzfristig) aber nützt, so gilt die Devise: Augen zu und durch.

➢ Loyalität gegenüber übergeordneten Interessen (z.B. dem Allgemeinwohl), insbesondere dann, wenn es schwere Missstände im Unternehmen gibt, diese auch bekannt sind, jedoch nichts zu ihrer Überwindung getan wird. Da hier davon ausgegangen wird, dass allgemeinwohlschädigendes Handeln nicht im langfristigen Interesse des Unternehmens liegt, kann man diese Art der Loyalität auch als *kritische Loyalität* gegenüber dem Unternehmen bezeichnen.[4]

Es bedarf keiner tiefschürfenden Argumentation darüber, dass man Loyalität nicht nur passiv als Hinnahme von Anordnungen verstehen darf. Es gibt viele Gründe dafür, in kritischer Loyalität Widerstand gegen signifikante Missstände geradezu als Pflicht zu verstehen. Es gibt jedoch Grauzonen, in denen die beiden Formen der Loyalität nicht eindeutig gegeneinander abgegrenzt werden können oder unterschiedliche Normen verschiedene

---

[3]   Vgl. Schwarb (1998), 9.

[4]   Zum Begriff der *kritischen Loyalität* vgl. Steinmann/Löhr (1991), 17 und Ulrich (1998), 12f. und 16f.

Persönlichkeiten zu verschiedenen Schlussfolgerungen kommen lassen. Dann stellt sich die Frage, wer mit welcher Legitimität für sich autonom festlegen kann, wann die zweite Loyalität der ersten übergeordnet sei. Nach welchen Kriterien sollen welche Arten von Nutzen und Kosten in eine verantwortete Güterabwägung zwischen den beiden Loyalitäten eingehen? Eine generelle Antwort ist angesichts der Vielzahl von Situationen, in denen sich diese Fragen stellen, nicht möglich – auch hier sind ex post Beurteilungen einfacher als Entscheidungen unter Zeit- und Ressourcendruck.

Loyalität und die (subjektiv empfundenen oder gesellschaftlich erwarteten) Verpflichtungen, die daraus erwachsen, lassen sich nicht von generellen moralischen Normen ableiten. Loyalität entsteht aus einer spezifischen Beschaffenheit der Beziehung zwischen einerseits Menschen und Menschen und andererseits Menschen und Organisationen. Die Qualität dieser Beziehung nimmt Einfluss auf die Prioritäten bei der Interessenwahrung. Enge und persönliche Beziehungen motivieren zu höherer Loyalität als lose, anonyme Beziehungen. So geht man z.B. davon aus, dass die Qualität der Beziehung in den *inneren Zirkeln*, der *Bel Etage* eines Unternehmens, mit langjährigen Kunden oder vertrauten Lieferanten eine völlig andere Qualität hat als diejenige mit Konkurrenten, Behörden oder mit externen Anspruchsgruppen. Whistleblowing aus dem Unternehmen heraus wird in der Regel deshalb als grober Loyalitätsbruch beurteilt, weil der Whistleblower die Loyalität gegenüber dem Unternehmen *niedriger* anzusetzen scheint als diejenige gegenüber der Öffentlichkeit oder anderen Anspruchsgruppen.

Diese Sicht ist jedoch – besonders bei groben Verstößen gegen Gesetz und Moral – keineswegs zwingend. Es gibt eine Reihe von Argumenten für eine Sicht der Dinge, in der – als *Ultima ratio* – auch externes Whistleblowing durchaus mit richtig verstandener Loyalität vereinbar ist. Die meisten Whistleblower halten sich denn auch für *loyale* Mitarbeiter.[5] Definieren wir Loyalität als *kritische Loyalität*, dass also jemand dann loyal ist, wenn er oder sie im besten Interesse einer Person oder Organisation handelt, dann muss für einen Whistleblower durch sein kritisches Handeln nicht notwendigerweise ein moralisches Dilemma entstehen: Da illegales und illegitimes Handeln auf Dauer unter keinen Umständen im besten Interesse einer Person oder einer Institution liegt, ist eine Intervention gegen diese Art von Handeln nicht a priori illoyal. Hinzu kommt, dass keine Person bzw. Organisa-

---

[5]   Vgl. z.B. Larmer (1992).

tion Loyalität im Sinne des Deckens oder Mittragens illegaler oder unmoralischer Handlungen verlangen oder erwarten kann.

Personen, die für die Missstände direkt verantwortlich sind und sich durch das Whistleblowing bloßgestellt fühlen, werden Whistleblowing zwar u.U. als Bedrohung empfinden – aus der Sicht der Organisation kann der gleiche Akt jedoch positiv bewertet werden, weil die Überwindung des Missstandes zu größerer organisatorischer Effektivität führt. Davon und von der Tatsache, dass durch das Whistleblowing betrügerische, illegitime oder unfaire Aktivitäten abgestellt werden können, profitieren zumindest mittel- und langfristig sowohl die Aktionäre, die korrekt handelnden Mitarbeiter des Unternehmens als auch die Gesellschaft als Ganzes.

Die Frage, unter welchen Umständen eine Person das Recht hat anzunehmen, dass das, was sie aus ihrer Sicht für richtig hält, eher im wohlverstandenen Eigeninteresse der betreffenden Person oder Organisation liegt, als das, was eine andere Person (mit Verantwortung in derselben Organisation) offensichtlich für angemessen hält, bedarf einer sorgfältigen und selbstkritischen Beantwortung. Insbesondere dort, wo in geschlossenen Unternehmenskulturen oder technischen Expertenzirkeln unter politischem, zeitlichem oder Ressourcen-Druck gearbeitet wird, ist oft im Nachhinein (z.B. *nach* der Explosion der Raumfähre Challenger) fast unerklärlich, warum Menschen die Dinge – fast wie in multiplen Parallel-Realitäten – unterschiedlich sahen und mit ihren Entscheidungen so furchtbar falsch lagen.[6] Loyalität im hier definierten Sinne verlangt eine direkte, werteorientierte Auseinandersetzung mit dem bestehenden Problem und dessen verschiedenen Komponenten. Dies kann auch zu konfliktbeladenen Auseinandersetzungen mit involvierten Personen bzw. der Organisation als Ganzes führen.

Ohne hier eine endgültige Antwort zu geben, ist eines klar: Wenn Loyalität zur internen *voice*-Option führt, darf das *nicht* zu Nachteilen für die betreffenden Mitarbeiter führen. Die hinter der kritischen Intervention des Mitarbeiters liegende Motivation ist im wohlverstandenen Eigeninteresse des Unternehmens. Das kommentarlose Beobachten eines signifikanten Miss-

---

6   Vgl. die Probleme im Zusammenhang mit dem Bay-Area-Rapid-Transit-Projekt, einem S-Bahn-System, das verschiedene Städte in der Bucht von San Francisco miteinander verbinden sollte und größte technische Mängel hatte, in Anderson et al. (1980), aber auch die Tragödie der Challenger Raumfähre (Boisjoly et al. (1989)) und Werhane (1991).

standes ist keine *Loyalität*, sondern Indifferenz oder gar komplizenhafte Unterlassung. Die Frage ist deshalb nicht, *ob* die Einmischung des Mitarbeiters erwünscht ist, sondern *in welcher Form* Einmischung geschehen soll, damit mit möglichst wenigen Friktionen eine effektive Lösung gefunden werden kann.

Wo Unternehmen die Loyalität besorgter Mitarbeiter dazu missbrauchen, um einerseits *voice* oder *exit* zu verhindern, andererseits jedoch den zur Besorgnis Anlass gebenden Sachverhalt unverändert bestehen zu lassen, ist Loyalitäts-Einforderung zynisch. Sie führt im besten Fall zu einer inneren-Kündigungs-Mentalität, denn ein Festhalten an einem signifikanten Missstand wirkt auf ehrliche Mitarbeiter demotivierend. Im schlechtesten Fall bewirkt die Loyalitäts-Einforderung zur Deckung unethischen Handelns eine *così-fan-tutte*-Einstellung und löst so eine qualitative Erosion der Handlungsweisen oder gar Eskalation von Fehlhandlungen aus.

1.1 Grundlegendes zur Definition

Die wissenschaftliche und publizistische Auseinandersetzung mit dem Sachverhalt Whistleblowing begann vor über dreißig Jahren im Kontext technischer Mängel in verschiedenen Industrien sowie Korruptionspraktiken im Zusammenhang mit dem US-amerikanischen Militär.[7] Die Palette der dokumentierten Fälle von Whistleblowing war von Beginn der Diskussion an breit. Sie umfasste so qualifiziert defizitäres Handeln wie[8]

➢ bewusstes und vorsätzliches Fälschen von Testresultaten (bei Flugzeugbremsen),

➢ Vertuschen von Baumängeln an sensiblen Infrastruktur-Projekten (z.B. bei Atomkraftwerken mit potenziell katastrophalen Auswirkungen),

➢ Vertuschen von Sicherheitsmängeln (z.B. an Automobilen zu Lasten menschlicher Gesundheit),

➢ Korruption bei der Beschaffung militärischer Güter oder in Polizeidienststellen,

➢ Preisabsprachen und Kartellbildung und

➢ krasses Fehlverhalten im Kontext militärischer Operationen (z.B. My Lai).

---

7   Vgl. Nader et al. (1972).

8   Vgl. zu all diesen Beispielen ebenda und Davidson (1984).

Die Tatsache, dass in diesen publizierten Fällen engagierte Menschen durch nachhaltig praktizierte Zivilcourage zusätzliches Unglück und vermeidbaren Schaden zu Lasten anderer verhindert haben, begründete ein positives a-priori-Image der Whistleblower.

Whistleblowing ist ein vielfältig besetzter und unterschiedlich benutzter Begriff. Es gibt jedoch eine Reihe wesentlicher Elemente, die als Mosaiksteine für eine praktikable Definition nutzbar sind.

1.1.1 Kenntnis eines Problems ohne die Macht, es zu lösen

Eine der frühen Definitionen von Whistleblowing stammt von Janet Near und Marcia Miceli und bezog sich auf jede Art der

> „[...] Enthüllung illegaler, unmoralischer oder illegitimer Praktiken, die unter der Kontrolle einer Person oder Organisation passieren, durch eine Person, die dieser Organisation angehört oder angehörte und selbst nicht in der Lage ist oder die Macht hat, den empfundenen Missstand zu beseitigen."[9]

Diejenigen, die auf klar dokumentierbare Missstände aufmerksam machten und damit weiteres Unglück und Schaden für die Gesundheit von Menschen verhinderten, hatten selbst nicht die Macht, das Problem durch eigenes Handeln direkt zu lösen. Sie sahen sich daher gezwungen, dasjenige Maß an Aufmerksamkeit zu schaffen, das andere – mächtigere – im Unternehmen veranlassen würde, Abhilfe zu schaffen. Für ihr kritisches Engagement wurden sie in der Regel allerdings nicht nur nicht belohnt, sondern mussten in vielen Fällen Schikanen, betriebliche und soziale Ausgrenzungen und Nachteile bis zur Entlassung hinnehmen. Diese Nachteile zogen weitere Schäden im persönlichen und familiären Bereich der Whistleblower nach sich.[10]

1.1.2 Berichterstattung außerhalb des normalen Dienstweges

Ein weiterer früher Beitrag zum Versuch, Whistleblowing definitorisch in den Griff zu bekommen, stammt von Richard T. De George.[11] Er definiert

---

[9] Near/Miceli (1985), 4 (Übersetzung KML).

[10] Dies ist die durchgehende Botschaft seit den frühesten Auseinandersetzungen mit der Problematik. Vgl. Nader et al. (1972).

[11] Vgl. De George (1993), 1276.

Whistleblowing als „Berichterstattung" über unethische oder gefährliche Handlungen einer Organisation, eines Unternehmens oder eines Mitarbeiters durch einen anderen Mitarbeiter *außerhalb des normalen Dienstweges*. Dabei machte er erstmals die für die Praxis äußerst wichtige Unterscheidung zwischen unternehmens*internem* und *-externem* Whistleblowing:

➢ *Internes* Whistleblowing bezieht sich auf illegale oder illegitime, gefährliche Handlungen *innerhalb des Unternehmens*, die aber *außerhalb der normalen Befehls- oder Autoritätswege* bekannt gemacht werden.

➢ *Externes* Whistleblowing wird jene Berichterstattung genannt, die sich *außerhalb des Unternehmens* an Regierungsvertreter, an NGOs oder an die Medien richtet. Ziel dieser externen Berichterstattung ist, von außen Druck auf die Veränderung interner Praktiken auszuüben.

Neuere Definitionen wollen das Phänomen Whistleblowing auf jene Aktivitäten einschränken, die sich an *externe* Adressaten richten. So definiert z.B. Peter Jubb:

> „Whistleblowing ist ein vorsätzliches und freiwilliges Öffentlichmachen von Wissen durch eine Person, die privilegierten Zugang zu Daten oder Informationen einer Organisation hat oder hatte. Inhalt dieses Informationsaktes sind gegenwärtige, vermutete oder vorweggenommene nichttriviale Ungesetzlichkeiten oder sonstige Fehlhandlungen, in welche die Organisation verwickelt ist und die unter ihrer Kontrolle ablaufen. Die Informationshandlung richtet sich an eine externe Institution, die in der Lage ist, den Missstand zu korrigieren."[12]

Peter Jubb grenzt Whistleblowing zu anderen Arten der Übermittlung von Dissens folgendermaßen ab:[13]

➢ Es geschieht durch Personen, welche unautorisiert Informationen aus einer Institution heraus offen legen, die andere zu verheimlichen versuchen, dazu aber *keinen professionellen Auftrag* (wie beispielsweise Revisoratsangestellte, Compliance Officers etc.) haben. Das Öffentlichmachen erfolgt vorsätzlich und auf unkonventionelle Art und Weise, weil diejenigen Kommunikationskanäle, die normalerweise in Anspruch zu nehmen wären, versagen.

➢ Der Informationsinhalt kann eine negative Botschaft über Fehlverhalten, Inkompetenz, Betrug oder ähnliches sein, die zu verheimlichen

---

[12]   Jubb (1999), 78 (Übersetzung KML).

[13]   Vgl. ebenda und Schwarb (1998).

versucht wird, aber auch good news, die zu privatem Nutzen (z.B. beim Kauf von Aktien) verschleiert werden. Der Whistleblower kann, muss aber nicht, selbst unmittelbar von den zur Debatte stehenden Handlungsweisen negativ betroffen sein.

➢ Whistleblower sind demjenigen, dessen Handlungsweise sie anklagen, (direkt oder indirekt) *hierarchisch untergeordnet*. Die Wahrscheinlichkeit, dass jemand Whistleblowing betreibt, sinkt mit der Hierarchiestufe, auf der er oder sie in der betreffenden Institution angesiedelt ist.

➢ Whistleblower wollen mit ihrem Handeln vermeiden, dass sie selbst zu Komplizen der illegitim oder illegal handelnden Institution werden, sie wollen nicht in ihrer persönlichen Integrität Schaden nehmen.

1.1.3 Gemeinnützigkeit als Handlungsmotiv

Dieter Deiseroth führt das Element der „Gemeinnützigkeit" ein und spricht von Whistleblowing dann, wenn „[...] Beschäftigte sich aus gemeinnützigen Motiven gegen ungesetzliche, unlautere oder ethisch zweifelhafte Praktiken wenden, die ihnen innerhalb „ihres" Bereiches oder „ihrer" Dienststelle bekannt geworden sind."[14] Als Beispiele für typische Konfliktlagen bzw. Fehlverhaltensweisen, die zu Whistleblowing führen, führt er u.a. die folgenden an:

➢ Konflikte um die Einhaltung beruflicher Standards – mit anderen Worten, es wird Mitarbeitern eines Unternehmens zugemutet, wegen vordergründiger und kurzfristiger Vorteile gegen anerkannte berufsethische Standards bzw. Vorgaben zu verstoßen.

➢ Bagatellisierung von Schadensfällen – mit anderen Worten eine bewusste Irreführung aufgetretener Schadens- und Problemfälle.

➢ Unterdrückung oder Vernichtung von – potenziell inkriminierenden – Dokumenten.

➢ Gesetzesverstöße (z.B. Umweltrecht oder Steuerrecht) oder Verstöße gegen internationale Abkommen (z.B. Verbot von Sondermüllexport).

➢ Kontroverse Risikoeinschätzungen, die zwar im Rahmen der geltenden Rechtslage legal, auf dem Hintergrund neueren Wissens bzw. alternativer technischer Möglichkeiten als illegitim beurteilt werden. Auf diesen letzten Punkt werden wir im Zusammenhang mit der Erörterung von wissenschaftlichem Dissens zurückkommen.

---

[14] Deiseroth (2000), vgl. auch Deiseroth (2001), 9f.

Der überwiegende Teil der Literatur über Whistleblowing macht es zur definitorischen Bedingung, dass es sich um *Mitglieder der jeweiligen Organisation* handelt. Ein Grenzfall sind ehemalige und nun pensionierte Mitarbeiter, die nach ihrem Ausscheiden tatsächliche oder vermeintliche Missstände an die Öffentlichkeit bringen. Solche Menschen haben eine Besonderheit, die sie von anderen unterscheidet: Zum einen verfügen sie über internes Wissen, was sie u.U. in besonderem Maße urteilsfähig und glaubwürdig macht, zum anderen sahen sie die Situation, solange sie im Unternehmen angestellt werden, offensichtlich weniger dramatisch – zumindest dann, wenn sie keine dokumentierten Versuche zur Veränderung des nun als Missstand angeklagten Sachverhalts unternahmen. In solchen Fällen stellt sich immer auch die Frage, in welchem Maße Rollenkonflikte – z.B. zwischen Herrn X als Manager und ihm als Privatier in Rente – Bedeutung für die Beurteilung des Missstandes haben. Tatsächliche oder vorgegebene Saulus-Paulus-Transformationen, besonders wenn das auslösende Moment die (womöglich unfreiwillig frühzeitige) Pensionierung das Damaskus-Erlebnis war, sind mit besonderer Vorsicht zu bewerten.

1.1.4 Professioneller Dissens um nicht-triviale Dinge

Definitorisch von großer Bedeutung ist, dass es beim Whistleblowing nicht um oberflächliche Meinungsverschiedenheiten über Petitessen geht, sondern um ethisch begründbaren *Professional Dissent*, d.h. sachlich und fachlich begründbare Unterschiedlichkeit in der Beurteilung eines bestimmten, rational fassbaren und nicht-trivialen Sachverhalts.[15] Konkret: Es geht um illegales oder illegitimes Handeln, um gravierende Verstöße gegen die Menschenrechte und die Sittlichkeit – es geht *nicht* um triviale Abweichungen vom Pfad der individuellen Tugend oder das, was der Whistleblower dafür hält. Während die *Illegalität* einer Handlungsweise durch das geltende Recht und seine Auslegung klar definierbar ist, ist das Festlegen der *Legitimität* einer Handlungsweise, die Gegenstand von Whistleblowing ist, schwieriger. Dies deshalb, weil – zusätzlich zu intersubjektiv als verbindlich akzeptierten Gerechtigkeitsnormen – persönliche (und eben *nicht* intersubjektiv verbindliche) Wertekonstellationen und Betroffenheiten der Whistleblower als subjektive Definitionselemente von Legitimität hinzukommen.

---

[15]   Vgl. Elliston et al. (1985), 3ff.

Bei kontroversen Themen werden von engagierten Menschen manchmal Positionen vertreten, die privateste handlungsleitende Überzeugungen – Wertpräferenzen, Glaubenseinstellungen, Ideologien – öffentlich allgemeinverbindlich machen wollen. Es kommt zu privatistischen Legitimationsabgrenzungen, bei denen sich das subjektive Werteverständnis oder das persönliche Betroffensein so stark verselbständigen kann, dass der ethisch vernünftigen *Sachlichkeit* nicht mehr genügend Platz eingeräumt wird. Aus der gesinnungsethischen Position nähren sich dann häufig der plakative Protest oder die verallgemeinernde Abqualifizierung Andersdenkender.[16]

Im Idealfall findet die Klärung des professionellen Dissenses unter Bedingungen der Unparteilichkeit und der dafür notwendigen selbstkritischen Distanzierung von eigenen subjektiven Wertvorstellungen und persönlichen Interessen beider Seiten statt – die Realität ist jedoch nicht idealtypisch. Whistleblowing auf der Basis ideologischer oder religiöser Gesinnungen macht den sachlichen Diskurs und eine verantwortungsvolle Abwägung der zur Debatte stehenden moralischen Güter zu einer äußerst schwierigen Angelegenheit.

1.1.5 Prozesscharakter des Whistleblowing

Noch ein letzter grundlegender definitorischer Punkt: Whistleblowing ist praktisch nie ein einzelner Akt, sondern immer ein *Prozess*. Bevor sich Whistleblowing für alle sichtbar oder hörbar manifestiert, ist in den allermeisten Fällen schon über einen längeren Zeitraum viel Wesentliches ab- und schiefgelaufen. Der eigentliche Whistleblowing-Akt ist lediglich das Finale am Ende eines längeren Weges. Marcia Miceli und Janet Near beschreiben fünf Phasen des Whistleblowing-Prozesses:[17]

Phase eins:

Es geschieht ein Ereignis, das mit fragwürdigen, unethischen oder illegalen Handlungen oder Unterlassungen zu tun hat. Dies zieht die Aufmerksamkeit des potenziellen Whistleblowers auf sich.

---

[16] Vgl. Leisinger (2001).

[17] Vgl. Miceli/Near (1992), 50ff.

Phase zwei:

Der potenzielle Whistleblower ist alarmiert und beginnt eine vertiefte Abklärung der Fakten. Er sammelt zusätzliche Informationen, diskutiert den Sachverhalt mit Kollegen, Familienmitgliedern und Freunden. Die Reaktionen, die in dieser Phase auf den potenziellen Whistleblower zukommen, haben einen großen Einfluss auf seine Entscheidung. In dieser Phase beginnt der Güterabwägungsprozess: Soll oder soll ich mich nicht einmischen? Falls ich mich melde, an wen soll ich mich wenden und in welcher Form? Ist es meine Pflicht, mich einzumischen oder sind dafür eigentlich andere zuständig? In dieser Phase werden auch erstmals die Konsequenzen der Entscheidung für Whistleblowing abgewogen gegen ein Stillhalten aus Loyalität oder Indifferenz. Auch die *exit*-Option wird überlegt.

Phase drei:

Der potenzielle Whistleblower entschließt sich zum Handeln. Er kann sich nun direkt an denjenigen wenden, der seiner Überzeugung nach für den Missstand verantwortlich ist. In jeder der folgenden Phasen beurteilt der Whistleblower das Ergebnis seiner Beschwerde und wägt ab, was als nächster Schritt zu unternehmen sei: Bei Zufriedenheit über das erreichte Ergebnis endet der Prozess, bei Unzufriedenheit wiederholt sich der Prozess ab Phase zwei.

In jeder Phase des Abwägungsprozesses kann die Entscheidung zwischen *voice, neglect* oder *exit* fallen. Die *voice*-Option richtet sich in den Folgevarianten der Phase drei jedoch auf eine hierarchisch höhere Ebene oder an eine Ombudsperson, an das Revisorat, den Compliance Officer oder andere, dafür vorgesehene *interne* Institutionen. Auch jetzt findet eine Beobachtung der Folgen statt. Ist das Problem gelöst, dann ist der Fall erledigt. Bleiben aus der Wahrnehmung des Whistleblowers die erforderlichen Konsequenzen aus, so erfolgt wiederum eine Rückkehr in Phase zwei. Danach ist der Schritt an eine *externe* Institution bzw. die Öffentlichkeit zu erwarten.

Phase vier:

Wenn das Problem intern trotz mehrfacher Bemühungen auf verschiedenen hierarchischen Ebenen nicht lösbar ist, der Whistleblower jedoch noch immer von der Schwere des Missstandes und der Notwendigkeit veränderten Handelns überzeugt ist, erfolgt der Schritt in eine unternehmensexterne Dimension. Dies kann eine Behörde sein, die Gewerkschaft, ein Umweltverband, aber auch externe Revisoren. Auch diese können reagieren oder ignorieren – je nach der Reaktion kann das Problem dadurch einer Lösung zugeführt werden. In dieser Phase kann der Whistleblower resignieren und die Organisation verlassen oder die „Lautstärke" erhöhen, indem er z.B. Medien einschaltet.

Phase fünf:

Die angegriffene Organisation, verantwortliche Personen oder organisationsexterne Institutionen (Behörden etc.) reagieren auf das Whistleblowing. Diese Reaktion kann sowohl die Korrektur des Missstandes oder die Verfolgung des Whistleblowers sein oder auch beides.

1.1.6 Die Whistleblowing-Situation

Obwohl die verschiedenen Phasen empirisch belegt und auch plausibel sind, gibt es wenig spezifische Umstände, die eine idealtypische Whistleblowing-Situation definieren ließen. Zu viele und wesentliche Dinge sind von Situation zu Situation zu verschieden:

➢ der Sachverhalt und dessen Schwere

➢ die Charakteristika der auf beiden Seiten des Problems involvierten Persönlichkeiten

➢ die Machtverhältnisse zwischen ihnen sowie ihre Einstellung zum Handeln außerhalb des Dienstweges

➢ das Vorhandensein vielfältiger Abhängigkeiten

➢ gangbare Alternativen für den Whistleblowing-Akt

➢ die Beschaffenheit der Organisation bzw. Institution, die für das fehlerhafte Handeln verantwortlich ist

Die individuelle primäre moralische Sozialisation der Whistleblower ist naturgemäß verschieden. Mit dieser verknüpft sich die Entscheidung über die Frage: *mitmachen, sich einmischen oder ignorieren?* Trotz größter Vorsicht gegenüber Verallgemeinerungen, gibt es nach Miceli und Near ein paar interessante Anhaltspunkte zur Whistleblowing-Situation:[18] Whistleblowing ereignet sich empirisch messbar eher dort, wo Missstände direkt *erkennbar* und *beweisbar* sind, also nicht bei Grenzfällen, sondern bei signifikanten Verstößen gegen geltende Normen. Die Wahrscheinlichkeit des Whistleblowing steigt mit der Schwere des Fehlverhaltens. *Mitleid mit Opfern* löst Whistle-

---

[18] Vgl. Miceli/Near (1992), 136ff.

blowing besonders dann aus, wenn das für die Missstände verantwortlich
gemachte Unternehmen keine Anstalten zu Korrekturen oder Kompensationen macht.

In Institutionen, in denen die Wahrnehmung besteht, dass verantwortlich
und positiv auf Kritik reagiert wird und die gemeldeten Missstände auch
tatsächlich abgestellt werden, steigt die Wahrscheinlichkeit *internen* Whistleblowing. Offene Unternehmenskulturen mit einem hohen Identifikationsgrad in Bezug auf gemeinsam geteilte Werte, fördern intern geäußerte Kritik. In streng hierarchisch gegliederten, autoritären Unternehmenskulturen
ist die Wahrscheinlichkeit externen Whistleblowing höher. Wo Mitarbeiter
Vertrauen haben, dass ihre Vorgesetzten begründete Kritik ernst nehmen
und weiterleiten, bzw. wo sie selbst in der Lage sind, Korrekturen einzuleiten, ist externes Whistleblowing unwahrscheinlich – konstruktive interne
Kritik wird zur Regel.

Schließlich weist vieles darauf hin, dass dort, wo die Dinge insgesamt nicht
in Ordnung sind, die Wahrscheinlichkeit für Whistleblowing besonders
hoch ist. In einem als generell illegitim oder borderline illegal angesehenen
Umfeld genügt ein relativ geringer Auslöser – genug ist genug! – um das
Fass zum Überlaufen zu bringen. Besonders Mitarbeiter, die sich in hohem
Maße mit der Organisation identifizieren und im positiven Sinne für die
Werte des Unternehmens einstehen, erwägen dann, einen Whistleblowing-
Prozess einzuleiten.

1.2 Abgrenzungen

Der sinnvolle und konstruktive Umgang mit Whistleblowing erfordert es,
die wesentlichen Elemente des Phänomens sorgfältig abzugrenzen und her-
auszuarbeiten. Täte man dies nicht, bestünde die Gefahr, dass jede Intrige,
jede konspirativ gestaltete Information, aber auch jede unschöne Illoyalität
zu moralisch inspiriertem Whistleblowing überhöht wird. Damit aber würden Handlungsweisen höchst unterschiedlicher ethischer Qualität in einen
Topf geworfen, und es würde unmöglich, ein Gerüst für proaktive unter-
nehmenskulturelle und organisatorische Prävention aufzubauen.

1.2.1 Intrigen, Wichtigtuerei, Klatsch, Mobbing und Rufmord

Überall wo Menschen miteinander kommunizieren, kommt es auch zur
Verbreitung von Klatschgeschichten und Gerüchten sowie zu Mobbing

durch Intrigen. SPIEGEL online berichtet, dass sich in Deutschland jeden Tag 800.000 Menschen – das sind 2.7 Prozent aller Arbeitnehmer – zur Arbeit quälen, weil sie beleidigt, übergangen und geschnitten werden.[19] Diejenige Person, die *Klatschgeschichten* in Umlauf bringt, offeriert ihrem Zielpublikum eine negative Darstellung von Handlungsweisen und Charaktereigenschaften von Personen, die in der Gruppe bekannt, aber gerade abwesend sind.[20] Das *Gerücht* vermittelt subjektiv strukturierte und faktisch ungesicherte Informationen über Sachverhalte oder Personen. Mit beidem – Klatschgeschichten und gezielte in Umlauf gebrachten Gerüchten – werden Interessen verfolgt, Rivalitäten beeinflusst und Animositäten verursacht. Meist wird eigene Betroffenheit, moralische Superiorität und Empörung vorgegeben, um anderen durch Herabsetzung zu schaden.

Auch bei großzügigster Interpretation von *innerbetrieblicher Unterhaltung* und *Kommunikation als innerbetriebliches Schmiermittel* gilt: Menschen, die Klatsch verbreiten und Gerüchte in Umlauf bringen, schaden den betroffenen Menschen, dem Betriebsklima und dem Zusammengehörigkeitsgefühl. Das gilt insbesondere dort, wo bewusst darauf abgezielt wird, den guten Ruf eines anderen zu zerstören und seine Persönlichkeitssphäre zu verletzen. *Mobbing*, definiert als das systematische, fortgesetzte, aufeinander aufbauende oder ineinander übergreifende Anfeinden, Schikanieren und Diskriminieren von Arbeitnehmern durch Vorgesetzte oder Kollegen, macht Menschen zu psychischen Wracks. Die Schäden für die Betroffenen sind hoch, manchmal werden die Menschen bis zum Selbstmord getrieben. Zusätzlich zur menschlichen Tragödie nimmt auch die (hier deutsche) Volkswirtschaft Schaden, und zwar in zweistelliger Milliarden-Höhe. Daher kann und darf derartiges Handeln nicht resignierend hingenommen werden – im Gegenteil: Konsequentes Gegensteuern ist dringend erforderlich.

Wo aggressive und ehrverletzende Klatschformen toleriert werden, wird Mobbing gefördert und unverantwortlich gehandelt. Wo destruktiven Gerüchtesteuern nicht entschieden und prompt entgegengetreten wird, entsteht Schaden für das Unternehmen und die darin arbeitenden Menschen. Gerüchte gewinnen ohne Klarstellungen an Gewicht und erfahren Verstärkung. Die frühzeitige Feinabgrenzung zwischen subjektiv strukturierten

---

[19] www.spiegel.de/panorama/ (14.06.2002). Vgl. zum Thema Mobbing die folgenden Websites: www.fairness-stiftung.de, www.gesuender-arbeiten.de, www.mobbing-am-arbeitsplatz.de

[20] Vgl. Niehüser (1995) und Baumeler (2001), 81.

sowie faktisch ungesicherten Informationen über Sachverhalte oder Personen mag in der Frühphase eines Whistleblowing-Prozesses schwierig sein. Es muss aber möglich sein, im Verlauf der länger werdenden Gerüchtekette und der daraus entstehenden Irritation und Unruhe durch aktive und rückfragende Intervention von Vorgesetzten zu einer klaren Abgrenzung zu finden.

Obwohl es in der Literatur viele Berichte über Menschen gibt, die unstreitig zu moralischen Helden wurden, weil sie unter Inkaufnahme direkter unangenehmster persönlicher Nachteile für sich und ihre Familie mit großer Zivilcourage handelten und dadurch größeres Unglück verhinderten, sollte das Whistleblowing als solches nicht generell moralisch überhöht werden. Bei aller Anerkennung der Tatsache, dass verschiedene Menschen ein und denselben Sachverhalt unterschiedlich beurteilen können, weil sie verschiedenwertige Sozialisationen und Lebenserfahrungen haben oder andere Weltsichten: Längst nicht alle, welche zur Alarmpfeife greifen, sind auf der gleichen moralischen Ebene anzusiedeln – es gibt auch Quasi-Whistleblowing aus höchst illegitimen Motiven z.b. einem gerüttelt Maß an persönlicher Wichtigtuerei, machtheischendem Einmischen in anderer Leute Angelegenheiten – ja, plumpes und unappetitliches Denunziantentum und das oft noch mit einer opportunistischen Auswahl der zur Sprache gebrachten Dinge.

Rufmord ist noch immer eine weit verbreitete Waffe, Konkurrenten, ideologischen Gegnern oder auch unliebsamen Unternehmen sowie anderen Institutionen zu schaden: Schon die Römer wussten: *semper aliquid haeret* (es bleibt immer etwas hängen). Nach Angaben der Fairness-Stiftung[21] sind allein in der Bundesrepublik 500.000 Führungskräfte von unfairen Attacken betroffen – die daraus resultierenden betriebswirtschaftlichen Schäden betragen schätzungsweise 12,5 Milliarden Euro pro Jahr, die volkswirtschaftlichen etwa 37,5 Milliarden Euro pro Jahr.

Aber auch für Unternehmen ist die Sache keineswegs einfach: Unternehmen wehren sich oft nicht wie z.B. Privatpersonen mit den üblichen rechtlichen Schritten, obwohl sie dies von der Sachlage her ohne Schwierigkeiten könnten. Da ihnen in den Whistleblowing Auseinandersetzungen die Rolle Goliaths zugeordnet wird, und David emotionalen Artenschutz genießt, könnte vermutlich ein juristischer Sieg errungen werden, allerdings zu hohen Reputationskosten. Während bei David intolerante Züge meist als Mut

---

[21] Vgl. www.fairness-stiftung.de

der Verzweiflung und totale Hingabe überhöht werden, gilt nur schon das
Beharren auf Rechtspositionen bei einem Unternehmen als Arroganz der
Macht. Da *Macht* unter diesen Bedingungen als negativ besetzte Potenz definiert ist, genießt subversives Handeln gegen Mächtige eine nicht geringe a-
priori-Legitimität.

1.2.2 Investigativer Journalismus

Obwohl Missstände in Unternehmen immer wieder auch durch investigativen Journalismus aufgedeckt werden, gehören Recherchen von Medien
nicht zu unserer Definition von Whistleblowing. Whistleblowing kann zwar
den Anstoß für investigativen Journalismus geben, was jedoch danach
durch Medienschaffende aufgedeckt wird, gehört nicht zum hier zu erörternden Sachverhalt. Journalisten, die sich in Unternehmen einschleichen
und wie Undercover-Agenten verdeckt arbeiten, um anklagende Informationen zu sammeln und dann zu publizieren, gelten nach der hier entwickelten Definition ebenfalls nicht als Whistleblower.[22]

Dennoch sei im Kontext des investigativen Journalismus auf einen Sachverhalt eingegangen, der für die öffentliche Bewertung von Whistleblowing
ebenfalls von großer Bedeutung ist, nämlich die Darstellung menschlichen
Leids, die Erregung verständlicher Emotionen und ihre Wirkung auf die
öffentliche Wahrnehmung des Problems. Wie in einer Kultur der *Unschuldsvermutung* angemessen, wird weder Whistleblowern noch investigativen
Journalisten eine vorsätzliche, ja nicht einmal eine fahrlässige Täuschung
unterstellt. Was aber auch wohlmeinenden Menschen in anderen Berufen
passieren kann, sind Irrtümer über Kausalitäten bzw. unangebrachte Rückschlüsse von Korrelationen auf Kausalitäten.

Das Vermeiden von Irrtümern ist nicht nur für Journalisten, sondern auch
für Wissenschaftler äußerst schwierig.[23] Ein gutes, von Hans-Peter Beck-
Bornholdt und Hans-Hermann Dubben angeführtes Beispiel, über das es
auch zu journalistischen Weckrufen kam, ist das folgende:

> In der Gemeinde Elbmarsch nahe dem Kernkraftwerk
> Krümmel bei Hamburg erkrankten zwischen Februar 1990
> und Mai 1991 fünf Kinder an Leukämie.

---

[22]   Vgl. den Fall des *Hans Essers* alias Günther Wallraff bei der Bild-Zeitung (Wallraff 1977).

[23]   Vgl. Beck-Bornholdt/Dubben (1997).

Kann diese Häufung Zufall sein oder ist sie der Beweis für eine Gefährdung, deren Ursache und Verursacher unverzüglich gefunden werden müssen – ja eigentlich auf Grund der a-priori-Vermutung längst feststehen? Professionelle Statistiker würden vermutlich darauf hinweisen, dass unglücklicherweise Leukämie bei Kindern (0 bis 14 Jahre) überall auf der Welt mit der Wahrscheinlichkeit von 3.8 pro 100.000 (0 bis 14-jährige Kinder) auftritt. Statistisch geschulte Profis würden weiterhin raten, dass die Anzahl der in einem spezifischen geographischen Umfeld gefundenen Fälle verglichen werden müsste, mit der Anzahl, die im statistischen Durchschnitt normalerweise zu erwarten ist. Erst bei einem signifikanten Abweichen von der statistisch zu erwartenden Häufung drängen sich spezifische Verdachtsmomente auf.

Solche nüchternen Hinweise mögen zwar wissenschaftlich richtig sein, sie werden jedoch von Menschen, deren eigenes Kind an dieser schlimmen Krankheit erkrankt ist, verständlicherweise als arrogante Zumutung empfunden. Das Problem bei seltenen Erkrankungen sind, so Beck-Bornholdt und Dubben, „[...] die sehr geringen Fallzahlen, die es nicht erlauben, zufällige Häufungen von systematischen zu unterscheiden. [...] Bei der späteren Beurteilung der Sachlage [...] und der Suche nach einem Schuldigen werden Sie immer einen Weg finden, die Risikoerhöhung Ihrem Lieblingsverursacher in die Schuhe zu schieben."[24] In vielen Fällen lässt sich irgendeine Verbindung herstellen – falls nicht, reicht es für die Bestätigung einer Vorverurteilung meistens aus, dass ein Zusammenhang nicht ausgeschlossen werden kann.

Die meisten gelernten Statistiker können für Laien verständlich nachweisen, dass *Korrelationen* (z.B. zwischen dem Wachstum der Telefonanschlüsse einer Stadt und der Zunahme der dort lebenden Drogensüchtigen) noch lange *keine Kausalitäten* sind und es durchaus *zufällige* zeitliche und räumliche *Häufungen* geben kann.[25] Bei a priori verteilten Sympathien zwischen den Kontrahenten verlieren wissenschaftliche Kausalitäten für die Schaffung von Akzeptanz jedoch oft ihre Bedeutung: „Versuchen Sie sich vorzustellen, welche Reaktionen Sie ernten würden, wenn Sie auf einer Veranstaltung der Bürgerinitiative von Eltern leukämiekranker Kinder behaupteten, es handle sich möglicherweise um eine zufällige Häufung. Wahrscheinlich

---

[24] Ebenda 30f.

[25] Vgl. Krämer (2002, dort insbesondere Kapitel 14 und 15), Krämer (2001) sowie Krämer/Mackenthun (2001).

und verständlicherweise würde man Sie als menschenverachtenden Zyniker beschimpfen."[26] In einer Zeit, in der Experten, insbesondere wenn sie auf der Seite der Mächtigen vermutet werden oder gar bei diesen angestellt sind, großes Misstrauen entgegengebracht wird, nützt die Tatsache, dass jemand in der Lage ist, seinen Standpunkt mit wissenschaftlichen Argumenten zu belegen, für die gesellschaftliche Wahrnehmung des Sachverhalts u.U. wenig.[27]

Realistischerweise ist davon auszugehen, dass es meist auf beiden Seiten eines Dissenses sachlich kompetente und seriös Argumentierende gibt und es ist wohl auch so, dass auf beiden Seiten neben den transparenten auch intransparente Interessen die Objektivität trüben können. Die Emotionalität eines Dissenses schlägt jedoch meist zu Lasten der als mächtig empfundenen zu Buche: Der Wissenschaftler eines stromerzeugenden Unternehmens, der in der oben beschriebenen Situation – zwar rechnerisch korrekt aber als politisch und menschlich inkorrekt empfunden – über statistische Signifikanz, durchschnittliche Prävalenz oder Irrtumswahrscheinlichkeiten reden muss, wird wenig Glaubwürdigkeit haben: Wenn auf der einen Seite ein Unternehmensvertreter im dunkeln Anzug und mit statistischen Argumentationsfolien steht, auf der anderen Seite eine weinende Mutter mit ihrem elend aussehenden, kranken Kind, das durch die Chemotherapie alle Haare verloren hat, sagt ein Bild mehr als tausend Worte und zehntausend Statistiken. Dass diese Einsicht nicht neu ist, belegt eine alte Weisheit des stoischen Philosophen Epiktet (ca. 50 – ca. 120 n.Chr.): *Nicht die Dinge selbst beunruhigen die Menschen, sondern die Vorstellungen von den Dingen.*

1.2.3 Wissenschaftlicher Dissens

Wissenschaft und Forschung erfordern Freiheit des Denkens. Diese Freiheit schließt geniale Innovation ebenso ein wie menschlichen Irrtum. Für Jürgen Mittelstraß ist Wissenschaft immer Fortschritts- oder Wahrheitsgeschichte und Irrtumsgeschichte. Wahrheit ist zwar das eigentliche Ziel der Wissenschaft, der Irrtum aber der Motor wissenschaftlicher Entwicklungen.[28] Vielleicht verleiht ja erst der Irrtum der Wahrheit ihren vollen Glanz. Um die Irrtumswahrscheinlichkeit gering zu halten, findet im normalen

---

[26] Beck-Bornholdt/Dubben (1997), 36f.

[27] Vgl. Chafetz (1996).

[28] Vgl. Mittelstraß (1997).

wissenschaftlichen Betrieb eine ständige Überprüfung von Thesen, Ergebnissen und Schlussfolgerungen statt. Dies geschieht im Normalfall durch andere Forscher in anderen Forschungsinstitutionen.[29]

In wissenschaftlichen Publikationen öffentlich ausgetragener Dissens fällt daher im Normalfall *nicht* unter Whistleblowing. Für den Verlauf einer Diskussion über komplexe Sachverhalte können allerdings non-Mainstream-Publikationen, zumal wenn sie aus einer Institution kommen, die sich gewöhnlich für eine andere Sicht der Dinge stark macht, in der Öffentlichkeit die gleiche Wirkung entfalten wie Whistleblowing. Solche Publikationen sind im Normalfall jedoch keine „Berichterstattung über illegale, unethische oder gefährliche Handlungen einer Organisation, eines Unternehmens oder eines Mitarbeiters durch einen anderen ihrer Mitarbeiter außerhalb des normalen Dienstweges". Wissenschaftlicher Dissens innerhalb eines Unternehmens bzw. einer Forschungsinstitution kann in Verbindung mit einer schlechten Unternehmenskultur bzw. einem destruktiven Organisationsklima allerdings Whistleblowing zur Folge haben.[30]

Im Kontext der – äußerst kontrovers geführten – Diskussionen um Gen- und Biotechnologie bei Pflanzen kam es mehrmals zur öffentlichen Diskussion von sensationell anmutenden Berichten einzelner Wissenschaftler. Beispiele sind:[31]

➢ der Aufsehen erregende Bericht von Pusztai und Even, der zum Inhalt hatte, dass Kartoffeln, denen ein bestimmtes Lektin (Protein) eingebaut wurde, sich als gefährlich für die menschliche Gesundheit erweisen könnten.[32] Dieser Bericht wurde von der großen Mehrheit der Wissenschaftler entweder aus methodologischen oder logischen Gründen zurückgewiesen, beeinflusst jedoch noch immer den Verlauf der öffentlichen Diskussion über die Grüne Gentechnologie.

➢ eine US-amerikanische Studie über die Auswirkungen des *bacillus thuringiensis* auf den – in Nordamerika u.a. aus kulturellen Gründen hochgeschätzten – Monarchfalter, kam in Laborversuchen zu Ergebnissen, die von den Autoren selbst als nicht verallgemeinerungsfähig eingeschätzt

---

[29]   Vgl. Deiseroth (1996) und Markl (1991), 40ff.

[30]   Vgl. Kevles (1998).

[31]   Für die breitere Diskussion und ausführliche Literaturangaben zu diesem Sachverhalt vgl. Leisinger (2001).

[32]   Vgl. Ewen/Pusztai (1999). Zur Kritik vgl. den Bericht der Royal Society unter: www.royalsoc.ac.uk

wurden, von Gentech-Gegnern jedoch zum Schreckensszenario der Vernichtung aufgewertet wurden.[33] Die Worst-Case-Positionierung der Ergebnisse dieser Studie gelang so gut, dass sie in den Abendnachrichten der 20 Uhr-Tagesschau in Deutschland besprochen wurden und wesentlichen Einfluss auf politische Entscheidungen der EU-Behörden hatten. Mehrere Folgestudien unter Feldbedingungen, die dem natürlichen Umfeld des Monarchfalters sehr viel mehr entsprachen als die Laborbedingungen der ersten Studien, kamen zu völlig anderen Ergebnissen: Der Schaden sei für den Monarchfalter unter Feldbedingungen minimal, die Berichte über die tödliche Wirkung von *Bt*-Mais auf Monarchfalter eine selektive Gefährdungsanalyse, wenn nicht gar Panikmache. Nach dem im Herbst 2001 eine Abschluss-Studie zu genau diesen relativierenden Ergebnissen kam, ist das Thema zwar wissenschaftlich vom Tisch, die mit Bezug auf die erste Studie initiierte Gesetzgebung blieb jedoch erhalten.

Der hohe Aufmerksamkeitsgrad von Berichten über tatsächliche oder vermeintliche Risiken ist auf mindestens zwei Sachverhalte zurückzuführen:

➢ Forschungsresultate werden asymmetrisch wahrgenommen: Die meisten Menschen haben eine psychologische Präferenz, Risiken größere Aufmerksamkeit zu schenken als Nicht-Risiken. Sie halten Hinweise auf Risiken auch für glaubwürdiger als Forschungsresultate, die keine Risiken finden, sie reagieren stärker auf Risiko-beschreibende Informationen und geben diesen ein höheres Gewicht.[34] Da es für Risiken keine akzeptierte, der Erdbebenmessung vergleichbare Richter-Skala gibt, ist die Seriosität der beschriebenen Risiken bzw. deren mögliche Akzeptabilität infolge der erzielten Nutzen für Laien oft nicht einzuordnen.

➢ Im Verlauf der Diskussionen um Gen- und Biotechnologie stellten private und öffentliche Forschungsinstitutionen in ihrer Kommunikation überwiegend das Nutzenspektrum in den Vordergrund und wiesen unzureichend auf zu erwartende Risiken hin. Dies gab Veröffentlichungen über möglicherweise hohe Risiken für Mensch und Umwelt eine dem Whistleblowing vergleichbare Wirkung.

Die Diskussion über Nutzen und Risiken der Gentechnologie zeigt eindrücklich, wie wenig man komplexen Sachverhalten mit der Alternative „Affirmation oder negative Kritik" gerecht wird, da neue wissenschaftliche Entdeckungen im Prinzip immer beides in sich bergen: neue Chancen und

---

[33] Vgl. Losey et al. (1999), 214.

[34] Vgl. Siegrist/Cvetkovich (2001).

neue Risiken.[35] Geboten ist eine sensible Offenheit nach beiden Seiten, d.h.
in Richtung Zuversicht und in Richtung vorsichtiger Sorge. Das Überwinden sowohl des die Chancen präferierenden „Prinzip Hoffnung"[36] als auch
der, auf mögliche Risiken fokussierenden, „Heuristik der Furcht",[37] erfordert, darauf weist Otfried Höffe hin, eine neue, „richterliche Kompetenz",
die sich in der Bewertung unparteilich alle drei Möglichkeiten offen hält, die
Legitimation, die *Limitation* und das vollständige *Verbot.*[38]

Die öffentlichen Kontroversen zeigen aber auch, wie schwierig in modernen Gesellschaften die Kommunikation über Wissenschaft ist. Ich teile die
Einschätzung von Jürgen Mittelstraß,[39] dass in vielerlei Hinsicht nicht Klarheit, sondern Mythen das Verhältnis zwischen Wissenschaft und Öffentlichkeit bestimmen. Es gibt eine Reihe von Beispielen, „[...] da siegt unver-
dautes Zeug über jede Differenzierung, ein makabres Feuilleton über sachlich und wissenschaftlich informiertes Argumentieren."[40]

Ein nicht unerheblicher Teil der wissenschaftlichen Debatte und des gesellschaftlichen Disputs über Risiko und Akzeptanz ist sowohl unterschei-
dungsarm als auch ideologisch unterlegt. *Freiwillig* eingegangene und, versi-
cherungsstatistisch gesehen, hohe Risiken (z.B. Rauchen oder Fallschirm-
springen) gelten (versicherungstechnisch inkorrekt!) als Privatsache und
sind für viele Menschen völlig akzeptabel. Kleinste oder mit infinitesimalen
Eintrittswahrscheinlichkeiten behaftete Nebenwirkungen moderner Forschung werden dagegen von denselben Menschen – weil im Sinne von externen Effekten der betreffenden Institutionen als *unfreiwillig* aufgezwungen
empfunden – vehement abgelehnt. Deshalb und auch, weil Menschen auf
wachsendem Wohlstandspolstern und bei insgesamt zunehmend gesünde-
ren Lebensbedingungen immer ängstlicher auf kleinere Risiken reagieren,
fallen *Akzeptanz* infolge empirischer Bewertungskriterien und *Akzeptabilität*
aufgrund prädeterminierender normativer Kriterien auseinander.[41]

---

[35]   Vgl. Höffe (1995), 244ff.

[36]   Bloch (1959).

[37]   Jonas (1987), 63ff. und 391.

[38]   Vgl. Höffe (1995), Kapitel 5.3 und 244ff.

[39]   Vgl. den äußerst interessanten Beitrag von Mittelstraß (2001).

[40]   Ebenda 83.

[41]   Vgl. Krämer/Mackenthun (2001), 321ff. Ebenso Siegrist (2000) und Earle/Cvetkovich
       (1995).

Ähnliche Probleme stellen sich in verschiedenen Bereichen technischen Handelns – auch hier gibt es Überlagerungen mit Wertprämissen und abweichende subjektive Moralvorstellungen, aber auch klaren professionellen Dissens.[42] Wo die gesellschaftspolitischen Kontroversen zugrunde liegenden wissenschaftlichen oder technischen Sachverhalte sich nicht so vereinfachen lassen, dass sie für durchschnittlich informierte Laien verständlich werden, fällt Kommunikation ohnehin schwer: „Es ist unvermeidlich, dass die Wissenschaft (und Technik, KML) in einem gewissen Sinne unverständlich ist. Wissenschaft befasst sich mit Dingen, die dem nicht-wissenschaftlichen Verstand nicht in gleicher Weise zugänglich sind wie dem wissenschaftlichen Verstand, jedenfalls nicht ohne lange Bildungswege."[43] Wo noch zusätzlich beiderseits normative Prädispositionen vorhanden sind und ein vermeintliches oder tatsächliches Machtgefälle zwischen privatwirtschaftlichen Goliaths und dem David einer Protestgruppe hinzukommt, kann Verständigung zur Sisyphos-Arbeit und Konsens unmöglich werden.

Wissenschaftler in Unternehmen

Besonders schwierig wird die Abgrenzung von wissenschaftlichem Dissens zu Whistleblowing, wenn es sich bei den Menschen, die öffentlichkeitsrelevante *non-Mainstream*-Argumentationen vorbringen, um Wissenschaftler aus Unternehmen handelt, deren kommerzieller Erfolg auf der Mainstream-Argumentation beruht. Öffentliche oder auf Umwegen öffentlich gemachte Äußerungen gegen das Mainstream-Urteil anderer Wissenschaftler im gleichen Unternehmen nehmen dann im Urteil der Öffentlichkeit Whistleblowing-Charakter an.

Zwei Beispiele (siehe Fallstudien im Anhang) mögen erläutern, welche Schwierigkeiten in solchen Fällen eine faire Beurteilung verursachen kann:

> Ende der achtziger Jahre lehnten zwei Mitarbeiter der Forschungsabteilung des Pharmaunternehmens Beecham die Mitwirkung bei der Erforschung an einer Substanz ab, die geeignet war, Brechreiz zu unterdrücken. Das Antiemetikum wurde nach Aussage der Geschäftsleitung nur für den Einsatz gegen Übelkeit und Erbrechen bei der Krebstherapie entwickelt. Die beiden Angestellten argumentierten jedoch, dass ein solches Medikament auch mögliche Folgen eines mit A-

---

42   Vgl. z.B. Ropohl (1997).

43   Mittelstraß (2001), 88f.

tomwaffen geführten Krieges behandelbar oder verhütbar machen könnten. Sie beriefen sich wegen der möglichen *Dual-Use*-Problematik auf einen Gewissenskonflikt. Das Unternehmen sah jedoch darin eine Arbeitsverweigerung. Der Arbeitgeber muss im Normalfall eines Gewissenskonflikts dem Mitarbeiter *nach Möglichkeit* eine andere Tätigkeit zuweisen. Gelingt dies nicht oder gibt es Gründe, die in der Person des Arbeitnehmers liegen, kann eine Kündigung erfolgen. Sie erfolgte in diesem Fall und wurde von allen Instanzen der arbeitsgerichtlichen Institutionen als rechtens beurteilt.[44] Dabei hielt das Bundesarbeitsgericht fest, daß die subjektiven Moralvorstellungen des einzelnen Mitarbeiters in diesem Fall nicht maßgebend sind und *Arbeitsverweigerung aus Gewissensgründen* nur ein für alle Billig- und Gerechtdenkenden ethisches Minimum schützt und nicht das in eine bestimmte Richtung *besonders stark ausgeprägte Gewissen einzelner.*

Dieser Sachverhalt wurde öffentlich, weil es aufgrund der zunächst fristlosen Kündigung zu einer arbeitsgerichtlichen Auseinandersetzung kam. Die öffentliche Beurteilung des Falls war gespalten: Wer in den beiden Forschern selbstlose Aktivisten der Friedenssicherung sah und unterstellte, das Chemie-Unternehmen habe Mitarbeiter und Öffentlichkeit über die wahren Ziele der Forschung irregeführt, sah den Fall als Whistleblowing und die betroffenen Forscher als Opfer. Wer die Angelegenheit als illegitime Arbeitsverweigerung ansah und die Antiemetikum-Argumentation als Vorwand dafür, war mit der arbeitsgerichtlichen Entscheidung zufrieden und ging zur Tagesordnung über.

Man kann im Beecham-Fall mit guten Argumenten geteilter Meinung sein, ob ein echter Gewissenskonflikt vorlag und, falls ja, ob eine Kündigung eine angemessene Reaktion des Unternehmens war. Zumindest unvoreingenommenen Betrachtern drängt sich die Vermutung auf, dass es in diesem Fall wohl noch vorgelagerte andere schwerwiegende Störungen im Angestelltenverhältnis gab. Wie dem auch sei: Whistleblowing war das und sind auch *publizierte* wissenschaftliche Kontroversen nach unserer Definition nicht, auch wenn die Auswirkungen auf die Öffentlichkeit vergleichbar waren.

---

[44] Vgl. Arbeitsgericht Mönchengladbach (Entscheidung: 5 Ca 606/87), Landesarbeitsgericht Düsseldorf (11-6-Sa1349/87 und 1364/87) sowie Bundesarbeitsgericht 2 AZR 283/88 und 2 AZR 285/88).

Gewissenskonflikt als juristischer Sachverhalt

Da der Sachverhalt *Gewissenskonflikt* nicht nur im Kontext von Whistleblowing, sondern weit darüber hinaus einen besonderen moralphilosophischen Stellenwert hat, soll noch kurz auf seine juristische Dimension eingegangen werden. Als *Gewissensentscheidung* sieht die Rechtsprechung „[...] jede ernste, sittliche, an den Kategorien von „gut" und „böse" orientierte Entscheidung des Arbeitnehmers an, die er in einer bestimmten Lage für sich als bindend und verpflichtend ansieht."[45] Kommt ein solcher Konflikt vor ein Gericht, muss der Arbeitnehmer darlegen, dass es ihm wegen einer aus einer spezifischen Sachlage folgenden Gewissensnot heraus nicht zumutbar ist, dem Arbeitgeber die im Rahmen des Arbeitsvertrags geschuldete Leistung zu erbringen. Die Relevanz und Gewichtigkeit der Gewissensbildung unterliegt *keiner* arbeitgeberseitigen oder gerichtlichen Richtigkeits- oder Plausibilitätskontrolle.

Der sich auf den Gewissenskonflikt berufende Arbeitnehmer muss allerdings seine Entscheidung „im Einzelnen darlegen und erläutern", so dass dem Arbeitsgericht erkennbar wird, „[...] dass es sich um eine nach außen tretende, rational mitteilbare und intersubjektiv nachvollziehbare Tiefe, Ernsthaftigkeit und absolute Verbindlichkeit einer Selbstbestimmung handelt."[46] Im Konfliktfall hat das Gericht eine „streitentscheidende Interessenabwägung" zu treffen – d.h. ein Beschäftigter muss damit rechnen, dass eine Kündigung wegen gewissensbedingter Verweigerung zugewiesener Tätigkeiten für rechtmäßig erklärt wird. In einem solchen Fall verliert der Beschäftigte seinen Arbeitsplatz – ohne dass die prinzipielle Legitimität des Gewissenskonflikts juristisch klärbar wäre.

Scientific Dissent und Gewissenskonflikt im Kontext von Arzneimittelsicherheit

Mit besonderen Schwierigkeiten verbunden ist die Bewertung von Gewissenskonflikten im Zusammenhang mit Dissens bei der Beurteilung von Arzneimittelsicherheit. In einem Fall wurden die Nebenwirkungen eines Arzneimittels unternehmensintern völlig unterschiedlich bewertet:

> Ende der Siebziger und im Verlauf der achtziger Jahre kam es
> zu einer öffentlichen Auseinandersetzung über die Bewertung
> des Nutzen-Risiko-Verhältnisses mehrerer Arzneimittel des

---

[45] Deiseroth (2001), 195f.

[46] Ebenda 196.

Unternehmens Ciba-Geigy. Der öffentlichen Auseinandersetzung waren allem Anschein nach längere interne Auseinandersetzungen vorausgegangen. Einer oder mehrere Mitarbeiter des Unternehmens empfanden die Schlussfolgerungen aus den internen Diskussionen als inakzeptabel und wandten sich – für das Unternehmen anonym bleibend – an außenstehende Pharmakritiker. Ein über diese Konflikte (und die unterstellte Skrupellosigkeit des Unternehmens) geschriebenes Buch schöpft reichlich aus internen Dokumenten[47] und war „denjenigen, denen im Zweifel die Treue zu ihrem Gewissen wichtiger ist als die Treue zu ihrem Chef" gewidmet.

Während der Fall bei Beecham *zumindest auch* in tief verankerten *Werturteilen* (hier Pazifismus) verankert ist, kommen beim Ciba-Geigy-Fall Bewertungsdifferenzen hinzu, die letztlich selbst bei bestem Willen *immer auch Ermessenssache* bleiben. Die rigorose interne Auseinandersetzung über abweichende wissenschaftliche Beurteilungen komplexer Sachverhalte bis zur jeweils höchsten Instanz der betroffenen Institution sollte auch im Forschungsbereich von Unternehmen etwas völlig Normales sein. Letztlich dient die Diskussion über Verschiedenheiten bei Bewertungen von Forschungsergebnissen einer größeren Sicherheit des Urteils – bei Pharmaunternehmen der größeren Sicherheit der Patienten und somit des nachhaltigen Erfolgs eines Arzneimittels. Dennoch wird es nicht zu vermeiden sein, dass es bei solchen Erörterungen immer wieder Betrachter gibt, die eine Mücke sehen, wo andere eine ganze Elefantenherde vermuten.

Wo ein Konsens sich nicht über Kompromisse (hier z.B. durch zusätzliche Angaben zu Nebeneffekten oder die Einschränkung der Einsatzbreite) herstellen lässt, kann es bei wissenschaftlichen Beurteilungen komplexer Sachverhalte auch zu bleibendem Dissens kommen. Dieser Dissens muss jedoch kein *moralischer Dissens* sein – auch wenn er als solcher darstellbar ist. Die Begründung für abweichende Beurteilungen kann die verschiedensten Ursachen haben, seien es unterschiedliche medizinische Schulen, ein Interpretationsdissens der statistischen Daten oder ein abweichendes Verständnis von Best Practices.

Es kann, um bei der Forschung nach Arzneimitteln und der Diskussion über ihre Sicherheit zu bleiben, auch auf dem Hintergrund derselben medizinischen Lehrmeinung zu sehr unterschiedlichen Bewertungen der Akzep-

---

[47] Vgl. Hansson (1987) und (1979).

tanz von Risiken im Verhältnis zum erreichbaren Nutzen kommen.[48] Zur professionellen Schlichtung solcher Beurteilungsdifferenzen könnte ein Unternehmen oder eine privatwirtschaftlich organisierte Forschungsinstitution einen *internen* Research Board einrichten, der wie eine Mediationsabteilung arbeitet und bei schwierigen Fällen auch externe Inputs zur Entscheidungsfindung nutzt.

In vielen Fällen haben wir es bei Whistleblowing aber auch mit völlig unterschiedlichen Wahrnehmungen und daraus resultierenden Bewertungen von Fakten zu tun. In solchen Fällen ist eine faire Beurteilung äußerst komplex.

1.3 Wie wirklich ist die Wirklichkeit?

Menschen haben aufgrund ihrer Erziehung und Sozialisation ein intuitives Vorverständnis von dem, was sich gehört bzw. was man tun soll und dem, was sich nicht gehört bzw. was man lassen soll. Mit anderen Worten: Sie haben eine mehr oder weniger deutlich ausgebildete moralische Urteilsfähigkeit. Dass diese Urteilsfähigkeit unter bestimmten Lebensumständen nicht immer zu entsprechend kohärentem Handeln führt, gehört bekanntermaßen ebenfalls zum menschlichen Wesen. Der große Wertepluralismus in modernen Gesellschaften ist ein wesentlicher Grund für unterschiedliche Auffassungen über die Legitimität unternehmerischen Handelns.

1.3.1 Wertepluralismus

Die individuelle Geltung spezifischer moralischer Ansprüche darf nicht mit deren genereller Gültigkeit verwechselt werden. In Sachen Moral ist niemand von Natur aus kompetenter als andere, sondern allenfalls graduell aufgeklärter und daher besser in der Lage, seinen Standort zu finden und kritisch zu bestimmen.[49] Auch Unterschiedlichkeiten in der Weltsicht von Menschen, die sich für bestimmte Ideale engagieren, im Vergleich zu anderen Menschen, die ihre Lebenskraft anderen Dingen widmen, sind für sich gesehen noch kein Hinweis auf unterschiedliche ethische Standards. Ebenso wenig dürfen unterschiedliche Handlungsprioritäten a priori mit gut oder böse bewertet werden. Zu pluralistischen Gesellschaften gehören auch mo-

---

[48] Vgl. auch „The Treatment: A Medical Researcher Pays for Challenging Drug-Industry Funding". In: The Wall Street Journal, 03.01.2001 sowie Dinkel et al. (1991).

[49] Vgl. Pieper (1985), 12.

ralische Urteile, die miteinander im Konflikt oder doch zumindest im Wettbewerb stehen.

Unterschiede bei den Werturteilen, Verschiedenheiten bei dem, was man prinzipiell für legitim und was für illegitim hält, beeinflussen in erheblichem Ausmaß die Auswahl von Fakten, die Gewichtung von Daten und so letztlich die gesamte Urteilsperspektive von Menschen.[50] Wo Unternehmen legal und im Einklang mit den Wertvorstellungen der großen Mehrzahl einer Gesellschaft handeln, spezifische Mitarbeiter jedoch aus ihrer individuellen Wertekonstellation bestimmte Handlungsweisen als illegitim empfinden (z.B. State-of-the-art-Tierversuche in der Forschung), liegt kein Whistleblowing im Sinne unserer Definition vor. Das Drängen auf mögliche Verbesserungen des Status quo bleibt auch in solchen Fällen legitim (im vorliegenden Beispiel die Verminderung der Anzahl der Tierversuche). Das in solchen Fällen bestehende Problem wird für die daran Anstoß nehmenden Mitarbeiter letztlich nicht lösbar sein, ohne dass er oder sie innerhalb oder außerhalb des Unternehmens eine alternative Beschäftigung sucht. Schwieriger wird es dort, wo Wirklichkeiten durch individuelle Konstruktion zustande kommen.

1.3.2 Konstruktivismus

Menschen neigen dazu, nach einer Ordnung im Ablauf der Geschehnisse zu suchen. Sobald sie davon überzeugt sind, diese Ordnung gefunden zu haben, wird sie in den Ablauf der Geschehnisse hineingelesen. Die bereits durch persönliche Werte, Lebenserfahrung, individuelle oder Gruppeninteressen vorstrukturierte Wahrnehmung der Wirklichkeit wird dann durch selektive Aufmerksamkeit selbstbestätigend. Das dadurch zustande kommende Koordinatensystem führt zu selbstbestätigenden Projektionen. Es war Paul Watzlawick, der in diesem Zusammenhang die Unterscheidung in eine „Wirklichkeit erster Ordnung" und in eine solche „zweiter Ordnung" machte: Die Wirklichkeit erster Ordnung bezieht sich auf physische Fakten, d.h. auf jene Wirklichkeitsaspekte, die sich auf den Konsens der Wahrnehmung und vor allem auf experimentelle, wiederholbare und daher verifizierbare Nachweise beziehen. Beispiel: Man kann mit Hilfe von heute zugänglichen molekularen Testverfahren beim Menschen Gene identifizieren,

---

[50] Vgl. Watzlawick (1989) und Maturana (1985) und aus philosophischer Sicht Wittgenstein (1989).

deren Beschaffenheit Rückschlüsse auf Krankheiten zulässt, die mit einer gewissen Wahrscheinlichkeit zu einem späteren Zeitpunkt im Leben dieses Menschen ausbrechen können.

Die Wirklichkeit zweiter Ordnung beruht ausschließlich auf der Zuschreibung von Sinn und Wert an den Dingen. Diese zweite Wirklichkeit ist dadurch geprägt, was Menschen aufgrund ihrer Erfahrungen und ihres Wissensstandes über Zeit und Raum, Wünschbares und Unerwünschtes, Gegenwärtiges und Vergangenes denken, was ihre Träume und Alpträume sind. All dies beeinflusst ihre Vorstellungen über gut und böse, definiert Weisheit und Dummheit und prägt auf diese Weise das jeweilige Bewusstsein. Gentests können nun, je nach Beschaffenheit der zweiten Wirklichkeit entweder als Triumph menschlichen Könnens oder als Realisierung orwellscher Alpträume begriffen werden. Forscher, die mit dieser Technologie umgehen, werden analog entweder als Helden der Menschheit oder als gewissenlose Helfershelfer dunkler Mächte empfunden. Alle im Kontext der Diskussion molekularer Testverfahren oder der Humangenetik schlechthin verfügbaren Informationen werden – im Lichte der Prädisposition – gefiltert und entsprechend eingeordnet.

Es ist äußerst schwierig, bei festgefahrenen Wahrnehmungsdifferenzen im Bereich der Wirklichkeit zweiter Ordnung zu sachlichem Konsens zu finden. Es kann keinen Zweifel daran geben, dass beispielsweise die Risiken und der Nutzen der durch Humangenetik möglich werdenden Informationen und Interventionsmöglichkeiten eines breiten und tiefen gesellschaftlichen Diskurses bedürfen. *Erfahrungstatsachen* über ein und denselben Sachverhalt können sehr unterschiedlich wahrgenommen werden, wenn die zur Erörterung anstehende Tatsache begleitenden sozialen Gegebenheiten ihrerseits unterschiedlich sind.

Wo Menschen das Gefühl haben, einer technischen Entwicklungsdynamik ausgesetzt zu sein, die sich selbst über traditionelle ethische Grenzen vorwärts treibt, entstehen – unabhängig der ethischen Wertigkeit des spezifischen Sachverhalts – Ängste und Unsicherheiten. Beides steht letztlich einer nachhaltigen gesellschaftlichen Akzeptanz entgegen – was ebenfalls noch keine moralische Aussagekraft hat. Da jedoch nicht nur technische und biologische, sondern eben auch ethische, soziale und politische Fragen zu klären und Orientierungen zu finden sind, wäre eine Verkürzung der Diskussion falsch.[51]

---

[51] Vgl. hierzu Höffe (1995).

Viele Gesellschaftsforscher und Philosophen gehen davon aus, dass sich jedes Individuum seine eigene Wirklichkeit *konstruiert.* Dabei wird an die vermeintlich *da draußen* bestehende Wirklichkeit mit gewissen Grundannahmen herangegangen, die bereits für feststehende, objektive Aspekte der Wirklichkeit gehalten werden. Objektiv sind diese jedoch als Konsequenz der Art und Weise, in der subjektiv nach der Wirklichkeit gesucht wird.[52] Denkt man diese Sicht der Dinge zu Ende, dann gibt es keine absolute und objektive Wirklichkeit mehr, sondern nur „[...] subjektive, zum Teil völlig widersprüchliche Wirklichkeitsauffassungen, von denen naiv angenommen wird, dass sie der „wirklichen" Wirklichkeit entsprechen".[53]

Zur Erläuterung seien hier als Beispiel wesentliche Aussagen der Umweltdiskussion genannt. Seit den frühen siebziger Jahren treten seriöse Wissenschaftler mit alarmierenden, teilweise äußerst bedrohlich wirkenden Meldungen über den Zustand der Umwelt an die Öffentlichkeit. Der Bericht des Club of Rome prophezeite damals für das Ende des vergangenen Jahrhunderts die *Grenzen des Wachstums* durch katastrophale Ressourcenknappheiten, die möglicherweise den Kollaps ganzer Volkswirtschaften zur Folge hätten,[54] und seither erfreuen sich apokalyptische Aussagen nach wie vor höchster Aufmerksamkeit.[55] Andere, nicht minder seriöse Wissenschaftler, beschreiben das genaue Gegenteil. Für sie hat sich nicht nur alles zum Besseren gewendet, sie sehen überhaupt keinen Anlass für ökologisch begründete Weltuntergangs-Szenarien.[56] Seit einiger Zeit ist eine mit wissenschaftlichen Argumenten, Studien und Gegenstudien geführte Diskussion um die

---

[52] Man spricht deshalb in diesem Zusammenhang vom „Konstruktivismus". Vgl. z.B. Watzlawick (1985). Ebenso Maturana (1985), Schriften der Carl Friedrich von Siemens Stiftung (1985), Berger/Luckmann (1980), Schmidt (1991), Geißlinger (1992) sowie Schumann (2000).

[53] Watzlawick (1989), 143.

[54] Vgl. Meadows et al. (1972).

[55] Vgl. z.B. Meadows et al. (1992), Ehrlich/Ehrlich (1996) sowie die jährlichen Veröffentlichungen des World Watch Institutes in Washington D.C.

[56] Vgl. die Bücher des leider 1998 allzu früh verstorbenen Julian Simon (Simon 1996), Bailey (1995) und – ganz aktuell – Lomborg (2001) und Maxeiner/Miersch (2002). Dass gegen non-Mainstream-Argumentationen immer wieder auch mit persönlichster Kritik und auf die polemischste Art und Weise vorgegangen wird, sollte nicht überraschen (vgl. Pianin (2003)).

Gefährlichkeit von Elektrosmog in Gange, deren Wertigkeit ebenfalls von nicht betroffenen Laien nur schwer beurteilt werden kann.[57]

Paul Watzlawick hat in seinem brillanten Buch *Anleitung zum Unglücklich-sein*[58] gezeigt, dass man nicht gut dabei fährt, anderen Menschen als Folge von eigenen Vorurteilen und daraus resultierenden Vorverurteilungen zu begegnen. Wer ausschließlich seine eigene Wirklichkeitsauffassung für richtig hält, folgert zwangsläufig, dass andere böswillig, dumm oder gar verrückt sein müssen, wenn sie die Dinge ganz anders sehen. Oder, um es in den Worten Wittgensteins zu sagen: „Wo sich wirklich zwei Prinzipien treffen, die sich nicht miteinander aussöhnen können, da erklärt jeder den Anderen für einen Narren und Ketzer."[59] Whistleblowing, das aus einer solchen Situation resultiert, ist äußerst schwierig zu beurteilen. Jeder hat seine Statistiken, jeder zitiert seine Nobelpreisträger, und alle haben sowohl die Wissenschaft als auch die Moral auf ihrer Seite.

Eine dem Konstruktivismus verwandte, sich aber in wesentlichen Punkten unterscheidende Problematik, die den Whistleblowing-Prozess beeinflusst, sind Unterschiedlichkeiten bei den *kognitiven Landkarten* der Menschen.

1.3.3 Kognitive Konsonanz und Dissonanz

Leon Festinger hat vor über 40 Jahren in seiner *Theorie der kognitiven Dissonanz* auf Mechanismen aufmerksam gemacht, mit denen Menschen mit Inkonsistenzen zwischen ihren Kenntnissen und Meinungen sowie ihrer Handlungsweise umgehen:[60] Obwohl Menschen bestrebt sind, Harmonie und Konsistenz zwischen ihren Meinungen, Einstellungen, Wertvorstellun-

---

[57] Vgl. z.B. www.maes.de/elektrosmog.htm, www.elektrosmognews.de, www.bfs.de, www.bioelectromagnetics.org – für die andere Seite der Diskussion vgl. Maxeiner/Miersch (2002), 111ff.

[58] Vgl. Watzlawick (1976).

[59] Wittgenstein (1989), 157.

[60] Vgl. Festinger (1978). Unter Kognition versteht Festinger „[...] Dinge, die eine Person über sich selbst, über ihr Verhalten und ihre Umwelt weiß", das schließt Kenntnisse ebenso ein, wie Meinungen. „Dissonanz" besteht, wenn kognitive Elemente aus irgendeinem Grund nicht zusammenpassen: sie können logisch inkonsistent sein, durch unterschiedliche kulturelle Gebräuche oder auf andere Weise entstehen" (Festinger 1978, 25ff.). Je nach Wichtigkeit der verschiedenen Elemente kann die Dissonanz mehr oder weniger stark sein. Die Stärke der Dissonanz kann u.a. durch Hinzufügen neuer kognitiver Elemente abgebaut werden.

gen und Handlungsmustern herzustellen, kann es zwischen verschiedenen Elementen ihres Wissens und ihrer Werturteile einerseits und ihrer Handlungsmuster andererseits Dissonanz oder nicht passende Beziehungen geben. Dissonanz besteht meist, nachdem eine Entscheidung zwischen zwei oder mehreren Alternativen getroffen wurde. Festinger unterscheidet

➢ kognitive Elemente, die mit den *positiven Eigenschaften der verworfenen Alternative* korrespondieren, von jenen, die mit *den negativen Eigenschaften der gewählten Alternative* korrespondieren; diese bezeichnet er als *dissonant* mit dem Wissen um die Entscheidung und

➢ kognitive Elemente, die mit den positiven Eigenschaften der gewählten Alternative korrespondieren, und jene, die mit den negativen Eigenschaften der verworfenen Alternative korrespondieren; diese nennt Festinger konsonant.

Die Existenz von Dissonanz ist psychologisch unangenehm. Je stärker die Dissonanz ist, desto größer ist der Druck zur Reduktion dieser Dissonanz. Die betroffene Person wird versuchen, entweder die Dissonanz zu reduzieren oder zumindest eine Dissonanz-Zunahme zu vermeiden oder – im besten Falle – Konsonanz herzustellen. Das kann, muss aber nicht, zu veränderten (neuen Erkenntnissen angepassten) Handlungsweisen führen. In diesem Fall bestünde wieder Konsistenz zwischen dem, was man tut und dem, was man für richtig hält.

Wenn Dissonanz bestehen bleibt, neigen Menschen einerseits zum Versuch, sie (beispielsweise durch Whistleblowing) zu reduzieren, andererseits werden sie aktiv Situationen und Informationen vermeiden, welche die Dissonanz erhöhen. Es findet eine bestätigende Selbstauswahl der Informationen statt. Das kann (wie beim Konstruktivismus) dazu führen, dass unter Verleugnung der Realität das persönliche Wissen so zurechtgebogen wird, dass die a-priori-Konsistenz zwischen dem, was man tat und dem, was man wusste, keiner Anpassung mehr bedarf.

Bei kontroversen Entscheidungen – nicht nur, aber auch in Unternehmen – bedeutet dies, dass nach einer getroffenen Entscheidung über einen strittigen Sachverhalt, ein weitergehender *Konfliktlösungsprozess* stattfinden muss. Nur dann kann das Unbehagen darüber abgebaut werden, dass diejenige Alternative, die man selbst attraktiv fand oder noch findet, verworfen wurde. Ein konsensorientierter Prozess ist also auch dann, wenn sich eine Partei mit ihrer Sicht der Dinge durchgesetzt hat, noch lange nicht abgeschlossen. Das gilt besonders für den Fall, dass die Attraktivität der nicht gewählten Entscheidung (für die unterlegene Partei) relativ hoch war. Allerdings löst eine einmal getroffene Entscheidung auch Prozesse aus, die dahin tendieren, die getroffene Entscheidung zu stabilisieren.

Wo Einfluss oder gar starker Druck auf Personen ausgeübt wird, ihre Meinungen, Überzeugungen oder Handlungsweisen contre coeur zu ändern, kann es zu öffentlich gemachten Erklärungen bzw. geäußerten Meinungen kommen, die nicht mit der inneren Überzeugung der betreffenden Personen übereinstimmen. Forcierte Einwilligungen (*forced compliance*) sind ohne anhaltende Belohnungen, Drohungen oder Kontrollen nicht stabil. Verschiedene Menschen haben eine unterschiedlich ausgeprägte Dissonanz-Toleranz: Für manche ist Dissonanz eine schmerzhafte und unerträgliche Angelegenheit – sie sind bei sich bietenden Gelegenheiten potenzielle Whistleblower. Andere können starke Dissonanzen ertragen.

Das Bewusstsein für verschiedene Wirklichkeitswahrnehmungen und kognitive Landkarten ist für alle gesellschaftlich kontrovers diskutierten Themen von großer Bedeutung: Unterschiedliche Beurteilungen ein und desselben Handelns haben ihre Ursache nicht notwendigerweise in unterschiedlichen moralischen Überzeugungen, sondern können auch durch verschiedenartige kognitive Wahrnehmungen des Sachverhalts ausgelöst sein. Das ist eine Chance, Whistleblowing (außer durch organisationskulturelle) auch durch nachhaltig offene und ehrliche Kommunikation anzugehen.

1.3.4 Intransparente Interessen und selektive Risikoanalyse

Es gab in der Vergangenheit Fälle, in denen alarmierende Berichte, die von Aufmachung und Sensationsgehalt her an externes Whistleblowing erinnern, jeder Wahrheit entbehrten und dennoch großen Schaden für die betroffenen Unternehmen anrichteten. Ursache solcher Entwicklungen können unsichtbare Interessenten sein, die aus einer bestimmten Entwicklung Nutzen ziehen. Ein solcher Fall ist der der Firma Birkel:[61]

> Im August 1985 warnt das Regierungspräsidium Stuttgart vor dem Verzehr von Nudeln der Firma Birkel. Die Masse aus Flüssigei, aus der die Teigwaren hergestellt sind, sei mikrobiell

---

[61] Da man bei solchen Fällen als externer Beobachter selten alle relevanten Daten und Informationen in Erfahrung bringen kann, übernehmen wir hier den – bisher von den betroffenen Unternehmen nicht in Frage gestellten – Text der Berichterstattung der Frankfurter Allgemeinen Zeitung über vermeintliche oder echte Lebensmittelskandale in der Bundesrepublik „Nahrung für die Angst", Frankfurter Allgemeine Zeitung, Nr. 49, 27.02.2001, 12.

verunreinigt, da sie nicht schnell genug verarbeitet worden sei. Zudem enthalte die Flüssigeimasse länger als sechs Tage angebrütete Eier. Das war damals in den Niederlanden erlaubt, verstieß jedoch gegen ein deutsches Verbot. Der niederländische Großunternehmen van Loon räumte ein, Birkel und andere Unternehmen in der Vergangenheit mit dem beliefert zu haben, was die Boulevardpresse bald billigen „Kükenbrei" nennen wird. Das Vertrauen der Verbraucher bricht weg, die Umsätze der Firma Birkel sinken rapide, 500 der 1.300 Mitarbeiter müssen entlassen werden.

Die Vorwürfe erweisen sich schon bald als haltlos. Birkel und andere beschuldigte Nudelhersteller können nachweisen, dass sie teilweise Trockenei verwendet haben. Der hohe Milchsäuregehalt der Nudeln lässt nicht zwingend Rückschlüsse darauf zu, dass verdorbene Rohstoffe verwendet wurden. 1986 stellt die Staatsanwaltschaft Stuttgart das Ermittlungsverfahren ein. Ende 1988 klagt Birkel auf Schadensersatz in Höhe von 43 Millionen Mark. Nach Auffassung des Unternehmens hat es sich bei der Warnung von 1985 um einen „Akt behördlicher Willkür" gehandelt.

Tatsächlich war die Gesundheit der Bevölkerung zu keinem Zeitpunkt gefährdet. Umstritten blieb, in welchem Maße die Verkehrsfähigkeit der Nudelerzeugnisse beeinträchtigt war und ob die möglicherweise minderwertige Qualität eine namentliche Warnung vor dem Hersteller gerechtfertigt hätte. 1991 gibt das Landgericht Stuttgart Birkel recht. Das Land Baden-Württemberg muss 13 Millionen Mark Schadensersatz an den Unternehmer zahlen, der seine Firma ein Jahr zuvor aus Verärgerung über die Behördenwillkür an den französischen Lebensmittel- und Getränkekonzern BSN verkauft hatte.

Ein zweites Beispiel dieser Art ist Kinder-Gemüsebrei aus Spanien:

Im Dezember 1993 entdeckt die Landesuntersuchungsanstalt Freiburg i.Br. in Gemüse-Babybrei aus Spanien überhöhte Werte des Pflanzenschutzmittels Lindan. Das farb- und geruchlose Insektizid darf schon seit 1980 nicht mehr in Deutschland verwendet werden. Der zulässige Grenzwert von 0,01 Milligramm pro Kilogramm war teilweise um das Vierfache überschritten worden. Die Ergebnisse wurden an das baden-württembergische Gesundheitsministerium gemeldet.

Die Behörde veranlasst, dass die Vertriebsfirma eine aus 78.000 Gläsern bestehende Lieferung vom Markt zurückholt. Nach Einschätzung des baden-württembergischen Gesundheitsministeriums ist das allerdings lediglich eine Vorsichtsmaßnahme. Dies gibt ein Ministeriumssprecher zu. Es habe keinen Grund gegeben, die Öffentlichkeit zu informieren. Bei den Grenzwerten handelte es sich um Hochrechnungen für mehrjährigen, dauernden Verzehr: Ein Baby müsste in wenigen Tagen zehn bis zwanzig Kilogramm der reklamierten Babynahrung zu sich nehmen, um möglicherweise vergiftet zu werden. Im April 1994 berichtet das ZDF von dem belasteten Babybrei. Die Drogeriemarktkette *Schlecker* nimmt daraufhin alle Gemüse-, Vollkorn- und Obstprodukte des spanischen Herstellers vom Markt. Auch *Milupa* und *Aldi* ziehen vorsichtshalber einige Produkte ihrer Babykost zurück, nachdem eine Zeitschrift auch dort über unzulässige Insektizidwerte berichtet hat. Die Marktführer *Hipp* und *Alete* allerdings kommen nicht in Verruf.

Der spanische Hersteller der Babykost sieht in den Vorgängen einen „Handelskrieg". Der Geschäftsführer der Firma sagt: „Das ist deutscher Protektionismus, um die eigenen Produkte zu schützen. Wir waren dabei, sie vom Markt zu verdrängen." Tatsächlich hatte Schlecker im Sommer 1993 die Gläser der Firma Hipp aus dem Sortiment genommen und sie gegen die preisgünstigere Ware des spanischen Herstellers ersetzt.

In Deutschland fällt Babykost wie Sportler-Nahrung und Diabetiker-Lebensmittel unter die so genannte Diätverordnung. Die Höchstwerte für Pflanzenschutzmittelrückstände liegen an der analytischen Nachweisgrenze und sind praktisch Nullwerte. Andere EU-Staaten verzichten auf diese strengen Vorschriften. Sie richten sich stattdessen nach der *Rahmenrichtlinie über Lebensmittel, die für eine besondere Ernährung bestimmt sind.* Diese erlaubt Grenzwerte, die bis zu zweihundertmal höher sind, als es die deutschen Regeln vorsehen. Diese Diskrepanz machte sich nach Meinung einiger Beobachter die Firma Hipp zunutze, um billigere Importware als gesundheitsgefährlich zu diskreditieren und so vom Markt zu drängen. Bald schon wird bekannt, dass Hipp gezielt Journalisten über die Schwächen der Konkurrenz informiert habe.

Ohne im Einzelnen zu den beiden Fällen Stellung nehmen zu wollen, scheint zumindest klar, dass

➤ das plötzliche Aufkommen eines sensationell anmutenden Sachverhalts durchaus mit Interessen zu tun haben kann, die auf den ersten Blick nicht transparent sind, und

➤ der Verzicht auf eine Handlungsvariante und das Überwechseln auf eine andere nur scheinbar eine bessere Situation schaffen kann, weil unterschiedliche Bewertungsskalen die direkte Vergleichbarkeit gleicher Risiken (z.b. Pestizidbelastung) maskieren.

Intransparente Interessen und Kampf um politische Aufmerksamkeit können eng mit unechten Formen von Whistleblowing verbunden sein. Dabei kann es vorkommen, dass die Gutmütigkeit oder auch Naivität von Menschen ausgenutzt wird, um völlig anders gelagerte Interessen politischer Art wahrzunehmen.

Zu dieser Warnung passt eine im Auftrag des *American Council on Science and Health* veröffentlichte Studie,[62] welche die 20 Aufsehen erregendsten Berichte über die Gesundheitsgefährdung beim Menschen untersuchte. Dabei wurden zunächst die veröffentlichten Behauptungen dargestellt, die Reaktionen der Öffentlichkeit analysiert und dann die gemachten Vorwürfe auf ihre wissenschaftliche Stichhaltigkeit untersucht. Das Ergebnis ist ernüchternd: Meist wurden die plakativ dargestellten Risiken isoliert und ohne Bezug zum entstehenden Nutzen erörtert, zum Teil wurden kleinste Risiken über jedes Maß aufgebauscht oder aus begrenztesten Erfahrungen generalisierende Aussagen extrapoliert. Praktisch immer wurden bestehende Risiken losgelöst von den *Risiken akzeptierter Alternativen* dargestellt.

In diesen Zusammenhang passt auch ein Bericht der *Frankfurter Allgemeine Zeitung*. Dort wurde in einem längeren Artikel von Udo Ulfkotte beschrieben, wie sich ohne wissenschaftliche Evidenz durch Übertreibungen und Unterstellungen mit Umwelt- und Gesundheitsthemen Verbraucherängste schüren lassen.[63] Wenn dadurch geschädigte Unternehmen (zugeteilte Rolle: *Goliath*) sich scheuen, gerichtlich gegen die Verbreitung unwahrer Geschichten vorzugehen und diejenigen, welche die irreführenden Geschichten verbreiten (eingenommene Rolle: *David*) nicht juristisch zur Rechenschaft gezogen werden, weil sie eine in der Öffentlichkeit als negativ wahrgenommene Geschichte nicht verlängern wollen, wird das Stillschweigen meist als Zustimmung fehlinterpretiert.

---

[62]   Vgl. Lieberman (1997).

[63]   Vgl. Ulfkotte (2000), 9.

Von besonderem Machiavellismus zeugt die Einführung *spekulativer* Risiken anstelle der Argumentation mit hypothetischen Risiken: *Hypothetisch* sind Risiken dann, wenn Wissenschaftler wissen, dass und wie sie in einem bestimmten technologischen oder biologischen Kontext auftreten können. *Spekulative Risiken* (Es könnte ja sein, dass Dinge passieren, von denen wir heute noch keine Ahnung haben!) beziehen sich auf potenzielle und (bislang) unbekannte Mechanismen und Interaktionen. Die Bewertung spekulativer Risiken erfolgt häufig in einem dramatischen Szenario von Vermutungen, die wissenschaftlich weder belegbar noch widerlegbar sind.

Dass da zur Not rationale Argumentationen zu kurz kommen können oder aus öffentlichkeitsstrategischen Gründen Pappkameraden aufgebaut werden, die dann mit moralischer Superioritätsattitüde abgeschossen werden, gehört zur Marketingstrategie des Auf-sich-aufmerksam-Machens. Bedauerliche Vorfälle wie diese stellen – auch wenn unternehmensinterne Quellen Teil des Alarms sind – kein Whistleblowing dar. Sie haben eher mit politischer Interessenwahrnehmung und daraus abgeleiteten Machtansprüchen zu tun.

Unter *Whistleblowing* verstehen wir im vorliegenden Zusammenhang also

einen Informationsprozess, durch den Menschen in Unternehmen, die selbst nicht die Macht haben, direkt korrigierend einzugreifen, sich gegen illegale oder als illegitim empfundene Praktiken nicht-trivialer Art wenden. Die Berichterstattung erfolgt in der Regel dann außerhalb des Dienstweges, wenn alle anderen Bemühungen erfolglos blieben und der Missstand fortbesteht. Das Motiv zum Handeln ist gemeinwohlorientiert und dient nicht primär eigenen materiellen Vorteilen.

Nach der Klärung des Begriffs soll nun die Frage nach der Legitimität des Whistleblowing beantwortet werden. Muss ein zum Whistleblowing Anlass gebendes Handeln eindeutig illegal sein, oder reicht es für den Rekurs auf das Gewissen schon aus, dass ein Handeln subjektiv als illegitim bewertet wird? Welche Qualität muss ein Abweichen von der Norm haben, damit man sich glaubwürdig auf einen Gewissenskonflikt berufen darf? Gibt es gar eine intersubjektiv verbindlich nachvollziehbare Qualität der moralischen Ernsthaftigkeit, die rechtswidriges Handeln rechtfertigt?

2. Zur legitimatorischen Einordnung von Whistle-blowing

Für die legitimatorische Einordnung des Whistleblowing spielen verschiedene Faktoren eine Rolle. Zunächst ist natürlich die Schwere des zum Whistleblowing Anlass gebenden Missstandes wesentlich. Ein zweiter wesentlicher Faktor ist, relativ unabhängig von der inhaltlichen Bewertung des Missstandes, der Verfahrensprozess, insbesondere die Einhaltung des Subsidiaritätsprinzips, also der Versuch, ein Problem auf der unterst möglichen Ebene zu lösen.

2.1 Legalität, Legitimität oder wissenschaftlicher Dissens?

Bei der Beantwortung der Frage, ob Whistleblowing begrüßens- oder verdammenswert ist, muss nach den verschiedenen Qualitäten des als Missstand wahrgenommenen Sachverhalts unterschieden werden. Während Gesetzesverstöße relativ einfach zu beurteilen sind, macht der Einschluss von illegitimen bzw. unmoralischen Sachverhalten subjektive Beurteilungen schwierig. Noch größere Probleme bereitet wissenschaftlicher Dissens insbesondere in den Fällen, in denen auf beiden Seiten der Argumentation Nobelpreisträger aufgeführt werden und der Laie ratlos bleibt.

2.1.1 Legalität

Legalität ist das ethische Minimum; wo im Kontext unternehmerischen Handelns nicht einmal die gesetzlichen Standards eingehalten werden, läuft etwas Prinzipielles schief. Hier sind keine relativierenden Argumentationen am Platz, sondern unverzügliche Korrekturen sowie Sanktionen gegen die Verantwortlichen. „Recht", so definiert Otfried Höffe, ist „[...] der Inbegriff von normativen Verbindlichkeiten (Normen, aber auch Strukturen und Verfahren sowie dem ihnen gemäßen Verhalten), die – zu einer bestimmten Zeit und für eine konkrete politische Gemeinschaft gültig – das Zusammenleben formell regeln."[64] Dieser weite Rechtsbegriff umfasst Rechtsnormen, positives Recht und soziale Normen. Recht regelt, wer was zu tun und zu fordern hat und enthält auch moralische Begriffe wie *Treu und Glauben, gute Sitten* oder *Arglist*. Die moralische Treuhänderfunktion des

[64] Höffe (1986), 202.

Gesetzgebers wird seit vielen Jahren durch höchstrichterliche Interpretationen des bestehenden Rechts verstärkt. Diese sind nicht nur von unternehmensethischem Interesse, sie haben auch konkrete handlungsleitende Wirkung.

Es besteht allerdings unternehmerischer Handlungsbedarf, wenn es in einer spezifischen nationalen Gesetzgebung (z.B. eines Entwicklungs- oder Transitionslandes) Regulierungs-Defizite gibt. Was das gesetzesanaloge Ausfüllen solcher Freiräume angeht, gibt es seit dem Contergan-Einstellungsbeschluss vor über 30 Jahren klare Verfahrenshinweise:[65] Erwartet wird, dass ein Unternehmen alles unternimmt, was im Zweifel als „möglich und zumutbar"[66] angesehen wird. Das Management soll bei komplexen Sachverhalten als Folge eines sorgfältig abwägenden Urteils entscheiden und nicht den letzten naturwissenschaftlichen Beweis im Sinne einer mathematischen, jede Möglichkeit des Gegenteils ausschließenden Gewissheit abwarten.

Handeln auf Verdacht wird immer dann erwartet, wenn die Gesundheit von Menschen gefährdet sein könnte. Das im *Contergan*-Fall urteilende Gericht präzisierte dabei, dass Handeln auf Verdacht „grundsätzlich schon bei einem geringen Grad an Verdacht" erwartet wird. Um auch Ausreden mit dem Verweis auf andere Sünder vorweg zu neutralisieren, fügte das Gericht hinzu: „Nicht die Branchenüblichkeit entscheidet, was rechtens ist; maßgeblich ist allein, welche Sorgfalt bei objektiver Betrachtungsweise geboten ist."[67]

Schließlich wurden Maßstäbe für die Lösung von Interessenkonflikten gesetzt: Wo es zwischen den Geboten wissenschaftlicher Gründlichkeit und einem an sich durchaus legitimen und sogar wirtschaftlich notwendigen Gewinnstreben zu einem Gewissenskonflikt kommt, müssen die wirtschaftlichen Interessen zugunsten des höheren Rechtsgutes (Gesundheit oder gar Leben von Menschen) *zurückgestellt* werden. Last but not least mutete höchstrichterliche Rechtsprechung Führungskräften in Unternehmen schon vor über dreißig Jahren ein Mindestmaß an Zivilcourage zu:

> "Auch persönliche Schwierigkeiten führen nicht dazu, daß ihnen ein weitergehendes Handeln etwa nicht zumutbar gewesen wäre. Angesichts der Bedeutung der [...] drohenden Ge-

---

65 Vgl. z.B. die Erörterungen des Contergan-Falles in Schmidt-Salzer (1979).
66 Schmidt-Salzer (1979), 481ff.
67 Schmidt-Salzer (1982), 280.

fahr schwerer Gesundheitsschäden, war von ihnen zu verlangen, daß sie persönliche Schwierigkeiten notfalls in Kauf nahmen. Hierin liegt keine Überforderung. Die Gesundheit vieler Menschen würde andernfalls straflos aufs Spiel gesetzt werden können."[68]

Zumindest für Industrieländer ist also ziemlich klar, wo Recht aufhört und Unrecht anfängt. Die Forderung legal zu handeln, ist weder für individuelle noch für kollektive Akteure verhandelbar. In Fällen, wo *illegales Handeln* in oder durch Unternehmen offenbar wird und verantwortungsvoll handelnde Menschen auf dem Dienstweg keine Abhilfe schaffen können, ist Whistleblowing angezeigt und legitim. Es kann dann höchstens noch um prozessurale Fragen (Einhaltung der Ebenen) gehen.

Schwieriger wird die Bewertung, wenn es nicht um die Illegalität geht, sondern mit Verweis auf mangelnde Legitimität ein Whistleblowing-Prozess in Gang gesetzt wird.

2.1.2 Legitimität

Beispiele dafür, dass legales Handeln unter Umständen nicht ausreicht, um menschliches Leid zu verhindern, findet man in jedem Zeitungsarchiv. Nicht nur gibt es unzählige Beispiele für die Unwirksamkeit von Gesetzen,[69] es gibt auch einen klaren Unterschied zwischen juristischer und ethischer Verantwortlichkeit: Während die juristische an einer eindeutig definierten Schranke endet, darf ethische Verantwortung aus Sorge um das Ganze nicht mit der juristischen enden. Nicht alles, was rechtens ist, ist aus ethischer Sicht wünschenswert, und nicht alles, was aus ethischer Sicht wünschenswert ist, ist Rechtspflicht. Auch im unternehmensethischen Zusammenhang ist zwischen *Rechtspflicht* (Handlungskriterium *Legalität*) und *Moralpflicht* (Handlungskriterium *Legitimität*) zu unterscheiden. Während die Legalität von Handlungen durch äußere Rechtfertigung im Vergleich mit den relevanten Gesetzen und Verfahrensvorschriften letztlich eindeutig feststellbar ist, unterliegt die Überprüfung der Legitimität einem viel komplexeren Prozess.[70]

---

68 Ebenda 282.

69 Vgl. Blankenburg (1977).

70 Vgl. die Übersicht von Homann (1999).

Zwar beinhaltet der aus lateinischen Wurzeln stammende Begriff Legitimität auch den Bezug auf *lex* (Gesetz), ein lediglich *rechtspositivistisches Legitimitätsverständnis* – im Sinne von: *Handeln hat schon dann normative Gültigkeit, wenn es mit dem Recht übereinstimmt und dieses ordnungsgemäß durch die dazu befugten Körperschaften gesetzt wurde* – befriedigt nur in den seltensten Fällen. Es gibt auch heute noch eine Reihe von Ländern, in denen die Gesetzesqualität (beispielsweise in Bezug auf den Schutz der Menschenrechte, oder in sozialen und ökologischen Belangen) defizitär ist oder bestehende Gesetze (beispielsweise durch mögliche Korruption) nicht durchgesetzt wird. Ebenso kann es in Staaten, die über ein modernes und komplexes Rechtssystem verfügen, dort zu unbefriedigenden Zuständen kommen, wo durch eine rasant fortschreitende Wissenschaft Fragen in einem Terrain zu beantworten sind, das juristisch noch gar nicht erschlossen ist. Ein *ethisches Legitimitätsverständnis* strebt – über geltendes Recht hinaus – eine Qualität des Handelns an, das im Lichte universal gültiger, intersubjektiv als verbindlich angesehener Normen mit vernünftigen Gründen gerechtfertigt werden kann.

Unternehmerisches Handeln, das Legitimität und nicht nur Legalität sucht, nimmt demzufolge aufgrund besseren Wissens und tieferer Einsichten auch dann Verantwortung wahr, wenn die jeweils geltenden Gesetze einen Sachverhalt überhaupt nicht oder nicht in der als angemessen empfundenen Tiefe regeln. Eventuell bestehende Gesetzeslücken werden von verantwortungsbewussten Unternehmen konstruktiv durch Selbstverpflichtung ausgefüllt. Ermessensspielräume z.B. bei den Arbeitsbedingungen und sozialen Leistungen oder beim Schutz der Verbraucher und der Umwelt, werden in solchen Fällen zugunsten des Allgemeinwohls und nicht Kosten sparend zu dessen Lasten benutzt.

Bei ethischem Legitimationsverständnis wäre es inakzeptabel, wenn ein international tätiges Unternehmen in einem wirtschaftlich unterentwickelten Land eine an lokalen Rechtsgegebenheiten orientierte Personalpolitik betriebe, wenn diese z.B. zur Folge hätte, dass 14-jährige Kinder zehn Stunden pro Tag am Fließband arbeiten, Frauen bei Eintritt einer Schwangerschaft entlassen oder gesundheitsschädigende Fertigungsprozesse, die in jedem OECD-Land verboten, in jenem Land aber (noch) erlaubt sind, Anwendung fänden. Wo in solcher Weise zwar auf Grundlage der lokalen Gesetze legal, aber aus aufgeklärter Perspektive offensichtlich illegitim gehandelt wird, kann es zu Whistleblowing kommen.

Die Probleme der Bewertung solchen Whistleblowings liegen einerseits in ethischen Grauzonen, andererseits im ausgeprägten Wertepluralismus moderner Gesellschaften. Was, beispielsweise im Bereich von Sozialleistungen, gehört gerade noch und was gerade nicht mehr zu den *Muss*-Normen, was gerade noch und was gerade nicht mehr zu den *Soll*-Normen? Hier kommen ganz direkt auch politische Sonderinteressen ins Spiel (siehe dazu Kapitel F).

Problematisch ist auch der Umgang mit privatesten individuellen Legitimationsvorstellungen, die – empirisch durch Demoskopie leicht messbar – an den äußersten Enden der gesellschaftlichen Gauß-Verteilung der Werteskala liegen. Sie können nicht zum bestimmenden Maß dessen werden, was ein Unternehmen oder eine andere Institution tun darf oder lassen muss. Es mögen liebenswerte, ja edle Motive sein, die Menschen dazu bewegen, die *Würde einer Pflanze* so hoch zu bewerten, dass sie Veränderungen am genetischen Code von Getreide für generell inakzeptabel halten. Eine Gesellschaft wäre jedoch schlecht beraten, wenn sie diese periphere Wirklichkeitswahrnehmung zum Maßstab der Bewertung einer zukunftsträchtigen Forschungsrichtung machte.

Whistleblowing im Kontext von Vorwürfen illegitimen Handelns muss in jedem Fall ernst genommen werden und bedarf immer einer vertieften Analyse. Einerseits ist längst nicht alles, was von organisationsinternen Dissidenten oder externen Anspruchsgruppen gefordert, vom Unternehmen aber nicht bewilligt wird, ein Sachverhalt, der die Legitimität des jeweiligen unternehmerische Handelns zur Disposition stellt. Andererseits ist die Tatsache, dass ein Unternehmen ein bestimmtes Handlungsmuster durchsetzen kann – z.B. weil es in einem Land legal ist oder in einer spezifischen Kultur akzeptiert wird – noch keine Garantie für dessen intersubjektive moralische Verbindlichkeit.

2.1.3 Wissenschaftlicher Dissens

Die größten Probleme bei der legitimatorischen Bewertung von Whistleblowing entstehen im Zusammenhang mit wissenschaftlichem Dissens. Die Tatsache, dass auch wissenschaftliche Dispute nicht in einem gesellschaftlichen Vakuum stattfinden und daher von religiösen, politischen und menschlichen Interessen beeinflusst sind, ist bekannt.[71] Dass sich dabei – zumindest temporär – nicht das wissenschaftlich Richtige, sondern das vom Zeitgeist als *politisch korrekt* Empfundene durchsetzen kann, ist seit

---

[71] Vgl. Hellman (1998) und Bürgin (2001).

Galilei auch bekannt. Daraus ist allerdings nicht die Schlussfolgerung zu ziehen, dass nur wissenschaftliche Minderheitsvoten (non-Mainstream) sich über den Tag hinaus als richtig erweisen und der sich Mainstream gewöhnlich irrt. Die Frage, in welchen Fällen sich eine Gesellschaft vor wissenschaftlichen Minderheiten wegen deren Irrlehre hüten und in welchen sie ihre Zukunft einer solchen wegen ihrer visionären Weisheit anvertrauen soll, ist abschießend nicht beantwortbar.[72] Richtige Schlussfolgerungen aus dieser Unsicherheit sind Forderungen nach Transparenz und intellektueller Offenheit sowie nach Fähigkeit zur Selbstkritik.

Die Wissenschaftsgeschichte lehrt uns, dass Unterschiede in der wissenschaftlichen Bewertung spezifischer Sachverhalte bei Menschen guten Willens nicht so dramatische Formen annehmen müssen, dass sie unaufhaltsam zu erbitterten und öffentlich ausgeführten Auseinandersetzungen führen. Dass es aber so kommen kann, ist ebenfalls bekannt. Die Wahrscheinlichkeit solcher Auseinandersetzungen ist dort besonders hoch, wo wissenschaftliche Auseinandersetzungen mit anderen Interessen vermischt oder von machiavellistisch strukturierten Persönlichkeiten genutzt werden, um deren eigene, versteckt gehaltene Agenda zu befördern.[73]

Und schließlich: Wenn eine Seite der Argumentation – z.B. aus religiösen oder ideologischen Gründen – nicht in der Lage ist, einen wesentlichen Teil der Argumentation der anderen Seite in ihrer Existenzberechtigung oder logischen Schlüssigkeit zu erkennen, werden Erörterungen über das relative Gewicht der angeführten Argumente äußerst schwierig.

Bei Unternehmen, deren kommerzieller Erfolg auf Wissenschaft und Forschung basiert, kommen noch zwei zusätzliche und für die Erörterung des Whistleblowing höchst relevante Dimensionen ins Spiel: Machtgefälle und Konkurrenzdruck.

Machtgefälle

Die Wissenschaftsabteilungen großer, auf der Qualität ihrer Forschungsergebnisse basierender Unternehmen sind im Normalfall hierarchisch strukturiert. Unter solchen Umständen kann es vorkommen, dass Untergebene

---

[72] Diesen Gedanken verdanke ich (neben anderen) der Peer Review des Manuskripts durch Peter Ulrich und Susanne Stalder vom Institut für Wirtschaftsethik der Universität St. Gallen.

[73] Vgl. z.B. die Kontroverse zwischen Leibniz und Newton, glänzend analysiert bei Hellman (1998).

in einem wissenschaftlichen Bewertungsdissens unterliegen, weil Vorgesetzte, die das abweichende Bewertungsspektrum oder eine andere *Denkschule* vertreten, sich deshalb durchsetzen, weil sie über hierarchische Machtmittel verfügen. Für Untergebene bedeutet dies, dass sie in dieser Auseinandersetzung – u.U. trotz der wissenschaftlichen Richtigkeit ihrer Argumentation – zumindest temporär unterliegen können. Käme es jetzt zu Whistleblowing unter mediengerechten Umständen, wenn beispielsweise ein egomaner, a-ber intellektuell nicht sonderlich begabter Vorgesetzter, dessen Hauptanliegen es ist, *nach oben* gut auszusehen, und sein Gegenüber ist ein intellektuell brillanter, aber schüchterner und konfliktunfähiger Untergebener mit Hypothekenlast und Kindern in der Ausbildung, dann wären das die Ingredienzen für eine Geschichte, die nicht nur in der Boulevard-Presse Aufmerksamkeit fände. Es ist offensichtlich, dass dann eine rationale Auseinandersetzung über sachliche Differenzen erschwert wird.

Konkurrenzdruck

Wenn wir davon ausgehen, dass in der heutigen Zeit forschungsorientierte Unternehmen hohem Wettbewerbsdruck innerhalb der gleichen Branche ausgesetzt sind, was zu immensem Innovationsdruck führt, liegt die Vermutung nahe, dass dies auch zu großem Erfolgsdruck auf die jeweiligen Forschungsabteilungen führt: Die Allokation von Ressourcen für die Forschung und somit die Anzahl der Arbeitsplätze, die Höhe der finanziellen Mittel und der prioritäre Zugang zu knappen Infrastrukturen hängen unter diesen Umständen ebenso von den Ergebnissen der jeweiligen Forschungsabteilungen ab wie die Karrieremöglichkeiten innerhalb des Unternehmens oder des jeweiligen Forschungsinstituts.

Deiseroth weist auf die Problematik hin, dass in Forschungsabteilungen von Unternehmen, die hohem Wettbewerbsdruck ausgesetzt sind, nicht sichergestellt sei, „[...] dass wichtige und wesentliche Informationen über Nachteile des vorgeschlagenen Projekts und über mögliche Alternativen in hinreichendem Maße produziert werden."[74] Er fordert daher, die Mechanismen zu fördern und zu stärken, die *Insider-Wissen* nach außen dringen lassen – d.h., er ruft zum Whistleblowing auf und verweist auf die grundrechtlich gewährleistete *Wissenschaftsfreiheit*, die untrennbar mit der Freiheit zur mündlichen und schriftlichen Kommunikation verbunden ist. Im Fall

---

[74] Deiseroth (1996), 231.

von Unternehmen kann dieses *außen* auch *außerhalb der eigenen Forschungsabteilung* bedeuten oder der Beizug einer Ethik-Kommission.

Der konstruktive Umgang mit wissenschaftlichem Dissens zwischen Menschen guten Willens kann zusätzlich erschwert werden, weil unter Zeitdruck *Ergebnisse* erwartet werden und keinesfalls eine anscheinend *never ending story* des einerseits und andererseits. Subtile Abwägungen, z.z.B. dass ein gültiger Lösungsansatz durchaus auf Elementen beider Argumentationen beruhen kann (die einen sehen den Wald im Vordergrund, die anderen die Bäume) und die *Wahrheit* im mehr oder weniger des einen und anderen liegt, sind unter solchen Umständen organisationskulturellen Widerständen ausgesetzt.

Galilei...

Es muss sich bei Forschern, die Zweifel am unternehmensinternen Mainstream-Denken äußern, ja nicht in jedem Fall um einen Galilei handeln. Richtig ist allerdings auch, dass Veränderungen des Status quo immer von einer *Minderheit* ausgehen. Empirische Forschung ist Anwendung von Theorien. Neue empirische Informationen oder intellektuelle Impulse können die empirische Geltung der Theorie vertiefen oder erweitern. Es kann aber auch erforderlich werden, Modifikationen an der vorgegebenen Theorie vorzunehmen oder sie ganz zu verwerfen. Wissenschaftliches Arbeiten, auch solches in Unternehmen, muss für alle Entwicklungen offen sein. Die Offenheit dieses Prozesses ist immer mit Unsicherheiten, ja mit Gefährdungen des eigenen Status verbunden: Plötzlich kann sich das, woran man seit Jahren gearbeitet und geglaubt hat, als wissenschaftliche Sackgasse erweisen. In einer solchen Situation sind Abwehrhaltungen, Verteidigungsdispositive und „Hinwegerklärungsversuche"[75] nicht ungewöhnlich und auch menschlich verständlich. Individuen können für solche Haltungen mit menschlichem Verständnis rechnen, von Unternehmen als kollektive Akteure ist dagegen zu erwarten, dass sie solche Gefahren antizipieren und entsprechende organisatorische Vorkehrungen treffen.

Wo externer Konkurrenzdruck in Verbindung mit internem Ressourcenwettbewerb besteht und der vom Mainstream abweichend argumentierende Forscher ein Untergebener ist, dessen Vorgesetzter einer anderen Denkschule nahe steht, werden faire Beurteilungen von wissenschaftlichem Dissens enorm schwierig. Dissens-Situationen, die zu Whistleblowing führen

---

[75] Festinger (1978), 16.

können, werden um so wahrscheinlicher, als keine Möglichkeit besteht, interne *credible third parties* anzusprechen, die eine interessenunabhängige *Peer Review* durchführen, zu der auch institutionsexterne Kapazitäten herbeigezogen werden.

.. und die Arzneimittelsicherheit

Welche Art und welches Ausmaß von Nebenwirkungen eines Medikaments werden durch welche Dimension von therapeutischem Nutzen gerechtfertigt? Wie ist umzugehen mit Empfehlungen von Wissenschaftlern, die ihre Einsichten auf Werte-Prädispositionen (sagen wir im Kontext der Human-Gentechnologie) gründen, die zwar für das jeweilige Individuum größte Gültigkeit haben mögen, jedoch keinen Anspruch auf allgemeine Verbindlichkeit begründen? Während der normale Wissenschaftsbetrieb über externe Peer Reviews, über Veröffentlichungen und Gegenveröffentlichungen sowie akademische Debatten bei Symposien Öffentlichkeit über divergierende Überzeugungen und alternative Thesen schafft, bleiben divergierende unternehmensinterne Überzeugungen aus Gründen des Schutzes intellektuellen Eigentums oder wegen involvierter Geschäftsgeheimnisse im kleinsten Zirkel.

Wissenschaft lernt von Beobachtung und neuen Erfahrungen, das aber heißt, dass sie auch Fehler machen und Irrtümer begehen muss, um von diesen zu lernen. Systeme, die dies nicht mehr erlauben, sind nicht mehr innovationsfähig, denn sie vergeben sich die Möglichkeit des rechtzeitigen Erkennens von Irrwegen. Die Unwiderlegbarkeit von *Murphy's Gesetz*, dass nämlich alles, was schief gehen kann, irgendwann auch einmal tatsächlich schief geht, sollte dem gesunden Menschenverstand nahe legen, nicht nur den Wirkungsradius von Fehlern möglichst klein zu halten, sondern auch ein möglichst kritik- und fehlerfreundliches Forschungsumfeld zu schaffen.

Wo Kontroversen durch hierarchische Befehle beendet werden und die professionelle Sicht qualifizierter Minderheiten unberücksichtigt bleibt, kann ein Whistleblowing-Prozess in Gang kommen, dessen legitimatorische Einordnung offen ist. Die Beurteilung dessen, was in solchen Fällen eine gemeinwohlverträgliche Lösung ist, wird oft in hohem Maße von prinzipiellen Werturteilen bestimmt. Falls in solchen Fällen Lösungen durch sachliche Kompromisse (z.B. bei Arzneimitteln eine Verkleinerung der Indikationsbreite sowie vermehrte Nebeneffekts- bzw. Warnhinweise) deshalb nicht möglich sind, weil es um ein prinzipielles Entweder-Oder geht, besteht nur noch die Hoffnung, durch Einschaltung externer Gremien (z.B.

eines Ethik-Beirats) weiterzukommen. Aber auch in solchen Fällen sind prozessurale Fragen (Einhaltung der Ebenen) von Bedeutung.

2.2 Die Ebenen des Whistleblowing

Whistleblowing kann auf verschiedenen Ebenen stattfinden: informell von Mensch zu Mensch oder etwas formeller von Kollege zu Kollege auf der gleichen hierarchischen Ebene. Wenn dies nichts bewirkt, kann der normale und in den Organisationsrichtlinien vorgesehene Dienstweg unter Einbezug zunehmend höherer hierarchischer Ebenen eingeschlagen werden. Im Extremfall kann sich Whistleblowing an externe Institutionen wenden. Das können dann die Polizei oder eine andere Behörden sein oder, noch unangenehmer für die betreffende Firma, auch Medien. Die für die jeweilige Institution entstehenden Unannehmlichkeiten nehmen in dem Maße zu, je weiter sich das Whistleblowing vom Tatort entfernt.

2.2.1 Whistleblowing auf der gleichen hierarchischen Ebene

Das bewusste Sicheinmischen in einen als illegitim oder illegal empfundenen Sachverhalt kann sehr einfache Formen haben und auf der gleichen hierarchischen Ebene stattfinden: Nehmen wir beispielsweise an, der Firmenmitarbeiter A bemerkt durch Zufall, dass Kollege B, mit dem er auf einer Geschäftsreise war, Reisespesen abrechnet, von denen A sicher weiß, dass sie in der Höhe des angegebenen Betrages nicht entstanden sind. Herr A hat an seinem Kollegen B in der Vergangenheit schon mehrere Male ein exzessives Ausgabeverhalten beobachtet, und zwar immer dann, wenn das Unternehmen dafür gerade zu stehen hatte. Da A selbst mit Firmenressourcen ehrlich und sparsam umgeht, ärgert ihn das Fehlverhalten des Kollegen. Wie soll sich A verhalten? Soll er sich Abwenden oder einmischen? So oder so ist die Angelegenheit mit Ärger für A verbunden – entweder durch die Tatsache, dass er nichts tut, oder durch die Konfrontation mit dem nach wie vor uneinsichtigen Kollegen.

Sich dem Problem stellen oder Abwenden?

Wird nach der *Goldenen Regel* gehandelt, wonach wir andern nichts antun, von dem wir uns wünschten, dass es uns selbst nicht angetan werde, stellt sich zunächst eine prinzipielle Frage: Sollen wir uns dem Problem stellen oder sollen wir zur Tagesordnung übergehen, weil wir zum Schluss kommen, es sei nicht unser Problem und gehe uns daher nichts an? Falls diese

Frage prinzipiell im Sinne einer Intervention beantwortet wird, stellt sich eine *Schwellenfrage*: Wo liegt die Schmerzgrenze eines spezifischen Handelns, jenseits derer eine Intervention angemessen, ja vielleicht unausweichlich ist? Gehört der private Gebrauch von Firmenkugelschreibern schon zu den Dingen, die Anstoß erregen sollten, oder fängt es erst beim elektronischen Taschenrechner oder gar PC an? Sind kurze private Telefongespräche während der Arbeitszeit noch legitim, Ferngespräche auf Firmenkosten jedoch Anlass zum Eingreifen? Dürfen Fotokopierer im Unternehmen überhaupt für private Kopien benutzt werden, oder entsteht ein Problem erst jenseits einer gewissen Anzahl oder durch Regelmäßigkeit?

Die Anzahl der hier zu erörternden Verhaltensweisen ist vermutlich endlos, die Konsequenz für das Unternehmen jedoch in jedem Fall klar: Auch kleine und scheinbar vernachlässigbare Großzügigkeiten im Umgang mit Firmeneigentum addieren sich zu gewaltigen Summen, wenn sie zum unkritisch übernommenen Allgemeinverhalten werden. Während also die kurze Antwort, *Geschäftseigentum ist für private Zwecke nicht zu nutzen!*, in jedem Fall richtig ist und im Unternehmen durchgesetzt werden sollte, entsteht beim Whistleblowing oder jeder anderen Form der Einmischung durch Kollegen immer die Notwendigkeit, die *Verhältnismäßigkeit der Tat* zu prüfen.[76]

In Fällen, die jenseits der (subjektiven) Toleranz liegen, steht jeder Mitarbeiter eines Unternehmens vor der unangenehmen Situation, den Kollegen auf sein illegitimes Handeln ansprechen zu müssen, doch die wenigsten Menschen tun dies gerne. Dennoch: Es ist nicht nur eine Frage des gesunden Menschenverstandes, es liegt immer auch im Interesse der Sache und des Bemühens um effizientes Arbeiten in einem kollegialen Klima, dass Probleme auf der unterst möglichen Ebenen gelöst werden, eben dort, wo sie anfallen.

Faires Einmischen als Bürgerpflicht

Aus unternehmensethischer Sicht ist Einmischung jenseits von Bagatellen erforderlich, denn illegitimes oder gar illegales Handeln stillschweigend zu dulden, kommt einer heimlichen Komplizenschaft gleich. Indifferentes Zuschauen schadet in solchen Fällen dem Unternehmen und somit auch den Mitarbeitern und Aktionären. Eine direkte persönliche Aussprache kann zwar zu einer Belastung des persönlichen Verhältnisses führen, jedoch auch zur Lösung des konkreten Problems. Da in allen Aspekten des Whistleblo-

---

[76] Vgl. Mudrack (1993), 517-524.

wing auch die *Unschuldsvermutung* zu gelten hat und – wie im diskutierten Beispiel der Spesenabrechnung – auch ein Abrechnungsfehler oder ein, dem potenziellen Whistleblower unbekannter Sachverhalt vorliegen kann, sollte das Gespräch nicht in anklagender oder gar vorverurteilender Art und Weise geschehen, sondern im Ton verbindlich und in der Sache problemorientiert bleiben. Auf diese Weise bleibt es dem Angesprochenen überlassen, ohne Gesichtsverlust eine Korrektur einzuleiten und für die Zukunft Konsequenzen zu ziehen.

Erst wenn die direkte Aussprache zu keinem oder zu keinem befriedigenden Ergebnis führt, stellt sich die Frage, ob die nächst höhere hierarchische Ebene involviert werden soll. Ein solches Vorgehen verschärft die Situation ohne Zweifel, da nun eine größere Öffentlichkeit geschaffen wird und empfindlichere Nachteile für die inakzeptabel handelnde Person entstehen können. Whistleblowing unter Einbezug Vorgesetzter darf daher nicht leichtfertig geschehen. Es muss in jedem Fall eine verantwortete Güterabwägung zwischen der Schwere des Fehlverhaltens und der zu erwartenden Konsequenzen für den vom Whistleblowing betroffenen Menschen erfolgen.

Ohne eine verantwortete Güterabwägung begibt sich ein Whistleblower in den Verdacht des Denunziantentums oder der destruktiven Wichtigtuerei. Zur Selbstprüfung von Personen, die potenziell als Whistleblower in Frage kommen, schlägt J. Vernon Jensen verschiedene Fragen in Bezug auf die persönliche Motivation und Ethik bzw. Integrität vor, ebenfalls in Bezug auf die Sorgfalt der Informationsbeschaffung und der Abklärung anderer, subtilerer Möglichkeiten, das Korrekturziel zu erreichen.[77] Mit einer solchen Selbstprüfung soll verhindert werden, dass Selbstgerechtigkeit und/oder Projektion zur tragenden Motivation des Whistleblowing werden.

2.2.2 Whistleblowing gegenüber höheren hierarchischen Ebenen

Angenommen jemand habe den Eindruck, in einer Abteilung werden zur Erreichung des jährlichen Verkaufsbudgets wichtige Dokumente gefälscht, Berichte zurück- oder vordatiert, Preise mit der Konkurrenz abgesprochen, Abrechnungen frisiert und/oder Waren mit abgelaufenem Verfallsdatum dennoch verkauft. Oder nehmen wir an, in einer Forschungsabteilung wer-

---

[77] Vgl. Jensen (1987), 322ff.

den Resultate geschönt, um im internen Wettbewerb um Ressourcen und Beförderungen Vorteile zu erlangen. Nehmen wir noch zusätzlich an, die Wahrscheinlichkeit, dass das Fehlverhalten von einer externen Stelle oder der internen Revision entdeckt werde, sei gering. Es ginge also um ein Handeln, das im Minimum gegen die Richtlinien des Unternehmens, im Maximum auch gegen geltendes Recht verstößt.

In solchen Fällen steht außer Frage, dass aus ethischer Sicht und aus wohlverstandenem Unternehmensinteresse Einmischung und Widerstand erforderlich sind. Auch hier ist zunächst − aus Fairness, wegen der gebotenen Unschuldsvermutung und wegen der Effizienz der Intervention − eine Einmischung auf gleicher hierarchischer Ebene erforderlich. Nehmen wir nun jedoch an, dies würde zu keiner befriedigenden Reaktion führen. Jetzt sollte wegen der Schwere der (vermuteten oder bewiesenen) Verfehlung die nächst höhere unternehmensinterne Instanz eingeschaltet werden, und zwar, so unangenehm das sein mag, ohne Rücksicht auf Verstimmungen der betreffenden Kollegen. Im Falle der Bestätigung des wahrgenommenen Missstandes ist die Wahrscheinlichkeit groß, dass die fehlbaren Kollegen Sanktionen zu erwarten haben. Die nächst höhere Ebene im Unternehmen ist durch das jeweilige Organigramm vorgegeben. Für den Fall jedoch, dass eine Intervention auf der direkt vorgesetzten Ebene keinen Erfolg bringt, ist die jeweils wiederum nächst höhere Ebene der nächste Ansprechpartner. Das Weiterziehen der Beschwerde kann, wo keine Ombuds-Institution vorhanden ist, bis zum Vorsitzenden der Geschäftsleitung oder dem Präsidenten des Verwaltungsrates gehen. Dabei ist offensichtlich, dass dort, wo explizit außerhalb des Dienstweges gehandelt wird, bis zu einem gewissen Grad die formale Autoritätsstruktur der Organisation missachtet wird. Das wird jedoch von den betreffenden Personen wegen der Schwere des Missstandes in Kauf genommen.

Das Unternehmensinteresse ist hier individuellen (und falsch verstandenen!) Loyalitäten übergeordnet. In einem *normalen* Unternehmen mit rational denkendem Führungspersonal kann man davon ausgehen, dass nach Abklärung der Sachlage bestehende Missstände beseitigt werden. Es gibt jedoch eine Reihe empirischer Fallstudien, in denen entweder das Unternehmen nicht normal oder die Entscheidungs- und Handlungsstrukturen des Führungspersonals nicht rational waren: Der Einbezug vorgesetzter Instanzen führte *nicht zu den erforderlichen Korrekturen* und auch alle anderen unternehmensinternen Bemühungen (z.B. Einschaltung des Revisorats, der Rechtsabteilung etc.) scheiterten, weil sich maßgebliche Führungspersonen weigerten, das Problem zu lösen, entweder weil dies betriebswirtschaftlich lukrativ war oder Korrekturen als zu aufwendig betrachtet wurden.

Aus einer Vielzahl von Gründen ist internes Whistleblowing *immer* dem externen vorzuziehen. Was aber ist zu tun, wenn alle internen Möglichkeiten ausgeschöpft sind? Es ist in der Vergangenheit tatsächlich zu Konstellationen gekommen, in denen Mitarbeiter eines Unternehmens wegen der Schwere des Missstandes den zur Lösung des Problems führenden Weg nach außen angetreten haben. Da ein solches Vorgehen nicht nur für das Unternehmen großen Ansehensverlust und Schadensersatzansprüche zur Folge haben kann, sondern auch den Whistleblower hohen persönlichen Risiken aussetzt, muss vor einem solchen Schritt eine sorgfältige Güterabwägung (z.B. Schwere des Schadens, Richtigkeit der bekannten Fakten und der eigenen Beurteilung, Struktur der eigenen Motivation etc.) vorgenommen werden.

2.2.3 Whistleblowing gegenüber firmenexternen Instanzen

Es gibt eine Reihe von Beispielen, wo Firmenangestellte aus Gewissensnot ihr intern nicht lösbares Problem externen Behörden anvertrauten oder sich einschlägig bekannten Unternehmenskritikern bzw. den Medien offenbarten. Einer der bekanntesten Fälle ist wohl der des Dan Gellert, der mit der alarmierenden Botschaft, das L-1011 Flugzeug seines Arbeitgeber Lockheed entspreche nicht den amerikanischen Sicherheitsbestimmungen, an die Öffentlichkeit ging.[78] Ein anderer Fall ist der Frank Camps, der die öffentliche Aufmerksamkeit auf die mangelnde Fahrzeugsicherheit des Ford Pinto lenkte.[79] Stanley Adams, der Preisabsprachen seines Unternehmens den EU-Behörden offenbarte,[80] stellt hier einen Sonderfall dar, da er sich, allem Anschein nach, ohne den Weg durch die internen Institutionen zu gehen, direkt an die EG-Behörden wandte. Weitere Beispiele aus anderen Branchen sind dem interessierten Leser zugänglich; sie haben in praktisch allen Fällen erhebliches öffentliches Aufsehen erregt.[81]

---

[78]   Vgl. Gellert (1981).

[79]   Vgl. Camps (1981).

[80]   Vgl. Adams (1984) und die beiden Entscheide des Schweizerischen Bundesgerichts BGE 102 IA 211 und BGE 104 IV 175.

[81]   Vgl. die in der Harvard Business Review veröffentlichten Fallstudien sowie das Standardwerk von Nader et al. (1972). Ferner vgl. Glazer/Glazer (1989).

In prominenten Fällen werden externe Instanzen alarmierende Whistleblower oft zu öffentlichen moralischen Helden. Unternehmensintern werden sie jedoch ebenso oft als Verräter oder wichtigtuerische Feiglinge wahrgenommen, die aus Geltungssucht oder anderen niedrigen Motiven nicht wirklich alle internen Möglichkeiten zur Behebung des Problems ergriffen haben. Das Charakterbild solcher Personen bleibt wohl auch in Zukunft von der Parteien Gunst und Hass verzerrt.

Die Risiken, die Whistleblower mit ihrem Schritt an die Öffentlichkeit eingehen, sind erheblich größer als diejenigen intern bleibender Whistleblower. Die Literatur ist voll von Fallstudien, in denen nicht etwa die für das Problem verantwortliche Person entlassen wurde, sondern die Überbringer der schlechten Botschaft, die Whistleblower. Längst nicht alle Geschichten haben in der Realität das Happy End, das Arthur Hailey in seinem Roman *Bittere Medizin* gewählt hat: Dort wird die Person, die aus Protest gegen das unmoralische Handeln des Unternehmens in Sachen Arzneimittelsicherheit die Firma verließ, schließlich mit allen Ehren und in höhere Position zurückgeholt.[82] Allerdings ist auch der Ausgang des Dramas der Karen Silkwood realistischerweise am extremen anderen Ende der statistischen Normalverteilung anzusiedeln. Die Technikerin Karen Silkwood sagte über die Verletzung der Sicherheitsvorschriften im Kernkraftwerk Kerr McGee vor einer Kommission der US Atom Energie-Behörde aus und kam auf dem Weg zu einem Interview mit der New York Times, wo sie Beweise über die Fehlkonstruktion von Brennstäben vorlegen wollte, bei einem mysteriösen Verkehrsunfall mit Fahrerflucht ums Leben; Gewerkschaftsfreunde sprachen von Auftragsmord.

3.   Eine erste Bewertung

Was haben Whistleblower in der Vergangenheit bewirkt? Konnten Sie vermeidbaren Schaden von Menschen oder der Natur abwenden oder verrannten sie sich in Detailkritik relativer Bedeutungslosigkeit und erlagen einem menschlich verständlichen, subjektiven Fehlurteil, dem sich andere nicht anschließen konnten? Diese Frage hat keine verallgemeinerbare Antwort. Unbestreitbar ist indessen, dass in vielen Fällen durch Whistleblower Schaden für das Gemeinwohl vermindert oder abgewendet wurde.

---

[82]   Vgl. Hailey (1984).

Ein Urteil über Whistleblowing ist eine inhärent komplexe Angelegenheit, simplifizierende Vorurteile dafür oder dagegen werden dem Sachverhalt nicht gerecht. Alle, die sich mit Whistleblowing beschäftigt haben, weisen auf die dem Sachverhalt innewohnende Ambivalenz hin: Whistleblowing kann eine Bedrohung sein und Schaden anrichten – für den Whistleblower und die Organisation. Whistleblowing kann jedoch auch eine Gelegenheit für das Unternehmen sein, die langfristige Effizienz und die Moralität der Institution zu verbessern und Schaden von Individuen, der Natur oder dem Allgemeinwohl abzuwenden. Besonders dort, wo Whistleblowing vermeidbaren Schaden von Menschen und Umwelt abwendet, liegt es im Eigeninteresse der Institution, den aufgedeckten Missstand schnellst möglich zu beseitigen. Diese wichtige Korrekturaufgabe haben im unternehmerischen Normalfall allerdings nicht die Whistleblower, sondern zunächst die verschiedenen Verantwortungsträger auf allen Ebenen im Unternehmen und, darüber hinaus, die jeweils zuständigen Abteilungen für Umweltschutz, Personalangelegenheiten, Produktionssicherheit oder andere sensible Sachverhalte.

Obwohl es faktisch nicht die Whistleblower sind, die den *primären* tatsächlichen oder potenziellen Schaden für ihr Unternehmen anrichten, wird ihr Handeln meist in jeder Form als unangenehm für die betroffene Institution oder für die in ihr Verantwortung tragenden Personen empfunden. Whistleblower berühren Unberührbares, sprechen versteckte Schwächen oder andere Sachverhalte an, über die ein empfundenes oder tatsächliches Schweigegebot verhängt wurde. Sie lehnen im Glauben an *unbedingte* Verbindlichkeiten (z.B. Schutz der menschlichen Gesundheit oder der Umwelt), *aufgesetzte* Verbindlichkeiten (z.B. right or wrong my company) ab und reißen den Schleier vorhandener Illusionen weg, um das Bewusstsein für zu schützende Normen und Werte zu wecken.

Dass dabei Schaden für die betroffene Institution entsteht, wird vom Whistleblower im Normalfall erkannt, aus übergeordneten Erwägungen jedoch in Kauf genommen: „Manchmal muss man etwas angreifen, um es zu retten; manchmal muss man etwas zerstören, um es zu befreien; manchmal lässt es sich nicht vermeiden, weh zu tun, um zu heilen." Diese Worte finden sich im Umschlagband des Buches *Kleriker*[83] von Eugen Drewermann, dessen Bemühungen um eine Erneuerung der katholischen Kirche für ihn unangenehme Sanktionen zur Folge hatten. Drewermann teilt dieses

---

[83] Drewermann (1990).

Schicksal mit anderen ehemaligen Amtsbrüdern (z.B. Hans Küng, Leonardo Boff oder Rupert Lay) und anderen als unerwünschte *Revolutionäre* verkannten Reformern, aber auch mit unzähligen anderen, die Anstoß nahmen an eingefahrenen Handlungsweisen in der Industrie oder in Behörden.[84] Für die generelle Erörterung des Sachverhalts ist es unerheblich, ob Whistleblowing in einem Unternehmen oder einer anderen hierarchisch strukturierten Institution wie z.B. einer Kirche, einer Partei oder einer internationalen Organisation wie z.B. der EU-Kommission stattfindet, der Sachverhalt bleibt in jedem Fall höchst ambivalent.

Sowohl auf der individualethischen als auch auf der unternehmens- bzw. organisationsethischen Ebene stellt sich in jedem einzelnen Fall die Frage, ob und wenn ja, unter welchen Voraussetzungen und auf welche Weise es ethisch rechtfertigbar ist, einen Whistleblowing-Prozess in Gang zu setzen. Wie die Entscheidung auch ausfällt: In jedem Fall entsteht Schaden, entweder für das Allgemeinwohl oder für diejenigen, die vom zur Diskussion stehenden Missstand negativ betroffen sind, aber auch für die Whistleblower selbst. Alle diese Schäden gilt es gegeneinander abzuwägen.

Um Schaden von verantwortungsvollen Menschen fern zu halten und weil es auch für Organisationen kosteneffizientere und menschenfreundlichere Mittel und Wege gibt, Missstände zu vermeiden, lohnt es sich, Fehlentwicklungen, die zu Whistleblowing führen können, im Ansatz zu verhindern sowie ihre effiziente Entdeckung und Überwindung durch interne Kritik zu ermöglichen. Deshalb ist die Bewertungsdebatte nicht als Tribunal über Personen oder Institutionen zu gestalten, sondern als *Diskurs* über den sinnvollen Umgang mit Missständen.

Der sinnvolle Umgang mit dem Phänomen Whistleblowing setzt nicht beim letzten Schritt, dem eigentlichen Whistleblowing-Akt, an. Vielmehr wird versucht, unternehmensinterne Probleme auf der jeweils niedrigsten internen Ebene zu lösen, bevor es zu einem Weiterzug an höhere Instanzen im Unternehmen oder gar als Ultima ratio zu externem Whistleblowing kommt. Für konstruktive Lösungen in diesem Sinne sind zwei Elemente von größter Bedeutung: die Persönlichkeitscharakteristika des Whistleblowers und die unternehmenskulturellen Gegebenheiten des betreffenden Unternehmens.

---

[84]   Vgl. die frühe Publikation von Nader et al. (1972).

Kapitel C

Individuelle Voraussetzungen für konstruktives Dissensmanagement

Jahrhundertelang haben Könige, Priester, Feudalherren, Industrielle und Eltern darauf bestanden, dass Gehorsam eine Tugend und Ungehorsam ein Laster sei. Ich möchte [...] dem entgegenhalten: Die Menschheitsgeschichte begann mit einem Akt des Ungehorsams, und es ist nicht unwahrscheinlich, dass sie mit einem Akt des Gehorsams ihr Ende finden wird.

Erich Fromm

C. Individuelle Voraussetzungen für konstruktives Dissensmanagement

Damit in Unternehmen ein konstruktiver, das heißt menschengerechter, schadenmindernder und dennoch problemlösungsorientierter Umgang mit unternehmensinternem Dissens möglich wird, sollten Whistleblower persönliche, sachliche und ethische Voraussetzungen erfüllen.

1. Persönliche, sachliche und ethische Ansprüche an den Whistleblower

Auf die Frage warum es Menschen gibt, die viel riskieren, um einen von ihnen wahrgenommenen Missstand zu beseitigen, während andere nichts tun, gibt es keine einfache Antwort.[1] Obwohl es für das öffentliche Urteil über den strittigen Sachverhalt grundlegend sein kann, wird im vorliegenden Zusammenhang nur kurz auf die Frage eingegangen, ob sich Menschen, die Whistleblowing betreiben, durch spezifische Charakteristika (Religion, organisatorischer Status etc.) definieren lassen.

1.1 Zur Whistleblower-Persönlichkeit und ihren Motiven

Persönlichkeitsaspekte sind bei allen sozialen Interaktionen von Bedeutung, man darf sie auch im vorliegenden Zusammenhang nicht vernachlässigen.

---

[1]   Zur Motivanalyse der Whistleblower vgl. Dozier/Miceli (1985).

In vielen Fällen reagieren Unternehmen auf Whistleblowing mit negativen Verweisen auf die Persönlichkeit oder den Charakter der Whistleblower. Die Suche nach Defiziten beim Überbringer der Nachricht ist jedoch selten der richtige Weg zur Lösung eines Problems. Im Gegenteil: Durch eine personenbezogene Analyse des Sachverhalts entsteht die Gefahr, von weit wichtigeren Dingen (Organisationskultur, Managementstil, Führungsethik, Partizipationsgrad bei Entscheidungen, Fehlerfreundlichkeit der Abläufe etc.) abzulenken und stattdessen nach einem zu opfernden Sündenbock zu suchen.

Hinzu kommt, dass es *die* Whistleblower-Persönlichkeit ebenso wenig gibt wie eine *typische* Whistleblowing-Situation. Die involvierten Persönlichkeiten und deren jeweilige Bezugsgruppen, aber auch die spezifischen Umstände sind von Fall zu Fall einfach zu verschieden.

➢ Weil Menschen eine unterschiedliche Entwicklung ihres moralischen Bewusstseins und ihrer moralischen Urteilskraft durchlaufen,[2] haben sie zum Zeitpunkt des Whistleblowing eine unterschiedliche Sensibilität für Fragen der Gerechtigkeit.

➢ Manche Menschen haben eine niedrigere Ambiguitätstoleranz, d.h. sie wollen einem zweideutigen oder zwiespältigen Sachverhalt nicht zuschauen und die Problemlage nicht ignorieren, sondern beharren auf deren Klärung. Andere haben eine höhere Ambiguitätstoleranz und unternehmen nichts.

➢ Manche Menschen reagieren auf eine problematische Situation mit korrigierendem Handeln – andere sehen weg oder erkennen keinen Anlass, tätig zu werden.

Empirisch gesichert ist, dass Whistleblower in der Regel *nicht* die Stärkeren sind, die sich lieber beschweren als ihre Arbeit zu tun. Tendenziös ist ihr Charakterbild sogar eher positiv strukturiert, ein Grobraster deutet jedenfalls auf eine Reihe eher positiver Charakteristika hin:[3]

Es sind oft Menschen, denen das Schicksal der Firma am Herzen liegt, die eher eine gute Ausbildung haben, eher gut bezahlt sind und eher länger im Unternehmen arbeiten. Die *exit*-Variante wird von solchen Menschen dann angenommen, wenn sie mit ihren internen Korrekturversuchen scheitern und auf dem Arbeitsmarkt besonders gute Chancen haben. Miceli und Near fanden in ihrer Untersuchung, dass Whistleblower eher selbstbewusste

---

2   Vgl. zu den Stufen der moralischen Entwicklung Kohlberg (1995).

3   Vgl. Miceli/Near (1992), 93ff. und (1984).

Menschen sind, eher Handlungsorientierte und aktiv, eher ein höheres Bildungsniveau haben und eher männlichen Geschlechts sind.[4] Was die Geschlechtspräferenz angeht, so kommen andere Untersuchungen zu gleichen,[5] teilweise aber auch zu entgegengesetzten Erkenntnissen oder sehen überhaupt keine Geschlechterpräferenz.[6]

Religiöse Überzeugungen mögen den Blick für gut und böse schärfen, dennoch gibt es keine empirische Basis für eine besonders feste religiöse Bindung von Whistleblowern. Whistleblower haben jedoch ein eher höheres Ausbildungsniveau: Personen, die nicht über die erforderliche Sachkenntnis für die professionell akzeptable Beurteilung eines komplexen Sachverhalts verfügen, sind ex definitione schlechter in der Lage, zwischen einem vermeintlichen und einem tatsächlichen Missstand zu unterscheiden.

Zumindest aus zwei Gründen sollte jedoch die Charakteranalyse nicht im Vordergrund der Aufmerksamkeit des Whistleblowing-Managements stehen:

Einerseits ist bei wirklich groben Missständen oder bei der Gefährdung des Lebens und der Gesundheit vieler Menschen die Charaktergüte des Whistleblowers vergleichsweise unerheblich: Wenn durch das Whistleblowing großer Schaden abgewendet wird bzw. menschenfeindliche Gefährdungspotentiale verschwinden, wäre es selbst dann moralisch gerechtfertigt, wenn der Charakter des Whistleblowers durch Neid, Geltungssucht oder andere unschöne Dinge geprägt wäre.

Andererseits gilt jedoch, dass derjenige, der an andere Menschen moralische Ansprüche stellt, seinen eigenen Anspruch belegen bzw. sich im Hinblick auf die Legitimität der eigenen Handlungen hinterfragen lassen muss.

1.1.1 Motive der Whistleblower[7]

Natürlich wünscht man sich für den eigenen Seelenfrieden einen sympathischen, uneigennützigen und gemeinwohlorientierten Menschen, der mit Zivilcourage das Böse bekämpft und dem Guten zum Durchbruch verhilft.

---

[4]   Vgl. Miceli/Near (1992), 103ff. Das Time Magazin schließt sich in seiner Berichterstattung über die *Persons of the Year 2002* in der Gender-Analyse dieser Sicht der Dinge an.

[5]   Vgl. Sims/Keenan (1998).

[6]   Vgl. Dworkin/Baucus (1998).

[7]   Vgl. Jubb (1999), 78.

Die Lebenspraxis will es aber, dass unter Whistleblowern eben auch ziemlich düstere Gestalten zu finden sind. Wer aus niedrigen Motiven Gerüchte streut, wer an die Öffentlichkeit gelangt, ohne sich bemüht zu haben, einen akzeptablen Grad an Gewissheit über den zur Debatte stehenden Gegenstand zu erlangen, handelt weder professionell noch edel, sondern nur übel.

Die Frage, ob die Motive des Whistleblowers eine Rolle spielen sollten, wenn man die Legitimität des Whistleblowing untersucht, wird, wie die Frage nach der *Persönlichkeit*, unterschiedlich beantwortet: Zum einen können die Motive eine vieldeutige Mischung aus Rache, Fürsorglichkeit und Gemeinwohlorientierung sein. Die verschiedenen Aspekte herauszufiltern, zuzuordnen und abzuwägen, ist in jedem Fall naturgemäß schwierig. Zum anderen ist – bei nicht-trivialen – Fehlhandlungen letztlich wichtig, dass sie abgestellt werden, denn eine allzu intensiv betriebene Motivsuche lenkt von der eigentlichen Aufgabe ab.

Und schließlich besteht zwischen dem Motiv und dem Resultat nicht immer eine klare kausale Kette: Aus tugendhaften und ehrenwerten Motiven unternommene Aktionen können das genaue Gegenteil des Intendierten erreichen – gut gemeint ist oft das Gegenteil von gut! Andererseits können, das hat schon die *Bienenfabel* von Mandeville[8] beschrieben, aus verwerflichen Motiven heraus getätigte Handlungen durchaus gemeinwohlförderlich sein.

Wir hatten Whistleblowing als *Professional Dissent* definiert, also im Hinblick auf Unterschiede in der professionellen Beurteilung eines Sachverhalts – und dies in der Qualität nicht-trivialer Abweichungen vom Gesetz oder der als Norm akzeptierten Bandbreite. Diese Definition schließt negative Vermutungen, Projektionen eigener Unzulänglichkeiten, willkürliche Schuldzuweisungen, wichtigtuerische Verdächtigungen, dramatische Selbstinszenierungen und andere Psychopathologien aus. Wir gehen im Folgenden von der Unschuldsvermutung und einem positiven Menschenbild aus und stellen Anforderungen an die Integrität der Menschen, die Whistleblowing betreiben. Zur Demystifizierung des Sachverhalts werden den Whistleblowern *durchschnittlich hohe Ideale* zugebilligt. Eine uneigennützige und gemeinwohlorientierte Motivation ist nicht Bestandteil unserer Definition von Whistleblowing.

Allerdings haben diese Menschen ein Maß an Mut und Initiative, das sie aus der grauen Masse der Durchschnittsmenschen heraushebt. Sie sind nicht

---

[8] Vgl. Mandeville (1980).

bereit, einen Sachverhalt, den sie als Missstand beurteilen, resignierend hinzunehmen und zur Tagesordnung überzugehen. Stattdessen unternehmen sie etwas zur Beseitigung des Ärgernisses und haben dazu nach verbreiteter Ansicht auch das Recht.

1.1.2 Menschenrechte – Menschenpflichten

Prinzipiell hat jeder Mensch aufgrund der Tatsache, dass er Mensch ist, auch Anspruch auf die Wahrung seiner Menschenrechte. Zu diesen Menschenrechten gehören u. a. auch das Recht auf freie Meinung und Meinungsäußerung, definiert als Recht auf Freiheit „[...] sich Informationen und Ideen mit allen Verständigungsmitteln ohne Rücksicht auf Grenzen zu beschaffen und zu verbreiten" (Art. 19 der *Erklärung der Menschenrechte*). Das hinter diesen Rechten stehende Menschenbild ist freilich anspruchsvoll: Artikel 1 der Menschenrechtserklärung sieht die Menschen als „frei und gleich an Würde und Rechten geboren" und fährt fort: „Sie sind mit Vernunft und Gewissen begabt und sollen einander im Geiste der Brüderlichkeit begegnen." Schon diese Qualifikation würde ausschließen, dass jemand grund- und haltlose Behauptungen aufstellt. Es gibt noch andere Gründe, an das Recht auf freie Meinungsäußerung qualitative Anforderungen zu stellen.

Während das Verlangen, Menschen mögen sich im Geiste der Geschwisterlichkeit begegnen, ein wahrhaft frommer Wunsch ist, ist der Appell an Vernunft und Gewissen ein Verweis auf die Verantwortung und das Pflichtgefühl der Menschen. Gerade im Kontext des Whistleblowing und des Rechts auf Meinungsäußerung muss nicht nur auf die gemeinhin verbindliche Wahrung von Geschäftsgeheimnissen aus Wettbewerbsgründen verwiesen werden, sondern auch auf Pflichten, wie sie in der *Allgemeinen Erklärung der Menschenpflichten*[9] festgehalten sind.

Das exklusive Bestehen auf Rechte ohne Rückbindung an Pflichten kann Konflikte und endlosen Streit zur Folge haben, ohne dass dadurch Missstände abgestellt werden. Menschen – insbesondere solche, die moralische Ansprüche geltend machen – haben auch Pflichten wie z.B. die folgenden aus der Allgemeinen Erklärung der Menschenpflichten:

---

[9]   Abgedruckt in Schmidt (1998), 259ff.

Artikel 2

Keine Person soll unmenschliches Verhalten, welcher Art auch immer, unterstützen, vielmehr haben alle Menschen die Pflicht, sich für die Würde und die Selbstachtung aller anderen Menschen einzusetzen.

Artikel 4

Alle Menschen, begabt mit Vernunft und Gewissen, müssen im Geist der Solidarität Verantwortung übernehmen gegenüber jedem und allen, Familien und Gemeinschaften, Rassen, Nationen und Religionen: Was Du nicht willst, das man Dir tu, das füge auch keinem andern zu.

Artikel 8

Jede Person hat die Pflicht, sich integer, ehrlich und fair zu verhalten [...].

Artikel 12

Jeder Mensch hat die Pflicht, wahrhaftig zu reden und zu handeln. Niemand, wie hoch oder mächtig auch immer, darf lügen. Das Recht auf Privatsphäre und auf persönliche oder berufliche Vertraulichkeit muss respektiert werden. Niemand ist verpflichtet, die volle Wahrheit jedem zu jeder Zeit zu sagen.

Artikel 14

Die Freiheit der Medien, die Öffentlichkeit zu informieren und gesellschaftliche Einrichtungen wie Regierungsmaßnahmen (oder Unternehmensaktivitäten, KML) [...] muss mit Verantwortung und Umsicht gebraucht werden. Die Freiheit der Medien bringt eine besondere Verantwortung für genaue und wahrheitsgemäße Berichterstattung mit sich. Sensationsberichte, welche die menschliche Person oder die Würde erniedrigen, müssen stets vermieden werden.

Mitarbeiter, die sich von diesen Menschenpflichten angesprochen fühlen, wird man zweifellos als gewissenhaft und konstruktiv bezeichnen. Gewissenhafte und konstruktive Mitarbeiter weichen nicht ohne Not vom Dienstweg ab, schon gar nicht gehen sie von heute auf morgen an die Presse und schwärzen die Firma an. Wenn Menschen aber dennoch keinen anderen gangbaren Weg sehen, so stellt sich die Frage:

> Warum handeln oder verhalten sich anständige Menschen, die für ein Unternehmen mit einem guten Ruf an viel versprechenden Projekten arbeiten, Menschen die im Normalfall in Übereinstimmung mit ihrem Wissen und Gewissen handeln,

in gewissen Situationen fragwürdig und zum Schaden des
Gemeinwohls?

Diese Frage ist an den Whistleblower und an denjenigen zu stellen, der im
und durch das Unternehmen illegal oder illegitim handelt. Die Antwort
wird seit jeher erörtert und ist Gegenstand so unterschiedlicher Disziplinen
wie Psychologie, Theologie, Moralphilosophie und Unternehmensethik.

Wer andere Menschen im Hinblick auf deren Moralität kritisiert, muss seinen eigenen moralischen Anspruch auch durch die Qualität seiner eigenen
Vorgehensweise belegen – das gilt auch im Kontext des Whistleblowing.
Eine eigentliche „Anleitung" im Sinne eines Rezeptbuches gibt es nicht. Jede Person und jede Situation ist anders. Ein Vorgehen, das im einen Fall
legitim und erfolgreich war, kann in einem anderen Fall völlig unangemessen sein. Allerdings gibt es eine Reihe von Fragen, die sich Personen vor
der Entscheidung zum Whistleblowing aus wohlverstandenem Eigeninteresse stellen sollten.

1.2   Die Hausaufgaben des Whistleblowers

Zweifellos ist es die moralische Pflicht des Whistleblowers, seine Hausaufgaben zu machen, d.h. nach bestem Wissen und Gewissen abzuklären, was
die Sachlage im umfassenden Sinne ist.[10] Die theologische Ethik stellt ein
Raster mit acht Kriterien zur ethisch akzeptablen Urteilsfindung bei komplexen Problemen zur Verfügung.[11] Dieser ist auch für potenzielle Whistleblower nützlich.

1.2.1 Abklärung der Fakten

Das ethische Minimum ist eine seriöse Abklärung der Fakten. Eine verantwortungsvolle und ethischen Kriterien genügende Beurteilung der menschlichen Praxis im Hinblick auf ihre Moralität ist nur möglich, wenn sie der
Willkür des Augenblicks, der Projektion spontaner persönlicher Empfin-
dungen sowie einer jeweils empfundenen emotionalen Betroffenheit entzogen ist und ausreichendes Sachwissen eingebracht wird. Wo dies nicht der
Fall ist, bleibt nur der Rekurs auf die für sich selbst beanspruchte moralische Überlegenheit. Mit einer solchen sind jedoch Sachprobleme nicht lös-

---

[10]   Vgl. Elliston et al. (1985) und Jensen (1987).

[11]   Vgl. z. B Tödt (1988), 30ff. und auch Jensen (1987).

bar, zumindest nicht in der erforderlichen Differenziertheit, denn es bleiben nur Entweder-Oder-Entscheidungen. Erforderlich ist vielmehr eine verantwortete Güterabwägung, d.h. Sach- und Wertewissen.

Wissensbeschaffung wird unter diesen Bedingungen zur moralischen Pflicht: Jemand, der sich befugt sieht, sich kritisch in Sachverhalte einzumischen, die nicht nur ihn (oder sie) direkt betreffen, sondern auch andere Menschen, muss sich der Mühe unterziehen, die entsprechenden Daten und Fakten genau abzuklären. Auch in diesem Fall ist das Können die notwendige Voraussetzung für das Sollen.

1.2.2 Problemwahrnehmung

Worin besteht das Problem, das einen Menschen – zum Whistleblower machen soll? Ist es ein *ethisches* Problem oder liegt die Problematik auf einer anderen Ebene – zum Beispiel der technischen, juristischen, ökonomischen oder kulturellen? Wie „ernst" ist das Problem aus einer übergeordneten Perspektive: Wird illegal gehandelt oder wird bestimmtes Handeln lediglich als subjektiv illegitim empfunden? Sind alle für die angemessene Bewertung des Sachverhalts notwendige Fakten bekannt? Ist das für die angemessene Bewertung des Sachverhalts notwendige Fachwissen vorhanden? Wurde das zum Whistleblowing-Anlass gebende Wissen direkt erworben oder stammt es aus zweiter oder gar dritter Hand? Wurden die Information ausreichend geprüft und gegengeprüft (z.B. in Bezug auf ihre Aktualität, Vollständigkeit und Relevanz), angemessen analysiert (z.B. in Bezug auf ihre Bedeutung für die aufgestellten Behauptungen) und fair präsentiert (z.B. ohne vorverurteilende Selektion von Daten)? Wurden, falls die erforderlichen Abklärungen den individuellen Whistleblower überforderten, wohlinformierte Dritte für die Entscheidungshilfe beigezogen?

Sieht der potenzielle Whistleblower den ganzen Sachverhalt oder kann es wichtige Aspekte geben, die er oder sie nicht kennt? Welche Teilprobleme müssen in einem weiteren Zusammenhang gesehen werden, damit ihre tatsächliche Bedeutung erkannt werden kann? Wurde die Ernsthaftigkeit des Problems angemessen beschrieben? Können Übertreibungen, unangemessene Extrapolationen oder Übersensibilitäten gegenüber temporären und kleineren Abweichungen vom normalerweise akzeptierten Idealzustand ausgeschlossen werden? Muss schnell gehandelt werden, um Schaden zu vermeiden oder besteht keine Eile? Wurde alles, was im Kontext des als problematisch empfundenen Sachverhalts bedeutungsvoll ist, bedacht und in die Urteilsfindung einbezogen?

Die von Laura Nash im Zusammenhang mit der ethischen Beurteilung eines Sachverhalts formulierten prioritären Fragen: „Haben Sie das Problem richtig definiert?" und „Wie würden sie das Problem definieren, wenn sie auf der anderen Seite des Zaunes stünden?"[12] sind auch von Whistleblowern mit großer Sorgfalt zu beantworten. In Anlehnung an Hirschman lässt sich festhalten, dass mit Sachkenntnis zwar auch hier nicht alle Streitfragen entschieden, aber das Niveau der Auseinandersetzung über sie angehoben wird.[13]

1.2.3 Situationsanalyse

Was sind die relevanten Zusammenhänge? Kann der potenzielle Whistleblower den empfundenen Missstand dokumentieren? Wer ist durch das in dieser spezifischen Situation sich stellende Problem in einer besonderen Verpflichtung oder Verantwortlichkeit? Steht dem Whistleblower die Rolle eines Richters zu? Kann ausgeschlossen werden, dass die Motivation nicht Geltungssucht oder Profilneurose sind? War eine persönliche Rechnung zu begleichen oder gab es gar eine Vendetta? Und wenn persönliche Motive mit im Spiel sind, wurden sie transparent gemacht? Wurden vielleicht (z.B. religiöse oder anders motivierte) Beurteilungsstandards angelegt, deren Rigidität von der großen Mehrheit in unserer Gesellschaft nicht übernommen wird? Wurde dem Verursacher des Missstandes genügend Zeit zur Korrektur gegeben?

---

[12] Nash (1981). Laura Nash sieht insgesamt 12 Fragen für die angemessene Erörterung eines ethischen Problems im Kontext unternehmerischer Entscheidungen.

[13] Vgl. Hirschman (1980), 143. Hirschman empfiehlt, dass sowohl die Kritiker als auch die Verteidiger des Kapitalismus ihre jeweiligen Argumente dadurch schärfen könnten, dass sie die Geschichte des politischen Denkens besser zur Kenntnis nähmen: „Das ist wohl das einzige, was man vom Studium der Geschichte, insbesondere der Theorie- und Geistesgeschichte erwarten darf: Nicht, daß die Streitfragen entschieden, sondern daß das Niveau der Auseinandersetzung über sie gehoben wird."

1.2.4 Prüfung der zugrunde gelegten Normen und der zur Erörterung anstehenden Güter

Mit welcher Art des Orientierungswissens wurde die Bewertung welcher Faktoren vorgenommen? Welche Normen und Maßstäbe sind bei der Festlegung möglicher Verhaltensalternativen und der Bewertung der Vorzugslösung anzuwenden? Wurde alles versucht, das Problem auf eine möglichst harmonische Art und Weise einer Lösung näher zu bringen? Gibt es Handlungsalternativen zum Whistleblowing, die eine Lösung des als problematisch empfundenen Sachverhalts schneller oder mit weniger Aufwand ermöglichen? Legte der Whistleblower an seine Kollegen und Kolleginnen andere, strengere Maßstäbe an als an sich selbst? Wurde das Problem auf eine faire Art und Weise präsentiert oder wurde übertrieben, um dem vorgebrachten Anliegen mehr Gewicht zu verleihen?

Wer ist der angemessene Adressat für das Whistleblowing? Was sind die Folgen des Whistleblowing auf die direkt Betroffenen, was sind indirekte Folgen auf nicht direkt Betroffene? Wie ist es ethisch zu beurteilen, dass etwas in Bewegung gesetzt wurde, das vielen Menschen hohe Kosten verursachen wird? Könnte man diese Ressourcen nicht auf eine konstruktivere Art und Weise einsetzen und dadurch für die Sache mehr erreichen? Entsteht Schaden und ist dieser im Verhältnis zum vermiedenen Schaden oder entstehenden Nutzen angemessen? Gibt es Handlungsalternativen zum Whistleblowing, die für eine der beteiligten Parteien ein günstigeres Nutzen-Kosten-Verhältnis haben? Wird dem Whistleblower durch sein Handeln ein inakzeptabel hohes Risiko (wirtschaftlich, sozial, juristisch) entstehen? Wenn ja, wie hat das in die Güterabwägung einzugehen?

1.2.5 Verantwortete Güterabwägung

Auch wenn alle bisher angesprochenen Hausaufgaben gemacht sind, bleiben Fragen offen, denn die ethische Grundfrage ist „[...] immer, wo sie konkret wird, eine Frage, auf die es keine in dem Sinne eindeutige, glatte und die Konflikte harmonisierende Antwort gibt, dass man in ihr zur Ruhe kommen könnte".[14] Welche Vorschriften, Regelungen, Gesetze oder ethische Standards unterstützen ein Vorgehen des Whistleblowing? Welche

---

[14]   Rich (1987), 18.

sprechen dagegen? Was hat in der erforderlichen Güterabwägung Vorrang und warum hat es diesen?

1.2.6 Beurteilung von Verhaltensoptionen

Wie sind in einer Welt von Unsicherheiten und Widersprüchlichkeiten kurzfristige und scheinbar selbstverständliche technische und pragmatische Problemlösungen langfristig in ethischer Hinsicht zu beurteilen? Was sind die Alternativen, was sind deren Folge- und Nebenwirkungen? Ist das Problem nur ein temporärer Missstand, der, falls nichts unternommen würde, von selbst wieder ins Lot käme? Gibt es fachliche Institutionen (z.B. die eigene Umweltabteilung) oder spezialisierte Einrichtungen (z.B. Ombudsperson), die man zur Unterstützung meines Anliegens einschalten könnte? Wurden der Rat und die Unterstützung anderer glaubwürdiger Dritter (z.B. eines Rechtsanwaltes) gesucht?

1.2.7 Prüfung der sittlich-kommunikativen Verbindlichkeit

Könnten andere Menschen in dieser Situation und unter gleichen lebensgeschichtlichen Voraussetzungen sich ebenso verhalten und kämen sie dabei zur gleichen Beurteilung? Wurde in ausreichendem Maße versucht, das Problem durch Korrekturen innerhalb der Organisation gelöst zu bekommen? Wurde der Dienstweg ausgeschöpft, bevor sich der Whistleblower an externe Institutionen oder Personen wandte? Wurde die prinzipielle Loyalität zum Unternehmen dadurch bezeugt, dass konstruktive Vorschläge zur Korrektur des von den Whistleblowern bemängelten Sachverhalts gemacht wurden oder wurde lediglich diffus mit Konsequenzen gedroht? Gab es eine gleichermaßen legitime Art, das Problem oder die Handlungsprioritäten anders zu definieren? Wurde die Goldene Regel eingehalten? Mit anderen Worten: Könnte der Whistleblower sein Vorgehen gegen andere unter vergleichbaren Umständen auch gegen sich selbst gelten lassen?

Die Beantwortung der oben angesprochenen Fragen ist schon schwierig genug, noch schwieriger ist jedoch die Güterabwägung zwischen verschiedenen Loyalitäten, Verpflichtungen und Werten:[15]

➤ In welchem Ausmaß wird der Whistleblower seinen ethischen Verpflichtungen gegenüber seiner Organisation und seinen Kollegen ge-

---

[15] Vgl. Jensen (1987).

recht? Ein loyaler Mitarbeiter ist verpflichtet, dem Unternehmen sein Bestes zu geben, Vertraulichkeit über Interna zu wahren und mit seinen Kollegen in Harmonie zu arbeiten, doch er schuldet ihm keine blinde Unterwerfung unter illegale oder substantiell illegitime Arbeitsbedingungen. Ist es fair, seinen Kollegen ungefragt negative Konsequenzen seines Handelns zuzumuten? Diese könnten sich verletzt, aber auch befreit fühlen.

➢ Wurden die ethischen Standards des Berufs in ausreichendem Maße beachtet? Wurde der Whistleblower mit dem, was er tat, z.B. seiner Verantwortung als Forscher, gerecht oder hatte er aus der Perspektive der Wissenschaftsethik andere Verpflichtungen?

➢ In welchem Maße wird das Handeln des Whistleblowers seine Familie und andere ihm nahe stehenden Gruppen negativ beeinflussen? Wie fair ist es, sie ohne ihr Einverständnis dem Druck der Öffentlichkeit, den Konsequenzen einer eventuellen Entlassung oder gesellschaftlicher Diffamierung auszusetzen?

➢ Ist der Whistleblower gegenüber sich selbst ehrlich? Ist er bereit, als Preis für sein Handeln höchst unangenehme persönliche Konsequenzen auf sich zu nehmen wie z.B. den Verlust des Arbeitsplatzes, der finanziellen Sicherheit, der beruflichen Geborgenheit und den daraus resultierenden psychischen Stress?

Erst nach Beantwortung all dieser Fragen sollte es (idealtypisch) zu einem Urteil kommen.

Es ist offensichtlich, dass es zwischen allen angesprochenen Sachverhalten Spannungsverhältnisse gibt, die nicht leicht aufzulösen sind. In vielen Fällen ist eine (negative) Deutung von spezifischen Sachverhalten oder Handlungsweisen nicht die einzig mögliche, ja vielleicht nicht einmal die besonders nahe liegende. Bei mehrdeutigen Äußerungen muss im Bewusstsein der Mehrdeutigkeit eine Auseinandersetzung mit den verschiedenen Deutungsmöglichkeiten stattfinden. Last but not least steht das Finale des Evaluationsprozesses an: die ethisch verantwortete Urteilsfindung.

1.2.8 Ethisch verantwortete Urteilsfindung

Was ist das Fazit aus dem Erwägen und Verknüpfen der vorangegangenen Sachmomente? Zu welchem Verhalten führt die Einsicht? Wie kann der Entschluss zu externem Whistleblowing gerechtfertigt werden? Im Normalfall sind sich potenzielle Whistleblower bewusst, dass die Akzeptanz ihres Handelns generell nicht sehr hoch ist und sie bei externem Whistleblowing negative Konsequenzen zu erwarten haben. Sie wissen auch, dass ihre Akzeptanz letztlich davon abhängt, dass bestimmte Regeln eingehalten wurden, z.b. zunächst alle Möglichkeiten des *internen* Whistleblowing auszuschöpfen und erst dann die Behörden einzuschalten oder als letzten Ausweg den Gang in die Medien zu wählen.[16]

Richard De George kommt zum Urteil, dass externes Whistleblowing *moralisch nur dann gerechtfertigt* sei, wenn die folgenden drei Kriterien erfüllt sind:[17]

➢ Das Unternehmen verursacht durch sein Produkt oder seine Unternehmenspolitik der – sehr breit definierten – Allgemeinheit einen ernsthaften und beträchtlichen Schaden.

➢ Es wurde dem direkten Vorgesetzten oder dessen Vorgesetzten Bericht erstattet und auf die moralischen Bedenken aufmerksam gemacht.

➢ Erst wenn der direkte Vorgesetzte nichts oder nichts Effektives unternimmt, um den Missstand aus der Welt zu schaffen oder den Grund der Beschwerde zu beseitigen, soll der Mitarbeiter alle ihm oder ihr innerhalb des Unternehmens zur Verfügung stehenden Prozeduren und Möglichkeiten nutzen – das schließt alle Ebenen der Hierarchie bis zum Verwaltungsratspräsidenten ein.

Zur *moralischen Pflicht* wird nach De George externes Whistleblowing erst, wenn zwei zusätzliche Bedingungen erfüllt sind:

➢ Der Whistleblower ist im Besitz von oder hat Zugang zu dokumentierten Beweisen, die einen vernunftbegabten unparteiischen Dritten davon überzeugen können, dass das Produkt oder die Unternehmenspolitik der Firma einen ernsthaften und beträchtlichen Schaden verursachen können.

➢ Der Mitarbeiter muss gute Gründe für seine Annahme haben, dass sein Gang an die Öffentlichkeit die notwendige Veränderung bewirken wird. Die Chancen des Erfolgs in dieser Hinsicht müssen das Risiko wert sein, das der Whistleblower mit seinem Schritt eingeht.

---

[16]   Vgl. Callahan/Collins (1992).

[17]   Vgl. De George (1990).

2. Prüfung der Handlungsoptionen potenzieller Whistleblower

Moralischer Konsens in unseren Gesellschaften ist, dass diejenigen, die ernsten Schaden für andere verhindern können, dies auch tun sollen, wenn sie dazu in der Lage sind und sich selbst dadurch nicht in große Gefahr bringen. Falls sie sich nicht dazu entschließen, das Unternehmen zu verlassen, haben potenzielle Whistleblower eine Vielzahl von Möglichkeiten.[18] Sie können

➢ anonym auf den Missstand aufmerksam machen,

➢ anonym damit drohen, öffentlich auf den Missstand aufmerksam zu machen,

➢ öffentlich auf den Missstand aufmerksam machen und gewissenhaft Einwände erheben bzw. Protest einlegen,

➢ die Durchführung des als unethisch empfundenen Handelns sabotieren und

➢ mit den betroffenen Akteuren verhandeln und schrittweise einen Konsens für ethisch angemessenes Handeln aufbauen.

Die Reaktion, das Unternehmen zu verlassen, mag zwar, besonders wenn dies massenhaft geschieht und Austrittsinterviews gemacht werden, einem Unternehmen auch signalisieren, dass Probleme existieren. Eine Kündigung ist für die Durchsetzung einer gerechten Sache jedoch nicht geeignet: Man macht sich davon, empfindet vielleicht eine kurzfristige innere Befriedigung und überlässt das Problem anderen. Ein solches Handeln stellt für den ernsthaft besorgten Whistleblower keine befriedigende Lösung dar. Zumindest besteht auch die Wahrscheinlichkeit, dass das ausgesendete Signal gar nicht empfangen oder verstanden wird. Und noch etwas: Die Kündigung mutet einem an sich loyalen Mitarbeiter Veränderungen und Kosten zu, die ebenfalls Gewicht haben.

Wenn ein besorgter Mitbürger sich also zum Whistleblowing entschlossen hat, steht er oder sie zunächst vor der Frage: Anonym oder mit offenem Visier? Die Beantwortung dieser Frage fällt nur vordergründig leicht.

---

[18] Vgl. z.B. Nielsen (1987) sowie die dort angegebene Literatur.

2.1 Anonymes Whistleblowing

Eines ist klar: offenes, nicht-anonymes Whistleblowing hat eine größere Glaubwürdigkeit. Zivilcourage nötigt mehr Respekt ab als ein Schuss aus dem Dunkeln. Die Variante, *anonym* auf einen Missstand aufmerksam zu machen, kann den Vorteil haben, dass die kritisierbare Handlungsweise verändert wird, ohne dass sich der Whistleblower in die Gefahr möglicher Vergeltungsaktionen begibt und einen unangenehmen Preis bezahlt. Dies kann klug sein, denn die Literatur ist voll von Horrorgeschichten über Entlassene, sozial Ausgegrenzte und juristisch Verfolgte – völlig unabhängig von der Tatsache, dass sie mit ihrem Anliegen in der Sache Recht hatten. Niemand hat das Recht, von einem Menschen, der auf einen schwerwiegenden Missstand aufmerksam macht und damit dem Allgemeinwohl dient, das moralische Heldentum zu fordern, seine soziale Existenz zu gefährden.

Anonym könnte sich der Whistleblower u.U. auch in der Lage sehen, weitergehende, umfassendere und detailliertere Angaben zum spezifischen Missstand vorzubringen als bei offener Kritik. Damit könnte u.U. der Untersuchungsprozess beschleunigt und für das Problem eine schnellere Lösung gefunden werden. Als Beweis für die Aussage, dass Anonymität dem gerechten Anliegen nicht schadet, wird gewöhnlich auf die Figur des *Deep Throat* im Watergate Fall des Präsidenten Nixon hingewiesen: Man weiß bis heute nicht, wer sich hinter Deep Throat verbarg, seine Aussagen trugen dennoch dazu bei, Licht in die Affäre zu bringen.

Angesichts des Unrechts, das vielen seriösen Whistleblowern und deren Familien widerfahren ist, haben die Argumente für Anonymität einiges Gewicht. Wenn der Sachverhalt, auf den durch anonymes Whistleblowing aufmerksam gemacht wurde, sachlich relevant, nicht-trivial und korrekt dargestellt wird, hängt eine Korrektur des Missstandes *nicht* vom öffentlichen Bekanntheitsgrad des Whistleblowers ab. Auch im wissenschaftlichen Arbeitsbereich, z.B. beim Urteil über die Annahme oder Ablehnung von Publikationen in prestigereichen Journalen, gibt es anonyme Peer Reviews, und zwar aus den gleichen Erwägungen, die man auch für Anonymität beim Whistleblowing anführen könnte. Es ist eine schlichte menschliche Tatsache, dass das negative Urteil eines Dritten über die eigene professionelle oder gar ethische Qualität nur in den seltensten Fällen mit freundlicher Dankbarkeit entgegen genommen wird. Dies gilt unabhängig von der sachlichen Richtigkeit des negativen Urteils.

Institutionen schätzen in der Regel systemkonformes und folgsames Verhalten und können sich durch Whistleblowing derart herausgefordert fühlen, dass sie mit Vergeltungsmaßnahmen von der Versetzung in andere Abteilungen über das Ausgrenzen und Diffamieren bis zum Hinausekeln reagieren. Die Verhinderung einer solchen Abstrafung ist allerdings der einzige Vorteil anonymen Handelns, ihm steht einer Reihe von Nachteilen entgegen.

2.2 Offenes Visier: verbindlich im Ton, aber hart in der Sache

Zunächst steht das Mittel der Anonymität dem Ziel des Offenlegens des Missstandes entgegen und in einem gewissen Ausmaß wird dadurch auch die Glaubwürdigkeit des Whistleblowers erschüttert. Die Glaubwürdigkeit des Whistleblowers ist von höchster Bedeutung für den Umgang mit der als problematisch dargestellten Sache. Die Anonymität vermindert die Glaubwürdigkeit des Whistleblowers und des Anliegens, da es sich auch um eine Intrige oder um eine selektive Darstellung eines komplexeren Sachverhalts handeln könnte.

Ein weiteres Argument gegen Anonymität ist, dass durch deren Akzeptanz eine Welle von Intrigantentum und das Waschen von schmutziger Wäsche eingeleitet werden könnte. Dadurch wiederum würden knappe Ressourcen in Beschlag genommen und verschwendet. Böse Verleumdungen können auch dann hängen bleiben, wenn sich herausstellt, dass sie falsch waren.

Anonymität verhindert auch die Möglichkeit, nachzufragen und zusätzliche Evidenz zusammenzutragen. Je größer die Evidenz für den Missstand ist, je mehr zusätzliche Urteile, Bewertungen und Zeugnisse die Beurteilung des Whistleblowers stützen, desto größer ist die Wahrscheinlichkeit, dass es zu Korrekturen kommt. Hinzu kommt, dass durch anonymes Whistleblowing im Unternehmen eine Misstrauensatmosphäre entsteht, die dem Betriebsklima schaden und das Vertrauensverhältnis zwischen unbeteiligten Menschen zerstören kann. Ähnliche Konsequenzen hat die schärfere Gangart dieser Version, nämlich anonym zu drohen und öffentlich auf den Missstand aufmerksam zu machen. Anonymität mag zwar nicht unbedingt falsch sein, aber das macht sie noch lange nicht richtig.

Sympathischer ist ein offenes Visier, weil es die glaubwürdigere Variante ist. Es gibt wenig Hinweise darauf, dass es in der Regel nicht möglich sei, professionellen Dissens in der eigenen Organisation zu artikulieren.[19] Wer moralischen Einfluss nehmen will, kann dies in der Regel und ist dadurch in der Lage, die ethische Qualität von Gruppenentscheidungen zu erhöhen.[20] Das gilt erst recht in kleineren Organisationen oder bei großer Nähe zum potenziellen Opfer des Whistleblowing. Meine persönliche Berufserfahrung ist, dass jemand, der gute Argumente hat und diese auf eine akzeptable Art und Weise vorbringt, äußerst selten ignoriert, überfahren oder gar ausgegrenzt wird. Die Situation des einsamen Gerechten in einer Herde schwarzer Schafe ist einfach zu unwahrscheinlich, als dass man sie zur Regel der Erörterung von Whistleblowing machen dürfte.

Mitarbeiter in Unternehmen haben in der heutigen Zeit keineswegs nur eine wehrlose Opferrolle gegenüber unethischen Handlungszumutungen, sondern sind meist in der Lage, sich zu wehren und Veränderungsprozesse zumindest in Gang zu bringen. Es kann sehr wohl sein, dass jemand, der Argumente gegen den eingefahrenen Status quo oder die Mainstream-Sicht der Dinge vorbringt, fleißiger arbeiten, besser vorbereitet sein und auch den längeren Atem haben muss. Bei entsprechender Bedeutung des Sachverhalts sollte aber dafür die Motivation vorhanden sein.

Das Risiko abgestraft zu werden

Obwohl es in den USA und einigen anderen Ländern Gesetze gibt, die Whistleblowern unter Umständen nicht nur legalen Schutz, sondern sogar Kompensation bzw. prozentualen Anteil an der Schadenssumme zusprechen, die durch das Whistleblowing verhindert wurde, besteht die Möglichkeit, dass Whistleblower für ihre Tat durch die jeweilige Organisation und deren Mitarbeiter abgestraft werden. Die Frage nach der Wahrscheinlichkeit des Abstrafens, ist nicht eindeutig beantwortbar: Für manche Autoren ist sie eher hoch,[21] für andere eher niedrig.[22]

Miceli und Near führen die von ihnen vertretene These, dass die Wahrscheinlichkeit der Abstrafung der Whistleblower im Allgemeinen als *zu hoch eingeschätzt* wird, auf Verallgemeinerungen aus der Arbeit mit immer wieder denselben Fallstudien zurück. Viele Autoren von Whistleblowing-Büchern

---

[19]   Vgl. Jones/Gautschi (1988).

[20]   Vgl. Posner (1986). Ebenfalls Nichols/Day (1982).

[21]   Vgl. Jubb (1999).

[22]   Vgl. Miceli/Near (1992), 40f.

berichten mit Bezug auf eine begrenzte empirische Basis von schwerwiegenden *Revanche-Fouls* der betroffenen Institutionen und halten schwerste
Bestrafungen der Whistleblower für unausweichlich.

Eine sorgfältige und kontrollierte Auswertung einer Stichprobe zugängli-
cher Fälle zeigt jedoch ein anderes Bild: Vergeltungsmaßnahmen irgend-
welcher Art wurden von weniger als einem Viertel der befragten Whistleblower empfunden und *schwere* Vergeltungsmaßnahmen lediglich bei einem
kleinen Teil unter diesen.[23] Das bedeutet nun nicht, dass es nicht dennoch
zu Vergeltungsmaßnahmen gegen Whistleblower käme, oder dort, wo es
dazu kommt, diese unproblematisch seien, aber es bedeutet, dass
Vergeltungsmaßnahmen nicht mit der Sicherheit der Fallgesetze eintreten.

Unternehmensinterne Kritik wird in meiner Wahrnehmung im Normalfall
nicht als Akt der Illoyalität betrachtet – und muss daher auch nicht anonym
sein. Sie sollte sich allerdings am Subsidiaritätsprinzip orientieren: Was auf
unteren Ebenen befriedigend erledigt werden kann, soll auch dort erledigt
werden. Da die Ebene des Handelns sehr unterschiedliche Auswirkungen
auf das Unternehmen und die involvierten Personen hat, ist, auch aus ethischer Perspektive, das Einhalten des Dienstweges erforderlich. Prinzipiell
beinhaltet dieser Dienstweg grob skizziert die vorher beschriebenen Stufen:

➤ Whistleblowing auf der gleichen hierarchischen Ebene (z.B. direkt vom
  Sachverhalt Betroffene, Kollegen auf der gleichen Stufe aber in anderen
  Abteilungen)

➤ Whistleblowing unter Einbezug einer vorgesetzten Ebene (z.B. Ansprechen des direkten Vorgesetzen, Einbezug der Personalabteilung
  oder der Umweltschutzabteilung)

➤ Whistleblowing unter Einbezug einer der vorgesetzten Ebenen (viele
  Unternehmen ermutigen in ihren Führungsrichtlinien ihre Mitarbeiter
  explizit, bei einem Sachverhalt, der mit dem direkten Vorgesetzten
  nicht befriedigend oder einvernehmlich erledigt werden kann, sich an
  den übernächsten Vorgesetzten zu wenden und, sollte dies auch nicht
  zum Erfolg führen, danach an dessen Vorgesetzten). Sollte das Unternehmen eine Ombuds-Institution haben, so müsste auf jeden Fall danach auch diese eingeschaltet werden.

➤ Whistleblowing gegenüber institutionsexternen Akteuren (z.B. auch die
  Revisionsgesellschaft und unternehmensexterne Verwaltungsräte, aber

---

[23] Vgl. ebenda.

natürlich auch die Staatsanwaltschaft, die Umweltbehörde etc.) und schließlich, als Ultima ratio in extremen Fällen

➢ Whistleblowing gegenüber Medien

Im Zweifelsfall ist ein Unternehmen gut beraten, Menschen, die seriöse Besorgnisse uneigennützig vorbringen möchten, eine Art Minderheitenschutz zu gewähren.

2.3   Konstruktive Suche nach Konsenslösungen

In Abwägung aller Argumente bietet die Variante, mit den betroffenen Akteuren über den Sachverhalt zu verhandeln und einen Konsens für ethisch angemessenes Handeln aufzubauen, aus jeder Perspektive die meisten Vorteile. Nicht nur kann auf diese Weise das Problem dort angegangen werden, wo es am besten lösbar ist, es entstehen auch keine Rufschädigungen. Natürlich ist mit dieser Strategie noch lange nicht gesagt, dass es tatsächlich zu den erwünschten Veränderungen kommt, aber sie verbessert die Transparenz der Spezifika des Problems und erweitert so die Entscheidungsbasis für alle beteiligten Parteien. Sie hebt letztlich auch die Glaubwürdigkeit derjenigen Whistleblower, die sich nach einem eventuellen Scheitern der Veränderungsbemühungen u.U. an die Öffentlichkeit wenden.

Erst und nur dann, wenn alle Anstrengungen in guten Treuen nichts fruchten und durch Nichthandeln Menschenleben geopfert[24] oder durch unprofessionelles Handeln unabschätzbares Unglück verursacht wird,[25] steht als *Ultima ratio* kein anderer Weg zur Verfügung als der an die Öffentlichkeit. Wäre dies *vor* der Challenger- oder Tschernobyl-Katastrophe, unmittelbar nach dem bekannt werden der Verunreinigungen von Blutkonserven mit dem HI-Virus und in vielen anderen Beispielen geschehen, hätten immenses menschliches Leid und großer wirtschaftlicher Schaden vermieden werden können.

2.4   Externes Whistleblowing

Wie wir bei der Abwägung der verschiedenen Loyalitäten bereits festhielten, schuldet kein Mitarbeiter seinem Unternehmen beim Vertuschen illega-

---

24   Vgl. z.B. den Fall des Edward Gregory, in: Nader et al. (1972), 75ff. Ebenfalls Anderson et al. (1980).

25   Vgl. z.B. den Fall des Charles Pettis, in: Nader et al. (1972), 135ff.

len Handelns (z.B. das Herstellen von Designer-Drogen in einem Unternehmen der Chemiebranche, die Verwendung von HIV-verseuchtem Blut für die Herstellung von Blutplasma, das Pfuschen von Untersuchungen und Fälschen von Etikettierungen im Kontext der BSE-Problematik[26] etc.) Loyalität. Treuepflicht und das Befolgen von Anordnungen sind nur innerhalb bestehender Gesetze und im Rahmen der allgemeinverbindlichen Normen verpflichtend. Keine Gemeinschaft, nicht einmal die Kirche, geschweige denn ein Unternehmen, darf einem Menschen zumuten, gegen sein Gewissen zu handeln: „Die Gemeinschaft, die sich vermäße, das Gewissen zu vergewaltigen, vergriffe sich an einem persönlichen Wert des Menschen, der hoch über jedem Gemeingut irgendeiner (irdischen) Gemeinschaft steht."[27]

Hier besteht eine konzeptionelle Nähe zur Legitimation von Verstößen gegen geltendes Recht in despotischen Staaten: Einerseits ist es sittliche Pflicht, dem Recht Folge zu leisten, andererseits beruht diese Pflicht auf der Voraussetzung, dass das Recht im Großen und Ganzen der Sittlichkeit Rechnung trägt.[28] Dies ist jedoch in den Ländern nicht der Fall, die z.B. gegen Menschenrechte verstoßen. Deshalb lässt sich die Pflicht zur Beachtung des Gesetzes nicht aus sich heraus begründen. „Vielmehr muß die Legitimität der Rechtsordnung im ganzen hinzutreten. Insofern ist die Rechtspflicht letztlich eine sittliche Pflicht. Sie besteht, wenn die Anerkennung des „Rechts im ganzen" eine sittliche Pflicht ist."[29] Die Unterscheidung Immanuel Kants hat unverändert Gültigkeit: Nicht alles, was legal ist, ist auch legitim. In Bezug auf einen sittenwidrigen *courant normal* in einem Unternehmen gälte Analoges: Die Verpflichtungskraft ungeschriebener Gesetze (Das haben wir immer so gemacht!) hat bei Loyalitätskonflikten ein geringeres Gewicht als die Verpflichtungskraft universell akzeptierter ethischer Grundnormen.

2.5 Prävention statt Korrektur

Was die individuellen Anforderungen an potenzielle Whistleblower angeht, so kann Folgendes festgehalten werden: Gewissenhafte und konstruktive

---

[26]   Vgl. Deiseroth (2001).

[27]   Nell-Breuning (1990), 40.

[28]   Vgl. Kriele (1981), 40.

[29]   Ebenda.

Mitarbeiter gehen nicht von heute auf morgen an die Presse und schwärzen die Firma an. Whistleblowing, insbesondere gegenüber firmenexternen Instanzen, gehen im Normalfall über einen längeren Zeitraum Nichtachtung, Zurückweisungen und andere Frustrationen voraus. Wenn wir von ideologischen Prädispositionen absehen und auch Schadenfreude nicht als legitim betrachten, wird externem Whistleblowing am ehesten Verständnis entgegengebracht, wenn es sich um die Verhütung eines für alle nachvollziehbar großen Schadens bzw. großen Risikos handelt und der Whistleblower zuvor alle zumutbaren anderen Wege gegangen ist. Insbesondere sollte er zuvor alles versucht haben, das Problem organisationsintern zu lösen, denn in diesem Fall ist auch die Glaubwürdigkeit der Motivation höher, als wenn er oder sie sich an die für den Sachverhalt in erster Linie zuständigen Behörden wendet oder direkt an die Medien.

Whistleblowing – und insbesondere externes – steht praktisch immer am Ende eines längeren, erfolglosen internen Bemühungsprozesses zur Korrektur von Missständen. Es geschieht nie in einem organisatorischen oder unternehmenskulturellen Vakuum. Im Gegenteil: Defizite bei der Moralität des Unternehmens als kollektiver Akteur sowie bei den individuellen Verantwortungsträgern sind in der Regel die Ursache der Probleme, die später zum Whistleblowing führen. Daher beginnt die Prävention von Whistleblowing mit der Prävention von illegitimen kollektiven und individuellen Handlungen, d.h. mit Bemühungen zur konsequenten Umsetzung unternehmens- und individualethischer Maximen.

Kapitel D

Unternehmensethik
und Managerethik

Un wenn de am e Chrützweg stohsch
und nümme waisch. wo´s ane goht,
halt still un froog dy Gwisse zerscht,
´s cha Dütsch gottlob, un folg sym Root.

Johann Peter Hebel

D. Unternehmensethik und Managerethik

Da Whistleblowing im Kontext illegaler oder doch zumindest als eindeutig
illegitim wahrgenommener Handlungs- und Verhaltensweisen individueller
oder kollektiver Akteure steht, ist die Bewertung des Phänomens im Zusammenhang sowohl der Unternehmensethik als auch der Individualethik
der Führungsverantwortlichen zu sehen. Daher muss auf ein paar Aspekte
der gegenwärtigen unternehmensethischen Diskussion eingegangen werden. Wegen der erforderlichen Kürze kann dies jedoch nur eine holz-
schnittartige Beschränkung auf die argumentativen Grundzüge sein.

1. Unternehmensethik als Moralphilosophie im Kontext unternehmerischer Handlungsnormen

Fragen zur ethischen Rechtfertigung menschlichen Handelns und einer
sinnvollen menschlichen Existenz stellen sich auch im Zusammenhang mit
Handlungen von Unternehmen. In Zeiten zunehmenden Globalisierung-
sunbehagens, grassierender Bilanzfälschungen und Aktienkursmanipulatio-
nen stellen sich solche Fragen sogar öfter und intensiver denn je; selbst
Führungskräfte der Wirtschaft beurteilen die moralische Verfassung von
Unternehmen als relativ schlecht.[1] In dieser Situation entsteht in besonderem Maße Nachfrage nach elementarer Sinnorientierung und über den Tag
hinaus verbindlichen Wertmaßstäben. Die philosophische Ethik bleibt von
besonderer Bedeutung, denn sie sucht, „[...] von der Idee eines sinnvollen
menschlichen Lebens geleitet, auf methodischem Weg und ohne letzte Berufung auf politische und religiöse Autoritäten oder auf das von alters her
Gewohnte und Bewährte, allgemein gültige Aussagen über das gute und ge-

---

[1] Vgl. Institut für Demoskopie Allensbach / CAPITAL Führungskräfte Panel 11 / 1995.

rechte Handeln".[2] Von der allgemeinen Ethik wird „Orientierung des Handelns, d.h. Auskunft über seine sittliche Richtigkeit" erwartet, und zwar eine solche, die „in allgemein anzuerkennenden Gründen fundiert ist".[3] Von Unternehmensethik wird genau dieses im Kontext von Wirtschaftsunternehmen erwartet.

Die Forderung allgemeine Anerkennbarkeit der sittlichen Richtigkeit spezifischer unternehmerischer Handlungen ist allerdings nicht leicht einzulösen: Es mag sein, dass höchste Vertreter einer Kirche für sich einen privilegierten Zugang zur göttlichen Sinngebung beanspruchen und dies als Letztbegründung der von ihnen verkündeten religiösen Normen gebrauchen. Für die Unternehmensethik wäre eine solche Letztbegründung wenig überzeugend. Es kommt auch vor, dass gesellschaftspolitisch spezialisierte Anspruchsgruppen (stakeholder) einen ähnlich gelagerten privilegierten Zugang für ihre sozial-, entwicklungs- oder umweltpolitischen Weisheiten als Legitimation ihrer Forderungen an ein Unternehmen stellen, aber auch das vermag im Normalfall als alleinige ethische Rechtfertigung nicht zu überzeugen.

Andererseits wäre es eine Anmaßung, von aufgeklärten Menschen in modernen Gesellschaften zu erwarten, sie würden einen *rein betriebswirtschaftlich definierten Utilitarismus* als ethischen Geltungsanspruch akzeptieren: Das Prinzip der Nützlichkeit im Sinne des *größten Glücks der größten Zahl* (John Stuart Mill) gilt über den Fokus auf wirtschaftliche Dinge hinaus und muss Schutzklauseln für Minderheitsinteressen enthalten – anders könnte kein Anspruch auf Allgemeingültigkeit bestehen.

Klassische moralphilosophische Forderungen für unternehmerisches Handeln

Natürlich haben die von der allgemeinen Moralphilosophie entwickelten Prinzipien auch für menschliches Handeln im unternehmerischen Kontext Gültigkeit – das gilt sowohl für die Ziele als auch für die Mittel und Wege zu ihrer Erreichung. Auch im Geschäftsleben soll das, was wir als vernünftige Wesen nach selbstkritischer Prüfung in Bezug auf die Vereinbarkeit mit universellen Normen wollen, zur moralischen Pflicht werden. Auch im unternehmerischen Kontext sind Menschen etwas Besonderes und nie nur Mittel zum Zweck. Daher ist die Forderung des Kategorischen Imperativs, dass jeder Mensch so handeln solle, dass er sich selbst und andere „jederzeit zugleich als Zweck, niemals bloß als Mittel" braucht, jeden Tag aufs

---

2   Höffe (1986), 54.

3   Vgl. Korff W. et al. (1999), 152ff.

Neue besonders dort ernst zu nehmen, wo Menschen Anstellungsverhält-
nisse haben, weil man ihre Arbeitskraft braucht – aber auch dort, wo individuelle Menschen zuwenig Kaufkraft haben, um überlebenswichtige Güter
über Märkte zu kaufen.

Auch das Handeln nach der Goldenen Regel (in der Formulierung Wilhelm
Buschs: „Was Du nicht willst, daß man Dir tu´, das füg´ auch keinem andern zu") ist in einer wettbewerbsorientierten Gesellschaft eine Angelegenheit der praktischen Vernunft, von der – nimmt man einmal das gegenseiti-
ge Abjagen von Marktanteilen durch Wettbewerb aus – zumindest auf
Dauer nicht ohne Nachteile abgewichen werden kann. Schließlich ist auch
die Prüfung, ob die eigenen Handlungsmaximen so sind, dass sie *allgemeines
Gesetz* werden könnten, wie das Kant in der anderen Formulierung des Kategorischen Imperativs fordert, kompatibel mit erfolgreichem unternehmerischen Handeln.

Während jedoch bei Kant der Universalisierungsgrundsatz noch eine ge-
dankliche Güterabwägung des jeweiligen vernunftbegabten Menschen war,
ist heute der Anspruch ambitiöser: Nun soll Konsens *mit all denjenigen* hergestellt werden, die im weitesten Sinne von den Auswirkungen unternehmerischen Handelns betroffen sind. Das ist angesichts der Vielfalt der
Weltanschauungen, Werteeinstellungen und Interessen, die heute in modernen Gesellschaften vertreten werden, eine höchst anspruchsvolle Angelegenheit. Es wird dann besonders schwierig, wenn die voraussichtlichen
Folgen ein und desselben Handelns von verschiedenen Akteuren unterschiedlich bewertet werden. Auf die Problematik, dass Konsens u.U. in vielen Fällen nur als *Grobkonsens* und nur selten als *Feinkonsens* hergestellt werden kann, werden wir bei der Erörterung des Umgangs mit unternehmensexternen Anspruchsgruppen zurückkommen (Kapitel F).

Auch bei der Unternehmensethik sind Begründungsprobleme zu lösen: Unternehmensethik reflektiert die Handlungsnormen, Wertmaßstäbe und
Sinnvorstellungen von Unternehmen, also die Unternehmensmoral. Sie
prüft, ob faktisches unternehmerisches Handeln aus einer spezifischen
Wertekonstellation heraus als gut und gerecht angesehen und unter den
Bedingungen moderner Gesellschaften auch umgesetzt ist. Das Kriterium
spezifische Wertekonstellation weist auf den Umstand hin, dass es unterschiedliche Anspruchsgruppen mit erheblich divergierenden Ansprüchen gibt. Die
Unterschiedlichkeit der Geltungsansprüche für Anforderungen an Unternehmen ist auch für die Beurteilung der Legitimität von Whistleblowing
wichtig. Von Unternehmen wird heute erwartet, dass sie sich mit ihrem ge-

sellschaftlichen Umfeld um eine Verständigung über die Werte und Normen ihres Handelns sowie über die wechselseitigen Rechte und Pflichten bemühen. Dabei bezieht sich die unternehmensethische Reflexion auf jene Klasse von legitimen Handlungen, die mit der gesicherten Existenz des Unternehmens am Markt vereinbar sind bzw. diese nicht gefährden.

Ansprüche der zivilen Gesellschaft an Unternehmen

Als *angewandte Ethik*[4] hat Unternehmensethik zum Ziel, durch eigene Reflexion und Konsenssuche mit den vom unternehmerischen Handeln betroffenen Menschen und Anspruchsgruppen (heute spricht man von *stakeholdern*) verbindliche, allgemeinwohlverträgliche Unternehmensziele und inhaltliche Handlungsnormen festzulegen. Diese sollen im Sinne einer freiwilligen Selbstverpflichtung über den geltenden Gesetzesrahmen hinaus betriebsintern (und in Zeiten des UN Global Compact[5] wo immer möglich auch bei Zulieferfirmen und Geschäftspartnern) in Kraft gesetzt werden. Allein schon durch die Beschäftigung mit ethischen Überlegungen findet ein Sensibilisierungsprozess statt, der Menschen auf allen Ebenen der Unternehmenshierarchie hilft, Werte zu klären, Wertkonflikte zu erkennen und Güterabwägungen vorzunehmen. Dies wiederum hilft, bei komplexen Entscheidungen durch die Definition von Wertehierarchien die aus ethischer Perspektive *richtigen* Präferenzen zu setzen.

Allerdings gilt auch für die Moralphilosophie im unternehmerischen Kontext der Aphorismus, dass in der Philosophie alles kontrovers ist, sogar die Antwort auf die Frage, was Philosophie ist.[6] Es gibt heute eine große Vielfalt unternehmensethischer Ansätze und Beurteilungsgesichtspunkte. Ohne Anspruch auf Vollständigkeit könnte eine grob vereinfachende Aufgliederung folgendermaßen aussehen:[7]

➢ Es wird angestrebt, die als moralisch problematisch und konfliktträchtig wahrgenommenen Auswirkungen der ökonomischen Sachlogik bzw. der wettbewerbsbedingten Sachzwänge (Gewinnprinzip, Rationalisierungsdynamik u.a.) durch Steuerung der konkreten Unternehmens-

---

4   Zu anderen Gebieten der *angewandten Ethik* (z.B. Bioethik, Ökologieethik, Medizinethik, Rechtsethik, Medienethik, Technikethik oder feministische Ethik) vgl. Pieper/Thurnherr (1998).

5   Vgl. www.unglobalcompact.org

6   So Spaemann (1978), 2. Vgl. auch Williams (1986).

7   Vgl. Ulrich (1990).

aktivitäten zu begrenzen. Man spricht daher von der *korrektiven* Unternehmensethik.[8]

➤ Es soll moralisches bzw. moralanaloges Handeln nicht nur wegen seiner Eigenwertigkeit und zur Vermeidung von gesellschaftlichen Friktionen, sondern auch zur positiven Motivation der Kunden und Mitarbeiter genutzt werden. Moral gilt als nützliche Ressource, man spricht hier von *funktionalistischer* Unternehmensethik.[9] In diesem Ansatz wird auch davon ausgegangen, dass eine ordnungspolitische und gesellschaftliche Rahmenordnung der *Good Governance*[10] die Umsetzungschancen unternehmerischer Ambitionen wesentlich erhöht.[11]

➤ Schließlich soll das unternehmerische Gewinnstreben kategorisch der normativen Bedingung *Legitimität im Sinne einer nachhaltigen Lebensdienlichkeit* untergeordnet werden, d.h. die ökonomische Sachlogik wird auf eine ethisch legitimierte Grundlage gestellt. Vermeintliche oder tatsächliche subsystemimmanente Hindernisse werden nicht als Rechtfertigung für das Nichteinlösen weitergehender ethischer Ansprüche akzeptiert, sondern als zu überwindende Faktoren sekundärer moralischer Bedeutung untergeordnet. Hier spricht man von *integrativer* Unternehmensethik.[12]

In den verschiedenen Ansätzen werden auch abweichende Auffassungen darüber vertreten, wo der systematische *Ort der Moral* anzusiedeln sei. Ort der Moral ist einerseits die übergeordnete Rahmenordnung (Verfassung, Gesetze, ordnungspolitische Ausrichtung etc.), andererseits das Unternehmen als korporativer Akteur und schließlich der individuelle Verantwortungsträger im spezifischen Unternehmen. Idealerweise kommt es durch wechselseitige Unterstützung der drei Ebenen zu Synergismen.

Bei allen Unterschieden der verschiedenen theoretischen Ansätze bleibt eine gemeinsame praktische Konsequenz: Unternehmensethische Ambitio-

---

[8]   Beispielsweise Steinmann/Löhr (1991).

[9]   Z.B. Homann/Blome-Drees (1992), verschiedene Kritiker ordnen auch mein Buch diesem Ansatz zu: Leisinger (1997). Vgl. z.B. Thielemann/Breuer (2000), 8ff. und Thielemann (2001).

[10]   Unter *Good Governance* versteht man die Qualität der politischen Rahmenbedingungen, die Sorgfalt, mit der die Regierung und die ihr unterstellten Behörden mit den ihnen anvertrauten Ressourcen umgehen sowie die Transparenz und Rechenschaftspflicht, mit der dies geschieht. Vgl. Leisinger (1995).

[11]   Hierzu vor allem Homann (1989), (2001) sowieHomann/Blome-Drees (1992).

[12]   Vgl. hierzu Ulrich (1997) und (2002).

nen sind kein *free lunch* – gegenteilige Argumentationen machen es sich zu einfach und erwecken falsche Erwartungen: „Alle Versuche, das Verhältnis von Philosophie und Ökonomie total zu harmonisieren, indem man sagt, dass es da überhaupt keine Reibungsflächen gibt und die Wirtschaftsethik (*oder eben Unternehmensethik, KML*) und die philosophische Ethik nur eine Form der guten Ökonomie sind, reduzieren ihre Bedeutung unangemessen."[13]

Die Entscheidung des Managements eines Unternehmens, seine Handlungen auch ethischen Kriterien zu unterwerfen, macht erfolgreiches Handeln auf allen Ebenen komplexer und dadurch auch schwieriger. Wenn eine solche Entscheidung jedoch nicht nur theoretische Moralphilosophie (oder im schlimmsten Fall eine public-relations-Gag) bleiben, sondern nachhaltig in konkretes Handeln münden soll, muss ein Prozess in Gang gesetzt werden: Ein Unternehmen muss sein Handeln auf allen Ebenen im Lichte der gewählten Normen prüfen, wo nötig Korrekturen vornehmen, Handlungsweisen entsprechend anpassen und die erforderlichen Führungssysteme einsetzen. Jenseits der semantischen Bemühungen: Nichts zu tun, schadet einem Unternehmen letztlich mehr, als sich stillschweigend mit einer Grenzmoral durchzumogeln: „Wer moralisch kommuniziert und damit bekannt gibt, unter welchen Bedingungen er andere und sich selbst achten bzw. missachten wird, setzt seine Selbstachtung ein – und aufs Spiel."[14] Durch öffentliche Statements geweckte, aber nicht erfüllte Erwartungen, erregen größeres Unbehagen als aufgedeckte Missstände bei einem Unternehmen, das sich in ethischer Hinsicht nicht exponierte.

1.1 Von der Idee eines allgemeinen Gesellschaftsvertrags zur Umsetzung in konkretes unternehmerisches Handeln

Über Ethik philosophisch zu reflektieren, ist eine spirituell erfüllende und intellektuell anspruchsvolle Angelegenheit. Will man jedoch mehr tun als den Menschen moralphilosophische Erkenntnisse vermitteln und konkrete Ergebnisse ethisch reflektierten Handelns anstreben, dann muss Ethik – auch Unternehmensethik – „[...] aus dem Himmel der „Ideen" oder „Werte" heruntergeholt und [...] in die alltägliche Lebenswirklichkeit hinein gestellt werden. Verantwortlich zu handeln heißt dort nicht, aus Verantwor-

---

[13] Koslowski (2001), 11.

[14] Luhmann (1988b), 5.

tung gegenüber einem höheren sittlichen Sollen zu handeln [...], sondern [...] aus einem lebensweltlichen Verhältnis heraus, in dem man sein Handeln in einem Rede- und Antwort-Verhältnis wirklich verantworten muß."[15]

1.1.1 Gesellschaftsvertrag für das ökonomisch Sachgemäße...

Unternehmensethischem Denken liegt im weitesten Sinne die Idee eines *Gesellschaftsvertrags* zugrunde, nach der sich alle Gesellschaftsmitglieder auf eine harmonisierende Art und Weise verhalten, Rücksicht auf die Belange der anderen nehmen und sich gleichen Normen verpflichtet fühlen.[16] Die inhaltliche Deutung der Passagen „harmonisierende Art und Weise" und „Rücksicht auf die Belange der anderen" dieser Vertragsidee bezieht sich sowohl auf die Ziele eines Unternehmens als auch auf die Mittel und Wege zur Zielerreichung. Was (jenseits der Einhaltung von Gesetzen) im konkreten Fall als gut und gerecht gilt, nehmen in pluralistischen Gesellschaften verschiedene Akteure unterschiedlich wahr.

Heute besteht breiter Konsens darüber, dass auch ein Unternehmen mit einem ethischen Legitimationsverständnis das *ökonomisch Sachgemäße* zu beachten hat. Auch in Zeiten des Unbehagens über tatsächliche oder vermeintlich unerwünschte Auswirkungen der Globalisierung gilt noch immer, was der evangelische Theologe Arthur Rich seinen Erörterungen zur Wirtschaftsethik vorangestellt hat: „Es kann im wirtschaftlichen Geschehen ethisch nie vertretbar sein, was dem Sachgemäßen schlechthin widerspricht."[17] Das Gewinnprinzip hat seine Berechtigung nicht in Überlagerung oder gar Verdrängung jener universellen und intersubjektiv verpflichtenden Normen, die den komplexen Hintergrund ethischer Legitimationsanalysen bilden. Es ist *ein Prinzip neben anderen*[18] – aber dennoch für das Funktionieren (marktwirtschaftlich organisierter!) Gesellschaften unverzichtbar. Auch Unternehmen mit einem ethischen Legitimitätsverständnis müssen letztlich über die Verzinsung des Eigenkapitals hinaus Ertrag erwirtschaften. Aber dennoch – oder gerade deshalb – stellen sich schwierige Fragen:

---

15 Gröschner (1989).

16 Vgl. z.B. Donaldson/Dunfee (1999).

17 Rich (1990), 16.

18 Vgl. Ulrich (1997) 399.

➤ Was ist das ökonomisch Sachgemäße, d.h. das dem Sachzweck des Unternehmens Gemäße – z.b. auf dem Hintergrund eines Pharmaunternehmens, das lebensrettende HIV/AIDS-Medikamente herstellt, 80 Prozent der Erkrankten aber weder versichert sind noch die individuelle Kaufkraft zu deren Erwerb haben?

➤ Und wie kann das ökonomisch Sachgemäße auf eine moralisch akzeptable, d.h. sozial und ökologisch verantwortungsvolle Art und Weise umgesetzt werden?

Die Frage: *Was ist das ökonomisch Sachgemäße?* ist auf der Handlungsebene des Unternehmens zunächst mit den Methoden der *ethischen* Reflexion nicht beantwortbar. Wirtschaftliches und unternehmerisches Können im Sinne eines angemessenen Sachverstands – und dieser schließt im wohlverstandenen Eigeninteresse moralische Vernunft ein – ist eine notwendige „Voraussetzung des Sollens."[19] Weder ersetzt ethische Kompetenz die wirtschaftliche Kompetenz noch umgekehrt. Wir haben es zwar mit gleichermaßen wichtigen, aber strukturell unterschiedlichen Urteilssphären zu tun. Angesichts der gegenwärtig so bitter geführten Globalisierungskontroverse ist es mehr denn je angezeigt, darauf hinzuweisen, dass zwischen dem ökonomisch Sachgemäßen und dem moralisch Legitimierten kein inhärenter Widerspruch besteht.

Die ethische Bewertung von Nebeneffekten der ökonomischen Rationalität – darüber mache sich niemand Illusionen – ist eine äußerst anspruchsvolle Angelegenheit.[20] Zumindest diesseits der Verletzung von Menschenrechten gilt die über 80 Jahre alte Aussage Max Webers hier, dass kein ethischer Diskurs angeben kann, „[...] wann und in welchem Umfang der ethisch gute Zweck die ethisch gefährlichen Mittel und Nebenerfolge heiligt":[21] Ist es legitimerweise als ökonomisch sachgemäß zu akzeptieren oder zeugt es von Defiziten der individuellen und kollektiven Moral, wenn ein Unternehmen beispielsweise leistungsschwache oder undisziplinierte Mitarbeiter entlässt? Und, falls sie weder leistungsschwach noch undiszipliniert sind, beruhen Rationalisierungsmaßnahmen auf einzelbetrieblich plausibel erscheinenden, weil durch den Wettbewerb erzwungenen Sachzwängen, oder wird hier Menschen aus Profitgier vorsätzlich Böses zugefügt und damit unmoralisch gehandelt? Wie steht es mit der Legitimität von Unternehmensgewinnen,

---

19 Lenk/Maring (1992), 12.

20 Vgl. Ulrich (1997) 397ff.

21 Weber (1988), 552.

wenn es um das Leben und die Gesundheit kaufkraftloser und unversicherter Menschen geht? Was hat im Zweifel Vorrang, die Profitabilität einer Firma oder das Leben eines AIDS-Kranken? Welche ethischen Pflichten hat ein Unternehmen, wenn andere Akteure (Internationale Gemeinschaft, Staat etc.) ihren nach dem Subsidiaritätsprinzip zurechenbaren Pflichten nicht nachkommen?

Im vorliegenden Zusammenhang wird davon ausgegangen, dass Unternehmen im Rahmen einer legitimen gesellschaftlichen Arbeitsteilung den Gesetzmäßigkeiten der Marktwirtschaft unterworfen sind und nicht auf Dauer gegen diese verstoßen können. Zur Vermeidung konkreter menschlicher Härten bestehen in beschränktem Ausmaß sittlich verpflichtende Spielräume, die sowohl kollektive Akteure als auch einzelne Führungskräfte im Hinblick auf die menschliche Dimension des wirtschaftlichen Gemeinwohls (immer auch definiert als Balance von privater und öffentlicher Wohlfahrt) nutzen sollen.[22]

1.1.2 ...als Resultat umfangreicher Güterabwägungen

Die Beantwortung der zweiten Frage, jener der moralisch akzeptablen Umsetzung des ökonomisch Sachgemäßen, ist das Ergebnis einer ganzheitlichen unternehmerischen Güterabwägung. In dieser spielen normative Überzeugungen und ethische Entscheidungskriterien eine wesentliche Rolle. In diesem Bereich können ehrliche und wohlmeinende Menschen mit guten Gründen unterschiedlicher Auffassung sein und – u.U. trotz aller Bemühungen um dialogischen Konsens – auch bleiben. Die Notwendigkeit des Managements von Zielkonflikten stellt hohe Anforderungen an die Verantwortungsträger: Unternehmerisches Handeln strebt zu jedem Zeitpunkt ein Bündel von Zielen an z.B. einen möglichst hohen Marktanteil, eine möglichst hohe Produktivität und möglichst hohen Gewinn – und damit Shareholder Value. Darüber hinaus werden jedoch auch andere, weniger gut quantifizierbare Ziele verfolgt wie beispielsweise eine möglichst hohe wirtschaftliche und strategische Unabhängigkeit, gesellschaftliche Akzeptanz oder eine positive, weil ethisch legitimierte Corporate Identity. Unternehmensethik hilft Verantwortungsträgern, Handlungsoptionen zu sortieren und zu Ausschlussverfahren sowie Hierarchiebildungen in Bezug auf

---

[22] Vgl. hierzu Kerber (1989).

Werte, Präferenzen, Zwecke und Mittel zu kommen. Dies gilt besonders für das betriebswirtschaftliche und technische Handeln.

Unternehmensethik und daraus abgeleitete moralische Forderungen stellen die prinzipielle wirtschaftliche Aufgabenerfüllung von Unternehmen nicht in Frage. Sie zeigen aber eine zusätzliche Dimension der Verantwortung auf, mit der das Qualitätskriterium Moralität für unternehmerisches Handeln angestrebt wird: Ethische Kriterien sollen zum einen in den unternehmerischen Zielbildungsprozess und in die Prioritätensetzung einfließen, zum anderen soll die Art und Weise, in der die gesetzten Ziele erreicht werden, einer zusätzlichen normativen Prüfung unterzogen werden.

1.2 Keine Gewinnerzielung um jeden Preis – aber welcher Preis ist ethisch akzeptabel?

Viele Publikationen, die sich mit Wirtschafts- und Unternehmensethik befassen, unterstellen, dass moralische Gesichtspunkte beim unternehmerischen Handeln keine oder eine höchst periphere Rolle spielten. Sie zeichnen ein Bild, in dem kalt kalkulierende und ausschließlich am eng definierten, kürzestfristigen finanziellen Interesse ausgerichtete Zombies ihre Mitarbeiter, ihre Kunden, ihre Umwelt und den Staat unter Ausnutzung von Unkenntnis und Gesetzeslücken oder gar vorsätzlich täuschend möglichst clever schädigen, um ihre Profite zu maximieren.

Lässt man die Nachrichten über unternehmerisches Fehlverhalten allein in den USA in den Jahren 2001 und 2002 Revue passieren, so bietet sich ein Bild, das viele in der Wirtschaft arbeitende Menschen nicht für möglich hielten. Zu den absoluten Top-Stories gehören die folgenden: [23]

➢ Dem Energieunternehmen ENRON gebührt die zweifelhafte Ehre, es vom „innovativsten Unternehmen der USA" (sechsmal in Folge als solches vom Wirtschaftsmagazin „Fortune" gewählt) zum effektivsten Vernichter von Arbeitsplätzen, Pensionsansprüchen und Vermögenswerten gebracht zu haben. Revisions- und Buchprüfungsunternehmen, deren Aufgabe die Kontrolle des Geschäftsablaufs gewesen wäre, wurden zu Komplizen des Vertuschens. Eine Sekretärin, Sherron S. Watkins, nicht etwa der Verwaltungsrat oder die Revisionsgesellschaft, hatte lange vor dem Öffentlichwerden des Skandals den Mut, den CEO auf die Buchführungsskandale anzusprechen.

---

[23] Alle hier zitierten Fälle aufgeführt bei www.spiegel.de/wirtschaft/ (Wall Street Special Raubritter in Maßanzügen, 19.06.2002 und 08.07.2002).

> Reputable Unternehmen verbuchten offenbar Umsätze, die nie statt-
fanden (Worldcom, Xerox) und Manager verschwiegen unliebsame
Nachrichten aus Rücksicht auf den Aktienkurs – dieser wiederum war
für den Wert der Optionen des Managements relevant. Der US-
Pharmakonzern Merck, so berichtete SPIEGEL ONLINE am
08.07.2002, hat – so scheint es – Umsätze in Höhe von 12,4 Milliarden
Dollar ausgewiesen, die nie in der Kasse des Unternehmens gelandet
sind – beruft sich aber auf die formale Übereinstimmung mit den Bi-
lanzierungsregeln nach US-GAAP.

> In vielen Fällen kam es wegen einer unheiligen Allianz zwischen Opti-
onsinteressen des Managements, verbündeten Jubel-Finanzanalysten
und Anlageberatern zu aufgeblasenen Umsätzen und Gewinnen.

> Auch andere Spielarten amoralischen Handelns sind häufiger, als einem
lieb sein kann. Die Zeitungsarchive und einschlägige Veröffentlichungen (z.b. der Corporate Crime Reporter) sind eine wahre Fundgrube in
dieser Hinsicht. Immer wieder erstaunt auch die Kreativität, mit der
Ausfuhrbeschränkungen in Spannungs- und Kriegsgebiete umgangen
oder eindeutig despotische und menschenrechtsverachtende Regime
mit sensiblen Ausrüstungen versorgt werden, obwohl ohne Mühe klar
ist, dass diese nicht im Sinne einer friedlichen und menschengerechten
Entwicklung eingesetzt werden.

Die Furcht geht um, dass das westliche Wirtschaftssystem vor einer Krise
historischen Ausmaßes steht, zumindest kann niemand ausschließen, dass
noch weitere Skandale bekannt werden. Die Globalisierung gibt aus der
Perspektive vieler skeptisch eingestellter Menschen die zusätzliche Möglichkeit für straffreies Profitieren von unternehmerischer Unmoral. Es wird
möglich, ungestraft auf dem Rücken unschuldiger Menschen in wirtschaftlich unterentwickelten Ländern vom Pfad der Tugend abzuweichen.[24] Unternehmerische Freiheit auf globaler Ebene, so der Vorwurf, führe zu ge-
wissenlosem Ausweichen vor Sozial- und Umweltgesetzgebung, Steuer-
flucht, Korruption und anderen illegitimen und kriminellen Praktiken –
Selbstregulierung funktioniere nicht.[25]

---

[24] Da hier weder auf die komplexen Nutzen-Kosten-Analyse der Globalisierung noch auf
die Validität der Globalisierungskritik eingegangen werden kann, sei verwiesen auf Höffe (2002), Streeten (2001), Graham (2000), Ugarteche (2000), Dollar (2001), Development Research Group (2001), Molt (2002) sowie Rüstow (2001). Ebenso die Sonder-
nummer des Journal of Business Ethics, Vol. 31 (2001, I) May und McMurtry (2002).

[25] Vgl. Chirayath et al. (2002).

Solchen gewissenlosen Managern – und niemand sollte bezweifeln, dass es sie als Ausnahme zur Regel gibt – wird als dialektischer Kontrast oft ein Ideal gegenüber gestellt, in dem moralisch aufrechte und für Ungerechtigkeiten empfindsame Menschen selbstlos ihre Einflussmöglichkeiten nutzen, die Menschenwürde anderer wahren, Gerechtigkeit und Solidarität üben, ganzheitliche Verantwortung für zukünftige Generationen empfinden sowie anderen interkulturell und ewig gültigen Prinzipien Geltung verschaffen.

1.2.1 Schwarz-Weiß-Argumentationen machen die Diskussionen farbig

Ein solcher Manichäismus, basierend auf grotesken Ausreißern unternehmerischen Handelns, ist gut geeignet, semantische Schwerter zu schärfen und auf Skandale mit der notwendigen Lautstärke aufmerksam zu machen. Damit wird jedoch sowohl die Realität der Unternehmenskritiker als auch die Realität unternehmerischen Handelns höchstens an den extremen Enden der Gauß-Verteilung erfasst. Wenn Ethik – auch Unternehmensethik – als Gegenstand der praktischen Vernunft konzipiert ist, dann zeigen die oben aufgeführten Beispiele einen Teil der unternehmerischen Lebenswelt, der durch rational unerklärliche Unvernunft – in Verbindung mit schamloser Skrupellosigkeit – charakterisiert ist.

Nicht, dass es in der Unternehmenswelt keine Probleme durch Unmoral, Gier, Skrupellosigkeit, Hinterlist, überbordendes Eigeninteresse oder schiere Dummheit gäbe. Es gibt auch immer wieder Situationen, in denen wider besseres Wissen aus kürzestfristigen ökonomischen Gründen die Gefährdung von Gesundheit und Leben von Menschen in Kauf genommen wird.[26] Aber, das ist zumindest die Hypothese, mit der hier gearbeitet wird: Amoralisches Handeln durch Unternehmen ist eben *nicht die Regel*, sondern deren Ausnahme – ansonsten würde es ja auch keine Skandale mehr auslösen.

Auch auf der individuellen Ebene gibt es keine empirisch belegte Korrelation zwischen Skrupellosigkeit und beruflichem Erfolg. Im Gegenteil, beruflicher Erfolg scheint aus plausiblen Gründen zumindest *auf lange Frist* eher mit persönlicher Integrität und damit tendenziell mit ethischem Handeln einher zu gehen. Das schließt natürlich nicht aus, dass kurzfristige Blender

---

[26] Vgl. beispielsweise den *Kongresshallen-Fall*, den *Kläranlagen-Fall*, den *Containment-Fall* sowie den *Reaktormessgeräte-Fall*, aber auch den *Irak-Fall* bei Ropohl (1997).

auch einmal temporäre Karrierevorteile genießen können. Generelle Vorverurteilungen sind aber auch auf der individuellen Ebene der Manager-
ethik nicht haltbar. Wo generell negativ gefärbt verallgemeinert wird, könnten andere Motive im Spiel sein. In diesem Zusammenhang sind auch die
Befunde von Moser und Hertel[27] interessant: „Personen tendieren in Konflikten generell dazu, ihren Kontrahenten unmoralische Beweggründe zuzuschreiben. Dieser Prozeß wird zusätzlich durch die unvollständige Information erleichtert, die einzelne über die Entwicklung und Entscheidungen anderer Personen besitzen."[28] Das gilt für alle Beteiligten einer Kontroverse,
d.h. für Unternehmenskritiker ebenso wie für Unternehmensmanager. Fair-
erweise sollten Urteile mit ethischem Anspruch von der Unschuldsvermutung der jeweils anderen Seite ausgehen und in jedem einzelnen Fall die
spezifischen Umstände würdigen.

1.2.2 Do in Rome as the Romans do?

Fasst ein Unternehmen den Entschluss, in einem Entwicklungs- oder Transitionsland zu investieren, so trifft es dort u.u. soziale, ökologische und juristische Standards an, die qualitativ unter dem Niveau der OECD-Länder
liegen. Das Unternehmen hat dann prinzipiell zwei Optionen, nämlich

➢ sich mit Verweis auf das geltende Recht auf die niedrigeren Standards
   einzulassen (Do in Rome at least as the Romans do[29]) oder

➢ aus eigenem Legitimationsverständnis diejenigen höheren Standards
   einzuführen, die unternehmensintern als Best Practices gelten.

Im zweiten Fall hätte es u.U. aufgrund einer höheren Kostenlast einen
Wettbewerbsnachteil gegenüber Unternehmen, die sich anders verhalten.
Es würde vermutlich einen vergleichsweise niedrigeren lokalen Betriebsge-
winn erzielen – vielleicht aber auch einen Reputationsgewinn, der die Diffe-
renz auf lange Frist ausgleicht. In jedem Fall würde es einen potenziellen
internationalen Reputationsverlust vermeiden. Wie dem auch sei: Von Unternehmen, die sich an moralischen Maßstäben messen lassen wollen, ist zu
erwarten, dass nicht alle Handlungsoptionen ausgeschöpft werden, nur weil

---

[27]   Vgl. Moser/Hertel (1998).

[28]   Ebenda 181.

[29]   Neben den sozialen, ökologischen und anderen, in Codes of Conduct problematisierten
       Sachverhalten gibt es natürlich auch Probleme im Kontext des interkulturellen Mana-
       gements (vgl. Donaldson (1996)).

sie in einem spezifischen nationalen Kontext legal sind. Prinzipielles Abweichen von dem, was im Unternehmen als prinzipiell richtig gehalten
wird, sollte auch dann nicht stattfinden, wenn es sich gewinnsteigernd auswirkt.

Bei der Erörterung von Handlungsoptionen ergeben sich nicht nur Konflikte zwischen moralischen und unmoralischen Zielen – diese sind relativ
leicht zu lösen –, sondern auch Konflikte zwischen konkurrierenden moralischen Zielen. Die firmenspezifische Auseinandersetzung mit den praktischen Konsequenzen unternehmensethischen Handelns trägt dazu bei, einen unternehmensinternen Lernprozess in Gang zu setzen und durch angemessene institutionelle Arrangements zu stützen. Dadurch können, gemessen am Status quo, moralisch bessere Antworten für die Auflösung der
Dilemmasituationen gefunden werden. Dabei geht es nicht um Entscheidungen für das absolut Gute und gegen das diabolisch Schlechte, sondern
um die Suche nach Lösungen mit dem geringsten Konfliktpotential – dem
kleineren Übel, den „tragic choices".[30]

1.2.3 Marktwirtschaft mit international akzeptierten Leitplan-
ken...

Angesichts der wachsenden Dynamik der Globalisierungskritik scheinen, so
macht es manchmal den Eindruck, für manche Menschen in unseren Gesellschaften die „tragic choices" schon (wieder) auf der ordnungspolitischen
Ebene zu beginnen. Vielen Menschen, die Kirchen, Gewerkschaften oder
entwicklungs- bzw. umweltpolitischen NGOs nahe stehen, erscheint die
Argumentation, dass Moral und Humanität aus systemischen Gründen im
Kapitalismus nicht realisierbar seien, plausibel. In der Folge dieser Plausibilität werden insbesondere multinationale Unternehmen wegen ihrer auf die
weltweite Erzielung von Gewinnen ausgerichteten Geschäftstätigkeit als
Teil des Problems und nicht als Teil von Lösungen wahrgenommen.

Dass Marktwirtschaft nicht definitionsgemäß Manchester-Kapitalismus bedeutet, sondern, zumindest was den *rheinischen Kapitalismus* angeht, durchaus
mit sozialer Verträglichkeit und ökologischer Zukunftsfähigkeit kompatibel
ist, ist empirisch bewiesen. Ebenfalls unstrittig ist, dass Marktordnungen
wettbewerbsorientiertes Leistungsdenken fördern und damit implizit jene
Bürger bevorteilen, die hohe Leistungen erbringen können und wollen. In

---

[30] Vgl. Wieland (2001), 114.

sozialen Marktwirtschaften nimmt der Staat sozial schützend und ausgleichend Einfluss, und dies mit Erfolg. Daher wird hier nicht auf die prinzipielle ordnungspolitische Debatte eingetreten – diese ist entschieden. Als intellektuelle Herausforderung für alle Menschen guten Willens bleibt allerdings die weitere kreative und innovative Ausgestaltung der sozialen Marktwirtschaft.[31]

Der UN Global Compact als Beitrag zur globalen sozialen Marktwirtschaft

Als Beitrag zu einer ökologisch und sozial verträglichen Marktwirtschaft ist auch die UN-Global-Compact-Initiative[32] des UN-Generalsekretärs Kofi Annan zu sehen. Sie will Handels- und Investitionsfreiheit durch eine *Globalisierung mit menschlichem Antlitz* sichern. Das Engagement multinationaler Unternehmen kann im Kontext der Globalisierung nur dann nachhaltig erfolgreich sein, wenn dessen Auswirkungen messbar dazu beitragen, breitere gesellschaftliche Ziele zu verwirklichen. Plakative Forderungen („Business should be part of the solution to eradicate poverty, not part of the problem!"[33]) sind in der Regel zwar süffig formulierbar – konkrete Umsetzungsbemühungen jedoch kaum je mit Anspruch auf allgemeine Zustimmung machbar: Was bedeutet „part of the solution" für das „Business" konkret? Welcher Akteur der zivilen Gesellschaft hat welche Aufgabe zu erfüllen?

Vielleicht ist eine der wichtigsten Konsequenzen der Auseinandersetzung mit dem UN Global Compact, dem Social Accountability 8000,[34] den Caux Principles for Business[35] oder der Vielzahl anderer,[36] dass sie das Management großer Unternehmen für die sozial- und entwicklungspolitische Seite der Globalisierungs-Problematik sensibilisieren. Dies ist notwendig, denn auch unternehmerische Freiheit kann auf Dauer nur einhergehen mit nachprüfbar umgesetzter Verantwortung für die Einhaltung des Menschenrechtskatalogs, für menschenwürdige Arbeitsbedingungen und den Schutz der Umwelt.

---

[31] Vgl. Sen (2000) und Ulrich (2002).

[32] Vgl. www.unglobalcompact.org

[33] Z.B. Financial Times Prentice Hall et al.: Visions of Ethical Business. London 2000, viii.

[34] SA 8000 des Council on Economic Priorities Accreditation Agency (www.cepaa.org).

[35] Vgl. www.cauxroundtable.org/

[36] Vgl. Behrman (2001). Behrman kommt zum Schluss, dass die Vielzahl der Codes in der Praxis relativ wenig verändert hat – mit Ausnahme der Arbeitsbedingungen in Niedrigstlohnbetrieben, inklusive ausbeuterischer Formen von Kinderarbeit.

Durch die Unterschrift unter den Vertrag mit dem Entwicklungsprogramm der Vereinten Nationen (UNDP), dem Hochkommissar für Flüchtlinge (UNHCR) und dem UNO-Umweltprogramm (UNEP) verpflichten sich Unternehmen nach besten Kräften zur Einhaltung von neun, von der internationalen Gemeinschaft akzeptierten Prinzipien, die der Deklaration der Menschenrechte, den Richtlinien der Internationalen Arbeitsorganisation (ILO) sowie der Agenda 21 des Umweltgipfels von Rio de Janeiro entstammen. Der Global Compact fasst zusammen, was zuvor schon durch andere Prinzipien angestrebt wurde – seien es die des Interfaith Center for Corporate Responsibility,[37] der Code of Ethics des Institute of Business Ethics[38] oder spezifische Codes spezifischer Unternehmen[39] bzw. anderer Institutionen[40] – verleiht ihnen aber das Gewicht einer Initiative der Vereinten Nationen.

Der UN Global Compact nimmt Forderungen auf, für deren Erfüllung die Zeit reif ist: Der *Millenium Poll* der Environics ließ erkennen, dass mehr als zwei Drittel der Menschen in den Industrieländern es für die Verantwortung der Unternehmen halten, faire, gesunde und nicht-diskriminierende Arbeitsplätze zu schaffen und die Umwelt zu schützen. Eine 1995 in 10 europäischen Ländern durchgeführte Umfrage unter Managern weist Zustimmung für ein fast identisches Prinzipienbündel auf: Fairer Umgang mit Kunden und Mitarbeitern, Schutz der Umwelt und verantwortungsvoller Umgang mit dem gesellschaftlichen Umfeld werden vom europäischen Management als die wichtigsten „moral standards" eines Unternehmens angesehen und angestrebt.[41]

1.2.4 ...und darüber hinausgehende politische Forderungen

Unternehmen, die sich öffentlich zur Einhaltung dieses Anforderungskatalogs verpflichtet haben, sehen sich von globalisierungskritischen Protest-

---

[37] Vgl. Principles for Global Corporate Responsibility: Bench Marks for Measuring Business Performance (Interfaith Center for Corporate Responsibility, 475 Riverside Drive, New York, NY 10115, USA).

[38] Vgl. www.ibe.org.uk

[39] Z.B. Novartis, Shell oder Body Shop.

[40] Zum großen Interesse internationaler Unternehmen an der Formulierung und Implementierung ethischer Verhaltenskodices vgl. Berenbeim (1999).

[41] Vgl. Katholieke Universiteit Brabant (1996).

gruppen aus mindestens zwei Richtungen kritisiert.[42] Den einen gilt der li-
beralisierte marktwirtschaftliche Ordnungsrahmen als prinzipiell ungeeignet, ein Höchstmaß an menschlicher Entwicklung zu gewährleisten, die anderen ziehen die Wahrhaftigkeit der Compliance-Bemühungen in Zweifel.
Oft wird unterstellt, eine konsistente und kohärente inhaltliche Umsetzung
des UN Global Compact durch die Unterzeichner-Unternehmen sei überhaupt nicht geplant: Das Ganze sei ein cleverer Werbegag zu Lasten der
Glaubwürdigkeit der UNO und ihres Generalsekretärs Kofi Annan.

Realistischerweise ist davon auszugehen, dass es schwarze Schafe gibt. Da
auch in solchen Fällen die schlechte Performanz einiger weniger schwacher
Glieder die öffentliche Wahrnehmung des Ganzen bestimmt und manichä-
isch argumentierenden Kritikern die Beweise für die Richtigkeit ihrer generellen Thesen liefern, ist in solchen Fällen massiver Korrekturdruck durch
legitim arbeitende Unternehmen erwünscht. Peinlich berührtes Stillschweigen mag vielleicht die feine Art sein – es ist keinesfalls die effiziente Art, ein
Minimum an Compliance sicherzustellen. Die Compliance-Situation wird
ohnehin dadurch erschwert, dass sich auch bei strikter Erfüllung des Geistes des UNO-Vertrags Diskrepanzen auftun zwischen dem, was in der besten aller Welten wünschenswert wäre und dem, was ein Unternehmen in
einer konkreten Situation leisten kann oder will.

Politischer Dissens ist in pluralistischen Gesellschaften normal. Das als legitim angesehene Verhältnis von Eigennutzorientierung und Gemeinwohlorientierung ist immer beeinflusst von normativ festgelegten individuellen
Präferenzen – und diese sind definitionsgemäß unterschiedlich. Es gibt also
keine einfache und alle Anspruchsgruppen befriedigende Antwort auf die
Frage nach dem richtigen Maß beim unternehmerischen Bemühen, betriebswirtschaftlichen Zielen und ethischen Standards in möglichst hohem
Maße gerecht zu werden. Auf die Beantwortung der Frage: *Wessen Forderungen an wen haben welchen Grad der normativen Verbindlichkeit?* gehen wir wegen
ihrer großen Bedeutung und Komplexität in Kapitel F vertieft ein.

1.2.5 Mehr Ressourcen und mehr Wissen auferlegen ein Mehr an Verantwortung

Ohne Zweifel haben international arbeitende Unternehmen gegenüber nationalen und nur lokal in einem Entwicklungsland arbeitenden Unterneh-

---

[42]   Vgl. z.B. Utting (2002) und Bruno (2002).

men viele Vorteile (z.b. Kapitalkraft, Technologie, Know-how, internationales Beziehungsnetz oder eigene Forschungskapazitäten). Die Summe dieser Vorteile könnte man auch als größere Macht bezeichnen. Größere Macht verlangt als Korrelat in jedem Fall nach vermehrter Wahrnehmung von Verantwortung.

Wenn hier von Verantwortung die Rede ist, dann ist jener äußerst komplexe Sachverhalt angesprochen, den Hans Lenk so angeht: „Wir werden zur Verantwortung gezogen, wir tragen Verantwortung. Verantwortung zu tragen heißt: bereit zu sein, oder genötigt werden zu können, zu antworten, etwas zu verantworten gegenüber jemandem, einem Betroffenen oder einem Adressaten. Wir sind beispielsweise nicht nur für etwas, für eine Handlung, Aufgabe, Betreuung etc. verantwortlich, sondern auch gegenüber jemandem und vor einer Instanz [...]."[43]

Lenk sieht den Verantwortungsbegriff als „[...] zuschreibungsgebundener mehrstelliger Relations- bzw. Strukturbegriff", als ein interpretations- und analysebedürftiges Schema mit folgenden Elementen:

➤ *Jemand*, Verantwortungssubjekt, -träger (Personen, Korporationen), ist

➤ *für* etwas (Handlungen, Handlungsfolgen, Zustände, Aufgaben etc.)

➤ *gegenüber* einem Adressaten

➤ *vor* einer (Sanktions-, Urteils-)Instanz

➤ *in Bezug auf* ein (präskriptives, normatives) Kriterium

➤ *im Rahmen eines* Verantwortungs- bzw. Handlungsbereiches verantwortlich.

Verantwortung in dieser Komplexität bedeutet heute, dass global arbeitende Unternehmen aufgrund ihrer größeren wirtschaftlichen Potenz, ihres im Normalfall höher entwickelten technischen, organisatorischen und anderen Know-hows verantwortlich sind

➤ für breiter und tiefer definierte (soziale und ökologische) Handlungsfolgen ihres Tuns,

➤ gegenüber großzügiger definierten Anspruchsgruppen,

➤ vor der Urteilsinstanz *internationale Öffentlichkeit* sowie

➤ in Bezug auf vorbildhaftes Handeln in ihrem Verantwortungsbereich und über die eng definierte betriebswirtschaftliche Aufgabenstellung hinaus.

---

[43] Lenk/Maring (1998), 22.

Der Rekurs auf das lokale Gesetz oder die bei lokalen Konkurrenten üblichen Usancen reichen nicht aus. Die Wettbewerbsfähigkeit mit lokalen Unternehmen (z.B. auf der Ebene der Personalkosten, der Sicherheitskosten, des Marketings oder bei anderen sensiblen Sachverhalten) ist lediglich *eine* relevante Dimension für Entscheidungen. Übergeordnete und aus ethischer Sicht legitimierende Kriterien müssen als *zusätzliche Dimension* in alle relevanten Entscheidungen einfließen. Die Einhaltung von Standards, die für die Sicherung einer akzeptablen Lebensqualität der betroffenen Menschen kritisch sind, z.B. bei der Produktionssicherheit, den Arbeits- und Lohnbedingungen oder beim Schutz der Umwelt, dürfen von einem international arbeitenden Unternehmen auch dann nicht unterschritten werden, wenn dies von der lokalen Gesetzgebung oder der Bereitschaft der potenziellen Arbeiter und Angestellten her möglich wäre.

Die explizite Anerkennung von Zielkonflikten und rationale Bemühungen zu ihrer gesellschaftlich akzeptablen Überwindung machen die Frage, ob Unternehmen denn alles machen dürfen, was sie auf dem legalen Hintergrund eines spezifischen Landes machen könnten, letztlich zu einer rhetorischen: Längst nicht alles, was in einem spezifischen Entwicklungs- oder Transitionsland formale Legalität hat, erfüllt das Postulat der *Legitimität*.

Es ist möglich und liegt im wohlverstandenen Eigeninteresse eines Unternehmens, die moralische Qualität seines Handelns durch ein komplexes Bündel an selbstverpflichtend auferlegten Maßnahmen zu erhöhen.[44] Dennoch bleiben wichtige Grundsatzfragen offen, Fragen, deren Beantwortung auch für die Bewertung des Phänomens Whistleblowing von Bedeutung ist:

➤ Was ist eine legitime gesellschaftliche Arbeitsteilung und was resultiert daraus für den Pflichtenkatalog von Unternehmen?

➤ Gibt es eine moralische Verantwortung von Unternehmen als kollektive Akteure?

➤ Was ist die direkte und nicht an das Kollektiv delegierbare Verantwortung einzelner Verantwortungsträger in Unternehmen?

---

[44] Vgl. Leisinger (1997) und die dort angegebene Literatur.

2. Was ist eine legitime gesellschaftliche Arbeitsteilung und was resultiert daraus für den Pflichtenkatalog von Unternehmen?

Moderne Gesellschaften sind hoch komplexe Systeme menschlichen Zusammenlebens. Sie bestehen aus einer Vielzahl von Akteuren (Individuen, Gruppen, Organisationen), deren Kräfte, Interessen und unterschiedliche Verhaltensweisen im Kontext allgemeiner Zielsetzungen und verbindlicher Regelungen zirkulär-interdependent aufeinander bezogen sind.[45] Zur Erreichung der übergeordneten Ziele einer modernen Gesellschaft (Förderung des Gemeinwohls durch z.b. Achtung der Menschenrechte, Schaffung von Rahmenbedingungen für eine nachhaltige wirtschaftliche Entfaltung, soziale Gerechtigkeit und Sicherung der Grundbedürfnisse von Menschen, die dies aus eigener Kraft nicht können), sollen die verschiedenen Akteure nach ihren jeweiligen Möglichkeiten arbeitsteilig beitragen.

Bei vielen Forderungen, die von unternehmensinternen und gesellschaftlichen Anspruchsgruppen an Unternehmen gestellt werden, stellt sich *nicht* die Frage nach deren *prinzipieller* Berechtigung: Forderungen z.B. nach dem Schutz der Menschenrechte, nach besserem Zugang zu Gesundheitsdiensten oder besserer Ausbildung haben ohne jeden Zweifel aus einer übergeordneten Perspektive immense Berechtigung. Die Frage, die jedoch strittig beantwortet wird, ist die nach dem *richtigen Adressaten* solcher Forderungen und nach den Verantwortlichkeiten im Kontext einer legitimen gesellschaftlichen Arbeitsteilung. Kein gesellschaftlicher Akteur trägt für alle Belange Verantwortung; niemand hat alle Pflichten, keiner alle Rechte. Die Leistungsfähigkeit und der Wohlstand moderner Gesellschaften hängen zu einem großen Teil von einer geregelten und mehrheitlich akzeptierten Arbeitsteilung und Kooperationsfähigkeit verschiedener Akteure ab.

2.1 Die Gesellschaft und ihre Subsysteme

Man kann eine Gesellschaft gedanklich als System und dieses als Verbund von ineinander verwobenen und dennoch (relativ) unabhängigen Subsys-

---

[45] Hinter diesem, zugegebenermaßen komplizierten Satz, steht eine noch viel größere Komplexität, die wohl am besten bei Niklas Luhmann entwickelt und begründet ist: Luhmann (1997).

temen auffassen.[46] Die verschiedenen Subsysteme stehen miteinander in Beziehung, haben jedoch voneinander unterscheidbare Aufgaben und Interessen. So kann man z.b. unterscheiden in ein[47]

➢ *Subsystem der gesellschaftlichen Gemeinschaft*, in dem durch bestimmte Verhaltensnormen der einzelne Mensch in das größere Ganze einbezogen und damit die Integration der Gesellschaft und eine soziale Ordnung erreicht wird, ein

➢ *kulturelles Subsystem*, in dem die gültigen Werte der Gesellschaft stabilisiert werden und damit die Normerhaltung garantiert wird, ein

➢ *Subsystem des politischen Gemeinwesens*, das als ein Instrument für die Zielverwirklichung der Gesellschaft dient und in ein

➢ *Subsystem Wirtschaft*, das die Mittel für eine Erhöhung der materiellen Wohlfahrt einer Gesellschaft zur Verfügung stellt.

Als zusätzliche Subsysteme gelten z.b. das *Rechtssystem* (zur Erreichung der allgemeinen Verbindlichkeit von Entscheidungen), die *Religion* (für die Glaubenssicherheit und als Transzendenzebene), die *Wissenschaft* (zur Erreichung neuer Erkenntnisse) oder die *Familie* (zur Befriedigung emotionaler Bedürfnisse).

Zwischen dem Gesamtsystem (hier die Gesellschaft) und den verschiedenen Subsystemen (hier z.B. Wirtschaft) bestehen wechselseitige Abhängigkeiten im Sinne einer „organisierten Komplexität".[48] Das hat zur Folge, dass das (System-)Ganze mehr ist, als die Summe der Teile (Subsysteme). Um eine möglichst effiziente gesellschaftliche Arbeitsteilung zu erreichen, hat jedes Subsystem im Laufe der Zeit eine bestimmte innere Struktur und spezifische Gesetzmäßigkeiten entwickelt und sich auf bestimmte Aufgaben, Funktionen und Zuständigkeiten festgelegt bzw. durch politische und gesellschaftliche Beeinflussung festlegen lassen. Soziologen sprechen von einer *funktionalen Differenzierung*.

---

[46] Zum Grundsätzlichen vgl. Willke (1996), Parsons (2000), Durkheim (1999), Luhmann (1997) sowie als Weiterführung der allgemeinen Systemtheorie Luhmann (1988a).

[47] Vgl. Pierenkemper (1980), 37ff. sowie Hillmann (1988).

[48] Vgl. Bertalanffy (1956).

2.2 Das Subsystem Wirtschaft

Die Wirtschaft und die in ihr engagierten Organisationen und Individuen bilden ein solches relativ selbständiges, aber integriertes Subsystem der Gesamtgesellschaft. Ihre Aufgabe, so definierte einmal Oswald von Nell-Breuning, ist die (möglichst kosteneffiziente) Bedarfsdeckung für alle. Dies erfordert ein sinnvoll geordnetes Ineinandergreifen dessen, was die einzelnen wirtschaftenden Menschen tun – das wohlverstandene Eigeninteresse der Einzelnen und der Wettbewerb sind dabei die ordnenden Kräfte.[49] Im Sinne dieser Arbeitsteilung und mit dem Ziel, die vorhandenen Ressourcen möglichst erfolgreich einzusetzen, bilden die Wirtschaft und die in ihr engagierten Organisationen und Individuen „[...] neue Formen einer sachorientierten, zweck-mittel-bestimmten strategischen Rationalität heraus."[50] Entscheidungen werden nach Maßgabe der Marktposition, der Rendite-Optimierung, des ökonomischen Effizienzprinzips (Nutzen-Kosten-Relation) oder anderer wirtschaftlicher Rationalitätskriterien getroffen.

2.2.1 Das Subsystem Wirtschaft und seine Funktionsweise

Daraus resultieren Handlungsmaximen und Verhaltensregeln, die sich von denjenigen anderer gesellschaftlicher Subsysteme unterscheiden. So wären beispielsweise – für sich gesehen wünschenswerte – handlungsleitende Orientierungen wie solidarisches Teilen mit Bedürftigen oder unbedingte Liebe aufgrund der Gottesebenbildlichkeit des Menschen (als Beispiele für charakteristische Merkmale des Subsystems Religion und der Institution Kirche) für die Funktionsfähigkeit und Effektivität des Subsystems Wirtschaft wenig geeignet. Soziale Umverteilungspolitik oder Leistungstransfers im Namen der Nächstenliebe gehören zu den Aufgaben anderer gesellschaftlicher Subsysteme, nicht in das des Subsystems Wirtschaft. Vorrangig ist allerdings eine Wirtschaftsordnungspolitik, die möglichst vielen Menschen die Selbsthilfekapazität und Selbstverantwortungsfähigkeit erhält bzw. durch faire Ausgangs- und Zugangschancen stärkt und dadurch einen Beitrag zur Minimierung kompensatorischer Sozialpolitik leistet.[51] Das Subsys-

---

[49] Vgl. Nell-Breuning (1990), 64.

[50] Buß (1985), 82.

[51] Diesen Hinweis verdanke ich Peter Ulrich und Susanne Stalder (vgl. auch Ulrich (1986), 467ff.).

tem agiert (idealtypisch) auf Märkten und durch diese; eine barmherzige
Antiökonomie könnte wegen systeminhärenter Sachzwänge nicht durch-
gehalten werden.

Die Tatsache, dass es wirtschaftliche Sachzwänge gibt, die nicht faktischer
Natur, sondern lediglich fälschlich angenommen oder gar unaufrichtig be-
hauptet werden, sei eingeräumt und bedauert.[52] In solchen unaufrichtigen
Behauptungen wird jedoch keine generelle Widerlegung der Existenz von
Sachzwängen gesehen.

2.2.2 Die grundlegende Bedeutung kohärenter Rahmenbedin-
gungen

Die Funktionsfähigkeit des Gesamtsystems Gesellschaft und die Wahrscheinlichkeit, dass einzelne Akteure sozialverträglich und allgemeinwohlfördernd handeln, hängen nicht unwesentlich davon ab, dass alle am gleichen Strick ziehen und nicht als Trittbrettfahrer vom Beitrag anderer profitieren. Insbesondere Karl Homann macht darauf aufmerksam, dass dort,
wo das in sozialer, ökologischer oder anderer Hinsicht vorbildliche Handeln eines Akteurs durch gegenteiliges Handeln anderer ausgebeutet wird,
gut gemeinte Vorleistungen zu moralischem Heroismus werden.[53] Unter
solchen Umständen wäre der Gute der Dumme. Homann hält es für eine
Illusion zu glauben, dass in einem System, das anders strukturierte ökonomische Signale sendet, gut gemeinte Appelle an die Moralität starken Einfluss auf das Handeln der wirtschaftlichen Akteure haben. Man kann, so
Homann, Moral nicht stärken, ohne dafür (auch) ökonomische Vorteile
und Nachteile zu bemühen. Die Berücksichtigung der institutionenethi-
schen Voraussetzungen beugt blindem Moralisieren vor.[54]

Da die Selbstkontrolle durch individuelles Moralbewusstsein in einem anders strukturierten Umfeld nur eine begrenzte Reichweite hat, ist die Gestaltung moralunterstützender gesellschaftlicher und ordnungspolitischer
Rahmenbedingungen von großer Bedeutung. Diese stellen sicher, dass –
idealtypisch – die (auch unternehmerischen) Akteure *nicht gegen* ihre Eigen-

---

[52]   Vgl. Kettner (2001).

[53]   Vgl. Homann/Blome-Drees (1992) und Homann (1997).

[54]   Vgl. Pies (1997), 321.

interessen, sondern *in Verfolgung ihrer eigenen Interessen das Gemeinwohl aller befördern.*[55]

Um eventuellen Missverständnissen vorzubeugen: Eine solche Argumentation legitimiert oder relativiert unmoralisches Handeln bei Abwesenheit einer moralförderlichen Rahmenordnung nicht. Die Verbindlichkeit moralischer Normen besteht unabhängig davon, dass Individuen in einer spezifischen Situation das Für-Richtig-Gehaltene aus bestehenden Anreizen auch tatsächlich tun. Auch Unternehmens-Moral darf sich nicht der Macht des (u.U. illegitimen) Faktischen beugen. Illegitimes bleibt illegitim, auch wenn es andere tun oder weil es sich rentiert.

Moralunterstützende Rahmenbedingungen sind allerdings eine notwendige Voraussetzung für eine höhere Wahrscheinlichkeit einer breiteren Umsetzung moralischer Ambitionen durch die Wirtschaft und ihre Akteure. Moralunterstützende Rahmenbedingungen verhindern systemimmanente Wettbewerbsnachteile für jene Akteure, die aus moralischer Überzeugung handeln. Dass Einsicht in die Richtigkeit moralischer Normen für sich alleine auf Dauer nicht immer ausreicht, kann schon im Kontext der 10 Gebote nachgeprüft werden. Probleme, die wesentliche Elemente kollektiver Natur haben, können nachhaltig nur gelöst werden, wenn auch die Ebene der Rahmenordnung in Lösungen einbezogen wird. Individueller moralischer Heroismus reicht nicht aus. Kein individueller Akteur kann für sich alleine den moralischen Status quo einer Gesellschaft nachhaltig verändern.

2.2.3 Spielregeln der Gesellschaft und Spielzüge der Wirtschaft

Alle Akteure der zivilen Gesellschaft sind wechselseitig auf die Einhaltung bestimmter *Spielregeln*, sprich einer geeigneten Rahmenordnung angewiesen. Das Zusammenspiel von Ordnungs- und Handlungsethik erhöht durch *richtige* Anreize die Chancen gemeinwohlverträglichen Handelns: Wer in diesem Kontext moralisch handelt, hat die Gewähr, dass dies von anderen nicht ausgebeutet wird. Das Gefangenendilemma[56] stellt sich nicht mehr. In einer verlässlichen sozialen Ordnung mit klaren *Spielregeln* (z.B. kohärente ordnungspolitische Grundsatzentscheidungen und ihrer Durchsetzung) haben einzelne Akteure (Individuen oder Unternehmen) noch immer die Möglichkeit, sich durch kreative *Spielzüge* (innovative Lösungen, erfolgreiches

---

[55] Vgl. Homann (1997, 2001).

[56] Vgl. Holler/Illing (2000), 2ff.

Marketing, *Quality Management*) innerhalb dieser Rahmenordnung Wettbewerbsvorteile zu verschaffen. Sie gehen jedoch wegen der Umsetzung ihrer ethischen Überzeugung nicht das Risiko ein, Schaden durch das unfaire Handeln anderer zu erleiden.

Da eine verlässliche soziale Ordnung allen Menschen einer Gesellschaft mehr Entfaltungsmöglichkeiten bietet als ein Kampf aller gegen alle, gewährt die kollektive Vereinbarung über die ethisch begründeten Restriktionen die Chance für mehr Freiheit aller. Die Rahmenordnung enthält Anweisungen und Begründungen, die im gesellschaftlichen Zusammenleben aber auch auf anderen Theorieebenen (z.B. Rechtswissenschaften) desselben Kulturkreises unstrittig sind. Treten dennoch Schwierigkeiten auf, so besteht die Möglichkeit, sich auf der Ebene der normativen Argumentation mit rationalen Argumenten zu verständigen, „[...] etwa in dem man auf höhere, aber immer noch normative Prinzipien zurückgeht, bis man auf eine Ebene gelangt, auf der normativ Konsens besteht".[57]

Karl Homanns Sichtweise, dass auch unter solchermaßen gesetzten gesellschaftlichen Rahmenbedingungen noch immer große wirtschaftliche sowie unternehmerische Entscheidungs- und Interpretationsfreiräume offen bleiben und daher die genuin philosophische Ethik ihre Bedeutung behält, ist überzeugend. Die durch Moralphilosophie abgeleiteten Normen und Ideale fungieren weiterhin als Ideen, die unser Nachdenken über angemessenes unternehmerisches Handeln in einer gerechten sozialen Ordnung orientieren. Philosophische Ethik gibt auch im Kontext der Unternehmenswelt eine methodische Anleitung zur Gewinnung praktischer Erkenntnisse als Handlungsanleitung in Grenzsituationen: „Ethik ohne Ökonomik ist leer, aber eine Ökonomik ohne Ethik ist blind."[58]

Wo von den anderen Teilsystemen (z.B. dem politischen Gemeinwesen) Anreize für Handlungsstrukturen ausgehen, die aus der Perspektive des Gesamtsystems richtig sind, steigt die ökonomische Effizienz gemeinwohlfördernden Handelns im Subsystem Wirtschaft. Als Beispiel: Wo es ein Verursacherprinzip und eine (allerdings richtig konzipierte[59]) ökologische Steuerreform gibt, sind die aus ökologischer Sicht Guten nicht mehr die aus unternehmerischer Sicht Dummen: Ökologisch destruktives Handeln rentiert

---

57   Homann (2001), 214.

58   Ebenda, 217.

59   Vgl. Simonis (1996).

sich nicht mehr. Wo das Eigeninteresse – im Sinne einer intelligenten Selbstbeschränkung – für Moral sorgt, entfällt auch ein Großteil des Kontrollaufwandes und es entstehen in besonderem Maße erwünschte Synergien.[60]

2.2.4 Unternehmen im Subsystem Wirtschaft

Auf die Unternehmensebene heruntergebrochen bedeutet die gesellschaftliche Arbeitsteilung (das „sinnvoll geordnete Ineinandergreifen" Nell-Breunings) zunächst einmal, dass legitim handelnde Unternehmen andere Aufgaben, Pflichten und Rechte haben, als andere legitim handelnde Akteure in derselben Gesellschaft z.B. die Caritas oder die Kirchen. Die primäre Aufgabe von Unternehmen ist es, Produkte oder Dienstleistungen, für die eine Marktnachfrage besteht, herzustellen bzw. anzubieten und zu Preisen zu verkaufen, die über die Deckung der Kosten hinaus einen Ertrag für die Verzinsung des eingesetzten Kapitals und somit die langfristige Sicherung des Unternehmens erlauben. In allen Gesellschaften dieser Erde wird heute erwartet, dass Unternehmen sich bei ihrem Gewinnstreben geltenden Gesetzen und moralischen Normen unterwerfen. Diese Erwartung wird auch von den Menschen geteilt, die selbst in der Unternehmenswelt arbeiten.

Andererseits haben der Staat und seine Behörden, Nichtregierungsorganisationen (NGOs) oder die Kirchen andere Verantwortungen und Rechte als Unternehmen. Deren Aufgabe ist es, z.B. auf menschliches Elend und soziale Missstände hinzuweisen und veränderte Handlungsweisen einzufordern sowie Ressourcen zur Überwindung der diesbezüglichen Defizite zu verlangen. Während diese generelle Feststellung meist auf wenig Widerspruch stößt, kann deren Anwendung auf spezifische Situationen sehr wohl auf Kritik stoßen: Angesichts der im Kontext der HIV/AIDS-Tragödie in Afrika südlich der Sahara vorgebrachten Kritik an Patenten und Arzneimittelpreisen oder bei Forderungen zum wirtschaftlichen Boykott totalitärer Staaten, wird der Verweis von Seiten unternehmerischer Akteure auf eine klare gesellschaftliche Arbeitsteilung als Ausweichen vor der eigenen – breiter definierten – Verantwortung interpretiert.

In der politischen Realität moderner Gesellschaften wird heute von der Wirtschaft die Übernahme einer breiteren, über den eng definierten Rahmen des Subsystems hinausgehenden gesellschaftlichen Verantwortung er-

---

[60] Vgl. Maak (1998).

wartet. Dies ist nicht zuletzt eine Konsequenz jahrzehntelanger Kritik an Subsystem-externen Auswirkungen, seien es Schädigungen der natürlichen Umweltgleichgewichte, inhumane Arbeitsplatzbedingungen in Entwicklungsländern, die Konzentration von globaler Wirtschaftsmacht in den OECD-Ländern oder Fälle der Beeinträchtigung der Autonomie politischer Entscheidungsträger durch wirtschaftliche Macht. Insbesondere das Gewinnprinzip – bzw. eine als illegitim empfundene Höhe der Profite – sind in der Wahrnehmung vieler gesellschaftskritischer Anspruchsgruppen ein Stein des Anstoßes.

Da diese Folge und Voraussetzung der gesellschaftlichen Arbeitsteilung heute zumindest ansatzweise umstritten sind, sind dazu die folgenden Erläuterungen notwendig.

Zur Demystifizierung des Gewinnprinzips

Eine der wesentlichen Einsichten des Moralphilosophen und Nationalökonomen Adam Smith ist, dass wir unser Brot, unseren Braten und unser Bier nicht dem Wohlwollen und der Güte des Bäckers, Metzgers oder Bierbrauers verdanken, sondern deren wohlverstandenem Eigeninteresse. Analog steht im Vordergrund der Aufgaben z.B. eines pharmazeutischen Unternehmens, innovative Arzneimittel zu entdecken, zu entwickeln, herzustellen und möglichst profitabel zu vermarkten. Ist ein Pharma-Unternehmen bei der Bewältigung seiner Kernaufgaben durch Innovation erfolgreich, so erzielt es Gewinne, die im Durchschnitt der Branchen hoch sind. Der Wert des Unternehmens – ausgedrückt durch den Preis seiner Aktien – wird entsprechend hoch sein und die Dividenden erfreulich.

Für die Definition dessen, was ein hoher oder angemessener Gewinn ist, gibt es höchstens branchenspezifische Vergleichsgrößen, ethische benchmarks sind mir nicht bekannt. Die Notwendigkeit, möglichst hohe Gewinne zu machen, wird meist mit den Sachzwängen marktwirtschaftlicher Ordnungen begründet und mit dem Willen, attraktive Zukunftsperspektiven für das Unternehmen zu sichern. Erst bei entsprechendem Erfolg am Markt im Kontext der primären Verantwortlichkeiten entstehen Handlungsspielräume für die Übernahme sekundärer und tertiärer Verantwortungen: Nur ein betriebswirtschaftlich erfolgreich arbeitendes Unternehmen kann über das gesetzlich vorgeschriebene Maß hinaus soziale Verantwortung wahrnehmen oder gar in humanitären Notsituationen, Preiskonzessionen, gar Schenkungen machen. Das ist die eine Seite der Medaille.

Positive externe Effekte unternehmerischen Handelns

Glücklicherweise geht es jedoch nicht um ein Nullsummenspiel, wo die Verfolgung betriebswirtschaftlicher Interessen durch Unternehmen ex definitione zu Lasten des Gemeinwohls geht.[61] Die erforschten, entwickelten, hergestellten und gewinnbringend verkauften Güter können zur Lösung von gesellschaftlich als dringlich empfundenen Problemen beitragen. So ermöglichten beispielsweise die gesellschaftlichen Auswirkungen der Existenz moderner Arzneimittel und der Zugang der Menschen zu ihnen, die historisch dramatische Verminderung vorzeitiger Sterblichkeit sowie die Vermeidung oder gar Heilung von Krankheiten, die medikamentöser Behandlung offen stehen. Auf diese Weise können unnötiges Leiden gemildert und die Lebensqualität kranker Menschen verbessert werden. Mit anderen Worten: Der Gewinn des Unternehmens entsteht hier als Resultat von Erfolgen auf den Märkten der Forschung, Herstellung und des Vertriebs von Arzneimitteln mit hohem sozialem Nutzen. Da diese Wirtschaftsleistung auf den Märkten zum angebotenen Preis Wettbewerbsvorteile hat, entsteht der Gewinn als gesellschaftliche Anerkennung.

Jedes Unternehmen ist zur langfristigen Existenzsicherung darauf angewiesen, über die Deckung der Kosten hinaus Gewinne zu erwirtschaften. Zwischen moralischem Verhalten und profitablem Wirtschaften besteht jedoch keine Entweder-Oder-Beziehung. Nicht der Gewinn als solcher oder dessen Höhe sind für die ethische Analyse maßgebend, sondern die Art und Weise seines Zustandekommens sowie die situationsgerechte Anwendung des Gewinnprinzips. Als Qualitätskriterien gelten dabei allgemein anerkannte Maßgrößen wie die Wahrung der Menschenrechte und der Menschenwürde, Gerechtigkeit und Fairness im Kontext von Beschäftigungs- und Kundenbeziehungen und Nachhaltigkeit im Umgang mit der Umwelt.

Auf solche Weise zustande gekommene Unternehmensgewinne sind nicht nur betriebswirtschaftlich erforderlich, sie haben auch *sozialethische* Bedeutung: Gewinne sichern die Bewahrung von produktiven Arbeitsplätzen, die

---

[61] Es ist offensichtlich, dass diese Argumentation z.B. für die Zigaretten-, Rüstungs- oder Pornoindustrie anders zu führen ist. Ebenfalls scheint es, dass Personen, die eher unethisch handeln, Unternehmen bevorzugen, in denen es ohne großen Aufwand und lange Ausbildungszeiten möglich ist, schnelle Gewinne zu erzielen. Dies macht die Branchenzugehörigkeit (z.B. Bau- und Immobilienwirtschaft, Finanzdienstleistungen) zum dritthäufigsten Faktor für wirtschaftskriminelle Handlungen. Vgl. die Ergebnisse einer Befragung des Revisionsunternehmens KPMG: International Fraud Report, Amsterdam 1996.

Bezahlung attraktiver Löhne und Sozialleistungen sowie die Entwicklung neuer (und für eine globale nachhaltige Entwicklung in hohem Maße notwendiger[62]) technischer Lösungen. Darüber hinaus leisten Gewinne durch die Mittel aus ihrer Besteuerung einen wichtigen Beitrag zur Finanzierung der Staatsaufgaben. Unter positiven politischen und gesellschaftlichen Rahmenbedingungen (Good Governance) haben unternehmerische Beiträge einen wesentlichen instrumentalen Wert für die Erhöhung des Gemeinwohls. Gewinne mögen ja nicht alles sein – aber die Wahrscheinlichkeit, dass ohne Gewinne alles nichts ist, ist doch relativ hoch.

2.2.5 Ganzheitliche unternehmerische Verantwortung

Alle sozialen Beziehungen werden durch menschliches Wollen und politisches Entscheiden geschaffen. Das ist auch der Grund dafür, dass sie sich mit dem sich wandelnden Zeitgeist verändern. So wird beispielsweise die soziale Verantwortung eines Unternehmens heute sehr viel ganzheitlicher definiert als noch vor fünfzig Jahren: *Leadership*, im Sinne der erfolgreichen und für andere motivierend wirkenden Wahrnehmung von Führungsverantwortung, bedeutet heute mehr als die in Quartalsergebnissen gemessenen betriebswirtschaftlichen Erfolge. Der gesellschaftliche Wandel der letzten fünfzig Jahre hat zu neuen Legitimationsanforderungen für alle gesellschaftlichen Gruppierungen und Institutionen geführt, auch für Wirtschaftsunternehmen. Legitimität, also die Rechtfertigung von Handlungsweisen und Herrschaftsgrundlagen aufgrund der Anerkennung, dass sie mit den geltenden gesellschaftlichen Normen und den gemeinsamen Interessen übereinstimmen, ist heute für Unternehmen nicht mehr nur aus den erbrachten materiellen Leistungen ableitbar.

Menschen in modernen Gesellschaften erwarten von erfolgreichen Unternehmen, dass sie möglichst hohe Gewinne und einen möglichst hohen Beitrag an das Gemeinwohl leisten.[63] Ökonomische, soziale und ökologische Zielsetzungen bilden für moderne Unternehmen eine (langfristige) dynamische Einheit, Betriebswirtschaftler sprechen von der *Triple Bottom Line*. Erfolgreiche Unternehmen machen alle drei Elemente zum Bestandteil ihrer

---

[62]   Vgl. Leisinger (2000), UNDP (2001) und Leisinger et al. (2002).

[63]   Environics International (1999). Manche Autoren weisen Unternehmen sogar zukünftig eine, der Kirche und der Familie ähnliche Wertebewusstseins-sensibilisierende Funktion zu (vgl. Sudhir/Murthy (2001)).

Vision, ihrer Strategie, ihrer Zielvereinbarungen mit ihren Mitarbeitern und letztlich auch den daraus folgenden Beurteilungen. Legitime Gewinne resultieren aus unternehmerischem Erfolg in dieser komplexen Definition. Derart definierter Unternehmenserfolg stellt höchste operationelle Anforderungen an das Management, denn das Verfolgen von sozialen und ökologischen Zielen kann zumindest auf kurze Frist den Gewinnbestrebungen entgegenlaufen. Dann stellt sich einmal mehr die Frage nach der Mitte, nach dem *gerechten Maß* und somit nach der kreativen und ethisch verantworteten Nutzung von gegebenen Handlungsspielräumen. Was das Management eines Unternehmens zu einem bestimmten Zeitpunkt als gerechtes Maß betrachtet, kann von anderen gesellschaftlichen Anspruchsgruppen und über die Zeit völlig anders definiert werden. Unstrittig ist jedoch, dass es keine Entweder-Oder-Beziehung zwischen Gewinn und der Wahrnehmung weitergehender unternehmerischer Verantwortung gibt.

Auch der häufig kritisierte Shareholder Value hängt zumindest auf lange Frist davon ab, ob die Forderungen anderer Anspruchsgruppen des Unternehmens (Stakeholder) angemessen befriedigt werden. Kein Unternehmen – und schon gar nicht jene, die wegen vielfältiger Regulierungserfordernisse auf ein freundlich gesinntes gesellschaftliches Umfeld angewiesen sind – kann langfristig auf den Produkt- und Dienstleistungsmärkten erfolgreich sein, wenn es auf den gesellschaftlichen *Ansehens-Märkten* schlecht abschneidet. Wer von der Gesellschaft als Akteur geschätzt wird, wer mit seinen Aktivitäten zum Allgemeinwohl beiträgt, wird über die Zeit geringere Hürden bei der Regulierung seines Tuns zu überwinden haben.

Und noch etwas: Unternehmen, die sich aktiv bemühen, in ihrer betrieblichen Praxis auch ethischen Kriterien nachzuleben, entsprechendes Handeln und Verhalten zu unterstützen und zu belohnen, haben in der Regel ein besseres Betriebsklima und höhere Arbeitszufriedenheit bei ihren Angestellten. Beides wirkt sich positiv auf die Unternehmensergebnisse aus, und zwar nicht nur in Westeuropa und den USA, sondern auch in asiatischen Schwellenländern.[64] Die soziale Verflochtenheit und gesellschaftliche Abhängigkeit der Unternehmen zwingen diese geradezu, breiter definierten

---

[64] Vgl. Chye Koh/Boo (2001). In Singapore waren es vor allem drei Faktoren, die eine Rolle spielten: Die Unterstützung des Top-Managements für ethisches Verhalten, das *ethische Klima* in der Organisation und die Assoziation von ethischem Verhalten und Karriere-Erfolg.

gesellschaftlichen Ansprüchen Rechnung zu tragen und kurzfristige Vorteile eines Handelns gegen eventuelle langfristige Nachteile abzuwägen.

Unternehmenserfolg und Gemeinwohl

Unternehmenspolitisch und gemeinwohlpolitisch gesehen sind Problemlösungen erstrebenswert, die durch die Nutzung von Synergien einen dynamischen Interessenausgleich auf einer höheren Ebene schaffen. Solche Lösungen liegen im Interesse aller Akteure. Eine simple Verweigerungshaltung auf der Unternehmensseite würde nicht nur temporär gesellschaftliche Akzeptanz kosten, sondern mit der Zeit auch die politischen Rahmenbedingungen zu Lasten der Unternehmen verschlechtern. Andererseits wäre ein immerwährendes Höherschrauben von gesellschaftspolitischen Forderungen an Unternehmen ebenso kontraproduktiv: Dort, wo eine Gesellschaft die Zumutungen an ein Subsystem (z.B. Steuerbelastung der Gesamtwirtschaft) oder dessen Akteure (z.B. Regulierungsdichte für Unternehmen) über das akzeptable Maß hinaus erhöht, kommt es zu Ausweichreaktionen und zu Abwanderung von Unternehmen in Länder mit günstigeren Rahmenbedingungen. Welches allerdings die Parameter für die Definition des akzeptablen Maßes in einer spezifischen Situation sind, ist zwischen verschiedenen Betrachtern strittig und letztlich nur situativ zu klären.

Die Vielfalt von gesellschaftlichen Interessen und die Ansprüche unterschiedlicher Gruppen sind wichtige Beiträge für die Entscheidungsgrundlagen eines modernen Unternehmens. Dabei wird es nicht in allem, was z.B. eine Nichtregierungsorganisation oder eine internationale Institution als Unternehmenspflicht betrachtet, tatsächlich seine Pflicht erkennen. Bei manchen Forderungen von Nicht-Regierungsorganisationen stellt sich sogar die Frage, ob ihre Erfüllung überhaupt im langfristigen Interesse derjenigen läge, in deren Namen die Forderungen vorgetragen werden.[65]

Bei aller Anerkennung der Verantwortung der Gesamtheit der gesellschaftlichen Akteure für die Umsetzung der Normen und Werte zivilisierter Gesellschaften darf eines nicht aus den Augen verloren werden: Es gibt eine historisch bewährte gesellschaftliche Arbeitsteilung. Die Spannung zwischen dem, was verschiedene Akteure der zivilen Gesellschaft einerseits fordern und Unternehmen andererseits einlösen können, wird bestehen bleiben. Diese Spannung ist allerdings kein Nachteil für moderne Gesell-

---

[65]   Z.B. bei der Forderung nach Sozialstandards, deren Qualität an Idealen und nicht am lokal finanzierbaren orientiert ist (vgl. Kaplan (2001)).

schaften, sie ist geradezu die Voraussetzung für gesellschaftlichen Wandel. Spannungsgeladene Konflikte über die Frage *Wer macht was, wie und wozu?* sind – in geregelten Formen ausgetragen – Bestandteil jener dialektischen Dynamik, aus der über die Zeit stetig bessere Lösungen entstehen.

3. Zur moralischen Verantwortungsfähigkeit kollektiver Akteure

Die Antwort auf die Frage, ob

➢ Unternehmen als kollektive Akteure eine abgrenzbare und rechenschaftspflichtige Identität haben, aufgrund derer sie direkte *moralische* Verantwortung tragen, oder

➢ die im Unternehmen zusammenarbeitenden Individuen die moralischen Akteure sind, und das Unternehmen als Ganzes keinen moralischen Bezugspunkt darstellt,

wird seit vielen Jahren von unterschiedlichen Akteuren unterschiedlich beantwortet. Natürlich ist ein striktes Entweder-Oder auch in diesem Fall kein sinnvoller Erörterungsansatz. Es gibt jedoch im Kontext beider Denkschulen bedenkenswerte Argumente sowohl für die eine als auch die andere Sicht der Dinge.

3.1 Die Begründung einer moralischen Verantwortung kollektiver Akteure

Unternehmen wirken als kollektive Akteure, aus denen sich eine Vielzahl von Einzelhandlungen zu einer qualitativ separierbaren Gesamthandlung kumuliert. Dabei sind Unternehmen, wie es Thomas Donaldson einmal ausdrückte, moralisch gesehen, ungewöhnliche Gebilde: Sie haben keine Hintern, in die man treten und keine Seelen, die man verdammen könnte. Sie haben kein Gewissen, das sie nicht schlafen lässt, und keinen Körper, der ins Gefängnis gesteckt werden könnte.[66] Individualistische Konzepte der Ethik, die ihr Augenmerk fast ausschließlich auf individuelle Handlungen und nicht auf interaktionelle, kollektive und korporative Handlungsformen und strukturelle, systemische Zusammenhänge legen, bleiben wich-

---

[66] Vgl. Donaldson (1982).

tig.[67] Sie reichen allerdings nicht aus, klare Verantwortung für ungewollte Handlungsfolgen arbeitsteiligen Handelns bei unerwarteten Kombinationen ungünstiger Faktoren zuzuordnen. Eine klar abgegrenzte Verantwortungszuteilung wird auch dort schwierig, wo durch hohe Komplexität, Anonymität und geringe persönliche Zuordenbarkeit des eigenen Arbeitsanteils eine faktische Verwässerung der Verantwortung der involvierten Individuen erzeugt wird. Aus einer Reihe von Gründen haben kollektive Akteure jedoch eine zurechenbare moralische Verantwortung.

3.1.1 Unabhängige rechtliche Existenz

Unternehmen sind juristische Personen, d.h. sie verfügen über eine von ihren Mitgliedern unabhängige rechtliche Existenz und sind dadurch Träger von expliziten Rechten und klar definierten Pflichten. Die Verantwortung der juristischen Person ist bereits mit vielen Konsequenzen Rechtswirklichkeit. Durch die selbstverpflichtende Anerkennung von Handlungsverpflichtungen (z.b. im Umweltbereich) werden moralanaloge Verantwortungen übernommen. Solche Handlungsverpflichtungen sind besonders dort von Bedeutung, wo Legalität und Legitimität auseinanderklaffen und nach dem State-of-the-art mehr erforderlich ist, als lediglich den juristischen Vorschriften im lokalen Kontext (z.B. eines Entwicklungs- oder Transitionslandes) Folge zu leisten.

Im Zusammenhang mit Bemühungen, den Namen eines Unternehmens zum attraktiven Bestandteil einer erkennbaren Firmenidentität (*corporate branding*) zu machen, entsteht mehr und mehr auch ein quantifizierbarer Eigenwert des guten Rufes dieser juristischen Person. Das Abschreckungspotential von corporate-naming-and-shaming-Strategien zeigt, dass Unternehmen eine klar definierbare und auch schützenswerte eigene Persönlichkeit haben, die bei Fehlverhalten an den Pranger gestellt werden kann.[68]

3.1.2 Keine Entlastung durch menschliche Schwächen

Hans Geser ordnet Unternehmen nicht nur moralische Verantwortung zu, sondern sieht sogar eine *höhere* Moralfähigkeit als bei Individuen: Unternehmen können sich, anders als Individuen, zur Entlastung nicht auf einen

---

[67]   Vgl. Lenk/Maring (1998), 23f.

[68]   Dazu Curtler (1986).

Status verminderter Zurechnungsfähigkeit berufen oder andere mildernde Umstände geltend machen. „Nur menschlichen Personen, niemals organisierten Akteuren gesteht man zu, sich als Opfer unverschuldeter Fehlsozialisation (z.b. frühkindliche Verwahrlosung oder subkulturelle Beeinflussung) darzustellen oder unter Hinweis auf „menschliche Unzulänglichkeit" hin und wieder unachtsam oder gar fahrlässig sein zu dürfen."[69]

3.1.3 Mehr Macht und mehr Wissen…

Des Weiteren darf man, so Geser, Organisationen (und somit auch Unternehmen) aufgrund ihrer Fähigkeit, menschliche, finanzielle und andere Ressourcen für eigene Ziele und Prioritäten zu mobilisieren, eine „unbegrenzte Fähigkeit zur Selbstperfektionierung" zumuten, ohne dass dafür der utopische „perfekte Mensch" erforderlich wird. Die Kumulation von Qualifikationen sowie Fähigkeiten kognitiver, wissenschaftlicher und technischer Art verschaffe Organisationen „[...] eine viel höhere und stabilere Kapazität zum Ausführen komplexer Aktivhandlungen [...], und man darf von ihnen auch fordern, solche Qualifikationen zuverlässig aufrechtzuerhalten und im Zeitablauf zu steigern."[70] So wie der Körper eines Menschen letztlich zwar aus der Vielzahl seiner Zellen zusammengesetzt, aber der Mensch unendlich viel mehr ist als die Summe der Eigenschaften seiner Körperzellen, so verhalte es sich auch mit Unternehmen und seinen Mitarbeitern.

…und noch viel mehr.

Georges Enderle[71] sieht weitere Argumente, Unternehmen den Status als moralischem Akteur zuzuerkennen. So

➢ verfügen sie als kollektive Akteure über eine Summe eigener Ziele und Interessen, mit denen längst nicht alle ihre Mitglieder notwendigerweise übereinstimmen (was u.U. zu Whistleblowing führt),

➢ gewinnt kollektives Handeln erheblich an Bedeutung, bei dem die Träger von Aktivitäten immer seltener einzelne Individuen und immer öfter organisierte Gruppen sind, die sich zur Verfolgung eines bestimmten Zwecks in Organisationen zusammengeschlossen haben und von dieser profitieren,

---

[69] Geser (1989), 30.

[70] Ebenda, 33f.

[71] Vgl. Enderle (1993) und Kleinfeld (1998).

➢ entsteht ein „Groupthink",[72] unter dessen Einfluss sich Gruppenmitglieder unter tatsächlichem oder vermeintlichem Druck riskanter und
weniger verantwortungsbewusst verhalten (können) als sie dies als Individuen täten,

➢ werden im Kollektiv individuelle Akteure in einem gewissen Maß aus-
tauschbar, da durch Synergien mehr Wissen und eine höhere Energie
entfaltet werden. Organisationen sind besser als Individuen in der Lage,
simultan Verschiedenes mit gleicher Aufmerksamkeit zu tun, so z.b.
neben ihrem operativen Handeln sich auch an der Konstituierung, Mo-
difizierung und diskursiven Begründung ihrer handlungsleitenden Normen zu beteiligen,

➢ findet eine Aufspaltung individualethisch geregelter Handlungsweisen
und deren Zusammenwirken statt, so dass die zustande kommende
Gesamtheit der Aktionen eine neue Dimension der kollektiven Hand-
lungsfähigkeit erreicht, die nur dem Unternehmen als ganzem zure-
chenbar ist.

In neueren unternehmensethischen Erörterungen gewinnt die Argumentation, dass Unternehmen als kollektive Akteure moralische Verantwortung
tragen, deutlich an Gewicht. So legt sich beispielsweise die so genannte *Kopenhagener Schule der Unternehmensethik* eindeutig auf die moralische Verantwortung kollektiver Akteure fest: „Im Mittelpunkt der Unternehmens-
Ethik steht [...] nicht die heroische Person an der Unternehmensspitze, die
schwere Entscheidungen treffen muss [und] mit ethischen Dilemmas konfrontiert ist, sondern [stehen] die Verhältnisse, die den Prozess in Richtung
des bewussten Verhaltens den Organisations-Werten gegenüber betreffen."[73]

Einer der Vertreter dieser Schule, Hans Siggaard Jensen, sieht Unternehmensethik *immer* als eine Ethik des Kollektiven, als eine Organisationsethik.
Dabei fügt er realistisch-pragmatisch etwas hinzu, was in der genuin philo-
sophischen Ethik auf Ablehnung stößt, im unternehmensethischen Kontext des dialogischen Konsenses mit Stakeholdern jedoch jenseits der nicht-
negotiablen und auch interkulturell verbindlichen Normen große Bedeutung hat: „Die Normativität ist an sich relativ. Ethisch korrekt ist, worauf
man sich als ethisch korrekt einigt. [...] Es ist unsere Auffassung, daß es
keine transzendentale Gültigkeit gibt außer der pragmatischen, die darin besteht, daß sich Menschen im Laufe eines Gespräches geeinigt haben. Das

---

[72]   Vgl. Janis (1982).

[73]   Jensen (2001), 18.

ist die Verpflichtung der Gegenseitigkeit und damit ihre Gültigkeit."[74] Wir werden im Kontext der habermasschen Diskursethik auf diese Aussage zurückkommen und dann auch das *man* näher definieren.

3.1.4 Unternehmensethik als Gouvernanz-Ethik

Aus der Sicht von Josef Wieland *muss* sich Unternehmensethik *konstitutiv* auf die Unternehmung beziehen: „Sie kann systematisch nur als Governanceethik entwickelt werden, unter deren Bedingungen sich die Tugenden des Einzelnen zur Geltung bringen müssen. In dieser Weise soll [...] das Verhältnis von Tugend- und Institutionenethik in der Unternehmensethik bestimmt sein. Der Ort der Tugenden ist der Prozeß der Organisation, der Ort der Unternehmensethik ist die Form der Organisation."[75]

Unter *Governancestrukturen* versteht man in unternehmensethischen Erörterungen, analog zu den Gouvernanz-Erörterungen im staatspolitischen Kontext,[76] Grundsatzentscheidungen über Formen und Prozesse der Ausübung von Autorität beim Management der verfügbaren Ressourcen sowie Steuerungsordnungen und Umsetzungsrichtlinien. Das kollektive Handeln von Unternehmen ist durch eine Reihe von Gouvernanz-Elementen normativ beeinflussbar, allerdings nicht determiniert:

➢ *Unternehmensverfassung* (z.B. als ausformuliertes Visionsdokument: Wer sind wir? Was wollen wir? Welche Werte sind für uns maßgebend?)

➢ *Unternehmenspolitik* (z.B. als Verhaltenskodices (*Code of Conduct*): Was tun wir? Was lassen wir? Was sind unsere Prioritätenregelungen, was geht im Zweifel vor? Welche Anreize geben wir durch Führungsrichtlinien? Wie minimieren wir Konflikte?)

➢ *Compliance-Mechanismen* (Wie kontrollieren wir die Einhaltung unserer Verhaltensrichtlinien als Managementprozess über Anreize und Sanktionen?)

In der durch Selbstverpflichtung festgelegten Bandbreite wird von den im Unternehmen arbeitenden Menschen die Überwindung spezifischer Dilemmasituationen erwartet. Da firmeninternen Verhaltenskodices in diesem Zusammenhang eine besonders große Bedeutung zugemessen wird, wird

---

[74] Ebenda, 19ff.

[75] Wieland (2001), 103.

[76] Vgl. Leisinger (1995).

im Zusammenhang des Sachverhalts *Unternehmenskultur* noch ausführlich auf diese eingegangen – hier sei aber schon Folgendes gesagt:

Verhaltensrichtlinien können ihre erwünschten Auswirkungen im konkreten Unternehmensalltag nur dann entfalten, wenn sie mehr sind als eine attraktiv formulierte Absichtserklärung der Unternehmensleitung. Was der Verhaltensforscher Konrad Lorenz einmal in Bezug auf mündliche Anordnungen für Verhaltensänderungen gesagt haben soll, gilt metaphorisch auch für Verhaltenskodices, die den Status quo unternehmerischen Handelns verändern wollen: Gesagt ist nicht gehört, gehört ist nicht verstanden, verstanden ist nicht getan. Daher muss

> ➢ der Inhalt solcher Kodices bestmöglich nach innen und außen kommuniziert (wenn nicht eingeübt) und bei Bedarf neuen Gegebenheiten angepasst werden,

> ➢ klar sein, dass ihre Umsetzung auf allen Ebenen erwartet und professionell kontrolliert wird und

> ➢ sichergestellt sein und transparent gemacht werden, dass Verstöße gegen Verhaltenskodices auch dann geahndet werden, wenn das Ergebnis des Verstoßes betriebswirtschaftlich positiv war.

Dennoch: Verhaltenskodices für sich alleine bewirken auch dann relativ wenig. Ein wichtiger Grund dafür ist, dass die ethische Handlungsqualität von Menschen in Unternehmen und anderswo maßgeblich von der individuellen Sozialisation abhängt.[77] Folgen wir Lawrence Kohlbergs Stufenlehre, so durchläuft die moralische Entwicklung eines Menschen verschiedene Stufen und ist im Normalfall längst abgeschlossen, bevor er oder sie Mitarbeiter eines Unternehmens wird.[78]

Heute gilt es als illegitim, wenn nicht sogar als illegal, potenzielle Mitarbeiter vor ihrer Einstellung durch psychologische Tests auf ihre moralische Sozialisation hin zu prüfen und auf diese Weise eine moralisch positive Persönlichkeitsauswahl schon bei der Anstellung zu treffen (dazu mehr im nächsten Kapitel). Daher sollte man davon ausgehen, dass in Sachen Moral die Mitarbeiter eines größeren Unternehmens in etwa dem entsprechen, was in der zugrunde liegenden Gesamtbevölkerung anzutreffen ist. Das aber bedeutet zumindest auch, dass sich nicht alle in der gleichen *moralischen Umlaufbahn* befinden. Auch deshalb sind richtige Signale und Anreizstruktu-

---

[77] Vgl. Cleek/Leonard (1998).

[78] Vgl. Kohlberg (1984).

ren (Spielregeln) bedeutungsvoll. Die individuelle Tugendethik behält ihre große Bedeutung. Sie kommt nicht nur über die Partizipation der einzelnen Verantwortungsträger an der inhaltlichen Entwicklung und Formulierung der verschiedenen Gouvernanz-Elemente zum Tragen, sondern auch durch deren konsequente und konstruktiv praktische Anwendung auf allen Ebenen.

Um handlungsleitende Bedeutung in der Praxis zu gewinnen, müssen nicht nur Verhaltenskodices, sondern auch alle anderen Gouvernanz-Elemente firmenintern und extern kommuniziert werden. Auf diese Weise gibt das Unternehmen – über das Erfordernis hinaus, unter allen Umständen legal zu handeln – eine prinzipielle Regel- und Wertebandbreite für akzeptables Handeln vor. Der hohe Anspruch und die Komplexität unternehmerischer Bemühungen entstehen u.a. dadurch, dass die freiwillig als verbindlich angenommenen Leitwerte sowohl *moralische Werte* (z.B. Personengerechtigkeit, Fairness, Ehrlichkeit) als auch *Leistungswerte* (z.B. Kompetenz, Leistungsbereitschaft) und *Interaktionswerte* (z.B. Loyalität, Teamfähigkeit und Offenheit) umfassen.[79]

Bei der inhaltlich-normativen Ausgestaltung der Unternehmensverfassung und der Unternehmenspolitik sind *offene* Normenfindungs- und Entscheidungsprozesse von größter Bedeutung. Donaldson schreibt Unternehmen den Status eines moralischen Akteurs nur dann zu, wenn die individuellen Akteure, die es konstituieren, die Möglichkeit haben, sich als moralische Subjekte in die normativen, strukturellen und prozessualen Entscheidungsprozesse einzubringen.[80] Ein bloßes Verordnen *von oben* würde diesem Anspruch nicht gerecht.

Da die Möglichkeit, moralische Verantwortung zu übernehmen, definitionsgemäß davon abhängt, ob das betreffende Individuum überhaupt Entscheidungs- und Handlungsspielraum hat oder lediglich Befehle zu befolgen hat, stellt sich zunächst die prinzipielle Frage nach den Partizipationsmöglichkeiten an Entscheidungen bzw. dem Grad der individuellen Handlungsfreiheit.

---

[79] Vgl. Wieland (2001), 113.

[80] Vgl. Donaldson (1982), 32f.

3.2 Individuelle Handlungsfreiheiten versus strukturelle Gewalt

Nur wer eigene Entscheidungsfreiräume hat und diese nutzen kann, ist in der Lage, individuelle moralische Verantwortung zu übernehmen. Ist die Handlungsfreiheit der Menschen in Unternehmen nicht gegeben oder sehr gering, stehen nicht mehr die Tugenden einzelner Organisationsmitglieder im Vordergrund der ethischen Analyse, sondern die Rigidität der Organisationsstruktur und der Führungsgrundsätze der Organisation.

Jenseits einer bestimmten, aber meist als unproblematisch empfundenen Einschränkung der individuellen Handlungsfreiheit durch Organisationsstrukturen üben nach Wahrnehmung verschiedener Autoren Organisationen (also auch Unternehmen) jedoch *strukturelle Gewalt* auf ihre Mitglieder aus. Der Begriff der strukturellen Gewalt wurde vom norwegischen Friedensforscher Johan Galtung geprägt und auf die, für viele Entwicklungsländer typischen, ungerechten Feudalsysteme und ungleichen Machtverhältnisse sowie die damit verbundenen ungleichen Lebenschancen angewandt.[81] Strukturelle Gewalt wurde in den sechziger Jahren von sozialrevolutionären lateinamerikanischen Autoren auch als Legitimationsbegründung revolutionärer Gegengewalt eingeführt.[82]

Im Gegensatz zur personalen Gewalt, die auf konkrete Akteure zurückgeführt werden kann, wirkt strukturelle Gewalt anonym. Rupert Lay beobachtet dieses Phänomen, mit dem – wie er sagt – ein *ungeheuerlicher Prozess der Entmenschlichung* einhergeht, auch in Unternehmen:[83] Nicht Individuen verhinderten die volle Entfaltung menschlichen Potentials, sondern Systeme und deren „Systemagenten".[84] Auch der französische Philosoph Michel Foucault, der mit den Methoden des Strukturalismus die Geschichte der Zivilisation zu schreiben versuchte, argumentierte in dieser Richtung: Sehr subtile „Mittel der guten Abrichtung" zur institutionellen Domestizierung von Menschen reichten aus, sie zu den gewünschten Handlungen zu bringen – plumpe physische Machtausübung brauche es dazu gar nicht.[85] Eine

---

[81] Vgl. Galtung (1971), 55ff.

[82] Vgl. z.B. Torres (1969), Camara (1971) oder Illich (1970).

[83] Vgl. Lay (1993), 9.

[84] Lay (1989), 69.

[85] Vgl. Foucault (1976).

der eindrücklichsten Schilderungen institutioneller Standardisierungsbemü-
hungen von Menschen durch den „Druck verwalteter Macht" hat Eugen
Drewermann in seinem Werk *Kleriker – Psychogramm eines Ideals*[86] in einem
nicht-unternehmerischen Organisationskontext gegeben.

James Waters und andere sehen als Konsequenz von beispielsweise Unternehmenspolitik eine Reihe von „organisatorischen Sperren", mit denen kollektive Akteure verunmöglichen können, dass individuelle Akteure in die
Lage versetzt werden, moralische Verantwortung zu übernehmen.[87] Im vorliegenden Zusammenhang sind vor allem die folgenden von Bedeutung:

3.2.1 Starke Rollenmodelle

Unternehmen sind (sekundäre) Sozialisationsinstanzen, durch die Individu-
en eine Anpassung an bestimmte Rollen- und Verhaltensanforderungen erfahren. Wenn durch diesen Anpassungsprozess Persönlichkeit und persönliches Gewissen weitgehend an kollektive Normen verloren gehen, indem
man die Rollen „bedeutsamer anderer" internalisiert und nachahmt, erhält
sich „positiv wie negativ, in Erwartung wie in Enttäuschung [...], eine Auto-
ritätsfixierung, die zum guten wie zum schlechten stets auf das entsprechende Machtwort von oben starrt."[88] Wo eigene Werturteile und moralische Überzeugungen von denen unserer Umgebung abweichen, entsteht
Stress. Individuen müssen sich dann zwischen Anpassung und Widerstand
entscheiden, erfahrungsgemäß entscheiden sie sich öfter für Anpassung.[89]

3.2.2 Strikte Kommandolinien

Rigide Dienstwege und damit verbundene militärische Anordnungsbefugnisse (Befehle) erschweren einem Mitarbeiter bei ethischen Konflikten den
Widerspruch. Besonders ausgeprägt ist dies, wenn der direkte Vorgesetzte
derjenige ist, der das vom Mitarbeiter als unethisch empfundene Handeln
angeordnet hat. Der Befehlsempfänger hat dann nicht mehr auf den Inhalt
des Befehls, sondern nur noch auf die Form seiner Ausführung Einfluss.
Wo zur command-and-control-Attitüde auch noch ein steiles Informati-

---

[86]   Drewermann (1990).

[87]   Vgl. Waters (1978).

[88]   Vgl. Drewermann (1990), 242.

[89]   Vgl. Kohlberg (1984), 87f.

onsgefälle oder wirksame Informationsfilter zwischen Befehlsempfängern und Vorgesetzten hinzukommen, entstehen weitere moralische Zurechnungsprobleme.

Erst Verantwortungsfähigkeit macht einen Entscheidungsträger verantwortlich. Die Vermittlung von Wissen hat dabei nicht nur Eigenwert, sie nützt auch dem Unternehmen: Vollständig informierte Mitarbeiter sind besser in der Lage, ihre spezifischen Erfahrungen, ihr situationsbezogenes Wissen und Können in Lösungen übergeordneter Probleme einzubringen. Von einer stark fragmentierten Informationsvermittlung gehen erhebliche Gefahren für die ethische Beschaffenheit des kollektiven Handelns aus. Nicht nur entsteht ein unerwünschter Einfluss auf die Fähigkeit des Individuums, die ganzheitlichen Konsequenzen seines Tuns zu beurteilen, es entsteht auch ein Hindernis, unmittelbare Verantwortung zu übernehmen. Wo Menschen die unmittelbaren Folgen ihres ethisch positiv motivierten Tuns im Gesamtergebnis nicht mehr erkennen, wächst die Überzeugung, als Einzelner ohnehin nichts erreichen zu können. Damit entfällt ein wichtiger Antrieb, Dinge ethisch reflektiert gestalten zu wollen.[90]

3.2.3 Trennung von Entscheidungsverantwortungen und strenge Arbeitsteilung

In großen, stark hierarchisierten Organisationen kann es vorkommen, dass quantifizierte Zielvorgaben (z.B. beim Umsatz oder bei der Kosteneinsparung) von oben unverhandelbar vorgegeben werden, ohne dass die Verantwortung für die Wahl der Mittel, mit denen diese Ziele u.U. erreicht werden müssen, problematisiert werden kann. Von Untergebenen wird nur noch erwartet, dass die gesetzten Ziele erreicht werden, wie, das ist deren Sache. Mit eventuell aufkommenden moralischen Problemen werden sie allein gelassen.

Probleme der Zuordnung moralischer Verantwortung können auch durch eine hochgradige vertikale Aufgabenspezialisierung und Segmentierung der Handlungsabläufe entstehen. Die Erledigung von einzelnen, tiefes Spezialwissen voraussetzenden Aufgaben kann für sich gesehen moralisch unanfechtbar oder ethisch belanglos sein. Durch die Einfügung in das Gesamtkaleidoskop der Arbeit anderer Abteilungen kann sie jedoch zu einem in-

---

[90]   Vgl. in diesem Zusammenhang auch Hösle (1991), 90ff. Hösle hat dieses Argument überzeugend auf die Umwelt angewandt.

strumentalen, aber nicht mehr individuell zurechnungsfähigen Beitrag zu unethischem Handeln werden. Wo Auswirkungen das Ergebnis kollektiv getragener Prozesse sind, die in eine hohe Anzahl unterschiedlicher Handlungsschritte unterteilt sind, wächst der Verknüpfungsgrad der Einzelhandlungen und damit die Unüberschaubarkeit der Handlungszusammenhänge: „Die Verantwortung für deren Auswirkungen ist somit kaum noch konkreten Personen zuschreibbar. Stattdessen entstehen im Zusammenspiel einzelner Teilhandlungen als Untereinheiten eines Arbeitsprozesses quasi eigenständige Handlungen."[91]

3.2.4 Unternehmensmoral ist mehr als die Addition individueller Überzeugungen

Bei der Existenz solcher organisatorischer Sperren sind ausschließlich individualistische Konzepte der Ethik ungeeignet, den Problemen der Zurechnung von unerwünschten Handlungsfolgen sowie der Zuschreibung von Verantwortung gerecht zu werden. Da jede Art von Organisation mit der Zeit ihr spezifisches institutionelles Eigenleben entwickelt, ist die moralische Verfasstheit eines Unternehmens unstrittig mehr als die Summe der moralischen Überzeugungen der Menschen, die im und für das Unternehmen arbeiten.

Auf allen Ebenen der Organisation haben Menschen im Kontext vieler Einzelentscheidungen die Wahl, autoritär oder partnerschaftlich mit anderen Menschen innerhalb oder außerhalb des Unternehmens umzugehen, Toleranz zu üben oder nicht, Transparenz zu schaffen oder nicht, Zusammenarbeit zu pflegen oder Konfrontation zu suchen. Dieser täglichen Herausforderung können sich Menschen stellen – oder nicht. Es ist in pluralistischen Gesellschaften keine Situation denkbar, in der kollektive Akteure (ausschließliche) Handlungssubjekte sind. Das personale Gewissen ist der zentrale Ort der moralischen Entscheidung – in den schönen Worten des Matthias Claudius: „Inwendig in uns wohnet der Richter, der nicht trügt, und an dessen Stimme uns mehr gelegen ist, als am Beifall der ganzen Welt und der Weisheit der Griechen und Ägypter. Nimm es Dir vor [...] nicht wider seine Stimme zu tun."[92]

---

[91] Kleinfeld (1998), 263f.

[92] Claudius (1947), 228.

4. Die moralische Verantwortung individueller Verantwortungsträger

Für den Guru aller Managementtheorien, Peter Drucker, war die Sache seit jeher klar: Es sind letzten Endes die Manager, welche die „geistige Schau und moralische Verantwortung" eines Unternehmens ausmachen.[93] Ein Unternehmen handelt niemals nur als abstrakte juristische und wirtschaftliche Institution, sondern immer durch die Vielzahl der auf verschiedenen hierarchischen Ebenen im Unternehmen arbeitenden *Menschen*. Obwohl also jeder Entscheidung innerhalb einer Institution ein bedeutendes Element der Fremdbestimmung innewohnt, das aus der vorgegebenen Struktur des kollektiven Akteurs resultiert, bleibt die letzte Entscheidung eine individualethische.

Natürlich helfen entsprechende institutionelle Anreizsysteme dem erwünschten Handeln auf die Sprünge. Aber auch unter Anerkennung aller subtilen oder weniger subtilen Anerkennungs- oder Missachtungsriten: Wir dürfen die individuellen moralischen Akteure nicht durch den schulterzuckenden Verweis auf das System und seine Zwänge aus ihrer direkten Verantwortung entlassen. Wenn nur noch das Unternehmen als kollektiver, systemischer Akteur für alles verantwortlich gemacht wird, verschwinden die individuellen Akteure, also die Menschen selbst, aus dem Blickfeld, und das wäre fatal. Insbesondere die Führungskräfte eines Unternehmens dürfen ethisch akzeptable Handlungsnormen nicht nur predigen, sondern müssen diese auch glaubwürdig vorleben. Das Prinzip des ehemaligen New Yorker Bürgermeisters Rudolph Giulianis, *Underpromise and Overdeliver*, hat jedenfalls auf Dauer eine größere Glaubwürdigkeit als schöne Sonntagsreden, die der Alltagspraxis nicht standhalten.[94]

Kohlbergs Arbeit bestätigt den *Anfangsverdacht* eines jeden, der sich mit Unternehmensethik beschäftigt: Es ist eigentlich bekannt, was zu tun und was zu lassen ist. Jeder intellektuell minimal begabte Mensch weiß, wenn er lange genug darüber nachdenkt, wie im Zweifelsfall zu handeln sei. Kohlbergs Arbeit belegt jedoch auch, dass Individuen auf einer höheren Moralstufe mit größerer Wahrscheinlichkeit die als moralisch richtig beurteilte Hand-

---

93   Vgl. Drucker (1974), 46.

94   Vgl. Giuliani (2002), 155ff.

lungsweise auch tatsächlich ausführen.[95] Die individuellen Akteure in Unternehmen sind nicht nur in der Lage, eventuelle unmoralische partikuläre Handlungsweisen zu vermeiden, sondern auch den Systemcharakter einer Institution so zu verändern, dass Anreize für moralisches und höhere Schwellen für unmoralisches Handeln entstehen.

Die zentrale Verantwortungsfrage *Wer ist wem gegenüber wofür verantwortlich?* stellt sich für jeden Einzelnen direkt, persönlich und immer wieder aufs Neue – und muss beantwortet werden. Dabei kann es zu unterschiedlichen Prioritäten kommen zwischen dem, was individuelle Manager als ihre eigenen Ziele ansehen, und dem, was sie als Priorität des Unternehmens wahrnehmen.[96] Manager sind sich erfahrungsgemäß bewusst, dass sie in dieser Beziehung etwas verändern können – wenn sie es denn wirklich wollen. Dass ein kohärent und konsistent „aufrechter Gang"[97] bei vielschichtigen Problemen in komplexen Organisationen nicht immer leicht fällt, ist eine Binsenweisheit – entbindet jedoch niemanden davon, ihn dennoch zu versuchen.[98]

Verpönte Tugendethik

Mit dem Begriff Tugend werden jene Eigenschaften erfasst, derentwegen ein Mensch als moralisches Vorbild gilt. „Diese Eigenschaften beziehen sich (im Regelfall) auf einen spezifischen Bereich menschlichen Könnens und menschlicher Erfahrung. Sie drücken aus, dass sich eine Person in dem jeweiligen Bereich vortrefflich und vorzüglich zu verhalten pflegt. Die Betonung liegt dabei darauf, dass eine Person nicht nur von Zeit zu Zeit und nicht nur zufällig richtig handelt, sondern dass sie eine Disposition hat, das Richtige zu wählen. Tugendhaftigkeit zeigt sich nicht nur darin, dass richtige Handlungen gewählt werden, vielmehr bestimmt die Tugend insgesamt auch das Urteilen und auch die emotionale Einstellung der tugendhaften Person. [...] Diese Haltung oder dieses Vermögen wird, zumal in der angelsächsischen Diskussion, zunehmend mit dem Begriff des Charakters in Verbindung gebracht. Tugenden bezeichnen demnach Charaktereigenschaften, und die Diskussion darüber, was als Tugend zählen soll, geht darum, welchen Charakter ein Mensch ausbilden sollte. Mut, Klugheit, Loyali-

---

95 Vgl. Kohlberg (1995), 476.

96 Vgl. Katholieke Universiteit Brabant (1996).

97 Gollwitzer (1970).

98 Vgl. Bunderson (2001).

tät, Besonnenheit, Mäßigung oder Geduld bezeichnen jene Charaktereigenschaften, die positiv zu bewerten sind. Wer sie besitzt, hat die Disposition,
in bestimmten Kontexten moralisch richtig zu handeln und zu urteilen,
nämlich mutig, klug, loyal, besonnen, gemäßigt oder geduldig."[99]
Die Tugendethik unterscheidet einerseits instrumentelle bzw. funktionelle
Tugenden (z.b. die bürgerlichen oder Sekundär-Tugenden wie Fleiß, Spar-
samkeit, Ordnungsliebe oder Pünktlichkeit), andererseits moralische Tugenden, die sich ausdrücken in emotionalen und kognitiven Fähigkeiten
(z.b. Hilfsbereitschaft, Klugheit, Besonnenheit, Gerechtigkeit, Tapferkeit,
Solidarität und Toleranz; man nennt diese auch Primär-Tugenden).[100] Die
Gemeinsamkeit der Vielzahl tugendethischer Positionen liegt darin, dass
nicht die Bewertung von Handlungen im Vordergrund ethischer Überlegungen steht, sondern jene der moralischen Akteure.[101]

An diesem Punkt setzen Kritiker der Tugendethik an, weil eine Moraltheo-
rie nicht nur die Charaktereigenschaften von Personen, sondern auch die
Handlungen selbst beurteilen sollte: Man kann sich ja auch mutig für eine
falsche Sache einsetzen! Kritik aus anderer Sicht wendet ein, dass eine Tugendethik in *praktischen* Fragen keine Orientierung zu liefern vermag.

Es scheint so, als sei es in modernen Gesellschaften verpönt, über Tugenden zu reden. Es ist nicht anders erklärbar, warum mit großem semanti-
schem Aufwand andere Begrifflichkeiten entwickelt und vermarktet werden
(z.b. soziale, emotionale oder empathische Kompetenz, gebündelt mit effi-
zienter Entscheidungskraft). Inhaltlich wird dabei lediglich das zu erfassen
versucht, was seit den Dialogen von Platon, der *Nikomachischen Ethik* des
Aristoteles, den Kardinaltugenden des Thomas von Aquin und erst recht
der Tugendlehre von Immanuel Kant offenbar ist: Menschen – in welchen
sozialen Zusammenhängen auch immer – haben sich selbst und anderen
gegenüber Pflichten, die, in den Worten Kants, der „eigenen Vollkommenheit" und der „fremden Glückseligkeit" dienen.[102]

---

[99]   Rippe/Schaber (1998), 11.

[100] Vgl. Höffe (1998), 46f.

[101] Vgl. Rippe/Schaber (1998), 10.

[102] Vgl. Kant (1991a), 503ff.

4.1 Ohne individuelle Akteure gibt es keine kollektiven Akteure

Moralität wird von konkreten Menschen, ihren Werteorientierungen und ihrem konsistenten Handeln in Unternehmen hineingebracht. Menschen sind fähig, für ihre Ideale einzustehen; sie müssen es – was auch immer die oben erwähnten Rahmenbedingungen sind – nur wollen. Durch die Wahrnehmung individueller moralischer Verantwortung werden Präferenzen für eine bestimmte Handlungsweise definiert. Durch die Umsetzung individueller moralischer Urteile wird aus der unendlichen Anzahl prinzipiell möglicher Handlungsoptionen die endliche Menge ethisch akzeptabler Handlungsvarianten herausgefiltert. Das hier zur Erörterung anstehende Handlungsspektrum der Menschen auf allen Ebenen der Unternehmenshierarchie ist äußerst breit. Es reicht von der Formulierung der Vision und der Festlegung der unternehmensrelevanten Werte über das Festlegen von Organisationsstrukturen, Verhaltenskodices und Führungsrichtlinien bis zur individuellen ausführenden Handlung in der Forschung, der Produktion, dem Verkauf oder der Verwaltung.

Vor allem aus vier Gründen bleibt die Individualethik im Kontext der Unternehmensethik unverzichtbar:[103]

➢ Die Rahmenordnung als ganze muss für das Gewissen des Einzelnen akzeptierbar sein, individuelle Menschen ändern sie und entwickeln sie weiter – was wiederum der moralischen Rechtfertigung bedarf. Jede Sozialethik setzt einen moralischen Minimalkonsens voraus, der im individuellen moralischen Bewusstsein verankert ist und nicht durch Institutionen oder Gesetze künstlich erzeugt werden kann.

➢ Die Vorstellungen von einem guten Leben als Ziel von Ethik entstehen in den Köpfen von Individuen und werden durch moralische regulative Ideen bestimmt. Sie sind somit historisch variabel und in einem gewissen Ausmaß auch kulturell co-determiniert.

➢ Individualethik ist erforderlich, damit die unvermeidlichen Lücken in den Regelungen einer Rahmenordnung oder beispielsweise Defizite in der Gesetzgebung von Entwicklungsländern nicht zu unmoralischen Zwecken ausgenutzt werden.

➢ Die Gesellschaft bedarf bestimmter Vorkehrungen, die es verhindern, dass die Regeln immer dann systematisch verletzt werden, wenn keine

---

103 Vgl. Homann et al. (1989), 25f.

Sanktionen zu befürchten sind. Es sind Menschen mit ihrer Individualethik, die bestehende Regeln mit Leben füllen.

Mitarbeiter auf allen Ebenen eines Unternehmens verfügen neben ihrem
Fachwissen und ihrer beruflichen Erfahrung auch über soziale Kompetenz
und die Fähigkeit zu ethischen Güterabwägungen und entsprechenden
Handlungsentscheidungen. Ganzheitliche Verantwortung im Sinne einer
permanenten Güterabwägung zwischen der Verpflichtung für das Erreichen der Unternehmensziele und der Vermeidung unerwünschter Nebenwirkungen bei der Zielerreichung ist zumutbar. Die Sensibilität für mögliche Ungerechtigkeiten, das Bewusstsein für Rechenschaftspflichtigkeit über
die betriebswirtschaftliche Dimension hinaus und der unbedingte Wille zur
Korrektur externer Kosten, wo sie trotz besten Bemühens anfallen, sind
individualethische Kompetenzen und können nicht an den kollektiven Akteur delegiert werden.

4.1.1 Banalität des Bösen im Unternehmenskontext

Moralische Verantwortung übernehmen setzt voraus, sich Rechenschaft
über die Konsequenzen des jeweiligen Handelns zu geben. Täten Verantwortungsträger dies, aus welchen Gründen auch immer, nicht, rückten sie
in die Nähe jener „reflexionslosen Verwalter des Status quo", auf deren ü-
belstes Exemplar Hannah Arendt verwies. Sie sprach in ihrer Berichterstattung über den Eichmann-Prozess in Jerusalem von der „Banalität des Bösen": Nicht das dämonische Böse, nicht ohnmächtiger Hass, zerfressender
Neid oder destruktive Begierde waren die Beweggründe des Massenmör-
ders – er hatte schlichtweg keine tieferen Beweggründe. Das Böse geschah
bzw. wurde zugelassen aus Gedankenlosigkeit, wegen eines eklatanten Feh-
lens eigenständigen Denkens, aus dumpfem Befolgen routinemäßiger Ver-
haltensvorschriften eines dämonischen Systems.[104] Man gewann beim Prozess in Jerusalem den Eindruck, Eichmann würde sich unter gleichen Umständen wiederum auf die gleiche Weise verhalten.

Mit dem Verweis auf Hannah Arendt sollen Verantwortungsträger in Unternehmen natürlich nicht in die Nähe von nationalsozialistischen Massen-
mördern gerückt werden. Wenn aber schon in Situationen, die über Leben
und Tod von Millionen Menschen entscheiden, ein eklatanter Mangel an

---

[104] Vgl. Arendt (1992). Neuere Forschungen legen allerdings nahe, dass Eichmann aus Ü-
berzeugung handelte.

Reflexion zu konstatieren ist, wie viel höher ist die Wahrscheinlichkeit, dass dies bei weniger folgenschweren Entscheidungssituationen auch so ist? Zumindest besteht die Versuchung zum halbherzigen Dienst nach Vorschrift dort, wo problembewusstes Handeln unbequem sein könnte. Eine solche Einstellung kann überall nachgewiesen werden, wo Menschen Altlasten aufarbeiten oder sich neuen Schieflagen stellen sollten – längst nicht nur in Unternehmen. So diagnostizierte beispielsweise Christian Schminck-Gustavus bei den Justizbehörden, die eigentlich Dietrich Bonhoeffers Mörder hätten verfolgen sollen, sich aber dabei höchst „staatstragend" verhielten, „Diensteifer und Strebsamkeit ohne eigenes Denken, Karrierismus und Gehorsam ohne Courage".[105]

Wozu Autoritätshörigkeit führen kann, beweisen u.a. die Experimente von Stanley Milgram.[106]

4.1.2 Verantwortungsbewusstsein in Befehlssituationen

Milgram suchte nach dem Zufallsprinzip Freiwillige unter dem Vorwand aus, sie sollten helfen, die *wissenschaftliche* Hypothese zu prüfen, dass das Lernvermögen von Menschen verbessert werden könne, wenn sie für einen Fehler jedes Mal bestraft würden. Die so genannten *Schüler* (von denen die Freiwilligen nicht wussten, dass sie Schauspieler waren) wurden dabei auf einen elektrischen Stuhl gefesselt. Die als *Lehrer* eingesetzten Versuchspersonen bekamen vom Versuchsleiter den Befehl, gegen schlecht lernende Schüler in „zunehmend strenger Weise" vorzugehen. Konkret bedeutete dies, Elektroschocks von 15 bis 450 Volt zu verabreichen, was die Lehrer auch taten. Die schauspielernden Schüler stießen verzweifelte Schreie aus und flehten darum, nicht mehr länger mitmachen zu müssen. Jenseits von applizierten 330 Volt erfolgte von Seiten der Schüler keinerlei Lebensreaktion mehr!

Je größer die (akustische und visuelle) Distanz zum Opfer wurde, desto größer war die Bereitschaft zum Befolgen der (potenziell todbringenden) Befehle. Zunehmende Nähe war mit abnehmender Gehorsamsbereitschaft gekoppelt. Eine wesentliche Erkenntnis der milgramschen Experimente

---

[105] Schminck-Gustavus (1996), 41.

[106] Vgl. Milgram (1974). Da die Ergebnisse Milgrams auf große Aufmerksamkeit und kontroverse Kritik stießen, wurden sie in Deutschland, Italien, Südafrika und Australien wiederholt – mit vergleichbaren Ergebnissen.

war der eklatante Schwund des individuellen Verantwortungsbewusstseins in Befehlssituationen. Es zeigte sich, dass „[...] Menschen, die im Alltagsleben verantwortungsvoll und anständig handelten, durch die Zurschaustellung von Autorität, durch Beeinflussung ihrer Wahrnehmungen und durch die unkritische Hinnahme der Definition, die der Versuchsleiter von der Situation gab, dazu verführt wurden, grausame Handlungen zu begehen."[107] Die aus dem Jerusalemer Eichmann-Prozess in Erinnerung gebliebene stereotype Schutzbehauptung, „man habe ja nur seine Pflicht getan", wurde als Reaktion auf moralische Vorhaltungen auch bei Milgram vorgebracht.

Milgram zieht aus verschiedenen Vorfällen, in denen Autoritätshörigkeit zu ethischen Katastrophen führte, eine Reihe genereller Lehren, von denen die folgenden auch im Zusammenhang mit unternehmensethischen Erörterungen von Bedeutung sind:[108]

> Es gibt immer Menschen, die ihre Aufgabe pflichtgemäß, aber ohne nachzudenken erfüllen, weil sie von einem funktionalen anstatt von einem moralischen Prinzip beherrscht sind. Das Verantwortungsbewusstsein verschiebt sich in der Vorstellung solcher Untergebener unweigerlich an die vorgesetzte Stelle.

> Die Wertbegriffe des Einzelnen wie Loyalität, Pflichtgefühl und Disziplin leiten sich von den technischen Erfordernissen der Hierarchie her, sie werden vom Einzelnen jedoch als persönliche moralische Imperative empfunden.

> Eine Zunahme von Ersuchen um Autorisation ist ein Frühkennzeichen für die Vermutung des Untergebenen, dass Moralgesetze durchbrochen werden.

> Moralisch zweifelhafte Aktionen werden retrospektiv nahezu stets mit einer Reihe von konstruktiven Zielvorhaben gerechtfertigt und im Lichte irgendeines hohen ideologischen Zwecks als edel betrachtet.

> Gehorsam erfolgt nicht nach einer dramatischen Konfrontation zweier einander widerstreitender Willensäußerungen, sondern ist eingebettet in einen größeren Existenzbereich, in dem soziale Bezüge, Karrierehoffnungen und technische Routineverfahren den Ton angeben. Typisch ist nicht die heroische Gestalt, die mit ihrem Gewissen kämpft, oder der Mensch mit pathologischen Aggressionen, der erbarmungslos eine Machtposition ausnutzt. Typisch ist eher der Funktionär, dem man eine

---

[107] Ebenda, 145.

[108] Vgl. ebenda, 214f.

Aufgabe übertragen hat und der sich abmüht, den Eindruck zu erwecken, er sei in seiner Arbeit kompetent.

Stanley Milgram spricht von einer „geradezu unvermeidlichen" Fähigkeit des Menschen, seine Menschlichkeit abzustreifen, wenn er seine individuelle Persönlichkeit mit übergeordneten institutionellen Strukturen verbindet: „Dies ist ein fataler Defekt, den die Natur uns Menschen eingebaut hat, und auf lange Sicht lässt er unserer Art nur eine bescheidene Überlebenschance."[109] Milgram – und das ist auch im Zusammenhang mit Whistleblowing von großer Bedeutung – betrachtet es als bittere Ironie, dass die (Sekundär-)Tugenden der Loyalität, der Disziplin und der Selbstaufopferung, die wir am Einzelnen so hoch schätzen, genau diejenigen Eigenschaften sind, die Menschen dazu verleiten können, ihre individuellen Moralvorstellungen hintanzustellen und nur noch auf Signale seitens der Autorität zu achten.

4.1.3 Zivilcourage kann ansteckend wirken

Es gibt jedoch auch eine positive sozialpsychologische Erkenntnis aus der Arbeit Milgrams: Nicht alle Menschen gehorchen Befehlen, selbst wenn ihr Ungehorsam mit schweren Strafen bedroht wird. Eine konsequent agierende Minderheit kann einen Schneeballeffekt auslösen, der andere mitreißt, der Konformität zu entfliehen.[110] Solche Zivilcourage, also das mutige Handeln nach eigenen moralischen Überzeugungen auch und gerade dann, wenn das Umfeld zu Entscheidungen in eine andere Richtung tendiert, setzt allerdings ein hohes Maß an Konfliktfähigkeit voraus.

Die Annahme, dass in Unternehmen eine besonders abgefeimte Spezies von Menschen Verantwortung trägt, ist nicht plausibel. Da Unternehmen wohl eher ein Mikrokosmos der jeweiligen Gesellschaften darstellen, sind verallgemeinernde Vorurteile weder in der einen noch der anderen Richtung angebracht: Erfahrungsgemäß werden Heilige bzw. *moralische Helden* in Unternehmen oder anderen Organisationen ebenso die Ausnahme sein wie boshaft berechnende Schurken und *chronische Missetäter*. Eine gute Ausbildung oder ein auf andere Weise privilegierter sozialer Status sollten nie mit einer besseren Art von Mensch verwechselt werden; auch unter Professionals in allen Berufen gibt es gierige, unehrliche, sozial oder auf andere Wei-

---

[109] Ebenda, 216.

[110] Vgl. auch Krech et al. (1985), 101f.

se verantwortungslos handelnde Menschen ebenso wie deren charakterliches Gegenbild. Wenn dem aber so ist, dann liegt die Vermutung nahe, dass auch in Unternehmen böse Resultate eher eine Folge von Gedankenlosigkeit, des Akzeptierens vermeintlicher Selbstverständlichkeiten, von Selbstgerechtigkeiten und Klischees sind, als von vorsätzlich bösartigem und destruktivem Handeln. In vielen Fällen ist das Gegenteil von *gut* jenes *gut gemeint*, auf das Saul Gellerman hinweist.[111] Aber auch unkritische Anpassung an vermeintliche Erwartungen von oben und entsprechender vorauseilender Gehorsam opportunistischer Menschen kommen als problematische handlungsleitende Motivation in Frage. Zwar gibt es wenig Hinweise auf eine reine Befehlsempfänger-Haltung innerhalb von Unternehmen,[112] dennoch besteht das Problem der mangelhaften Reflexion komplexer Handlungsfolgen.

4.1.4 Einflussnahme ist möglich und kann erwartet werden

Auch ohne den *idealen* Menschen und seine perfekte Tugend-Ausstattung zur Grundlage der Argumentation zu machen, steht fest: Wer moralischen Einfluss nehmen will, kann dies in der Regel tun und ist dadurch in der Lage, die ethische Qualität von Gruppenentscheidungen zu erhöhen.[113] Zumindest meine professionelle Lebenserfahrung zeigt, dass für einen persönlichen konstruktiven Beitrag zur gemeinwohlverträglichen Qualität unternehmerischen Handelns kein moralischer Heroismus erforderlich ist. In einer offenen Unternehmenskultur genügt es, Forderungen über veränderte Handlungsweisen im Ton verbindlich und sachlich gut zu begründen. Wer innerhalb von Institutionen keine Mainstream-Positionen vertritt, muss vermutlich mehr Hausarbeiten machen als jene, die sich auf das berufen, *was man immer schon machte* – das sollte aber keine Entmutigung sein. *Leadership* verlangte immer schon mehr ab als *Followership*.

Von prinzipieller Bedeutung bleibt, dass auch Gewissensentscheidungen rational begründbar sein müssen: Der Rekurs auf privateste und diffuse Unbehagensgefühle reicht als Begründung nicht aus, korrigierenden Einfluss nehmen zu wollen. Ethische Forderungen müssen „aufklärungssta-

---

[111] Vgl. Gellerman (1986).

[112] Vgl. Jones/Gautschi (1988).

[113] Vgl. Posner (1986) und Nichols/Day (1982).

bil"[114] sein, d.h. sie müssen alle relevanten Informationen berücksichtigen und neuen Erkenntnissen (z.B. im Kontext einer Nutzen-Risiko-Abwägung) standhalten.

Couragiertes Eintreten für die eigene, vom Unternehmens-Mainstream abweichende Überzeugung kann, das sei allerdings im Kontext von Whistleblowing nicht verschwiegen, im einen oder anderen Fall mit negativen persönlichen Konsequenzen verbunden sein. Wenn auf Dauer individuelle Wertehaltungen mit kollektiven Unternehmenswerten kollidieren, bleibt letztlich dem betroffenen Mitarbeiter unter Wahrung der Selbstachtung keine andere Möglichkeit, als das Unternehmen zu verlassen. Da Resignation oder diese Art von stillem Protest jedoch den aus moralischer Perspektive richtig handelnden Individuen u.U. hohe Kosten zumutet oder direkten Schaden zufügt, sollten zuvor alle anderen Möglichkeiten des konstruktiven Widerstands ausgeschöpft werden. Dies liegt auch im wohlverstandenen Eigeninteresse des Unternehmens. Unternehmensinternes Whistleblowing ist dabei eine der Optionen.

4.2 Ganzheitliche Persönlichkeiten statt „Fachidioten"

Schon die klassischen Texte machen uns darauf aufmerksam, dass zwar fachliche Kompetenz bei Führungspersönlichkeiten eine notwendige Voraussetzung, jedoch für ethisch legitimen Erfolg nicht hinreichend ist. Seit Menschengedenken ist das (sehnsuchtsvolle) Anforderungsprofil an Kaiser, Könige, Feldherren, Regierende – oder eben auch Manager vergleichbar. Hier lohnt ein Rückblick auf historische Texte, sei es auf den vorgeschlagenen Weg des Laotse,[115] die Gespräche des Kungfutse (Konfuzius),[116] die indische Geheimlehre der Upanishaden,[117] auf das Standardwerk von Sun Tzu, der die Eigenschaften von Führern mit Intelligenz, Vertrauenswürdigkeit, Menschlichkeit, Mut und Strenge beschrieb[118] oder das Werk Platons, der (in seiner *Politeia*) die zur Weisheit entwickelte Vernunft, Gerechtigkeit, Tapferkeit und Besonnenheit für die wesentlichen Tugenden hält.[119] Auch

---

[114] Lumer (1997), 8.

[115] Vgl. Laotse (1985).

[116] Vgl. Kungfutse (1987).

[117] Vgl. Upanishaden (1986).

[118] Vgl. Sun Tzu (1991), 4.

[119] Vgl. Platon (1991).

die Lektüre der Ausführungen Max Webers, insbesondere zum Thema *Politik als Beruf*,[120] lohnt in diesem Zusammenhang.

4.2.1 Ein Blick auf Ideale – trotz durchschnittlicher Defekte

Trotz der weberschen Mahnung, mit den „durchschnittlichen Defekten der Menschen" zu rechnen, lohnt sich ein Blick auf die ideale Führungspersönlichkeit, sei es für Unternehmen oder andere Institutionen. Wer das Ideale erst gar nicht anstrebt, wird nicht einmal das Mittelmäßige erreichen. Max Weber selbst beschreibt in *Politik als Beruf* drei Qualitäten als die für Politiker entscheidenden: Leidenschaft, Verantwortungsgefühl und Augenmaß.[121] Sie sind im unternehmerischen Kontext nicht weniger wichtig, denn auch dort hat ganzheitlich definierte Führungsverantwortung politischen Charakter. Weber setzt diese drei Qualitäten folgendermaßen zueinander ins Verhältnis:

> „Mit der bloßen, als noch so echt empfundenen Leidenschaft ist es [...] nicht getan [...] wenn sie nicht, als Dienst an einer ‚Sache', auch die *Verantwortlichkeit* gegenüber ebendieser Sache zum entscheidenden Leitstern des Handelns macht. Und dazu bedarf es [...] des *Augenmaßes*, der Fähigkeit, die Realitäten mit innerer Sammlung und Ruhe auf sich wirken zu lassen, also: *Distanz* zu den Dingen und Menschen. ‚Distanzlosigkeit', rein also solche, ist eine der Todsünden jedes Politikers [...]".[122]

Eine weitere Passage in Webers klassischem Vortrag scheint mir ebenfalls im Kontext der Unternehmensethik wichtig zu sein, weil er in ihr die *Eitelkeit* anspricht, von der nur wenige Menschen frei sind. Max Weber sieht in ihr einen „ganz trivialen, allzu menschlichen Feind". Eitelkeit sei die Todfeindin aller sachlichen Hingabe und aller Distanz, vor allem der Distanz sich selbst gegenüber. Für Weber beginnt die „Sünde gegen den heiligen Geist" da, wo Machtstreben unsachlich und ein Gegenstand rein persönlicher Selbstberauschung wird, anstatt ausschließlich in den Dienst einer „Sache" zu treten:

> „Denn es gibt letztlich nur zwei Arten von Todsünden auf dem Gebiet der Politik: Unsachlichkeit und – oft, aber nicht

---

[120] Weber (1988).

[121] Vgl. ebenda, 545.

[122] Ebenda, 546.

immer, damit identisch – Verantwortungslosigkeit. Die Eitelkeit: das Bedürfnis, selbst möglichst sichtbar in den Vordergrund zu treten, führt den Politiker am stärksten in Versuchung, eine von beiden, oder beide, zu begehen".[123]

Dass dies nicht nur für Politiker im engeren Sinne des Wortes gilt, bedarf
keiner weiteren Erläuterung. Wo zur persönlichen Eitelkeit noch Sorglosig-
keit aufgrund vorangegangener Erfolge sowie Konfliktscheu aus Karrierein-
teressen kommen, da werden sehr rasch auch einmal Warnhinweise unter-
gewichtet oder ignoriert.[124] Querdenker, die diese Scheinharmonie stören,
werden dann zu unerwünschten Personen.

4.2.2 Der Homo oeconomicus

Menschen, von denen wir erwarten, dass sie verantwortete Güterabwägungen anstellen, bevor sie entscheiden, sollten ganzheitliche Persönlichkeiten
sein und nicht nur reduktionistisch definierte homines oeconomici. Auf die
Tatsache, dass zumindest ein Teil der Führungskräfte diesem Ideal nahe
kommt, weisen entsprechende Umfragen hin, aus denen hervorgeht, dass
unternehmerische Verantwortungsträger durchaus wissen, welche Handlungsweisen einer akzeptablen Moral entsprechen und welche nicht. Ob sie
dieses Bewusstsein in entsprechendes eigenverantwortliches Handeln umsetzen oder nicht, hängt u.a. von den Signalen ab, die von ihrem Umfeld
ausgehen.

Annette Kleinfeld legt ihrer Analyse der moralischen Verantwortung individueller Akteure einen ganzheitlichen Personenbegriff zugrunde. Sie fordert eine „Personalität", die Menschen eigenständige, moralisch handlungs-
fähige Subjekte mit entsprechenden Pflichten und Rechten sein lässt und
eben nicht nur homines oeconomici in ihrer reduktionistischen Deutung.[125]
Annette Kleinfeld kritisiert den Homo oeconomicus in seiner klassischen
Definition als Mensch, der dazu neigt,

> ➤ seine Ziele und Interessen eher kurz- als langfristig zu bestimmen und
> Nutzen eher materiell als immateriell zu definieren,

---

[123] Ebenda, 547.

[124] Vgl. Lenk/Maring (1998), 19f.

[125] Vgl. Kleinfeld (2002), 125ff.

➤ seine soziale Verwobenheit auszublenden und sein Angewiesensein auf die größere Gemeinschaft unterzubewerten sowie

➤ der Eigennutzmaximierung als handlungsleitender Rationalität im Zweifel ein zu hohes Gewicht zu geben.

Es ist hier nicht der Ort, auf die Implikationen des allseits beliebten Gesellschaftsspiels einzugehen, einen Diskussionsgegenstand (hier Homo oeconomicus, aber gleichermaßen Neoliberalismus, Globalisierung oder Gentechnik) so negativ zu definieren, dass er einen dankbaren Pappkameraden abgibt, den man dann mit moralisierender Attitüde abschießen kann. Annette Kleinfeld tut das nicht. Erwähnt werden muss dennoch, dass dieses Abschießen mit der eigenen – und als offenkundig moralisch überlegen profilierten – Argumentation in vielen Fällen eher ein Scheingefecht als ein relevanter intellektueller Disput ist. Jene ohne soziale Beziehung isolierten, mit stabilen Präferenzen, messerscharfer Rationalität und vollständigen Informationen auf Nutzenmaximierung fixierten reduktionistisch verkrüppelten homines oeconomici stellen eher politiktheoretische Konstrukte als real existierenden Lebewesen dar.[126]

Moral wird mehr und mehr als öffentliches Gut definiert, von dessen Präsenz alle profitieren und zu dessen Erhalt (mit Ausnahme weniger) Handlungseinschränkungen aus *wohlverstandenem* Eigeninteresse in Kauf genommen werden. Wohlverstandene individuelle Nutzenfunktionen berücksichtigen aus langfristigen Klugheitserwägungen das Wohlergehen anderer Menschen und die Erhaltung einer intakten Umwelt. Es entspricht nicht der Lebenserfahrung, dass moderne Gesellschaften im Sinne der *Bienenfabel* funktionieren und dank Sittenlosigkeit prosperieren.[127]

Überall dort, wo mit Management-Entscheidungen berechtigte Ansprüche Dritter tangiert werden, sind ganzheitliche Manager-Persönlichkeiten erfor-

---

126 Vgl. besonders Homann (1994). Dass dieses Konstrukt unter bestimmten Umständen (z.B. asymmetrischen Interaktionsstrukturen) dennoch ein brauchbares Analyseinstrument sein kann, sei nicht bestritten.

127 Vgl. Mandeville (1980). Mandeville sieht die volkswirtschaftliche Entwicklung als Folge der Tatsache, dass die Menschen ihre Untugenden ausleben. Dass es allerdings, wie bei anderen öffentlichen Gütern auch (z.B. Umwelt) Trittbrettfahrer gibt, die sich keine Handlungsbeschränkungen auferlegen und dennoch vom Wohlverhalten anderer profitieren, sei nicht bestritten.

derlich. Ihr Menschenbild, so Annette Kleinfeld in Anlehnung an Robert Spaemann, ist durch drei zentrale Charakteristika bestimmt:[128]

➤ *Individualität* im Sinne eines selbständigen und unverwechselbaren, je einzigartigen Seins aufgrund eines unaufhebbaren Abstands zu allen anderen Wesen, auch den menschlichen Artgenossen.

➤ *Relationalität* als In-Beziehung-Sein zum einen im Sinne einer vorgegebenen Verbundenheit mit allen Menschen durch die menschliche Geistnatur, zum anderen als aktive Herstellung von Bezügen und dank der Fähigkeit intentionaler Ausrichtung und Selbsttranszendenz auf etwas oder jemand hin.

➤ *Potentialität* als Möglichkeit und Aufgabe der Entfaltung des eigenen Selbst durch die Verwirklichung allgemein menschlicher wie individueller Fähigkeiten.

Auch wenn es plausibel ist, dass mit dem (alleinigen) Pochen auf Individualtugenden in der tagtäglichen Praxis wenig zu erreichen ist, falls das tugendhafte Handeln den betreffenden Menschen abverlangt, gegen ihre ökonomischen Eigeninteressen zu handeln, kommen wir *ohne* eine richtige Personal- und Beförderungspolitik nicht aus:

Eine aus unternehmensethischer Perspektive richtige Personalpolitik strebt daher an, dass zumindest beim Führungspersonal die richtigen fachlichen *und* menschlichen Qualitäten vorhanden sind. Die Erfahrung zeigt, dass unternehmensinterne Leitfiguren einen großen Einfluss auf das ethische *Klima* in einem Unternehmen haben[129] und Mitarbeiter in Unternehmen in ihren Vorgesetzten eine wesentliche Referenz-Gruppe für die ethischen Standards ihres eigenen Handelns sehen. Sie dienen als Rollenvorbild, das nachgeahmt wird.[130] Die Frage, ob an Führungskräfte strengere moralische Maßstäbe gelegt werden sollen, wird denn auch von über 80 Prozent der (deutschen) Führungskräfte bejaht.[131]

Von maßgeblicher Bedeutung bleibt, dass um die real-existierenden Menschen herum ein institutionelles Umfeld geschaffen wird, das die richtigen Signale für ethisch akzeptables Handeln sendet und dadurch den aus ethischer Perspektive wünschenswerten Handlungsoptionen zum Durchbruch

---

[128] Vgl. Kleinfeld (1998), 159.

[129] Vgl. Murphy/Enderle (1995) und Johnson (1985).

[130] Vgl. z.B. Newstrom/Ruch (1975), 32.

[131] Vgl. Institut für Demoskopie Allensbach / CAPITAL Führungskräfte Panel, 11/ 1995.

verhilft. Der Begriff Tugend bezieht sich auf diese Weise nicht ausschließlich auf die sittliche Verfassung eines Individuums, Tugendhaftigkeit entfaltet sich im Kontext und unter Einbezug der Interaktion des Individuums mit seiner sozialen Handlungsgemeinschaft.[132]

Im besten Fall unterstützt die Personalpolitik eines Unternehmens bei der Personalrekrutierung und -beförderung eine Auswahl, die bewirkt, dass sich am richtigen hierarchischen Platz ethisch integriert erfolgsorientierte Persönlichkeiten befinden.[133] Diese sind zugleich Wirtschaftssubjekte und moralische Personen und haben jene charakterlichen Qualitäten, die wir uns bei Menschen wünschen, von deren Entscheidungen unser eigenes Wohlergehen und das unserer Familien abhängen. Das wären Führungskräfte, die sich ihrer vollen Verantwortung für alles, was sie tun oder unterlassen, bewusst sind und neben der betriebswirtschaftlichen auch soziale und ethische Kompetenz haben. Es sind dies *sittlich orientierte* Persönlichkeiten, die nach Maßgabe ihrer handlungsleitenden Werte ernsthaft versuchen, ihr Leben danach einzurichten.[134]

Eine (auch) ethischen Kriterien genügende Beförderungspraxis könnte durch Transparenz der Anforderungen und Aufstiegskriterien sowie durch entsprechend angereicherte Mitarbeiterbeurteilungen wichtige Signale in das Unternehmen hineingeben. Wo Führungskräfte auf Dauer gegen ethische Kriterien verstoßen, sollten auch Sanktionen verhängt werden, die von der hierarchischen Herabstufung bis zur Freisetzung der betreffenden Manager reichen.

4.3 Kollektive versus individuelle moralische Akteure? Eine falsche Alternative!

Die Antwort auf die Frage: *Sind Unternehmen oder die darin arbeitenden Menschen moralische Akteure?* ist nicht mit einem Entweder-Oder-Ansatz zu finden, sie liegt vielmehr im Sowohl-als-auch. So wie sich Individualethik und Sozialethik ergänzen, komplementieren sich die moralischen Verantwortungsbereiche individueller und kollektiver Akteure. Die klare Trennung in die Verantwortung kollektiver und individueller Akteure ist schon deshalb nicht

---

132 Vgl. Natorp (1974), 130ff. Zur Erörterung der modernen Bedeutung von Tugend vgl. Braun (1989).

133 Vgl. Ulrich (2002), 102ff.

134 Vgl. Lay (1989), 80.

möglich, weil Individuen Institutionen gestalten können. Sie können die Unternehmenskultur in Bezug auf ihre Offenheit beeinflussen, sie können sowohl Verbote als auch Anreizsysteme einführen, um Signale für das erwünschte Verhalten und Handeln zu geben, und schließlich können sie über Kommunikations- und Ausbildungsprogramme sowie über Compliance-Audits Wesentliches bewirken. Eine moralfördernde Unternehmenskultur und -organisation zu schaffen, kann nicht von den betreffenden Institutionen selbst übernommen werden. Dies ist die Aufgabe der in den Unternehmen Verantwortung tragenden Menschen.

4.3.1 Primäre und sekundäre moralische Verantwortung

Patricia Werhane unterschied schon vor vielen Jahren zwischen *primären* moralischen Verantwortungen, die individuellen Menschen kraft ihrer Moralfähigkeit zugemutet werden, und *sekundären* moralischen Verantwortungen, welche von Unternehmen als nichtpersonal sekundär handelnden Organisationen zugemessen wird.[135] Die Wahrnehmung der sekundären Verantwortung ist zwar von der Wahrnehmung der primären abhängig, kann aber nicht ausschließlich auf diese reduziert werden. Unternehmenshandlungen sind aus dieser Sicht immer Sekundärhandlungen, die primäre Akteure voraussetzen, die ihre personalen Handlungsfähigkeiten dem Unternehmen zur Verfügung stellen. Diese Sicht gilt auch auf dem heutigen Stand des Wissens. Dazu Annette Kleinfeld:

> „Ebensowenig wie Organisationen ohne menschliche Individuen denkbar sind, die sie zum einen gestalten, zum anderen durch ihre Handlungen mit Leben füllen, vollzieht sich umgekehrt auch Individualethik immer schon innerhalb einer bestimmten Ordnung und damit im Rahmen von Institutionen, auf die der Einzelne bei seinem Handeln zurückgreift. Die Annahme eines davon unabhängigen, vollkommen autonomen Individuums ist ebenso unrealistisch wie die Auffassung, daß institutionelle Regelungen in der Lage sind, alle potentiellen moralischen Situationen ex ante zu erfassen und moralverträgliche Umgangsweisen damit zu garantieren. Regeln und Normen können durch unvorhersehbare Entwicklungen ihre Angemessenheit verlieren. Um sie auf diese Angemessenheit hin kritisch überprüfen zu können, ist das individuelle morali-

---

135 Vgl. Werhane (2001).

sche Bewußtsein der Einzelperson – ihr Gewissen – als die eigentliche ethische Instanz unverzichtbar."[136] Eigenverantwortliches Handeln kann nie ersetzt werden durch institutionelle Vorschriften und soziale Kontrollen, und umgekehrt: Die besten Voraussetzungen für unternehmensethisches Handeln entstehen dort, wo eine positive Wechselbeziehung zwischen eigenverantwortlichem individuellem Handeln und institutionellen (hier unternehmensspezifischen) Rahmenbedingungen geschaffen werden.

4.3.2 Bedingungs- und Gesinnungswandel[137]

Die auf die Makro-Ebene (Gesellschaft) bezogene Argumentation von Karl Homann, dass eine Wirtschaftsethik, die aus philosophischer oder theologischer Perspektive idealistische Forderungen stellt, ohne sich Rechenschaft über die Notwendigkeit flankierender Rahmenbedingungen zu geben, Probleme mit der nachhaltigen Implementierung hat, gilt auch für die Meso-Ebene (Unternehmen) und für die Mikro-Ebene der Menschen in Unternehmen. Idealtypisch zugespitzt könnte man sagen: Eine Unternehmensethik, die das egoistische Vorteilsstreben der wirtschaftlichen Akteure sozial und ökologisch verträglich machen wollte, um – unter Verzicht auf die Ausschöpfung des Gesamtpotentials der legal möglichen Vorteile – legitime Ansprüche heute und zukünftig lebender Menschen durchzusetzen, würde – falls von den Rahmenbedingungen entgegengesetzte Anreize ausgingen – einen Dualismus von Moral und (materiellem) Eigeninteresse schaffen. Ein institutioneller Bedingungsrahmen, der die Umsetzung individueller moralischer Intentionen bestraft, macht die nachhaltige Umsetzung unternehmensethischer Normen zu einer schwierigen Angelegenheit, weil sie moralischen Heroismus abverlangt.

Daher bestehen unter den Bedingungen einer modernen Gesellschaft (ausgeprägte Arbeitsteilung und anonyme Austauschprozesse auf Märkten) die besten Voraussetzungen für nachhaltiges unternehmerisches Handeln nach Maßgabe eines ethischen Legitimationsverständnisses dort,

➢ wo die ordnungspolitischen Rahmenbedingungen (*Spielregeln, Makro-Ebene*) so gestaltet sind, dass sie keine systeminhärenten Sachzwänge zulassen, welche die Guten zu den Dummen machen. Verbindliche

---

136 Kleinfeld (1998), 78.

137 Vgl. Homann/Blome-Drees (1992), 20ff.

Spielregeln auf der Makro-Ebene geben die Sicherheit, dass jemand, der sich, sagen wir, auf ein Fußballspiel einstellt, nicht auf Gegner trifft, die bei diesem Match Hockey- oder Baseball-Schläger bzw. Karateschläge einsetzen und

➤ wo innerhalb von Unternehmen durch ethische Verhaltenskodices, Compliance Monitoring und entsprechende Führungssysteme (*Spielregeln, Meso-Ebene*) sichergestellt ist, dass integres Managerhandeln gefordert ist und auch dann ohne moralischen Heroismus Normalität bleibt, wo die Konsequenz der ethischen Selbstverpflichtung soziale und/oder ökologische Mehrausgaben oder ein verminderter Umsatz sind.

Mit Selbstverpflichtungen zu moralischen Standards (z.b. über Verhaltenskodices oder das Unterzeichnen eines Vertrags wie des *UN Global Compact*) signalisiert ein Unternehmen nach außen und innen die Bereitschaft, moralische Fragen als praxisrelevant zu behandeln. Es gibt damit das Signal, dass es ethische, soziale und ökologische Fragestellungen ernst nimmt und gewillt ist, plausible Antworten zu geben. Durch das Implementieren entsprechender Anreize (z.b. das Einbringen messbarer Benchmarks in Zielvereinbarungen sowie entsprechende Bonuszahlungen bei Zielerreichung) und Kontrollsysteme (z.B. Ethik-Audits) wird moralisches Handeln im Unternehmen erleichtert. In Erfüllung der Zielvereinbarung und nicht entgegen geschäftlicher Verhaltenserwartungen wird normenkonformes Handeln belohnt.

Durch institutionalisierte Kontrollprozesse, die im Unternehmen als normal anerkannt sind (z.b. Revision bzw. Finanz-Audits), werden vorsätzliche Normenverletzungen zumindest erschwert. Im besten Fall wird die Einhaltung der erwünschten Handlungsweisen in moralsensiblen Bereichen sichergestellt (z.B. durch Umwelt-Audits, Audits in Bezug auf Sozialstandards und anderes) und normabweichendes Handeln sanktioniert. Wo es risikobeladene Ermessensspielräume gibt und die Gefahr besteht, dass frei handelnde Individuen bei entsprechenden Güterabwägungen überfordert sind, können solche kollektive Formen der Verantwortlichkeit im angesprochenen Sinne individuelle moralische Verantwortungsbereitschaft stärken.[138] Auf diese Weise entsteht eine unterstützende moralische Großwetterlage, ein unternehmenskultureller Schutzwall gegen Beliebigkeit des Handelns oder eine Erosion der Handlungsstandards.

---

[138] Vgl. Seebass (2001).

4.3.3 Führungskräfte mit ethisch integrierter Erfolgsorientierung

Trotz aller Vorkehrungen auf der Makro- und Meso-Ebene ist die Moralität eines kollektiven Akteurs untrennbar verwoben mit den moralischen Urteilen und deren Umsetzung im unternehmerischen Alltag. Hier kommen wir nicht ohne Verantwortungsträger mit „ethisch integrierter Erfolgsorientierung" aus.[139] Je mehr eigenverantwortete Entscheidungsfreiräume Mitarbeiter in einem Unternehmen haben, desto stärker wird die Unternehmensethik durch die Individualethik geprägt; je fragmentierter die Handlungsabläufe sind und je autoritärer angewiesen wird, desto öfter kann strukturelle Gewalt zum Problem werden. Die organisatorische Schlussfolgerung ist eindeutig: Unternehmen sollten alles dafür tun, die berufliche und persönliche Entfaltung ihrer Mitarbeiter zu fördern, ihnen weitestmögliche Eigenständigkeit bei der Erreichung ihrer Zielvorgaben gewähren und damit diejenigen Freiräume schaffen, die nicht nur die Kreativität und die Motivation fördern, sondern auch die ethische Qualität ihrer Handlungen.

4.3.4 Soziale Kontrolle durch richtige Ordnungs- und Unternehmenspolitik sowie integre Manager

Kein Moralsystem kann ohne soziales Kontrollsystem längerfristig Bestand haben. Da in der vormodernen Gesellschaft die Interaktionspartner immer aus derselben direkt erfahrbaren sozialen Umwelt stammten, gab es für den Einzelnen praktisch keine Möglichkeit, sich im täglichen Handeln dieser unmittelbaren sozialen Kontrolle zu entziehen. In modernen Gesellschaften können sich Individuen der unmittelbaren sozialen Kontrolle leicht entziehen. Wo erforderlich sind also sowohl ein ordnungspolitischer Bedingungswandel als auch ein Gesinnungswandel angebracht.

Die Spielregeln auf der Makro- und Meso-Ebene sowie die Selbstbindung integrer Mitarbeiter auf allen Unternehmensebenen legen die Gesamtheit der legitimen Handlungsoptionen verbindlich fest. Innerhalb dieser können sich die verschiedenen Handlungsakteure durch kreative, innovative und kluge Spielzüge auf legitime Art und Weise Vorteile verschaffen. Bei Absenz von verbindlichen Spielregeln und opportunistisch agierenden Verantwortungsträgern könnte dem nur durch überproportionalen Kontroll-

---

[139] Vgl. Ulrich (2002), 102ff.und 106.

aufwand (Stalinisierung) entgegen gewirkt werden. Da dies jedoch weder wünschbar noch finanzierbar wäre, ist das *Drei-Ebenen-Kontrollsystem* auch vom Kosten-Nutzen-Verhältnis her am günstigsten.

Die eigentliche Aufgabe kollektiver Moralität ist die Gestaltung einer *Unternehmenskultur*, in der nach Maßgabe ethischer Reflektionen klar ist, was sich gehört und was nicht. Individuen mit moralischen Ambitionen und den entsprechenden Anreizen halten auf allen Ebenen der Hierarchie den ethischen Rechenschaftsprozess am Laufen und entwickeln ihn im Lichte neuer Anforderungen von unternehmensexternen Anspruchsgruppen weiter.

Kapitel E

Ethisch reflektierte Unternehmenskultur als institutionelle Vorkehrung für legitimes Handeln

Einen Fehler machen und ihn nicht korrigieren – das erst heißt wirklich einen Fehler
machen

Konfuzius

Aufgearbeitet ist die Vergangenheit erst,
wenn die Ursachen des Vergangenen beseitigt sind.

Theodor Adorno

E. Ethisch reflektierte Unternehmenskultur als insti-tutionelle Vorkehrung für legitimes Handeln

Kultur ist definiert als ein Beziehungsnetz von übernommenen Traditionen, Denk- und Handlungsmustern sowie typischen Lebensformen und norma-tiven Vorstellungen. Dieses Netz hat sich in einer Gesellschaft im Laufe der Zeit stetig entwickelt. Es hat Einfluss auf das Empfinden, die Wahrneh-mung, das Denken und auf die als selbstverständlich angenommenen Wert-haltungen der Menschen eines Kulturkreises. Auf diese Weise wird, be-wusst und unbewusst, individuelles Handeln als *richtig* wahrgenommenes Verhalten durch Kultur mitbestimmt. Das gilt für eine ethnische oder reli-giöse Gemeinschaft ebenso wie für ein Unternehmen: Man spricht dann von einer Unternehmenskultur und meint die Gesamtheit der in einem Un-ternehmen als gemeinsam empfundenen Werte samt den daraus resultie-renden Normen.[1]

1. Unternehmenskultur als gemeinsame Werteori-entierung

Die Kultur eines Unternehmens regelt das gesamte Beziehungsgeflecht, das ein Unternehmen zu den heutigen und früheren Mitarbeitern, zu den Kun-den, zum gesellschaftlichen Umfeld, zur Natur, zur Kunst und anderem hat. Sie tut dies auf eine sehr subtile Weise. Matthias Fank zieht für die Er-

---

[1]   Zum Thema Unternehmenskultur vgl. auch: Heinen/Fank (1997), Berkel/Herzog (1997), Dill (1986) und Lattmann (1990).

fassbarkeit des Begriffs Unternehmenskultur die Metapher vom Baum und seinen Wurzeln heran:[2] Die Stärke des Wachstums des Baumes, seine Robustheit und Ertragsfähigkeit hängen wesentlich von seinen Wurzeln ab. Man kann sie zwar nicht sehen, trotzdem sind sie grundlegend für die Gesundheit des Baumes und seine Entwicklung. Eine andere gern gebrauchte Metapher ist die des Eisberges, bei dem lediglich die Spitze der beobachtbaren Handlungsweisen sichtbar ist, während der Korpus, der diese Spitze trägt (die handlungsleitenden Werte, Ideale, Menschenbilder oder Sinnvorstellungen), unsichtbar bleibt.[3] Die Subtilität, in der eine Unternehmenskultur als *weicher* Faktor in Erscheinung tritt, macht Grobeinteilungen in verschiedene Unternehmenskultur-Typen zu zwar unterhaltsamen, aber eher akademischen Übungen.[4]

Jedes Unternehmen hat eine Kultur – doch nicht überall wird diese auch thematisiert oder gar gepflegt. Unternehmenskulturen können je nach Grad der Verankerung stark oder schwach ausgeprägt sein. Da Unternehmenskultur immer auch das Ergebnis eines historischen Prozesses ist, wird sie in kleineren, von Gründerpersönlichkeiten und deren Charakter geprägten Unternehmen eher stark sein, in dezentral geführten Konglomeraten oder frisch fusionierten Unternehmen dagegen eher schwach ausgeprägt. So oder so muss sie durch sorgfältige Beobachtung entschlüsselt werden, damit sie in ihrer ganzen Ausprägung zugänglich wird, erst dies ermöglicht ihre Pflege.

1.1 Spezifische Werte und Normen als Ausdruck einer spezifischen Unternehmenskultur

Werte legen fest, welche Dinge und Eigenschaften für die Mitarbeiter des Unternehmens als bedeutsam, sinnvoll, positiv besetzt und somit als wünschenswert wahrgenommen werden. Auf diese Weise dienen sie dem Einordnen persönlicher Erfahrungen und beeinflussen die Beurteilung mögli-

---

[2]   Vgl. Fank (1997), 240ff.

[3]   Vgl. Beyer et al. (1995), 72ff. und Berkel/Herzog (1997), 13f.

[4]   Vgl. Deal/Kennedy (1982). Deal und Kenedy unterschieden in "von Experten geprägte Risikokulturen", "bedächtige Prozesskulturen", "teamorientierte Brot- und Spiele-Kulturen" und "auf schnelle Erfolge ausgerichtete Macho-Kulturen". Jeder, der Erfahrung in Unternehmen gesammelt hat, wird Aspekte dieser Kulturen finden, sie treffen jedoch kaum je auf das Unternehmensganze zu. Vgl. auch Peters/Waterman (1982) und Berkel/Herzog (1997), 19ff.

cher Handlungsalternativen. Damit bekommen sie handlungsleitende Eigenschaften.

Unter *Normen* werden jene faktisch geltenden formellen und informellen Prinzipien, Spielregeln, Handlungsparameter und Verhaltensmuster verstanden, die in einer bestimmten Kultur als gut und legitim erachtet werden. Das macht sie mit unterschiedlicher Verbindlichkeit (zu den *Muss-*, *Soll-* und *Kann-*Normen siehe nächstes Kapitel) einforderbar.

Die Anwendung des von Kohlberg entwickelten Modells der individuellen Moralentwicklung[5] auf Unternehmen macht eine Unterscheidung in unterschiedliche kollektive moralische Entwicklungsstufen möglich. Das moralkonforme Handeln eines Unternehmens kann aus der Motivation resultieren,

➤ *nicht ertappt und bestraft zu werden* – solche Unternehmen werden auch noch marginale kommerzielle Vorteile (fast) um jeden Preis anstreben und Gesetze auf möglichst clevere Art und Weise gemäß deren Buchstaben, nicht aber nach deren Geist erfüllen – oder

➤ *öffentlicher Missbilligung zu entgehen* – solche Unternehmen werden, falls der Druck groß genug ist, auf Forderungen externer Anspruchsgruppen eingehen.

An der Spitze der Moralentwicklung stehen Unternehmen, welche die Ansprüche, Bedürfnisse und Gefühle anderer Menschen (Stakeholder) aufgrund autonom festgelegter Prinzipien beachten und komplexe Vorstellungen von wohlverstandenem Eigeninteresse, von Reziprozität und Gerechtigkeit anerkennen. Solche Unternehmen motivieren ihre Mitarbeiter zu entsprechendem kohärentem Handeln.

1.2   Individuelle normative Prägung als Folge des sozialen Umfelds

Auch für Menschen, die in Unternehmen arbeiten, gilt natürlich, dass ihre normative Entwicklung zunächst durch das familiäre und später das berufliche und gesellschaftliche Umfeld geprägt wird. Auf diese Weise wird festgelegt, was *man* für richtig und gut bzw. falsch und böse hält. Diese individuelle moralische Ausstattung ist zwar immer durch subjektive Faktoren determiniert, für sich alleine kann sie das moralische Verhalten von Indivi-

---

[5]   Vgl. Kohlberg (1995).

duen in Organisationen jedoch nicht erklären.[6] Wo Menschen sich als zusammengehörig empfinden, werden gemeinsame Ziele verfolgt und Verhaltensnormen geteilt. Da institutionelle Erwartungen eine normative Wirkung haben, ist individuelles Handeln in Institutionen in starkem Maße von Gruppenerwartungen geprägt. Die einzelne moralische Handlung hängt in hohem Maße von diesen Normen und Prozessen sowie von als verstärkend empfundenen Feedbacks ab.

Kohlberg nennt das Gefühl der Gemeinschaft, der Solidarität und der Zusammengehörigkeit „moralische" bzw. „sozio-moralische Atmosphäre".[7] Zwar bedeutet die Tatsache, dass gewisse Normen kollektiv als ideal akzeptiert werden, nicht, dass alle Gruppenmitglieder sie als handlungsleitend übernehmen; wo es jedoch explizit geteilte und verteidigte Gruppennormen gibt, hat das in Entscheidungssituationen mit größerer Wahrscheinlichkeit kohärente Handlungsmuster zur Folge.

Die von Kohlberg definierten Phasen „kollektiver Normbildung" sind auch im Kontext des Entstehens einer Unternehmenskultur interessant:[8]

➢ Phase 1: Vorschlag kollektiver Normen.

➢ Phase 2: Akzeptanz dieser kollektiven Normen als Gruppenideal ohne Übernahme durch die einzelnen Mitglieder.

➢ Phase 3: Einmütige Akzeptanz des Ideals und Übernahme durch die Gruppenmitglieder, aber noch ohne Anerkennung als Verhaltenserwartung.

➢ Phase 4: Kollektive Normen werden übernommen, und es besteht die naive Erwartung, dass sie befolgt werden.

➢ Phase 5: Die Einhaltung der kollektiven Normen wird erwartet, erfolgt jedoch nicht.

➢ Phase 6: Die Einhaltung der kollektiven Normen wird erwartet und unterstützt, Abweichler sollen überzeugt werden, dass die Normen befolgt werden müssen.

➢ Phase 7: Die Einhaltung der kollektiven Normen wird erwartet und unterstützt, Abweichler werden bloßgestellt.

---

[6] Vgl. z.B. Kohlberg (1984), Kurtines/Gewirtz (1984), Victor/Cullen (1988) und Piaget (1983) und Sader (1994), 102ff.

[7] Kohlberg (1995), 294.

[8] Vgl. ebenda, 295ff.

Auf diesem Entwicklungsweg kann eine Unternehmenskultur weit über
bloßen *Korpsgeist* hinauswachsen und die Mitarbeiter in besonderer Weise
auf Werte, Normen und reziproke Verantwortlichkeiten verpflichten. Unternehmenskulturen in der Phase sechs und sieben machen Unternehmen
zu unterscheidbaren organisatorischen Einheiten, in denen die Mitglieder
aus innerer Überzeugung sich zur aktiven Sorge um das gemeinsame Wohlergehen verpflichtet sehen.

Primäre und...

Wenn wir die Moral in einer bestimmten Kultur als ein System von gemeinsam getragenen Werten und akzeptierten Regeln definieren und davon ausgehen, dass die Menschen diese Werte und Regeln durch verschiedene Mechanismen kultureller Überlieferung (Belohnung, Anerkennung, Strafe, I-
dentifikation etc.) erlernen, dann ist ein großer Teil der moralischen Entwicklung nach der Kindheit und der Adoleszenz abgeschlossen – also
längst, bevor Menschen in einem Unternehmen Verantwortung übernehmen. Dennoch ist es möglich, dass eine starke Unternehmenskultur die individuelle Motivation für moralisches Handeln hebt: Institutionelle Erwartungen haben immer auch eine moralische Komponente, d.h. sie sind ein
Hinweis auf das, was in einer bestimmten Organisation als erwünschtes
bzw. unerwünschtes Handeln gilt. Es gibt keinen Grund anzunehmen, dass
Gruppendruck (Peer Pressure), der bei Aufarbeitung problematischer
Handlungsweisen so oft im Nachhinein als Entschuldigung für fehlerhaftes
individuelles Handeln vorgeschoben wird, nicht auch – ex ante – positiv
konditionierend wirken könnte.

...sekundäre Sozialisation

Zweifellos findet, wenn Individuen über einen längeren Zeitraum hinweg in
einem Unternehmen arbeiten, eine gewisse (sekundäre) Sozialisation[9] statt:
Das soziale System Unternehmen formt seine Mitglieder durch die formale
und informelle Vermittlung bestimmter sozialer Regeln und Gepflogenheiten.[10] Zwar haben jeder Mitarbeiter und jede Mitarbeiterin im Normalfall
immer ein gewisses Maß an individuellem Freiraum – aber er oder sie ist
immer auch ein Stück Unternehmen: Völlige Freiheit von Fremdsteuerung

---

9   Zum Sachverhalt der Sozialisation vgl. Henecka (1993), 70ff.

10   Vgl. Falkenberg/Herremans (1995).

gibt es nicht.[11] Unternehmenskultur stellt auf diese Weise ein Gerüst für Sinnstrukturen und Handlungsmuster zur Verfügung, „aus welchen heraus Situationen, Handlungen und Entscheidungen des Unternehmensalltags einer bewertenden Interpretation hinsichtlich ihrer Bedeutung für die Unternehmung als Ganzes zugänglich werden."[12]

Dadurch verleiht Unternehmenskultur den Menschen in ihrem Einflussbereich Zusammenhalt und gemeinsames Identitätsgefühl, ermöglicht Orientierung und stellt zwischen den einzelnen Mitarbeitern des Unternehmens den Bezug zu einem größeren Ganzen her. Da längst nicht alle Mitarbeiter eines Unternehmens die kulturell akzeptierten Werte und Normen internalisieren, geschieht dies in unterschiedlicher Intensität. Das Spektrum der Verankerung reicht von der Ablehnung über die oberflächliche Akzeptanz oder opportunistische Anpassung bis zur völligen Übernahme.

Die Gesamtheit der kulturell normierten Denk- und Handlungsweisen präjudiziert teilweise unbewusst aber meist maßgeblich den Inhalt von Antworten auf Fragen wie *Was bedeutet für uns unternehmerischer Erfolg?*, *Welchen Anliegen teilen wir welche Ressourcen und Einflussmöglichkeiten zu?*, *Was erwarten wir von unserer sozialen Umwelt und inwieweit sind wir bereit, auf ihre Ansprüche einzugehen?*, *Wie gehen wir mit anderen Menschen um?*, *Wie kommen Entscheidungen zustande?*, *Nach welchen Kriterien beurteilen und befördern wir unsere Mitarbeiter?*, *Welche Prioritätenregeln haben wir?* und *Wie gehen wir mit (eigenen und fremden) Fehlern um?*[13]

Die für die jeweilige Unternehmenskultur typischen Merkmale, Gebräuche, Gewohnheiten und Statussymbole, aber auch Mythen und Legenden sind subtile Elemente einer internen Kommunikation, die ohne ein gemeinsames Verständnis der Symbole unmöglich wäre.[14] Das fängt mit dem Inhalt und dem Stil der Beantwortung von Briefen und Telefonaten an, schließt die Art des Umgangs mit den Medien ein und hört bei der Einstellung zu sozialen Sicherheitssystemen noch lange nicht auf.

Insbesondere Mythen und Geschichten können für neue Mitglieder einer Organisation erhebliche Orientierungsfunktion haben. Wo mit Bezug auf den *Chef* oder andere Personen, auf die im Unternehmen mit Hochachtung

---

[11] Vgl. Wimbush/Shepard (1994).

[12] Heinen/Fank (1997), 25.

[13] Zu weiteren Fragestellungen vgl. Dietzfelbinger (2002), 167ff.

[14] Vgl. Gussmann/Breit (1997), 109f.

Bezug genommen wird oder mit Erzählungen und Anekdoten Ideal-
Lösungen für bestimmte Probleme aufgezeigt werden, findet soziales Lernen statt. Die Botschaften der Geschichten zeigen auf, welche Handlungsweise in ähnlichen Situationen erwartet wird bzw. erwünscht ist – z.b. Sicherheit geht vor Renditeüberlegungen. Dies wiederum hilft Mitarbeitern,
sich im Unternehmensumfeld mit seinen vieldeutigen Signalen zurechtzu-
finden. Wo die Botschaft interner Mythen und Geschichten erkennbar nahe
legt, dass man sich den Problemen stellt und sie kreativ und verantwortungsvoll löst, werden Mitarbeiter ein anderes Verhalten lernen als dort, wo
Gesetzestreue als Paragraphenhörigkeit verhöhnt wird und sich Menschen
amüsiert darüber unterhalten, wie man Gesetze möglichst clever umgeht,
Lücken ausnutzt und die Behörden täuscht.

Eine starke, d.h. von ihren Mitgliedern als verbindlich betrachtete oder gar
internalisierte Unternehmenskultur hat einen komplexen, direkten und signifikanten Einfluss auf das ethische Klima in einem Unternehmen.[15]

1.3 Unternehmenskultur, Personalpolitik und Führungshan-
deln

Der Einfluss einer Unternehmenskultur auf das Handeln der Menschen ist
um so größer, je überzeugender, konsistenter und glaubwürdiger die Werte
und Normen in der täglichen Praxis vom Management auf allen Stufen
vorgelebt werden. Erst das konsistente und kohärente Führungshandeln im
Sinne des bewussten Pflegens und der kontinuierlichen Weiterentwicklung
der unternehmensrelevanten Werte und Normen verleiht diesen eine starke
praktische Bedeutung. Wo Werte von Führungspersonen nur gepredigt
werden, deren eigenes Handeln jedoch sichtbar anders strukturiert ist, entsteht nicht Identifikation, sondern Zynismus.[16] Menschen haben ein feines
Gespür und erkennen sehr genau, ob insgesamt konsistent und kohärent
gehandelt oder ob lediglich an Feiertagen und bei besonders sichtbaren An-
lässen schön geredet wird.

Die Führungsebene eines Unternehmens ist zwar dafür zuständig, dass *von
oben herab* klar erkennbar ist, dass das, was als Kultur kommuniziert wird,
auch tatsächlich ernst gemeint ist – kulturbewusstes Management fängt je-

---

15 Vgl. Chen et al. (1997). Zum Sachverhalt *ethisches Klima* vgl. Victor/Cullen (1988) und
    Soutar et al. (1994).
16 Vgl. McDonald (2000). Für eine ausführliche Analyse vgl. auch Leisinger (1997).

doch früher an und hat tiefere Implikationen. Eine tief verankerte Unternehmenskultur hat bereits Konsequenzen auf der Ebene der Rekrutierung von Mitarbeitern, auf die Gestaltung der Anreizsysteme, auf die Personalentwicklung bis zum Management Development sowie auf die Beförderungspraktiken. Ein werte- und normenorientiertes Personalwesen wird die Unternehmenskultur auch zum Werbefaktor für die Personalsuche machen und nicht nur auf fachliche, sondern auch auf menschliche Qualitätskriterien Wert legen.

1.4 Offenheit der Unternehmenskultur

Es gibt keinen Königsweg für alle Arten von Gesellschaften und gesellschaftlichen Subsystemen, es gibt jedoch eine Reihe von überzeugenden Gründen für die Empfehlung, dass die Kultur eines Unternehmens möglichst offen sein sollte, d.h. in stetigem Kontakt mit den Erwartungen des gesellschaftlichen Umfelds. Ganz generell sind *offene* Systeme *geschlossenen* vorzuziehen, weil – wie Karl Raimund Popper in seinen gesellschaftstheoretischen Schriften so überzeugend darlegte[17] – sich geschlossene Systeme gegen Kritik immunisieren, zum Lernen und zur Selbstkorrektur nicht fähig sind, jede geistige Unabhängigkeit und Kreativität ersticken. Dadurch laufen sie Gefahr, an ihrer eigenen Unbeweglichkeit zugrunde zu gehen. Offene Systeme sind im Gegensatz dazu nicht nur humaner, sondern auch leistungsfähiger und erfolgreicher: Geschlossene Systeme sind an Systemstabilität und Vorausschaubarkeit orientiert, offene Systeme an Innovation und Weiterentwicklung. Das verleiht ihnen ein größeres schöpferisches Potential.

Auf der sozialen Ebene stehen für offene Systeme Interessenpluralität, für die geschlossenen dagegen Interessenhomogenität im Vordergrund; daraus resultierend suchen offene Systeme Konfliktregulierung und Interessenausgleich durch das Schließen von Kompromissen – geschlossene Systeme ziehen sich hinter die Mauern zurück und schließen die Reihen. Geschlossene Systeme streben eher Sicherheit und Ordnung an, während offene Systeme eher Individualität und Freiheit präferieren.[18] Die Gesamtheit der Unterschiede zwischen geschlossenen und offenen Systemen hat Auswirkungen auf das Normengefüge – auch von Unternehmen. Der Frankfurter Phi-

---

[17] Vgl. Popper (1980).

[18] Vgl. Gebert (1998).

losoph und Unternehmensberater Rupert Lay spricht in diesem Zusammenhang von „offener" oder „geschlossener Moral".[19] Eine Unternehmenskultur mit geschlossener Moral erwartet von Mitarbeitern nicht eigenständiges reflektiertes Handeln, sondern konformes Verhalten.[20] Offene Unternehmenskulturen tendieren eher zu flachen Hierarchien, räumen Mitarbeitern Widerspruchsrechte und erweiterte Entscheidungsautonomie ein und sind auch eher fehlertolerant.

Unternehmen mit einer geschlossenen Unternehmenskultur laufen Gefahr, auf alles, was von außen kommt, zunächst einmal mit Abwehr zu reagieren und vermeintliche Sachzwänge zu betonen. Unangenehme und unbequeme Dinge, die von außen und innen kommen, werden unter solchen Umständen verdrängt, Misserfolge werden heruntergespielt, Risiken klein geredet.[21] Unter solchen Voraussetzungen steigt die Wahrscheinlichkeit von Whistleblowing.

Eine *offene Unternehmensmoral* orientiert sich nicht ausschließlich an ihrer Innenwirklichkeit, sondern auch an der Gemeinwohlverträglichkeit ihres Handelns. Dies erfordert von den betreffenden Mitarbeitern, kritische Tugenden (z.B. Zivilcourage, Konfliktfähigkeit, Bereitschaft zur Übernahme von Verantwortung) und die Fähigkeit zur verantworteten Güterabwägung. Dies wiederum versetzt ein Unternehmen in die Lage, permanent mit seinem sozialen Umfeld zu interagieren und somit auf andere als nur die eigenen systemischen Bedürfnisse konstruktiv einzugehen.[22] Eine offene, zu Anpassungen an neue Gegebenheiten fähige, aber dennoch stabilen Werten verpflichtete Unternehmenskultur ist nicht nur humaner, sondern auch sozial kompetenter und erfolgreicher. Dies wiederum ermöglicht eine rasche Entscheidungsfindung und einen geringeren Regelungs- und Kontrollbedarf.

---

[19] Vgl. Lay, (1993), 39ff.

[20] Lay spricht von „Handeln", wenn eine Tätigkeit oder Unterlassung sich dadurch auszeichnet, dass sie (1) kontingent, d.h. zufällig so möglich ist, aber nicht notwendigerweise so ausfallen muss, (2) vor anderen als verantwortet verständlich gemacht werden kann, (3) ein definiertes Ziel verfolgt, (4) Veränderungen zur Folge hat, also effizient ist und (5) mögliche Nebenfolgen, insoweit sie erkennbar sind, berücksichtigt und in einer Güterabwägung gegen die intendierte Hauptfolge gewichtet. Vgl. ebenda, 268.

[21] In der zeitlichen Nähe des 100sten Geburtstages von Karl Popper sei darauf hingewiesen, dass just diese Charakteristika natürlich auch bei totalitären Staaten zu beobachten waren und sind – mit den selben Konsequenzen. Vgl. Popper (1980).

[22] Vgl. Lay (1993).

Die Gefahr besteht, dass eine starke Unternehmenskultur zu einer argumentativen Selbstbeschränkung, zu unkritischem Gruppendenken oder mangelnder Flexibilität führt, sie kann jedoch durch bewusstes Problematisieren verringert werden.[23] In einer offenen Unternehmenskultur ist die Wahrscheinlichkeit gering, dass es zu unternehmensexternem Whistleblowing kommt.

2. Elemente der Unternehmenskultur

Die Frage, inwieweit *Kultur-Management* betrieben werden kann, ist nicht eindeutig beantwortbar. Einerseits ist auch eine Unternehmenskultur stets das Ergebnis menschlicher Entscheidungen und menschlichen Handelns. Andererseits kann ohne innere Überzeugung, durch Indoktrination (Drill!) oder Manipulation kaum etwas nachhaltig Positives erreicht werden. Identifikation kann nicht befohlen, sie muss aus freien Stücken übernommen werden. Das geschieht am ehesten dort, wo durch entsprechende Visionen und vorbildliches Führungshandeln, aber auch durch kohärente Anreizsysteme und durch entsprechende Personalpolitik Menschen in ihrer Arbeit Sinn finden.

2.1 Unternehmensgrundsätze und Verhaltenskodices

Unabhängig von der Frage, inwieweit aktives Unternehmenskultur-Management möglich ist, spielen Unternehmensgrundsätze, Verhaltenskodices aber auch entsprechende Compliance-Management-Prozesse eine große Rolle. Unternehmensgrundsätze und Verhaltenskodices wirken als handlungsleitende Leitplanken. Sie haben Aufklärungs- und Steuerungsfunktion für die Art und Weise, mit der die wirtschaftlichen, sozialen und ökologischen Ziele eines Unternehmens verwirklicht werden sollen. Das Ziel solcher Richtlinien ist, potenzielle Konfliktfelder zu minimieren, die als Folge von unerwünschten Auswirkungen der normalen Geschäftstätigkeit für Gesellschaft und Umwelt anfallen können. Obwohl dort, wo Flexibilität im Handeln für den Erfolg ausschlaggebend ist, niedergeschriebene Regeln die ausdifferenzierte Realität kaum je einfangen können, sind Leitplanken wichtig. Sie filtern aus dem unendlichen Raum der Gesamtmöglichkeiten

---

[23] Vgl. Osterloh (1993), 1140.

den Korridor der akzeptablen Optionen heraus und geben dadurch Verhaltenssicherheit. Verhaltenskodices sind im besten Fall das Ergebnis interner Werteklarheit und externer Dialoge. Im besten Fall entsprechen sie dem Stand der Wissenschaft,[24] dann allerdings

➤ helfen sie einem Unternehmen, die Gesamtheit seiner Verantwortlichkeiten zu erkennen und zu definieren – und sind dann als „Ethik-Thermometer"[25] nützlich,

➤ geben Orientierung für den Umgang mit ethisch mehrdeutigen Situationen und tragen dadurch dazu bei, willkürliche Ad-hoc-Entscheidungen bei komplexen Sachverhalten zu vermeiden,

➤ stellen eine Berufungsbasis für Mitarbeiter in jenen Fällen dar, wo Vorgesetzte dazu drängen, unethische Handlungen vorzunehmen und

➤ üben schon durch ihre Existenz Druck auf Ansprüche und Erwartungen der Kollegen (und Geschäftspartner) aus.

Durch die Gesamtheit dieser Wirkungen tragen sie dazu bei, Transaktionskosten mit dem gesellschaftlichen Umfeld zu vermindern.[26] Unternehmensrichtlinien sind dann besonders hilfreich, wenn sie sich auf diejenigen Aktivitäten des Unternehmens beziehen, die als besonders sensibel empfunden werden und damit potenzielle (rechtliche, gesellschaftspolitische und andere) Verwundbarkeiten eröffnen. Sie sollten pragmatisch sein, d.h. das Umfeld des Unternehmens reflektieren und nur Standards setzen, die in der Praxis auch eingehalten werden können. Ihre regelmäßige Überprüfung stellt sicher, dass sie im Einklang mit dem relevanten Wissensstand bleiben bzw. dass sie bei wesentlichen Veränderungen angepasst werden. Bei erforderlichen Veränderungen oder Ergänzungen ist wiederum ein partizipatives Vorgehen mit internen und externen Anspruchsgruppen vorteilhaft, weil eine solche Partizipation nicht nur die Qualität, sondern auch die Akzeptanz von Leitlinien erhöht.[27]

---

[24] Vgl. Schwartz (2002).

[25] Kaptein (1998).

[26] Vgl. Bowie (1992).

[27] Vgl. Conference Board Europe (1999).

Papier ist geduldig

Natürlich sind Verhaltenskodices für sich allein noch nicht in der Lage, moralisches bzw. gemeinwohlverträgliches Handeln sicherzustellen.[28] Nach ihrer Formulierung muss ein *Kommunikation*sprogramm und (nicht nur ein *Information*sprogramm) ausgearbeitet werden, um zu garantieren, dass alle, die vom Verhaltenskodex betroffen sind, ihn auch tatsächlich kennen.[29] Das bloße Verschicken eines Kodex mit der internen Post reicht dazu nicht aus. Die wesentlichen Inhalte und ihre Bedeutung für den Unternehmensalltag müssen in Bezug auf ihre Implikationen erklärt werden, Rückfragen der Betroffenen müssen möglich sein. Allerdings wird den Adressaten dadurch nicht abgenommen, sich inhaltlich selbst sorgfältig mit den Richtlinien auseinanderzusetzen, denn nur dann können die positiven Aspekte erkannt werden.[30] Last but not least sollten die vom Kodex betroffenen Manager rechenschaftspflichtig gemacht werden (z.B. durch die Berücksichtigung von Kodexinhalten bei der Zielsetzung und Mitarbeiterbeurteilung) und ein systematisches Compliance-Management erfolgen.

Der Fairness halber muss gesagt werden, dass Unternehmensrichtlinien für sich alleine nicht immer geeignet sind, Missstände zu verhindern, denn sie sind keine standardisierte Anleitung zum gesellschaftlich akzeptablen Handeln, nach deren Lektüre allfällige Grenzsituationen oder gar ethische Dilemmas auf alle Zeit gemeistert sind. Auch in Unternehmen stellt moralisches Wissen bzw. das Bekenntnis zu moralischen Werten noch nicht entsprechendes Handeln sicher: Der Faktor Mensch behält seine große Bedeutung, denn Unternehmensrichtlinien können den Mitarbeitern eines Unternehmens Entscheidungen niemals abnehmen. Absolut sichere Verhaltenskontrolle durch kodifizierte Regeln wäre nur dann erreichbar, wenn für jede mögliche Situation – bevor sie eintritt – eine anwendbare Regel zur Verfügung stünde. Alle vorstellbaren Situationen und das darin richtige politische, soziale, ökologische und wirtschaftliche Verhalten kann jedoch kein Verhaltenskodex der Welt erfassen. Eine zu hohe Regeldichte würde letztlich auch im Zusammenhang mit unternehmensspezifischen Richtlinien paralysierend wirken. Verhaltenskodices sind lediglich eine Referenzbasis für

---

[28]   Vgl. Cleek/Leonard (1998).

[29]   Vgl. Schwartz (2001). Als Gegenthese zur Wünschbarkeit von Verhaltenskodices vgl. Fisher (2001).

[30]   Vgl. Wotruba et al. (2001).

das Setzen von Prioritäten, insbesondere dort, wo Güterabwägungen unter zeitlichem und wirtschaftlichem Druck stattfinden.

Kompass für die Groborientierung

Im besten aller Fälle haben Unternehmensrichtlinien eine Kompassfunktion. Sie sind unersetzbar für die grobe Orientierung, aber für sich alleine gesehen nicht ausreichend, denn: „Wer einen Kompass benutzt, um an sein Ziel zu gelangen, hat dieses Instrument missverstanden, wenn er meint, darauf seinen Standpunkt und den Weg zu seinem Ziel einfach ablesen zu können. Weder über das eine noch über das andere gibt der Kompass eine direkte Auskunft; er zeigt immer nur in eine Richtung, nämlich nach Norden. Trotzdem führt er den Wanderer ans Ziel, vorausgesetzt, er weiß, wohin er will, und somit auch die Himmelsrichtung, in der sich von seinem Standpunkt aus gesehen sein Ziel befindet. Der Kompass schreibt somit nicht direkt den richtigen Weg vor, sondern gibt an, wie der richtige Weg zu ermitteln ist."[31] Unternehmensrichtlinien und ihre konsequente Umsetzung in der Praxis leisten einen Beitrag dazu, dass das Haus in Ordnung ist und somit Missstände vermieden werden, die Whistleblowing auslösen.

Noch ein letzter Punkt: Auch unternehmensinterne Verhaltenskodices für Whistleblower sind denkbar. Sie könnten sowohl mehr Klarheit und weniger Unsicherheit für Menschen schaffen, die sich mit dem Gedanken des Whistleblowing tragen als auch Träger wichtiger Botschaften sein.[32] Botschaften wie z.B. *Wir nehmen möglicherweise illegale oder illegitime Aspekte unserer Aktivitäten ernst und möchten sie korrigieren* oder Hinweise auf Prozesskriterien wie beispielsweise *Wir behandeln entsprechende Beschwerden vertraulich* oder *Ungerechtfertige persönliche Angriffe werden nicht toleriert* oder anderes geben das Signal *Whistleblowing wird bei uns als normale Kritik von innen behandelt*.

2.2   Möglichkeiten und Grenzen von Compliance-Monitoring

Da zu vermuten ist, dass auch im Unternehmenskontext die Neigung zu illegitimem Handeln (zumindest teilweise) vom Grad des Risikos abhängt, ertappt zu werden, sind laufende Kontrollen bzw. Compliance-Monitoring unerlässlich. Auch wenn es wenig zu befriedigen vermag, dass legitimes Handeln mehr aus Vorsicht, denn aus Ehrlichkeit motiviert ist, sind Kon-

---

31   Pieper (1985), 63f.

32   Vgl. Lewis (2002).

trollen das kleinere Übel zu denkbaren Alternativen. Allerdings haben auch die besten Compliance-Bemühungen ihre Grenzen.[33] Wo nur wegen der Konformität mit betriebsinternen Vorschriften, nicht aber aus innerem Antrieb aufgrund eigener Antriebsmotivation gehandelt wird, sind permanente Schulung, Kontrolle und Strafe erforderlich, um die Einhaltung der Standards zu sichern. Formal-administrative Steuerungs- und Kontrollsysteme setzen voraus, dass alle wesentlichen Tatbestände, bei denen die Einhaltung unternehmensintern gesetzter Standards (Compliance) erwünscht ist, erfasst und in geeignete Maßnahmen umgesetzt werden können.

Neuartige oder neu entstandene problematische Sachverhalte müssen jeweils identifiziert und beurteilt, Handlungsoptionen geprüft und die gewünschten, falls erforderlich, in neue Vorschriften umgesetzt werden. Deren Einhaltung wird dann wieder kontrolliert. Die Firma Levi Strauss & Co. – eines der Unternehmen, das in der Umsetzung unternehmensethischer Ambitionen (z.B. im Umgang mit dem komplexen Phänomen Kinderarbeit) Maßstäbe gesetzt hat – gab seinen Compliance Ansatz letztlich auf, weil der Versuch, einer vollständigen Auflistung ethisch fragwürdiger Handlungsmöglichkeiten (von den Anstellungsbedingungen, über Reise- und Repräsentationsspesen bis zu Geschenken) letztlich scheiterte und die Bürokratie der Tatbestandserfassung, Reglementierung und Kontrolle aller neu auftauchenden Fälle überhand nahm.[34] Nach Haas senden Compliance-Programme den Menschen im Unternehmen die Botschaft: „We don´t respect your intelligence or trust you".

Hinzu kommt die Gefahr, dass, wenn die Unternehmenshierarchie konfligierende Signale aussendet – z.B. weil Compliance erwartet, unternehmenskulturell das Kostensparziel jedoch als höherwertig betrachtet wird – das so genannte *Kontrollparadoxon*[35] eintritt: Kontrollmaßnahmen induzieren Versuche der Kontrollierten, durch geeignete Verhaltensstrategien den Kontrollen zu entgehen. Die Kontrollen müssen dann verstärkt werden, was wiederum neue oder zusätzliche Ausweichmaßnahmen auslöst, wodurch ein Teufelskreis entsteht.

Levi Strauss arbeitet heute nach eigenen Angaben mit sechs ethischen Prinzipien (*honesty, promise-keeping, fairness, respect for others, compassion* und *integrity*).

---

[33] Vgl. Steinmann/Olbrich (1998).

[34] Vgl. Haas (1994).

[35] Vgl. Steinmann/Olbrich (1998), 107 und auch Ghosal/Moran (1996).

Das Unternehmen geht nach eigenen Angaben ethisch relevante Sachverhalte dadurch an, dass es zunächst identifiziert, welches der Prinzipien bei der spezifischen Geschäftsentscheidung tangiert wird. Danach wird unter Verwendung des Inputs von *high influence stakeholder groups* konkretisiert, wie das Prinzip in konkreten unternehmenspolitischen Handlungsorientierungen zur Geltung gebracht werden soll. Dazu aber sind bestimmte Qualitäten bei den Führungskräften erforderlich.

So wie letztlich die politische Moralität einer Republik davon abhängt, inwieweit die Prinzipien der Verfassung „in der Überzeugungen und Praktiken ihrer Bürger Wurzeln schlagen",[36] so ist auch die praktische Reichweite der besten Verhaltenskodices letztlich davon abhängig, dass die Menschen, die damit umgehen, vorbildliche, ganzheitlich denkende Führungskräfte sind.

2.3 Ganzheitliche Qualitätsansprüche an das Führungspersonal

Vorbildliche Führungskräfte haben einen wesentlichen Einfluss auf die Qualität einer Unternehmenskultur. Wenngleich mit Führungskräfte alle Verantwortungsträger auf allen hierarchischen Ebenen gemeint sind, kommt doch der obersten Führungsetage eine besonders große Verantwortung zu.[37] Dort wiederum kommt es in erster Linie auf den Vorstandsvorsitzenden (CEO) an – er oder sie ist nicht nur *Chief Executive Officer*, sondern auch *Chief Ethical Officer*. Da auch bei Führungskräften (möglichst hohe) Intelligenz nur eine notwendige, nicht aber eine hinreichende Voraussetzung für moralisches Handeln ist, bezieht sich der Vorbildcharakter nicht nur auf die professionelle Qualität des angewandten Wissens. Vorbildliches Führungshandeln gestaltet unternehmerische Veränderungsprozesse so, dass für einen möglichst großen Kreis von Stakeholdern (Mitarbeiter, Kunden, Anteilseigner, die Gesellschaft als Ganzes) Werte geschaffen werden. Es schließt auch die Fähigkeit ein, Menschen zu motivieren, sich für die gemeinsamen Ziele einzusetzen.

---

36 Habermas (1995), 169.
37 Vgl. McDonald (2000).

So wie man heute beim Messen des unternehmerischen Erfolgs (zumindest) eine *Triple Bottom Line* zugrunde legt, hat auch Leadership (mindestens) drei Dimensionen.[38] Verlangt wird die Fähigkeit

➢ *Visionär zu sein* – das heißt, *die richtigen Dinge zu tun*, dem Unternehmen eine Zukunftsfähigkeit und nicht nur Quartalsergebnisse zu geben, der Arbeit anderer einen Sinn zu vermitteln, Energien frei zu setzen und Talente zu fördern.

➢ *Vorbild zu sein* – das heißt, *die Dinge richtig zu tun*, der Sache zu dienen, Menschen zu verstehen und zu ermutigen sowie eigene Verantwortung im täglichen Handeln zu übernehmen. Die Dinge richtig zu tun, bedeutet weiter, einen Stil der Führung und Zusammenarbeit vorzuleben, der auf Prinzipien wie Fairness, Verlässlichkeit, Integrität und Ehrlichkeit beruht, Vorbild zu sein, mit Zivilcourage unter schwierigen Bedingungen opportunistischem Druck stand zu halten und auch bei komplexen Güterabwägungen in Übereinstimmung mit den eigenen Werten zu handeln.

➢ *Werte zu schaffen* – und zwar auf nachhaltige und ganzheitliche Weise für die Mitarbeiter, die Aktionäre, die Kunden, die Lieferanten, das Gemeinwohl sowie – für von Unternehmen zu Unternehmen verschiedene – spezielle Stakeholder. Ein solches Bemühen ist nur erfolgreich, wenn bei klaren eigenen Vorstellungen über wesentliche Verpflichtungen die Fähigkeit zur kritischen Reflexion der Legitimität anderer Anforderungskataloge vorhanden ist.

Warum *mindestens* drei Dimensionen? In modernen Gesellschaften hängt nach Überzeugung einer wachsenden Anzahl von Managern unternehmerischer Erfolg mehr und mehr vom Management einer *Quadruple Bottom Line* ab. Die vierte Dimension des Erfolgs ist der *politische Bereich*, denn dort wird – nehmen wir als Beispiel die Pharma- oder die Agro-Industrie – nicht nur über die Determinanten der Forschungs- und Entwicklungsarbeiten entschieden, sondern damit letztlich auch über die Enge oder Weite von Produktzulassungen und damit über die Beschaffenheit des Marktes. Auf diese und andere (z.B. Ausmaß und Qualität des Patentschutzes) Weise entscheidet die Politik maßgeblich auch über prinzipielle Voraussetzungen einer unternehmerischen Existenz. Unternehmen, für welche solche politischen Determinanten letztlich erfolgsentscheidend sind, müssen lernen, ihre Sicht der Dinge allgemeinverständlich zu artikulieren und durch überzeugende Argumente in der politischen Arena demokratische Mehrheiten für ihre

---

[38] Vgl. Hinterhuber et al. (2001).

Anliegen zu generieren. Nur dann bleiben die für Erfolg erforderlichen strategischen Handlungsspielräume bestehen.

Aus all dem nun die Schlussfolgerung zu ziehen, man müsse einfach nur gute Menschen mit Führungsverantwortung betrauen, dann erübrige sich jede weitere Erörterung unternehmensethischer Sachverhalte, würde jedoch der Komplexität des Sachverhalts nicht gerecht. Bereits zu Beginn des vorigen Jahrhunderts hat Max Weber, Fichte zitierend, darauf hingewiesen, dass niemand das Recht habe, bei anderen Menschen Güte und Vollkommenheit vorauszusetzen, sondern immer mit den „durchschnittlichen Defekten der Menschen" zu rechnen sei.[39]

Es gibt keinen Grund zur Annahme, dass Menschen, die Führungsverantwortung in Unternehmen tragen, sich, wenn man einmal von Eigenschaften wie Ehrgeiz oder Durchsetzungswillen absieht, von anderen Menschen in der Gesellschaft prinzipiell unterscheiden. Um es mit James Waters zu sagen: „Da gibt es ein paar Gauner und ein paar Heilige, aber die meisten fallen irgendwo dazwischen."[40] Dass die Gauner zu Lasten anderer gieriger Gauner mehr Aufmerksamkeit auf sich ziehen als die Heiligen, beweist die Aufmerksamkeit, die das Fehlverhalten von Unternehmensführern in den Medien auslöst. Auch der Erfolg von Büchern wie *Nieten in Nadelstreifen*,[41] Berichte über *Die Abzocker*[42] oder gar Verdachtsgeschichten über ein krank machendes kriminelles Potenzial[43] sind eher als Hinweise auf den größeren Unterhaltungswert schwarzer Schafe zu bewerten, denn als Beweis, dass Angehörige des Top-Managements in menschlicher Hinsicht eine negative Selektion seelisch verkrüppelter Charaktere sind.

Kann man Charaktergüte testen?

Ohne idealistischen Menschenbildern das Wort zu reden und Wünschbarkeits-Hitparaden zu erstellen, und im Bewusstsein, dass es gegen psychologische Anstellungstests eine Reihe gewichtiger – auch ethischer – Einwände gibt, soll dennoch kurz auf *Charaktertests* eingegangen werden: Tests, durch die bereits im Vorfeld bei der Personalauswahl potenzielle Mitarbeiter mit

---

[39]   Vgl. Weber (1988), 552.

[40]   Waters (1978), 4.

[41]   Vgl. Ogger (1992).

[42]   Vgl. Bräuninger/Hasenbeck (1994).

[43]   Vgl. Hesse/Schrader (1994).

Tendenzen zu unethischem Handeln erkannt werden können, könnten eigentlich sowohl im unternehmerischen als auch im allgemeinen Interesse liegen, weil durch unkooperatives oder gar destruktives Verhalten und erst recht durch kriminelles Handeln großer Schaden entsteht. Bei aller Vorläufigkeit der Ergebnisse: Es scheint schon heute möglich zu sein, mit den Methoden der psychologischen Eignungsdiagnostik unethisches (kriminelles und unkooperatives) Verhalten von Menschen in Organisationen vorherzusagen.[44] Empirisch belegt ist die Korrelation von nichtintegrem Verhalten mit Unzuverlässigkeit, Problemen im Umgang mit Autoritäten, Sensationslust, geringer Arbeitsmotivation, geringem Selbstbewusstsein und einer Reihe anderer sozialer Variablen (z.b. hohe Aggressivität, hohe Impulsivität).[45] Dagegen lassen – nach Maßgabe dieser Forschungsresultate[46] – Charaktereigenschaften und Einstellungsparameter wie Disziplin, Gewissenhaftigkeit, Ordnungsliebe, und Zuverlässigkeit sowie Kooperationsbereitschaft und Fairness eher integeres Verhalten erwarten.

Ebenfalls bekannt ist, dass wesentliche Merkmale krimineller Handlungen in der unmittelbaren oder zumindest vergleichsweise kurzfristigen Befriedigung von Bedürfnissen bestehen und in der Möglichkeit, dies relativ einfach tun zu können. Menschen, die zu kriminellen Handlungen neigen, tendieren nach Murphys Untersuchungen zu Unzulänglichkeiten bei Sorgfalt, Beharrlichkeit und Ausdauer und meiden in der Regel langfristige persönliche Beziehungen und Beschäftigungsverhältnisse.

Bei aller Vorläufigkeit und jener Prise Salz, die bei Stichproben-Untersuchungen in der empirischen Sozialforschung angezeigt ist: Es scheint auch (plausible) Korrelationen zwischen individuellen Wertehierarchien und bestimmten Handlungsstrukturen zu geben. Menschen, in deren Wertehierarchie *Gerechtigkeit* hoch angesiedelt ist, scheinen in unternehmerischen Dilemma-Situationen eher zu Ungunsten des wirtschaftlichen Erfolgs zu entscheiden – anders als Menschen, denen ein *bequemes und erfolgreiches Leben* besonders wichtig ist.[47]

---

[44] Vgl. Moser/Hertel (1998).

[45] Vgl. Murphy (1993), zitiert in: Moser/Hertel (1998), 175.

[46] Dass diese Sicht der Dinge natürlich nicht die einzige ist und z.B. eine Charakter-Matrix mit den Grundzügen Disziplin, Ordnungsliebe etc. auch ganz anders gesehen werden kann, ist offensichtlich. Vgl. u.a. Fromm (1980).

[47] Vgl. Brief et al. (1991).

Ein Grobraster für die Auswahl potenzieller Mitarbeiter mit psychologischen Tests wäre also zumindest ansatzweise *machbar*. Doch wären solche Tests auch *wünschbar*? Aus einer Reihe prinzipieller Bedenken muss diese Frage vor allem aus drei Begründungspaketen verneint werden:

➤ Erstens werden prinzipielle Persönlichkeitsrechte tangiert und im Zweifel verletzt.[48]

➤ Zweitens können Willkürlichkeiten bei der Auswertung und Konflikte mit dem Datenschutz (Indiskretionen) niemals ausgeschlossen werden.

➤ Drittens wird sich die Gauß-Verteilung der menschlichen Eigenschaften in Unternehmen vermutlich auch durch verfeinerte Personalselektion nicht grundsätzlich von der Normalverteilung der in einer Bevölkerung vorhandenen Charaktereigenschaften und Moralvorstellungen entfernen.

Ohne Zweifel ist jedoch eine Personalselektion sinnvoll, die auf fachliche *und* menschliche Qualitäten und eine Beförderungspolitik mit Präferenz für ganzheitlich denkende Führungspersönlichkeiten Wert legt. Besonders Mitglieder des oberen Managements haben als unternehmensinterne Leitfiguren großen Einfluss auf das ethische Klima in einem Unternehmen, weil die Mitarbeiter in ihren Vorgesetzten eine wesentliche Referenz-Gruppe für die ethischen Standards ihres eigenen Handelns sehen. Sie dienen als Rollenvorbild, das nachgeahmt wird. Daher sollte als Minimum unternehmenskulturell jenen Techniken entgegengearbeitet werden, „[...] mit denen Macht aufgebaut und eingesetzt wird, um den eigenen Handlungsspielraum zu erweitern und sich fremder Kontrolle zu entziehen".[49] Bekannt sind Techniken wie beispielsweise

➤ Informationskontrolle (z.B. Informationen zurückhalten, Gerüchte verbreiten etc.),

➤ Kontrolle von Verfahren, Regeln und Normen (z.B. widersprüchliche Kriterien etablieren, abwürgen, Tricks mit der Geschäftsordnung),

➤ Beziehungspflege (z.B. mauscheln, ausbooten, korrumpieren etc.),

➤ Selbstdarstellung (z.B. bluffen),

➤ Situationskontrolle (Dienst nach Vorschrift, sich dumm stellen, vollendete Tatsachen schaffen) oder

---

[48] Vgl. auch Nye (2002).

[49] Neuberger (1994), 261f.

➤ Handlungsdruck erzeugen (z.B. emotionalisieren, einschüchtern, verleumden, unrealistische Termine setzen).

Solche Handlungsweisen mögen den einzelnen Herren und Damen zwar vorübergehend taktische Vorteile bringen, sie schaden aber der Organisation. Wo unternehmenskulturell erwünschtes Handeln systematisch positiv verstärkt bzw. belohnt und unerwünschtes Handeln in gleicher Weise bestraft wird, finden Lernvorgänge statt, die das Unternehmen als Ganzes positiv verändern.

2.4 Partizipative Führungsstile als unternehmenskulturelles Element

Aufgeklärte Menschen wollen Meinungsverschiedenheiten oder andere Konflikte nicht durch Machtmittel gelöst haben, sie sehen sich eher als Wirtschaftsbürger im Unternehmen und suchen nach Möglichkeiten, ihre Sicht der Dinge in Entscheidungen einzubringen. Es gibt seit vielen Jahren deutliche Hinweise darauf, dass *republikanische* Veränderungen der Unternehmenskultur nicht nur dem Zeitgeist entsprechen, sondern auch eine Reihe von Vorteilen für Unternehmen haben: Wo die Entscheidungsfindung über relevante Sachverhalte innerhalb des Unternehmens breit abgestützt wird, entstehen größere Akzeptanz, höhere Identifikation mit der Arbeit und deren Ergebnissen und somit letztlich auch mehr Motivation und Leistungsqualität bei den Mitarbeitern des Unternehmens.[50] Wo mit der Überlegenheit guter Argumente und einer positiven menschlichen Einstellung beabsichtigt wird, die betreffenden Mitarbeiter für die Erledigung der übertragenen Aufgabe zu motivieren, werden Energien freigesetzt.

Mehr *Empowerment* im Sinne der Bevollmächtigung, unter Wahrung des Korridors der Unternehmenswerte und -normen, die gesetzten Ziele so zu erreichen, wie das der betreffende Mitarbeiter für richtig hält, bedeutet nicht Abwesenheit von Kontrolle. In offenen Unternehmenskulturen wirken lediglich andere Kontrollmechanismen: Kontrollen, z.B. in Bezug auf das Nachleben institutioneller Grundwerte und Zielvorstellungen, finden interaktiv und kommunikativ statt. Konstruktive *Checks and Balances* beseitigen Unsicherheiten, geben Unterstützung und schaffen die Voraussetzun-

---

[50] Vgl. Etzioni (1996), 399ff.

gen, dass die gewährten Freiräume zum Vorteil von Unternehmen und Mitarbeitern genutzt werden.[51]

Stark hierarchisch gegliederte Kommando-Unternehmen mögen auf *kurze Frist* wegen der höheren Effizienz vielleicht bessere betriebswirtschaftliche Resultate zeigen. Die Gefahr, dass Mitarbeiter sich von den übergeordneten Unternehmenszielen und strategischen Visionen entfremden und nur noch ihren streng kontrollierten und in kleine Handlungsabläufe strukturierten Job machen, ist jedoch groß. Tritt Entfremdung ein, gehen Innovations- und Motivationspotenziale verloren, die sich ihrerseits längerfristig negativ auf die Effizienz auswirken.

Die Annahme, dass Menschen schon deshalb mit größerer Weisheit und höherer Moral ausgestattet sind, weil sie in einer Institution z.B. in Unternehmen, Kirchen, Gewerkschaften oder Parteien hierarchisch höher angesiedelt sind, wäre fahrlässig. Vielmehr werden mit autoritären Führungsstilen vermeidbare Risiken eingegangen. Partizipative und kooperative Führungsstile erlauben Rückfragen und Reflexion des Angeordneten und dadurch, falls notwendig, auch inhaltliche oder prozessuale Korrekturen. Wo Befehle erteilt werden, denen Folge zu leisten ist oder gar Nötigung ausgeübt wird, kann eine inhaltliche Beurteilung durch den Befehlsempfänger nicht mehr stattfinden – somit auch keine moralische Verantwortung übernommen werden.

Absolut definierte Dienstwege und damit verbundene Anordnungsbefugnisse sowie großer Druck, sich an diese unter allen Umständen zu halten, erschweren einem Mitarbeiter bei jeder Art von Konflikt qualifizierten Widerspruch. Besonders problematische Folgen hat dies, wenn der direkte Vorgesetzte derjenige ist, der das vom Mitarbeiter als unethisch empfundene Handeln anordnet. Die Wahrscheinlichkeit des Widerspruchs sinkt weiter, wenn außerdem ein starkes Informationsgefälle und wirksame Informationsfilter zwischen den hierarchischen Ebenen bestehen und der Vorgesetzte über Herrschaftswissen verfügt, das er auch bei Rückfragen nicht preisgibt. Durch strikte Kommandolinien wird eine flexible Anpassung an eine differenzierte und komplexe Umwelt erschwert und das Risiko für Whistleblowing-relevante Missstände erhöht. Durch explizite Richtlinien für Führung und Zusammenarbeit werden auch Ventile für potenzielle Whistleblower geöffnet.

---

[51] Vgl. Simons (1995).

2.5 Richtlinien für Führung und Zusammenarbeit

Ein Unternehmen kann – wie oben erwähnt – mit Richtlinien für Führung und Zusammenarbeit ernsthaft motivierten und kritisch-loyalen Mitarbeitern ermöglichen, mit ihren Anliegen Stufe für Stufe bis zum Präsidenten des Verwaltungsrates vorzudringen. In offenen Unternehmenskulturen sind solche Richtlinien selbstverständlich. Es wird zwar immer wieder Menschen geben, welche die Existenz dieser Richtlinien als Vorwand benutzen, sich beim Verwaltungsratspräsidenten wegen einer Bagatelle wichtig zu tun – das aber spricht nicht gegen Richtlinien dieser Art, sondern gegen diejenigen, die sie missbrauchen.

Ein letztes Instrument für die Pflege einer positiven Unternehmenskultur ist eine ganzheitlichen Kriterien Rechnung tragende Leistungsbeurteilung.

2.6 Kriterienkatalog zur Leistungsbeurteilung

Unternehmenskulturell erwünschte Normen werden um so eher wirksam, je konsequenter ihre Befolgung überprüft und ihre Einhaltung belohnt bzw. Verstöße bestraft werden. Solange Mitarbeiter ausschließlich an kurzfristigen finanziellen Resultaten gemessen werden, könnten sich diese gezwungen sehen, in ethisch ambivalenten Situationen zugunsten ihres eigenen finanziellen oder (empfundenen) Karrierevorteils und gegen die Stimme ihres Gewissens zu entscheiden. Aus diesem Grund müssen der Kriterienkatalog zur Leistungsbeurteilung und das Anreizsystem um qualitative Elemente erweitert werden.

Leistungen im Bereich der Kommunikation, der Stakeholder-Beziehungen, der Produktsicherheit, des Umweltschutzes, der Gerechtigkeit bei der Menschenführung und andere nicht in Geldeinheiten messbare Ergebnisse, sind in entsprechenden Unternehmenskulturen fester Bestandteil von Mitarbeiterbeurteilungen. Insbesondere Kommunikation und Stakeholder-Beziehungen sind nicht ausschließlich – ja vielleicht nicht einmal überwiegend – die Aufgabe von Stabsabteilungen, sondern Querschnittsaufgabe aller Führungskräfte auf jeder Ebene der unternehmerischen Verantwortung.

Unternehmenskulturell erwünschte Verhaltensmuster sollten zu Beförderungen führen, auch wenn die kurzfristigen ökonomischen Auswirkungen (z.B. wegen erforderlichen Zusatzinvestitionen oder verändertem Marketingverhalten) negativ sind. Und umgekehrt: Die Bedeutung unternehmenskulturell erwünschter Normen muss innerhalb einer Organisation auch dadurch sichtbar werden, dass MitarbeiterInnen bei deren Verletzung auch einmal herabgestuft oder bei schweren Verfehlungen entlassen werden können, auch wenn aus dem Fehlverhalten kurzfristig wirtschaftlicher Nutzen für das Unternehmen resultierte.

3. Die Funktionen der Unternehmenskultur

Einer positiv besetzten Unternehmenskultur werden verschiedene Funktionen zugeschrieben. Hauptsächlich sind dies Koordination, Integration und Motivation.[52]

3.1 Koordination

Die Notwendigkeit der Koordination verschiedener unternehmensinterner Subsysteme mit dem Unternehmensganzen entsteht überall dort, wo durch Arbeitsteilung und betriebsinterne Spezialisierung (abteilungsspezifisch unterschiedlicher Ziele und Interessen) ein kohärenter Einsatz für das Erreichen übergeordneter Ziele nicht mehr automatisch gewährleistet ist. Arbeitsteilung, Spezialisierung und dezentralisierte Entscheidungsabläufe bringen Organisationen mit hohem Komplexitätsgrad ohne Zweifel Effizienzvorteile. Doch dabei entsteht die Gefahr, dass Teilbereiche Gruppenmentalitäten und Eigeninteressen entwickeln, die nicht im Gesamtinteresse des Unternehmens liegen.

Eine gut verankerte und von ihren Trägern verinnerlichte Unternehmenskultur verhindert ein solches Auseinanderdriften durch die übergeordnete Gemeinsamkeit der Werte und Normen. Dies sichert dem Unternehmen einen *tragfähigen Basiskonsens* und ein *ungeteiltes Grundverständnis* über fundamentale Organisationsfragen. Es stellt sich auch *kommunikatives Verständigungspotential* ein, auf dessen Boden auch in schwierigen Zeiten und in Konfliktsituationen befriedigende Formen der Zusammenarbeit sowie Lösungsmöglichkeiten zur Handhabung anstehender Gegenwartsprobleme gefunden werden können.[53]

---

[52] Vgl. Dill/Hügler (1997), 146ff.

[53] Vgl. ebenda, 151.

3.2 Integration

Durch die Arbeitsteilung im Unternehmen können Subkulturen entstehen, die für die jeweiligen Abteilungen sehr funktional sind. So ist es völlig normal, dass eine Abteilung, die finanzielle Kontrollfunktionen ausübt, in vielerlei Hinsicht andere Ziele und Effizienzkriterien hat, als beispielsweise eine Forschungsabteilung. Diese wird sich wiederum im Sinne einer Subkultur von einer Marketingabteilung desselben Unternehmens unterscheiden und diese sich von der Kommunikationsabteilung. Solchen Abteilungen wird in der Regel zur Steigerung der Effizienz und Effektivität eine gewisse Autonomie bei der Realisierung ihrer Ziele belassen. Dass bei der Wahl der Mittel und Strategien von den jeweiligen Mitarbeitern auch eigene Werte und Normen eingebracht werden, ist sogar in einem gewissen Maße erwünscht; ein Forscher zum Beispiel hat eben andere Eigenschaften und Bedürfnisse als ein Verkäufer, Controller oder Pressesprecher. Ein Unternehmen, das die möglichen Kreativitätspotenziale unterschiedlicher Charaktere ausschöpfen will, wird durch eine gezielte Personalselektion sogar nach solchen Eigenschaften suchen.

Bei aller Autonomie sollte es jedoch nicht passieren, dass Abteilungsinteressen zum Selbstzweck werden und eventuell die generellen Oberziele und Wertprämissen des Unternehmens kompromittieren. Eine starke Unternehmenskultur bewirkt durch die gemeinsame Werte- und Normenbasis ein *Wir-Gefühl*, das einem selbstzweckorientierten Auseinanderdriften entgegensteht. Dadurch wird ein Unternehmen (und jede andere Organisation) resistenter gegen interne und externe Störungen aufgrund partikulärer Interessen.

3.3 Motivation

Die Motivationspsychologie unterscheidet zwischen den Begriffen *Motiv* und *Motivation*. Motiv bezeichnet die Überlegungen oder die Umstände, durch die eine Person über einen längeren Zeitraum sich bewogen fühlt, etwas zu tun. Von Motivation spricht man dann, wenn Menschen durch die Umstände einer spezifischen Situation so angeregt werden (Spaß an der Arbeit), dass das Handlungen auslöst.[54] Nur wo Menschen Zugehörigkeitsgefühle und nicht-monetäre Motivationselemente empfinden, werden über

---

[54] Vgl. ebenda, 154.

den Tag hinaus Kreativität, Enthusiasmus und damit Höchstleistungen möglich. Wo Höchstleistungen möglich sind, eröffnen sich hoffnungsvolle Zukunftsperspektiven, wo verantwortungsvoll mit Freiheit nach innen und außen umgegangen wird, werden Antworten auf die Sinnfrage gefunden. Die Qualität der Werte und Normen einer Unternehmenskultur vermitteln Mitarbeitern eines Unternehmens einen Sinn, der über die Motive der Existenzsicherung und Entfaltungsbedürfnisse hinaus höhere Bedürfnisse befriedigt, was sich wiederum positiv auf die Arbeitsmotivation auswirkt.

Vieles deutet darauf hin, dass in offenen Märkten bei gleich bleibender Produkt- und Dienstleistungsqualität für nachhaltigen Erfolg kürzere Innovationszyklen und schnellere Produktionszeiten entscheidend sind, doch dies erreichen Unternehmen nur mit motivierten Mitarbeitern.

3.4   Identifikation

Unter Identifikation mit dem Unternehmen wird hier eine Art der Bindung verstanden, durch die Unternehmensangelegenheiten zur persönlichen Angelegenheit werden. Ohne laufende externe Anreize und weitgehend ohne Kontrollnotwendigkeit erbringen Menschen wegen ihrer emotionalen Bindung und Identifikation mit den Zielen ihres Unternehmens ihre Leistung.[55] Unternehmenskultur bewirkt über die Identifikation eine positive zielorientierte Verhaltensbeeinflussung: Klinisch kühle Angestelltenverhältnisse inspirieren weder zu außerordentlichen Anstrengungen noch zu nachhaltigem Engagement, das für überdurchschnittliche Leistungen erforderlich ist. Menschen, die sich mit ihrer Arbeit für das Unternehmen identifizieren, empfinden, dass ihr Tun einen Sinn hat, der weit über die direkte Arbeitsleistung hinausgeht. Sie blicken mit Stolz auf ihre Firma und sehen in ihrer Arbeit mehr als lediglich eine Erwerbstätigkeit, weil sie zu etwas Wertvollem einen ganz persönlichen Beitrag leisten können.

Eine positiv besetzte Unternehmenskultur kann als Folge hoher Koordination, Integration und Motivation (u.a. durch Identifikation) zu messbaren Verbesserungen bei der Effizienz und Effektivität unternehmerischen Handelns führen, weil[56]

➢   sich Mitarbeiter in größerem Ausmaß den Unternehmenszielen verpflichtet fühlen,

---

[55]   Vgl. Bartlett/Goshal (1995), 6 und auch Simon (1981).

[56]   Vgl. Albert/Silverman (1984) und Dill/Hügler (1997), 157f.

> mehr Anstrengungen und Mühe in ihre Arbeit investieren, weil sie stolz darauf sind, und es daher zu einer schnelleren und besseren Implementation von Plänen, Projekten und Programmen kommt,

> es seltener zu Personalfluktuation und

> auf allen Ebenen der Unternehmenshierarchie zu effektiveren Problemlösungen kommt, weil Menschen kooperativer, innovativer und fleißiger arbeiten; schließlich aber auch, weil

> Kunden zufriedener sind oder das gesellschaftliche Umfeld mit Stolz und Zufriedenheit auf das Unternehmen blickt.

All dies schafft die Voraussetzungen für nachhaltigen und überdurchschnittlichen unternehmerischen Erfolg, zumindest wird die Wahrscheinlichkeit von Krisensituationen und Whistleblowing vermindert. Dies wiederum setzt Managementkapazitäten für die Gestaltung der Zukunft frei. Der Aspekt der Krisenvermeidung ist im unternehmensethischen Zusammenhang von besonderer Bedeutung.

4. Unternehmenskultur und Dissensmanagement bei technischen Risiken

Eine starke und im Handeln der Menschen verankerte Unternehmenskultur bestimmt auch den Umgang mit aktuellen bzw. potenziellen technischen, politischen oder anderen Risiken. Zum einen wird eine offene Unternehmenskultur durch ihren permanenten Dialog mit unterschiedlichen Anspruchsgruppen für Sachverhalte sensibilisiert, die mit der Zeit Risikocharakter oder gar Krisencharakter annehmen können. Die Auseinandersetzung mit den verschiedenen Werten, Interessen und Sachpositionen des gesellschaftlichen Umfelds hilft, strategische Optionen zu sortieren, neue Strategien abzusichern, aber auch Risiken zu vermeiden.

Was ist ein akzeptables Risiko?

Die Beantwortung der Frage *Was ist ein akzeptables (finanzielles, unternehmerisches, technisches) Risiko?* ist – neben eindeutigen sachlichen Kriterien – in hohem Maße von individuellen Werturteilen und gesellschaftlichen Interessenkonstellationen abhängig. Was der eine für ein *Phantomrisiko* hält, ist für andere eindeutig wahrgenommene Realität.

Besonders eindrücklich kann dies im Kontext technischer Risiken und ihrer gesellschaftlichen Wahrnehmung gezeigt werden. Jede Art von Handlung – auch Nichthandeln – birgt implizite und explizite Risiken. Auch Technologien sind nicht per se gut oder schlecht, sicher oder unsicher; einige mögen indessen von Natur aus risikoreicher sein als andere, wie beispielsweise Lebendimpfstoffe versus neue Pflanzensorten. Was eine Technologie sicher oder unsicher macht, ist die Art und Weise, in der sie angewandt wird, und das Ergebnis dieser Anwendung. Die Quantifizierung jedes erkennbaren Risikos lässt sich grob als eine Funktion vier zusammenhängender Variablen beschreiben:[57]

> ➤ das Ausmaß des potentiellen Schadens, *relativiert durch*

> ➤ die Wahrscheinlichkeit, dass dieser Schaden eintritt, *unter Berücksichtigung*

> ➤ der Fähigkeit, eine effektive Gegenmaßnahme anzuwenden, *relativiert durch*

> ➤ die Wahrscheinlichkeit, dass dieser Reaktionsmechanismus effektiv genutzt wird.

Dieser Komplexität muss sich ein Unternehmen, dessen Erfolg auf der Anwendung von Technik beruht, bewusst sein und sich im höchstmöglichen Maße bemühen, die legitimen Rechte Dritter nicht zu verletzen und es zu keiner Privatisierung des Nutzens bei Sozialisierung der Risiken kommen zu lassen. Es liegt auch im Interesse eines solchen Unternehmens, nach gesellschaftlicher Akzeptanz der Anwendung einer spezifischen Technik zu suchen und sowohl Nutzen als auch Risiken allgemeinverständlich zu kommunizieren. Ist ein Unternehmen dazu nicht in der Lage, so kann eine Situation eintreten, in der diejenigen, die nicht am Nutzen partizipieren wollen oder können, sich ohne ihre Einwilligung technologischen Risiken ausgesetzt sehen und dies als eine inakzeptable Zumutung betrachten. In einer daraus resultierenden öffentlichen Auseinandersetzung können statistisch gesehen sehr niedrige Eintretenswahrscheinlichkeiten und die Verfügbarkeit effektiver Schutzmaßnahmen u.U. eine geringe politische Bedeutung haben. Mangel an gesellschaftlicher Akzeptanz und politischer Zustimmung – unabhängig von der empirisch belegbaren Tatsache geringer Risiken und effektiver Kontrollmöglichkeiten – kann für Unternehmen einer Branche, die auf kontrovers wahrgenommene Technologien angewiesen ist, katastrophale Auswirkungen haben. Unternehmen, die für die Si-

---

[57] Vgl. Daniell (2000), 11.

cherung ihrer Zukunft ein großes Gewicht auf die Grüne Gentechnologie gelegt haben, sind ein gutes Beispiel in dieser Hinsicht.

Da es keine risikolosen Aktivitäten gibt und es letztlich darum gehen muss, den Nutzen eines Handelns und die Risiken des Nichthandelns dem potenziellen Risiko gegenüber zu stellen, wird hier die Bewertung in vielen Fällen ambivalent bleiben. Die Bewertung des Nutzen-Risiko-Verhältnisses wird insbesondere dann strittig bleiben, wenn diejenigen Bevölkerungsgruppen, die am Nutzen partizipieren und diejenigen, die sich subjektiv einer Gefahr ausgesetzt sehen, nicht identisch sind. Dort gehört zu Konsenslösungen nicht nur *Kommunikation*, sondern u.U. auch *Kompensation*.

Probleme mit der Kommunikation über technische Risiken ist nichts Neues. Eric Hobsbawm beobachtete diesen Sachverhalt im Laufe der letzten Jahrzehnte immer wieder:

> „Die Kluft zwischen Experten, die zumindest über einige Urteilskriterien verfügten, und Laien, die nichts als Hoffnungen und Ängste hatten, vertiefte sich mit dem wachsenden Unterschied zwischen einerseits leidenschaftsloser Beurteilung – die durchaus geringe Risiken gegenüber großen Nutzen einzukalkulieren bereit war – und andererseits individuellen Ängsten, die verständlicherweise (zumindest theoretisch) null Risiko forderten."[58]

Hobsbawm weist in diesem Zusammenhang auf die enorme Diskrepanz zwischen Theorie und Praxis hin: Menschen, die in ihrer Lebenspraxis bereit sind, ziemlich große und empirisch eindeutig messbare Risiken einzugehen (beispielsweise die U-Bahn in New York zu benutzen), können theoretisch die Einnahme von Aspirin ablehnen, weil es in einigen wenigen Fällen zu unerwünschten Nebenwirkungen geführt hat.[59]

Auch offene Unternehmenskulturen können bei solchem Zeitgeist keine Wunder bewirken. Aufgrund ihrer Offenheit sind sie allerdings früher sensibilisiert und durch ihre dialogische Kompetenz in der Lage, empathisch auf Anspruchsgruppen einzugehen. sensibel zu reagieren und ausreichend Zeit für komplexe Entscheidungsfindungsprozesse zu geben. Keinesfalls werden sie Risiken verdrängen, vernachlässigen oder versuchen, diese durch ökonomische Nötigung und mit Zeitdruck zu neutralisieren. Ein sol-

---

[58]   Hobsbawn (1998), 656.

[59]   Ebenda, 748.

ches Vorgehen ermöglicht unternehmenskulturell geprägtes Risikomanagement auf den verschiedensten Ebenen:

➤ auf der *strategischen Ebene* durch proaktive Vermeidungsstrategien und
   gegebenenfalls Desinvestitionen;

➤ auf der *technischen Ebene* durch sicherheitsfördernde Zusatzinvestitionen
   und bewusste Förderung von risikovermindernder Innovation;

➤ auf der *Kommunikationsebene,* durch eine glaubwürdige Auseinandersetzung mit den Ängsten der Menschen und durch den Aufbau kommu-
   nikativer Verständigungspotenziale. Hierzu gehört auch die Offenheit
   bei unüberwindlichen Schwierigkeiten. In solchen Fällen ist eine ehrliche und offene Erörterung der bestehenden Dilemma-Situationen und
   der Notwendigkeit der Suche nach „kleineren Übeln" erforderlich. Ziel
   solcher Risikokommunikation ist die Erhöhung der Akzeptanz von Risiken dort, wo sie wegen des erzielten Nutzens legitimerweise eingegangen werden können.

Unternehmenskulturell eingebettetes Risikomanagement wird dadurch erleichtert, dass die im Unternehmen gelebten Werte und Normen praktische
Folgen haben, wenn dies aus der Sicht der Unternehmenskultur als notwendig erachtet wird. Dies unabhängig von dem, was legal gerade noch
möglich wäre oder mangels letzter Erkenntnisse nicht jenseits aller Zweifel
belegt werden kann, denn das legitime Handeln erfolgt aufgrund selbstverpflichtend auferlegter Normen.

Eine solche Unternehmenskultur vermeidet Risiken im Vorfeld, das Management von Restrisiken wird als eigener Handlungsbedarf erkannt und somit die Wahrscheinlichkeit vermindert, dass aus potenziellen Risiken real
eintreffende werden. Wenn erkennbar wird, dass das Nutzen-Risiko-
Verhältnis von wesentlichen Teilen des Fachpublikums als nicht mehr akzeptabel erachtet wird, wird aus Eigeninitiative gehandelt. Der Verweis auf
Behörden, die dies noch nicht gefordert haben oder Gesetze, die dies nicht
vorschreiben, wird nicht als Handlungsoption betrachtet. Offene Unternehmenskulturen haben den Vorteil, dass sie näher am Puls eines sich möglicherweise verändernden Risikoempfindens sind.

5.   Unternehmenskultur und Whistleblowing

In offenen und daher durch die Bedürfnisse des gesellschaftlichen Umfelds
mitgeprägten Unternehmenskulturen   sollte   es   nicht   zu   externem

Whistleblowing kommen, da interne Anspruchsgruppen, und zu denen werden hier Whistleblower gezählt, ihre Anliegen und Forderungen in offenen und eingespielten Kanälen vorbringen können. Wo es aber trotz aller Bemühungen dazu kommt, wird internes und hierarchieüberspringendes Whistleblowing nicht als Verletzung des Dienstweges stigmatisiert und gar geahndet, sondern als eine in spezifischen Fällen legitime andere Art der Kommunikation nach oben empfunden.

Die Aussage, die Goethe im *Prolog im Himmel* den „Herrn" formulieren lässt: „Es irrt der Mensch, solang er strebt", gilt natürlich auch für Unternehmen. Wenn man realistischerweise davon ausgeht, dass überall, wo Menschen handeln, Fehler gemacht werden, kommt es in erster Linie auf Früherkennung an und darauf, dass ein Problem auf der niedrigst möglichen Ebene gelöst wird. Früherkennung wiederum hängt maßgeblich davon ab, ob ein Umfeld besteht, welches auf konstruktive Kritik positiv reagiert – letztlich auch dann, wenn sie die eingefahrenen Kommunikationswege (den Dienstweg) verlässt. Die Bestrafung des Überbringers schlechter Nachrichten gehört als inadäquate Handlungsvariante ins Repertoire antiker Despoten.

Da in der Wahrnehmung verschiedener Menschen ein und derselbe Sachverhalt einmal als Problem und einmal eben nicht als solches erscheinen kann, ist die Art des Umgangs mit Wahrnehmungs- und anderen Konflikten auch ein wesentlicher Bestandteil der Unternehmenskultur. Wo Konflikte nicht unterdrückt, sondern angenommen werden, wo das den Konflikt auslösende Problem sachbezogen und ohne persönliche Seitenhiebe herausgeschält wird und man sich dafür die erforderliche Zeit nimmt, werden Problemlösungen jenseits der Gewinn- versus Verlierer-Positionierung möglich. Bestandteil einer solchen Positionierung ist, dass es auch für Vorgesetzte normal ist, einmal Unrecht zu haben und sich der Kraft des besseren Arguments beugen zu können.

Die Fähigkeit einer Institution zur Früherkennung von Problemen sollte zwar durch die oben erörterten Maßnahmen geschult sein, wo dies jedoch nicht stattfindet, aus welchen Gründen auch immer, und sei es nur, weil ein Teil der Organisation die Unternehmenskultur ablehnt, ist Whistleblowing ein zusätzliches Sicherheitsnetz für institutionell nicht wahrgenommene Früherkennung. *exit*-Interviews geben zwar auch Hinweise auf Problemzonen im Unternehmen – wenn es jedoch motivierte Mitarbeiter sind, die sich mit Missständen nicht mehr abfinden wollen, verliert das Unternehmen wertvolle Ressourcen.

Bei schlichtweg illegalen Handlungsweisen – und das ist nach aller zugänglichen empirischen Evidenz die Ausnahme unternehmerischen Handelns – aber auch bei Handlungsweisen, die von Personen innerhalb der Organisation als illegitim beurteilt werden, muss es möglich sein, zur Korrektur des Problems auf die Missstände zwar intern, aber jenseits des Dienstweges hinzuweisen. Für wissenschaftlichen Dissens gilt prinzipiell das gleiche. Whistleblowing sollte sich dabei an Adressaten wenden, die aufgrund ihrer Kompetenz in der Lage sind, in sachlicher Hinsicht richtig von falsch zu unterscheiden.

Korrekturen relevanter Missstände sind durch unternehmensinternes Handeln nicht nur schneller durchführbar, sondern auch für Whistleblower und Unternehmen mit weniger Kosten und Ansehensschaden verbunden. Umstände, in denen ein besorgter Mitarbeiter keinen anderen Ausweg mehr sieht, als öffentlich auf einen Missstand aufmerksam zu machen, sollte ein Unternehmen daher im eigenen Interesse vermeiden.

5.1 Organisatorische Vorkehrungen gegen externes Whistleblowing

Wie gesagt: Der richtige Umgang mit Whistleblowing liegt nicht in der Stigmatisierung oder im Ignorieren derjenigen, die sich dazu gezwungen sehen, sondern im Schaffen einer Unternehmenskultur, die konstruktive *unternehmensinterne* Auswege aus Dissenssituationen ermöglicht. Da es aber auch in offenen Unternehmenskulturen Menschen gibt, die entweder zu scheu sind, zu wenig Mut haben oder nicht ausreichend konfliktfähig sind, um Widerspruch direkt zu äußern, ist die Verfügbarkeit diskret nutzbarer Beschwerdewege empfehlenswert. Wo Unternehmen offiziell anerkannte und allen Mitarbeitern offen stehende Beschwerdewege einrichten, werden diese meist auch genutzt.[60] Auf diese Weise steigt die Möglichkeit, dass Missstände ohne den Einbezug externer Parteien korrigiert werden.

Mit solchen Vorkehrungen für internen Dissens und dessen Management kann ein Unternehmen auch deutlich machen, in welchen Fällen man auf vorgebrachte Beschwerden *nicht* eingehen sollte. Ralph Nader und seine Mitarbeiter fassten schon vor dreißig Jahren darunter solche Fälle, in denen[61]

---

[60] Vgl. Granville King III (1999).

[61] Vgl. Nader et al. (1972), 203ff.

➢ die vorgebrachten Fakten unvollständig oder gar gefälscht sind,

➢ persönliche Streitigkeiten, Eifersüchteleien oder Neid der Hintergrund der Initiative sind und Rachefeldzüge das eigentliche Motiv;

➢ finanzielle oder sonstige Belohnungen für belastende Informationen verlangt werden – wo also Erpressung vorliegt sowie

➢ Whistleblowing als Vorwand zur Abwendung einer ansonsten gerecht-fertigten Entlassung benutzt wird.

Ombuds-Institutionen und Help Desks sind erfahrungsgemäß für kon-struktives Dissensmanagement besonders gut geeignet.

5.1.1 Ombuds-Institutionen[62]

Eine institutionalisierte Art des Abweichens von Dienstwegen – auch für Beschwerden im Kontext von sexueller Belästigung oder anderer Formen des Mobbing, dessen Aufdeckung auch zu Peinlichkeitsgefühlen bei den Opfern führt – bieten interne Ombuds-Institutionen. Wo immer Be-schwerde-Kanäle nicht nur Ombuds-Institutionen, sondern beispielsweise auch Ethics-Officers, Kummerbriefkästen, Sorgentelefone (Help Desks) oder spezifische Melderegeln für illegales Handeln (Internal Disclosure Po-licies[63]) offizialisiert sind und zu deren Nutzung ermutigt wird, nimmt die Anzahl der internen Meldungen signifikant zu, Fälle externen Whistleblo-wings nehmen eben so deutlich ab.[64]

Es gibt in vielen Unternehmen ein Vorschlagswesen, bei dem Mitarbeiter Vorschläge zur Verbesserung bestimmter Abläufe machen können und – je nach möglich werdender Effizienzverbesserung – dafür honoriert werden. Ombuds-Institutionen sind Vorschlagswesen zur Abschaffung inakzeptab-ler Missstände. Genau genommen gehörten diese auch honoriert. Das Problem ist allerdings, dass immer die real anfallenden Kosten, die für die Beseitigung eines Missstandes anfallen, messbar sind, selten jedoch die Op-portunitätskosten, die entfallen, weil es nicht zu einem Unglück oder nega-tiver öffentlicher Berichterstattung kommt.

---

[62] Vgl. z.B. die Ombudsstelle für problematische Berichterstattung im Kontext wissen-schaftlichen Arbeitens www.dfg.de/aktuell/info_wissenschaft/Archiv/info_wissen-schaft_26_99.html

[63] Vgl. Barnett et al. (1993).

[64] Vgl. ebenda.

Es gibt verschiedene Argumente für die Ernennung eines Ethics Officers,[65] sie sind insgesamt jedoch nicht überzeugend: Die Moralität der Aktivitäten eines Unternehmens ist in erster Linie Chefsache, d.h. sie liegt zunächst auf der direkt betroffenen Handlungsebene. Es ist auch Chefsache, periodisch zu analysieren, welche Probleme mit welchem Gewicht aus welchen Bereichen über die offiziellen Beschwerdekanäle zur Kenntnis gebracht werden. Den jeweiligen Vorgesetzten obliegt auch die Verantwortung zu überprüfen, welche Maßnahmen als Konsequenz der Beschwerden getroffen werden und mit welchen Ergebnissen dies geschehen soll. Der jeweils übergeordneten Chefetage kommt die Verantwortung zu, nach eventuellen roten Fäden zu suchen, damit strukturelle Defizite beseitigt werden können.

Personen, die mit Ombudsfunktionen betraut sind, müssen eine ausreichend hohe hierarchische Position und somit eine hohe firmeninterne Unabhängigkeit haben, damit Einschüchterungsversuche oder gar Nötigung unwahrscheinlich werden. Ombuds-Institutionen müssen auch in der Lage sein, falls eigene direkte Korrekturversuche scheitern, die oberste Geschäftsleitung bzw. den Verwaltungsrat einzuschalten.

Das oft vorgebrachte Argument gegen die Einrichtung von Ombuds-Institutionen, dass nämlich fähige Vorgesetzte in einem Unternehmen solche Probleme im Ansatz vermeiden und daher Lösungen bei der Personalpolitik und nicht bei der Schaffung neuer Institutionen lägen, ist zwar prinzipiell richtig, geht aber an der Realität des durchschnittlichen Unternehmens vorbei. Wer sich unbedingt und blind darauf verlässt, dass idealtypische Vorgesetze in jedem Fall zum erforderlichen Zeitpunkt am notwendigen Ort zur Verfügung stehen, begibt sich in ein vermeidbares Risiko.

Hilfreich ist auch die Einrichtung eines beratenden *Help Desks*. Dieser steht mit einer möglichst geringen Schwelle allen Mitarbeitern eines Unternehmens offen und soll – gut kommuniziert – als erste Anlaufstelle für alle Verdachtsfälle unethischen Handelns dienen.[66] Mit klaren Prozeduren für die Aufnahme von Meldungen, einem transparenten und nachprüfbaren Bearbeitungsweg und, falls erforderlich, schnellen Reaktionen wird eine das interne Signal gegeben *Wir nehmen Meldungen über ein Abweichen vom Pfad der Tugend ernst.* Auf diese Weise wird nicht nur ein offenes Frühwarnsystem für alle Arten potenzieller Probleme geschaffen, sondern auch sicher gestellt,

---

[65]   Vgl. Izraeli/BarNir (1998).

[66]   Vgl. zu den möglichen Details sowie den zu erwartenden Stärken und Schwächen Kaptein (2002).

dass der jeweilige Sachverhalt an genau diejenige Stelle im Unternehmens weitergeleitet wird, die den Sachverhalt einer weiteren Untersuchung und schließlich einer befriedigenden Lösung zuführen kann. Wo Whistleblowern eine solche interne Stelle offen steht, wird die Wahrscheinlichkeit externen Whistleblowing signifikant sinken. Die Schaffung glaubwürdiger institutioneller Vorkehrungen ist auch bei bester Personalpolitik ein sinnvolles Sicherheitsnetz, das vermeidbare Abstürze auffangen kann.

5.1.2 Unternehmenszugewandte, aber extern angesiedelte Kontrollgremien

Eine andere Möglichkeit, unternehmensinterne Missstände ohne externes Whistleblowing zu korrigieren, sind unternehmenszugewandte, aber extern angesiedelte Kontrollgremien. Dies können beispielsweise externe Lead Officers oder andere externe Verwaltungsratsmitglieder sein, aber auch Revisionsgesellschaften. Von größter Wichtigkeit ist, dass intern bekannte und nicht-stigmatisierte (offene, aber auch anonyme) Möglichkeiten bestehen, relevante kritische Sachverhalte schnell und mit Schadensbegrenzung für alle betroffenen Parteien offen zu legen und zu korrigieren.

5.1.3 Wofür haben wir eigentlich eine Rechtsabteilung?

Natürlich kann man internen und erst recht externen Widerspruch auch über die juristische Schiene angehen: Wer vertrauliches betriebsinternes Wissen öffentlich macht, verhält sich in den meisten Fällen auch rechtswidrig. In den USA bestehen gesetzliche Schutzvorschriften für Whistleblower, die arbeitgeberseitige Sanktionen wie z.B. willkürliche Degradierungen, Entlassungen oder andere Formen der Nötigung verhindern sollen und dem Whistleblower unter Umständen sogar eine Kompensation im Verhältnis zum verhüteten Schaden zuerkennen. Das Rechtswesen Europas ist erst im Begriff, ähnliche Wege zu öffnen.

Der Rechtsweg lässt jedoch für das Unternehmen ein u.U. großes öffentliches Akzeptanzproblem entstehen: Der Whistleblower hat oft a priori einen Robin-Hood-Status und somit einen Vertrauensvorschuss gegenüber dem Unternehmen, dem in dieser Auseinandersetzung die Rolle des Sheriff von Nottingham zugewiesen wird. In vielen Fällen wird dem Whistleblower von Teilen der Öffentlichkeit auch so etwas wie ein übergeordnetes Widerstandsrecht zugebilligt, welches Verletzungen des Eigentumsrechts von Unternehmen, Zerstörung von Hab und Gut anderer (z.B. Felder mit gentechnisch veränderten Pflanzen) oder das Verbreiten falscher Behauptungen verharmlosend relativiert: Es sei zwar nicht ganz richtig, aber doch gut gemeint.

Ein solches Handeln kann, muss aber nicht in jedem Fall allgemeinwohlfördernd sein. Weder hat der Staat mit seinen Gesetzen noch die Unternehmen, die sich auf Rechtssicherheit verlassen immer Recht – aber eben auch nicht diejenigen, die zivilen Ungehorsam jenseits der Gesetze üben. Heute wirken in modernen Gesellschaften zu Lasten der als groß und mächtig empfundenen Institutionen vielfach Mechanismen, die Theodor Eschenburg in seinen Lebenserinnerungen als destruktiv für die gesamte politische Kultur in demokratischen Gesellschaften empfand. Die Rechtfertigung von Verstößen gegen geltendes Recht mit dem – quasi über dem Gesetz stehenden – eigenen Gewissen kann man jede Ordnung aushebeln und „[...] und sich dabei noch ethisch geadelt vorkommen."[67]

Jedes Wirtschaftsarchiv beherbergt unzählige Fälle, in denen es aufgrund unvollständigen Faktenwissens, ausgeprägt anderer Werturteile oder anderen Mechanismen zu einem *irrenden Gewissen* kam. In solchen Fällen wird selbst dann, wenn ein Unternehmen einen Fall durch alle Instanzen hindurch gewinnt, ein für das Unternehmen letztlich schlechter Beigeschmack bleiben. Die daraus zu ziehende Lehre für Dissensmanagement ist, dass kontroverse Sachverhalte wenn immer möglich im Unternehmen erörtert werden sollten. Wo das nicht möglich ist, sind außergerichtliche Einigungsverfahren dem Marsch durch die juristischen Instanzen vorzuziehen.

5.1.4 Nicht Rache üben, sondern Fehler beseitigen

Wo die Unternehmenskultur es zulässt, Whistleblower nicht a priori als auszugrenzenden Dissidenten, sondern vielleicht als Reformer zu sehen, ist es weniger wahrscheinlich, dass es zu hohen persönlichen und gesellschaftlichen Friktionskosten kommt. Wo Menschen in Unternehmen fair behandelt werden, wo Respekt für die Meinungen anderer und für deren ethischen Bedenken gezeigt wird und keine Toleranz für illegale und illegitime Praktiken besteht, wird mit Whistleblowing generell anders umgegangen als in Unternehmen mit entgegengesetzten unternehmenskulturellen Parametern.

---

[67] Eschenburg (2000).

Die Auswertung der vorhandenen Literatur in Bezug auf die Frage *Wie reagieren Unternehmen auf Whistleblowing?* weist insgesamt auf ein eher negatives Reaktionsmuster hin.[68] Wie nicht anders zu erwarten, ist die Reaktion von Unternehmen jedoch ein subtiler, nuancenreicher Prozess, der zwischen Ermutigung bzw. Unterstützung auf der einen Seite der Gauß-Verteilung bis zu feindlicher Ablehnung mit Vergeltungsdrang auf der anderen Seite alle Reaktionsmöglichkeiten umfasst. Abwiegeln, Hinhalten, Klein- bzw. Schönreden, auf Missverständnisse hinausschieben oder persönliche Motive zu unterstellen sind dabei gängige Verhaltensmuster. Spontane Feindschaft ist die absolute Ausnahme, es sind eher graduelle Erosionsprozesse im Beziehungsgeflecht zwischen Whistleblower und Unternehmen. Auf *internes* Whistleblowing reagieren Unternehmen durchweg *milder* als auf externes.[69] Auch das Verständnis der Mitarbeiters eines Unternehmens ist größer, wenn Whistleblower zunächst alle internen Möglichkeiten ausgeschöpft haben, bevor sie sich an externe Institutionen oder gar an die Medien wenden.[70]

Im Gegensatz zur verbreiteten Ansicht, Whistleblowing werde im Normalfall mit juristischen und anderen Vergeltungsmaßnahmen begegnet,[71] fanden Miceli und Near Hinweise auf ein relativ geringes Ausmaß von Vergeltung: In weniger als 20 Prozent der Fälle kam es zu Strafaktionen gegen den Whistleblower. Natürlich unterliegt es subjektiver Bewertung, was im konkreten Fall Vergeltungsmaßnahmen sind (siehe dazu den Fall David Baltimore), aber sicher ist, dass die größere Sichtbarkeit von Fällen, in denen es zu Vergeltungsmaßnahmen nach Whistleblowing kam, mit für die herausgehobene Wahrnehmung von Vergeltungsmaßnahmen verantwortlich ist. Auch neuere Untersuchungen bestätigen Micelis und Nears Hinweise darauf, dass *externe* Whistleblower in der Regel ein größeres Risiko für Vergeltungsmaßnahmen haben als interne.[72] Nach Dworkin und Baucus gibt es deutliche – nach Miceli und Near keine – empirischen Hinweise, dass externes Whistleblowing effektiver für die Korrektur eines Missstandes sei.[73]

---

68 Z.B. Vinten (1994), Dworkin/Baucus (1998) und Grace/Cohen (1998).

69 Vgl. Dworkin/Baucus (1998).

70 Vgl. Callahan/Collins (1992).

71 Vgl. Glazer/Glazer (1989) und Dworkin/Baucus (1998).

72 Vgl. Dworkin/Baucus (1998).

73 Vgl. Miceli/Near (1992), 185f.

Dies gesagt muss darauf hingewiesen werden, dass dort, wo es zu Vergeltungsmaßnahmen kommt, diese teilweise traumatische Folgen für die
Whistleblower hatten – das unfreiwillige Ausscheiden aus dem Unternehmen war dabei noch die harmloseste.

5.2 Unternehmenskulturell beeinflussbare Faktoren des Whistleblowing-Prozesses

Es gibt eine Reihe unternehmenskulturell beeinflussbarer Faktoren, die den
Whistleblowing-Prozess und dessen Ausgang beeinflussen. Beginnen wollen wir jedoch mit der Handlungsmotivation und den Charaktereigenschaften des Whistleblowers – zwei wichtigen allerdings unternehmenskulturell
wenig beeinflussbaren Variablen. Die Persönlichkeit des Whistleblowers hat
empirisch nachgewiesen eine Reihe erkennbar *positiver* Charakteristika:[74]

> ➢ Whistleblower haben im Vergleich zu Personen, die Missstände igno-
> rieren oder kommentarlos hinnehmen, ein eher starkes Selbstbewusst-
> sein und eine ausgeprägte moralische Entwicklung.

> ➢ Whistleblower empfinden im Vergleich zu anderen Mitarbeitern der
> Organisation weniger Abhängigkeit und genießen mehr Unterstützung
> aus dem familiären und Freundesumfeld.

Für den unternehmensinternen Umgang mit Whistleblowern ist weiter von
Bedeutung, dass sich die große Mehrzahl der Whistleblower als *loyale* Mitar-
beiter betrachtet, die zunächst versuchen, einen als inakzeptabel empfunde-
nen Sachverhalt durch internes Handeln – z.B. Aufmerksamkeit des Top-
Managements erregen – zu lösen. Erst wenn dies nicht zum gewünschten
Erfolg führt, wenden sie sich nach außen.

Unternehmenskulturell schon eher beeinflussbar sind die spezifischen Umständen der als fragwürdig beurteilten Aktivität sowie die zwischen
Whistleblower und Organisation bestehenden Macht- bzw. Abhängigkeits-
beziehungen:[75]

> ➢ Die Wahrscheinlichkeit für Whistleblowing steigt mit der verifizierba-
> ren Eindeutigkeit und der Schwere des Missstandes; insbesondere ex-
> ternes Whistleblowing findet bei minderen Problemen selten statt; *dies
> ist unternehmenskulturell beeinflussbar.*

---

[74] Vgl. Near/Miceli (1985).

[75] Vgl. ebenda.

➤ Whistleblowing findet eher statt, wenn sich der Whistleblower von seiner Aktion eine Korrektur des Missstandes erhofft; *unternehmenskulturell beeinflussbar* ist, dass diese Korrektur *vor* dem Whistleblowing stattfindet.

➤ *Internes* Whistleblowing findet eher statt, wenn die Organisation Signale gibt, dass abweichende Meinungen ernst genommen werden und entsprechende Kommunikationskanäle offen stehen; *dies ist unternehmenskulturell beeinflussbar.*

Schließlich weiß man einiges über die Organisationen, gegen die sich das Whistleblowing richtet:

➤ Organisationen neigen eher zu Vergeltungsmaßnahmen gegen Whistleblower, wenn sie den betreffenden Mitarbeiter leicht entbehren können als wenn sie ihn für den Erfolg der Organisation dringend brauchen; die Neigung zu Vergeltungsmaßnahmen *ist unternehmenskulturell beeinflussbar.*

➤ Organisationen neigen eher zu Verweigerungen von Korrekturen, wenn der Fortbestand des Missstandes für sie von existentieller Bedeutung ist und sie auch ohne Korrektur erfolgreich arbeiten können – legales Handeln sollte allerdings unter keinen Umständen zur Disposition stehen; Risikomanagement *ist unternehmenskulturell beeinflussbar.*

Eine letzte Frage, die nun noch zu klären ist, hat mit dem Verbindlichkeitsgrad von Forderungen an das Unternehmen zu tun. Ob es sich bei solchen Forderungen um interne und auf dem Dienstweg vorgebrachte, um Whistleblowing oder um die Forderungen externer Stakeholder handelt, ist dabei unerheblich. Es gibt relativ einfache Kriterien, die Spreu vom Weizen zu trennen, und es gibt Best Practices im Umgang mit Anspruchsgruppen und ihren Forderungen.

Zur moralischen Verbindlichkeit der Forderungen kritischer Anspruchsgruppen

> Nirgends sind die Meinungsverschiedenhei-
> ten und die Widersprüche miteinander un-
> verträglicher Standpunkte größer als in der
> Beurteilung von Handlungen bezüglich ih-
> rer Richtigkeit und Moralität. Was der eine
> für gut hält. lehnt der andere rigoros ab und
> ist oft nicht einmal dazu bereit, seinen
> Standpunkt zu problematisieren, d.h. Kritik
> auszusetzen und Gegenargumenten zu be-
> gegnen.
>
> *Annemarie Pieper*

F. Zur moralischen Verbindlichkeit der Forderungen kritischer Anspruchsgruppen

Eine der anspruchsvollsten Herausforderungen an jede Ethik – auch an die Unternehmensethik – ist die Begründung moralischer Normen. Auf die Frage, welchen Normen unternehmerisches Handeln genügen muss, damit es ethischen Ansprüche genügt, geben in pluralistischen Gesellschaften unterschiedliche Anspruchsgruppen – man spricht heute von Stakeholdern[1] – naturgemäß unterschiedliche Antworten. Der Grund liegt vor allem in den unterschiedlichen Interessen beispielsweise von *Mitarbeitern* (Einkommen, Arbeitsplatzsicherheit, Arbeitsklima etc.), *Kunden* (Produktqualität, -preis, -sicherheit, -innovationsgrad etc.), von *Lieferanten* (gesicherte Nachfrage, angemessene Preise, stabile Beziehungen etc.), des *Staates* (Steuern, Infrastruktur etc.), der *Aktionäre* (Aktienkurs, Zukunftserwartung etc.), der *Medien* (akkurate, zeitnahe und relevante Informationen und Hintergründe) oder diversen *Umweltgruppen, Dritte-Welt-Engagierten, Tierschützern* oder anderen Gruppierungen. Alle diese Anspruchsgruppen haben unterschiedliche Vorstellungen von dem, was sein soll und möchten im Dialog mit dem Unternehmen und seinem Management den Status quo verändern. Im vorliegenden Kontext werden Whistleblower ebenfalls als Stakeholder definiert: Es sind unternehmensinterne Stakeholder, die den Dienstweg verlassen, um illegale oder als illegitim empfundene Praktiken einer Korrektur zuzuführen.

---

[1]   Zur Geschichte und Entwicklungs des Begriffs vgl. Ulrich (1997), 440ff.

1. Es gibt einen weltweit verbindlichen Katalog moralischer Rechte und Pflichten

Die Legitimität der für Unternehmen relevanten Ansprüche liegt innerhalb eines relativ klar definierten Korridors global als verbindlich empfundener moralischer Rechte und Pflichten: Wo immer man Menschen unterschiedlicher Nationalität, religiöser oder kultureller Affinität und Interessensphäre fragt, überall gelten neben der Achtung der Prinzipien des Menschenrechtskatalogs, jene zeitlos und interkulturell gültigen Normen, auf die Hans Küng in seiner Arbeit zum Weltethos aufmerksam gemacht hat.[2] Was immer unsere Wahrnehmung in Krisensituationen (beispielsweise dem 11. September 2001[3]) auch sein mag, die überwiegende Mehrheit der Menschen schätzt einen verantwortungsvollen, fairen und aufrichtigen Umgang miteinander als moralisch wertvoll ein.[4] Gewaltlosigkeit, Wahrhaftigkeit, Solidarität mit Bedürftigen, Toleranz, und die Einhaltung der Goldenen Regel gehören zu den prinzipiellen Wertehaltungen aller Weltreligionen. Natürlich gibt es zwischen Jungen und Alten, Frauen und Männern, Muslimen und Juden, Christen und Buddhisten und auch zwischen verschiedenen Berufsgruppen im Detail der Wertehierarchisierung Unterschiede – aber der Korridor ist relativ eng.

Ein relativ großer Konsens besteht auch in Bezug auf mögliche Wege zur Auflösung moralischer Dilemmas: An erster Stelle steht Utilitarismus (im Sinne von *größtes Glück der größten Zahl*), dann folgt der Kategorische Imperativ (im Sinne des Schaffens einer für alle verbindlichen Regel) sowie die Goldene Regel, also die Anerkennung der Legitimitätsregel, welche anderen nichts zumutet, was man unter vergleichbaren Umständen nicht auch gegen sich selbst gerichtet akzeptieren könnte.[5]

Auf der operationellen unternehmerischen Ebene gewinnt seit zwei Jahren das Prinzipienbündel des UN-Global-Compact-Vertrags an Akzeptanz, das durch das Engagement des UN-Generalsekretärs Kofi Annan internationa-

---

[2] Vgl. Küng (1990), (1997) und (2001) sowie Küng/Kuschel (2001).

[3] Vgl. Didion (2003) und die Reaktion US-amerikanischer Bürger auf die Erklärung von Präsident George W. Bush "you´re either with us or against us", ganzseitiges Inserat Seite 15.

[4] Vgl. Loges/Kidder (1997).

[5] Vgl. ebenda.

le Geltung erlangte und heute weltweit Gegenstand seriöser Umsetzungs-bemühungen ist.[6] Im spezifischen Zusammenhang des konkreten Engagements eines spezifischen Unternehmens (Unternehmen A bei den Handlungsweisen xyz im Land B) reicht allerdings eine generell formulierte Kompatibilitätsbereitschaft mit allgemeinen Normen nicht aus. So gibt es auch im Kontext des UN Global Compact offene Fragen: Handelt ein Unternehmen im Geiste des Global Compact z.B. dann noch legitim, wenn es die (inhaltlich gänzlich unumstrittene) Zulassung von Gewerkschaften mit definitorischen Ansprüchen für die Arbeitnehmervertretung (Gewaltlosigkeit, Verzicht auf illegale Handlungsweisen etc.) verknüpft? Wie soll ein Unternehmen das (inhaltlich gänzlich unumstrittene) Verbot von Kinderarbeit auch bei Zulieferunternehmen durchsetzen, damit es im wohlverstandenen Interesse der betroffenen Kinder liegt? Was genau soll ein Unternehmen im Zusammenhang der Forderungen des Menschenrechtskatalogs leisten, wenn wir die kulturellen, sozialen und wirtschaftlichen Menschenrechte als unabtrennbar von und interdependent mit den politischen Rechten ansehen? Seit geraumer Zeit arbeitete eine Sub-Kommission der UN Menschenrechts-Kommission an genau dieser Frage und legte im August 2002 einen diesbezüglichen Prinzipien-Katalog vor – der jedoch z.B. von der Internationalen Handelskammer abgelehnt wird.[7]

Eines ist gewiss: Die Frage nach den legitimen Grenzen unternehmerischer Verantwortung kann ein Unternehmen nicht autonom mit Anspruch auf Allgemeinverbindlichkeit für sich alleine beantworten, hier ist ein Management gut beraten, im Dialog mit externen Anspruchsgruppen nach Lösungen zu suchen und, im besten Fall, einen dialogischen Konsens mit relevanten Stakeholdern zu finden. Ein exzellentes Beispiel für die Auflösung der Dilemmata im Kontext der Kinderarbeit in Entwicklungsländern ist die Arbeit der Organisation *Save the Children*.[8] Für die Aufarbeitung komplexer Probleme gibt es selten einfache und billige Lösungen einzelner Akteure – aber es gibt praktikable Strategien, im Rahmen derer verschiedene Partner synergistisch zusammenarbeiten, um komplexe Probleme einer Lösung näher zu bringen. Schon bei der Definition des Problems und erst recht beim

---

6   Vgl. www.unglobalcompact.org

7   Vgl. Commission on Human Rights: Responsibilities of Transnational Corporations and Other Business Enterprises with Regard to Human Rights. Geneva 2002 E/CN.4/-Sub.2/2002/13.

8   Vgl. www.savethechildren.org

Zusammenfügen des Lösungsmosaiks gewinnt ein Unternehmen durch den Diskurs mit anderen gesellschaftlichen Akteuren wertvollen Input für seine Entscheidungen. *Verstandene Fragen*, darauf wies Hans-Georg Gadamer einmal hin, können nicht einfach zur Kenntnis genommen werden, sie *werden zu eigenen Fragen*.[9]

Die praktische Umsetzung dieser polit-theoretischen Forderungen ist allerdings aus einer Reihe von Gründen nicht leicht. Zwar ist unstrittig, dass durch unternehmerisches Handeln keine berechtigten Ansprüche Dritter durch negative externe Effekte verletzt werden dürfen, was aber genau diese Ansprüche sind und wer über deren Berechtigung bzw. Zumutbarkeit verbindlich entscheiden soll, ist Gegenstand von Kontroversen: Jede Anspruchsgruppe sieht im Unternehmen den Adressaten für ihre spezifischen Anliegen und projiziert ihre Wertvorstellungen und Interessenkonstellation in ihren spezifischen Legitimationskriterienkatalog.[10] Die Vielfalt dieser Anliegen und ihre Veränderung im Zeitablauf machen entsprechende Diskurse open-ended, was den Inhalt, den Verlauf, die Teilnehmer und die Zeitdauer angeht.

Einerseits wäre es mit immensen Erklärungsnöten verbunden, wenn ein Unternehmen unilateral und ausschließlich aus seiner strategischen Interessenposition heraus festlegen wollte, welche Akteure der zivilen Gesellschaft es im spezifischen Fall als *legitimen* Stakeholder anerkennen will. Andererseits ist es offensichtlich, dass kein Unternehmen alle gesellschaftlichen Interessen zur Zufriedenheit aller erfüllen kann. Eine Gleichgewichtung aller – und teilweise konfligierender – Stakeholderinteressen (beispielsweise Mitarbeiter, Aktionäre, Kunden, Zulieferer, Staat, Umweltschützer, Tierschützer, Denkmalschützer, Empfänger von Sponsorenbeiträgen etc.) ergäbe schon wegen der unterschiedlichen Bedeutung der Anliegen keinen Sinn. Auch innerhalb des Anspruchspakets einer spezifischen Stakeholdergruppe gibt es hinsichtlich ihres ethischen Legitimationsverständnisses Ansprüche unterschiedlichen Gewichts (beispielsweise elementare Persönlichkeitsrechte der Mitarbeiter versus Höhe der Subvention des Kantinenessens oder Kinderhorts). Hinzu kommt, dass diejenigen, mit denen ein Unternehmen (vielleicht wegen ihrer Konsilianz oder partiellen Abhängigkeit) zum Dialog bereit ist, nicht immer diejenigen sind, die den jeweils zur Debatte stehenden Sachverhalt in der Öffentlichkeit (vielleicht wegen Radikalität ihrer

---

[9] Vgl. Ritters (2002), 49.
[10] Vgl. Ulrich (1997), 438ff.

Forderungen oder ihres Drohpotentials) mit der größten Resonanz problematisieren.

Stakeholder-Dialoge sind – auch was die Begründung der Legitimität der Ansprüche angeht – offene Prozesse und keine Seite weiß genau, worauf sie sich letztlich einlässt. Das macht sie einerseits so spannend, andererseits so schwierig – auch weil der Diskursprozess eine Dynamik entfalten kann, die die Positionen aller Dialogteilnehmer verändern kann. Für Unternehmen, welche die moralische Legitimität ihres Handelns im Dialog mit Stakeholdern begründet sehen wollen, steigen die Kosten der Entscheidungsfindung, weil andere mit ihren Ansprüchen einbezogen werden, wobei auch für Unternehmen gilt: „Einbeziehung heißt hier nicht Einschließen ins Eigene oder Abschließen gegen Andere. Die ʹEinbeziehung des Andererenʹ besagt vielmehr, dass die Grenzen der Gemeinschaft für alle offen sind – auch und gerade für diejenigen, die füreinander Fremde sind und Fremde bleiben wollen."[11]

Aufgeklärte Unternehmen gehen in Überwindung ihrer rein taktischen Interessen davon aus, analog der Unschuldsvermutung im Prozesswesen, ihren Stakeholdern zunächst einmal keine ideologische Feindesposition zuzuweisen, sondern von einer *Legitimitätsvermutung* auszugehen. Bei weitgefassten Legitimitätskonzepten wird die Beantwortung von Fragen nach einer fairen gesellschaftlichen Arbeitsteilung allerdings unvermeidbar.[12]

2. Moralischer Konsens auf dem kleinsten gemeinsamen Nenner

Der moralische Konsens, d.h. die geltende Moral, umfasst in modernen Gesellschaften meist nur einen kleinsten gemeinsamen Nenner von

---

11   Habermas (1999a), 8.

12   Ulrich weist auf die Argumentation von W.M. Evan und R.E.Freeman hin, die das Stakeholder-Konzept nach kantschen Kriterien weiterentwickeln wollen und in diesem Zusammenhang die Aussage machen, dass auch Eigentumsrechte – inklusive intellektuelle Eigentumsrechte – keine Lizenz seien, das Prinzip zu ignorieren, Menschen nie bloss als Mittel, sondern immer auch zugleich als Zweck zu behandeln. Die Implikationen einer solchen Weiterentwicklung, beispielsweise für den Zugang kaufkraftloser Menschen zu lebensrettenden Medikamenten, sind von großer Bedeutung. Vgl. Evan/Freeman (1988), 100.

Grundwerten, wie sie z.B. durch die Verfassungen garantiert werden. Was darüber hinausgeht, fällt meist einem ausgeprägten Pluralismus anheim und liegt oft nur noch im Kernbereich partikulärer Interessen, die aber können mit Unternehmensinteressen auf Dauer inkompatibel bleiben.[13] Jeder Diskursansatz, der davon ausgeht, nur die eine oder die andere Anspruchsgruppe könne ihre Interessen durchsetzen, ebnet die bestehende Komplexität auf verhängnisvolle Art ein und muss letztlich scheitern. Das aber macht im Normalfall Kompromisse notwendig; jene durch gemeinsame Güterabwägung gefundene Position unter Berücksichtigung von Ansprüchen Mehrerer. Kompromisse sind allerdings im deutschen Sprachraum oft mit dem Adjektiv *faul* assoziiert, obwohl in pluralistischen Gesellschaften das Schließen von Kompromissen praktisch unumgänglich ist.

Unternehmen können allerdings durch Anspruchsgruppen auch mit derart fundamentalistischen Forderungen konfrontiert werden, dass Kompromisse aus prinzipiellen Gründen nicht möglich sind: Wo z.B. generelle Verbote von Technologien (z.B. Grüne Gentechnologie) gefordert werden oder Nicht-negotiables (z.B. prinzipielle Berechtigung von Patenten) verhandelt werden soll, kann das prinzipiell Trennende nicht ausgeblendet werden. Ohne hier auf einer Seite a priori unlautere Motive zu unterstellen, sind Auswege aus solchen Situationen ohne die Einschaltung weiterer Akteure (z.B. demokratische Prozesse beim Verbot von Technologien oder die Suche nach größeren Koalitionen zur Verbesserung des Zugangs zu lebensrettenden aber patentierten Produkten) nur schwer möglich.

Und es gibt Grenzen der Dialogbereitschaft: Wo das Prinzip der Gewaltfreiheit verletzt wird, persönliche Bedrohungen zum Argumentationsrepertoire gehören und Gewalt gegen Sachen durch die höhere Sensibilität des Gewissens gerechtfertigt wird, ist die Wiederherstellung der Rechtssicherheit gefragt und nicht der Dialog.

---

[13] Nur der Vollständigkeit halber sei angemerkt, dass das Weltbild des Durchschnittsmenschen keineswegs kohärent und die Handlungsweisen alles andere als konsistent sind: So kann es durchaus sein, dass man z.B. als intellektueller *morally rational chooser* Sozial-Label eine gute Sache findet, weil man gegen ausbeuterische Arbeitsbedingungen und Kinderarbeit ist – aber dennoch als konkreter Konsument der Versuchung des niedrigeren Preises von Waren ohne dieses soziale Gütesiegel erliegt.

2.1   Verständnis wollen, aber zu Gegensätzen stehen

Obwohl in einer anderen Umlaufbahn angesiedelt, kann man aus der Diskussion über die Erklärung der Glaubenskongregation *Dominus Iesus* man-
ches für die Erörterung kontroverser Inhalte zwischen Anspruchsgruppen
und Unternehmen lernen: Wo Menschen guten Willens über gegensätzliche
Auffassungen zu wichtigen Themen ringen, sollte zunächst einmal das gemeinsame Interesse an der Sache als gemeinsames und verbindendes Element im Vordergrund stehen. Wo es aber Unterschiedlichkeiten im Prinzipiellen gibt, darf das Harmoniebedürfnis (und erst recht Indifferenz) nicht
dazu führen, Positionen, die prinzipiell unvereinbar sind, semantisch ein-
zumitten oder naiv schön zu reden. Im Gegenteil: Fortschritt in der Sache
kann nur erzielt werden, wenn man die Dinge beim Namen nennt. Was der
Münchner Professor für Dogmatik, Gerhard Ludwig Müller, den Gegnern
der Dominus-Iesus-Erklärung entgegenhält, gilt auch für manchen Dialog
zwischen Unternehmen und Unternehmenskritikern:

> „Das Prinzip des Dialogs von gleich zu gleich kann nicht be-
> deuten, dass man Dinge, die nicht gleich sind, für gleich er-
> klärt, sondern indem man in wechselseitiger Voraussetzung
> des Wahrheitsgewissens beider Seiten versucht, den anderen
> zu verstehen und aus gemeinsamen Überzeugungen heraus zu
> ermitteln, ob nicht doch ein gemeinsames Grundverständnis
> formuliert werden kann, das die tieferen Intentionen beider
> Richtungen in einer Konvergenz zum Tragen bringt. Am En-
> de darf nicht ein Partner des Gesprächs als Besiegter den
> Raum verlassen, sondern beide müssen bereichert durch die
> Kritik und Ergänzung sich im Verständnis (hier des Wortes
> Gottes, KML) zusammenfinden [...].“[14]

Was hier zum Dialog zwischen verschiedenen christlichen Kirchen gesagt
wird, gilt ohne Einschränkung auch für Dialoge über soziale, ökologische
oder technische Sachverhalte. Die Gefahr, dass Menschen sich im Besitz
der absoluten Wahrheit wähnen, besteht auch bei nicht-theologischen
Themen. Allerdings gilt auch dann, dass diejenigen, die von sich annehmen
„[...] allein im Besitz der absoluten Wahrheit zu sein, [...] dazu verdammt
(sind), sich anderen gegenüber [...] intolerant zu verhalten.“[15] Dann wird die

---

[14]   Vgl. www.bistum-chur.ch/ne_100.htm

[15]   Leonardo Boffs Position zu Dominus Iesus unter: www.muenster.de/~angergun/-
       dominus-boff.html

Gesprächsstrategie darauf reduziert, „[...] die anderen zu bekehren oder zu unterwerfen, zu demoralisieren oder zu vernichten."[16] Tatsache ist jedenfalls, dass die praktizierte Unversöhnlichkeit im praktischen Diskurs verschiedener Parteien oft im eklatanten Gegensatz zur wohlklingenden Semantik der Sonntagsreden steht. Das gilt übrigens auch für den Umgang mit Whistleblowern.

2.2 Interne und externe Lernkurven

Zu Dialogen zwischen Unternehmen und externen Anspruchsgruppen werden im Normalfall – in bester Absicht – Experten aus Stabsstellen oder Kommunikationsabteilungen delegiert. Durch die Lernerfahrung der Diskursteilnehmer und die Notwendigkeit zu Kompromissen entsteht dann u.U. eine signifikante Übersetzungsproblematik: Die Erfahrung zeigt, dass alle Diskurse, die über den freundlichen Austausch von Selbstverständlichkeiten hinaus in schwieriges Terrain führen, dann zum Scheitern verurteilt sind, wenn nicht von Anfang an sichergestellt ist, dass wenigstens von Zeit zu Zeit, aber in regelmäßigen Intervallen, auf der Seite des Unternehmens wie auf derjenigen der externen Anspruchsgruppen auch Vertreter des Top-Managements – sprich die eigentlichen *Entscheidungsträger* – einbezogen sind. Das ist vermutlich auf Seiten der Unternehmen leichter als bei basisdemokratisch organisierten Anspruchsgruppen.

Dieser regelmäßige Einbezug machte den Versuch, eine repräsentative Gruppe von Unternehmen zu einer formalen Stellungnahme zum Erdgipfel (Rio de Janeiro, 1992) zu bewegen, so erfolgreich.[17] Überall, wo sich die Führungsetage eines Unternehmens durch fachlich kompetente Stabsmitarbeiter oder Kommunikationsfachleute vertreten und sich erst wieder das Ergebnis langwieriger Diskurse über komplexe Sachverhalte zur Entscheidung über dessen Relevanz als Firmenposition vortragen lässt, scheitert das Unterfangen. Der Grund liegt darin, dass das Top-Management sich selbst nicht auf jene diskursive Lernkurve begibt, aufgrund derer die in den Dialog delegierten Unternehmensvertreter zu einer Revision ihrer Anfangs-

---

[16] Ebenda.

[17] Vgl. Schmidheiny (1992).

standpunkte gelangen. Dasselbe gilt meiner Erfahrung nach übrigens auch für andere Institutionen wie z.B. NGOs.[18]

Wie also soll ein Unternehmen in dieser Situation verfahren? Um eine für eine spezifische Gesellschaft möglichst hohe Verbindlichkeit inhaltlicher Normen unternehmerischen Handelns zu erreichen, bieten noch immer die von Jürgen Habermas entwickelten prozessualen Normen einen interessanten Einstieg.

3. Jürgen Habermas und seine Vorgaben für kommunikatives Handeln

Folgt man der Vision von Jürgen Habermas, so sollen im herrschaftsfreien Diskurs aller Anspruchsgruppen mit dem Unternehmen alle strittigen Sachverhalte durch konsensfähige Argumente entschieden werden.[19] Das gilt zunächst einmal für alle Akteure einer Gesellschaft, also auch für Unternehmen. Das Erfordernis der *herrschaftsfreien Kommunikation* beschreibt eine (idealtypische) Situation, in der nicht von Herrschendem zu Beherrschtem versucht wird, Geltungsansprüche für die Wahrheit durchzusetzen, sondern sich alle Beteiligten mit *symmetrischen* Chancen äußern können.[20] Zur herrschaftsfreien Kommunikation gehört auch der rechtzeitige Austausch von Informationen, damit vom gleichen Wissensstand ausgegangen werden kann.

Habermas postuliert, dass „[...] die soziale Geltung einer Norm auf die Dauer auch davon abhängt, daß diese im Kreis ihrer Adressaten als gültig akzeptiert wird."[21] Konkret meint er mit dem Kreis der Adressaten „[...] alle

---

18   So bekam das Ergebnis eines mehrjährigen Technologiefolgen-Abschätzungsverfahrens über Grüne Gentechnologie, an dem ich teilnahm, letztlich weder in den Headquarters der Unternehmen noch in denjenigen der am Dialog beteiligten Nichtregierungsorganisationen jene Akzeptanz, die für eine weitere sachorientierte Zusammenarbeit der verschiedenen Parteien notwendig gewesen wäre.

19   Zum Beitrag von Jürgen Habermas zur Diskursethik vgl. u.a. Habermas (1981), (1991), (1998) und (1999a,b) sowie Harpes/Kuhlmann (1997).

20   Habermas/Luhmann (1971), 137ff. Vgl. zur degenerierten Kommunikation auch Lay (1989), 113ff.

21   Habermas (1999b), 72.

Betroffenen", denn es reiche, so Habermas, nicht aus, dass „[...] *einzelne* prüfen:

➢ ob sie das Inkrafttreten einer strittigen Norm in Ansehung der Folgen und Nebenwirkungen, die einträten, wenn alle sie befolgten, wollen können; oder

➢ ob jeder, der sich in ihrer Lage befände, das Inkraftreten einer solchen Norm wollen könnte."[22]

Unparteilich ist nach Habermas allein der Standpunkt, von dem aus genau diejenigen Normen verallgemeinerungsfähig sind, die, weil sie erkennbar ein allen Betroffenen gemeinsames Interesse verkörpern, auf allgemeine Zustimmung rechnen dürfen. Auf diese Weise verdienen sie intersubjektive Anerkennung. „Unparteiliche Urteilsbildung drückt sich mithin in einem Prinzip aus, das *jeden* im Kreise der Betroffenen zwingt, bei der Interessenabwägung die Perspektive *des anderen* einzunehmen. [...] So muss jede gültige Norm der Bedingung genügen, dass die Folgen und Nebenwirkungen, die sich jeweils aus ihrer *allgemeinen* Befolgung für die Befriedigung der Interessen eines *jeden* Einzelnen (voraussichtlich) ergeben, von *allen* Betroffenen akzeptiert (und den Auswirkungen der bekannten alternativen Regelungsmöglichkeiten vorgezogen) werden können."[23]

3.1 Dialog statt Monolog

Hält man dies für richtig, so werden *monologische* Lösungen unmöglich. Vielmehr sind *kooperative* Anstrengungen erforderlich, bei denen alle Betroffenen als Teilnehmer in den Diskurs über die Wertigkeit bzw. Verbindlichkeit der zur Debatte stehenden alternativen Argumentationen zugelassen werden. Anders als beim Kategorischen Imperativ Immanuel Kants,[24] wo es ausreicht, dass jeder Einzelne (begabt mit seiner moralischen Intuition) wollen kann, dass seine Maxime zum für alle gültigen Gesetz werde, muss bei Habermas die Maxime des Handelns zur Prüfung ihres Universalitätsanspruches *allen anderen* – im vorliegenden Zusammenhang also der Gesamtheit der Stakeholder eines Unternehmens – vorgelegt werden.

---

[22]   Ebenda, 75.

[23]   Ebenda, 74f.

[24]   Als: „Handle nur nach derjenigen Maxime, durch die du zugleich wollen kannst, daß sie ein allgemeines Gesetz werde" (Kant (1991b), 51).

Die wesentlichen von Jürgen Habermas vorgebrachten Gesichtspunkte verständigungsorientierten kommunikativen Handelns sind zwar idealtypisch, geben aber auch für unternehmerische Dialoge mit gesellschaftlichen Anspruchsgruppen den gültigen Rahmen vor:[25]

➤ *Verständigungs- und Erfolgsorientierung,* d.h. die Gesprächsteilnehmer haben die Fähigkeit zu zielgerichtetem Handeln und ein Interesse an der Ausführung ihrer Handlungspläne; sie sind bereit, ihre Handlungspläne aufeinander abzustimmen und ihre jeweiligen Ziele nur unter der Bedingung eines Einverständnisses über die Situation und zu erwartender Konsequenzen zu verfolgen.

➤ *Verständigung als Mechanismus der Handlungskoordinierung,* wobei das Einverständnis der jeweils anderen Seite nicht aufgezwungen oder durch Manipulation auferlegt werden kann, sondern auf gemeinsamen Überzeugungen beruhen muss.

➤ *Anerkennung des Hintergrunds der Lebenswelt,* also die Tatsache, dass alle Teilnehmer am kommunikativen Handeln von Sozialisationsprozessen und von kulturellen Selbstverständlichkeiten der spezifischen Lebenswelt beeinflusst sind, außerdem von Solidaritäten gegenüber den Gruppen, denen sie durch gemeinsame Werte verbunden sind.

➤ *Anerkennung verschiedener Geltungsansprüche,* die jeder Teilnehmer am kommunikativen Handeln in Bezug auf die Wahrheit, Richtigkeit und Wahrhaftigkeit der gemachten Äußerungen hat.

Allein schon die Aufzählung der komplexen Voraussetzungen für das Erreichen eines dialogischen Konsenses über die Verbindlichkeit von inhaltlichen Normen unternehmerischen Handelns zeigt die immensen Schwierigkeiten des Unterfangens *Diskursethik* auf.

3.2 Wahrheit als Diskursergebnis

Dennoch gilt auch heute und im unternehmensethischen Diskurs das von Jürgen Habermas und Karl-Otto Apel synergistisch entwickelte Modell der Wahrheitsfindung als State-of-the-art: Wahrheit, und damit allgemeine, nicht gruppenspezifische Verbindlichkeit des Anspruchs, wird dadurch ermittelt, dass die verschiedenen Anspruchsgruppen (inklusive der Unternehmen) unter den Bedingungen einer „idealen Sprechsituation"[26] und bei

---

[25] Habermas (1999), 144ff.

[26] Vgl. ebenda (1984).

herrschaftsfreier Kommunikation in einer „idealen Kommunikationsgemeinschaft"[27] zu einem Konsens kommen, der für alle Beteiligten auf Dauer verbindlich ist. Da ideale Situationen und Gemeinschaften in der Hand-
lungswirklichkeit kaum vorkommen, aber auch der Symmetrieanspruch
dort letztlich nicht umsetzbar ist, wo im Kontext legalen Handelns von einer Lebenswelt (z.b. NGO) in eine andere (z.b. Unternehmen) hinein Ansprüche gestellt werden, neige ich in Bezug auf konkretes Handeln Jean-
Paul Harpes zu, der für eine bescheidenere Variante plädiert.[28] In dieser Variante spielen auch Kompromisse – als optimale Berücksichtigung der berechtigten Ansprüche der Betroffenen sowie der Ausgleich zwischen ihnen
– eine der Unternehmenspraxis adäquate Rolle. Die Kompromisse beziehen sich im unternehmerischen Dialog darauf, dass

➢ nur eine begrenzte Anzahl relevanter Stakeholder einbezogen werden
kann und längst nicht alle, die sich von der Gesamtheit der jeweiligen
unternehmerischen Auswirkungen betroffen fühlen; das Kriterium der
Relevanz ist dabei durch normative Kriterien und nicht aus Unterneh-
menssicht machtstrategisch definiert.[29]

➢ Forderungen, die jenseits einer großzügig ausgelegten Definition der
gesellschaftlichen Arbeitsteilung abgelehnt werden können.

➢ eine zeitliche Begrenzung für die Dauer der Dialoge eingeführt wird
und Mehrheitsentscheidungen für alle Teilnehmer Verbindlichkeit haben sollten.

Im Normalfall stellen sich unter solchen Bedingungen für aufgeklärte Unternehmen meist keine unüberwindlichen Probleme für gesellschaftliche
Dialoge. Fast unüberwindbare Schwierigkeiten ergeben sich allerdings dort,
wo auf einer Seite oder auf allen beteiligten Seiten vorgängig normative
Festlegungen prinzipieller Art erfolgt sind. Vorgängige Werte-Festlegungen
sind nicht im gleichen Rationalitätskosmos angesiedelt und entziehen sich
dann einer rationalen Argumentation. Dies kann z.b. dort der Fall sein, wo
Forschung und Entwicklung sowie daraus resultierende Technologien
Grenzbereiche menschlichen Seins tangieren und damit neue Fragen auslösen, zu deren Beantwortung sich noch kein breiter moralischer Konsens
entwickelt hat. Wer z.B. aus seinem Menschenverständnis und Gottesbild
heraus schon in embryonalen Stammzellen die gesamte Potenzialität und

---

[27] Vgl. Apel (1987) und (1988).

[28] Vgl. Harpes (1997).

[29] Vgl. Waxenberger (2001), 44ff.

die damit einhergehende Würde des Menschen als Ebenbild Gottes erkennt, wird sich auch bei besten Dialogbedingungen keinem Konsens anschließen können, der die Forschung an solchen Stammzellen erlaubt. Der
Grund des vermutlich auf Dauer verbleibenden Dissenses liegt nicht in
möglicherweise defizitären Rahmenbedingungen des Diskurses, sondern in
den unvereinbaren moralischen Geltungsansprüchen der Dialogpartner.
Was für einen Forscher aus rationalen, technologiepragmatischen Gründen
a priori zunächst einmal Akzeptabilität haben kann, wird an den normativen Geltungsansprüchen anderer Disputanten scheitern.

Wenn durch strukturell verschiedenartige vorgängige normative Festlegungen die Konsenswürdigkeit abgesprochen ist, entfällt eine wesentliche Voraussetzung für Konsensfähigkeit. Auch Kompromisse haben dann keine
Chance mehr, da Unaufgebbares nicht aufgegeben werden kann. Ernsthaf-
tes und zielorientiertes Argumentieren ist nur möglich, wenn die Kraft des
überlegenen Arguments auch beim jeweiligen Kontrahenten anerkannt und
Alternativen zum eigenen Denken ernsthaft in Betracht gezogen werden.
Das gilt für Unternehmen genauso wie für Anspruchsgruppen.

3.3   Sach- oder Denkzwänge?

Im Zusammenhang mit den Erfordernissen einer herrschaftsfreien Kommunikation soll wegen der großen Bedeutung noch einmal auf den Sachverhalt der Sachzwänge eingegangen werden. Kettner definiert Sachzwänge
als Nötigung: „Soweit man sich unter einem Sachzwang handelnd sieht, betrachtet man sich als zu etwas bestimmtem genötigt."[30] Es kommt dann
nicht mehr darauf an, ob eine Handlung eher für erwünscht oder eher für
unerwünscht gehalten wird, der Sachzwang gibt eine Alternativenlosigkeit
vor, die aufgrund der gegebenen Umstände nicht abgelehnt werden kann.
Daher werden Sachzwänge auf allen Seiten eines Diskurses oft als Tot-
schlagargument eingeführt – *Es muss so und kann nicht anders sein, da ist beim
besten Willen nichts zu machen!* Auf diese Weise wird unbequemen Forderungen die Verbindlichkeit bzw. die Legitimität entzogen. Ein Beispiel für einen wirklichen Sachzwang: Es ist zwar prinzipiell möglich, zur Rettung eines anderen Menschen sein eigenes Herz oder beide Nieren zu spenden –
aber es ist nicht zumutbar, weil dies den eigenen Tod zur Folge hätte.

---

[30] Kettner (2001).

Sachzwangbehauptungen – dort, wo sie nicht unaufrichtiges dialektisches Taktieren sind – begrenzen die moralische Zurechenbarkeit: „Was moralischerweise verdienstvoll, untadelig, geboten oder verboten sein soll, davon muss gelten, dass es einem freisteht, so oder nicht so zu handeln. Ein bestimmtes Sollen impliziert ein entsprechendes Können. Eine bestimmte Moralverantwortung impliziert eine entsprechende Handlungsfreiheit."[31] Ob oder ob nicht in spezifischen Situationen Handlungsfreiheit besteht, hat natürlich auch mit der Unterschiedlichkeit normativer Geltungsansprüche zu tun:

➤ Wer der Überzeugung ist, der Marktmechanismus und daraus resultierende Wettbewerbszwänge seien zweitrangig gegenüber beispielsweise Bedürftigkeitskriterien, wird andere Sachzwänge sehen als jemand, für den die Marktordnung sakrosankt ist.

➤ Jemand, der seine institutionelle Existenz als forschendes Unternehmen vom Schutz seiner intellektuellen Eigentumsrechte abhängig sieht, wird gegenüber Patenten eine andere Einstellung haben, als jemand, der in hohen Preisen eine mit tödlichen Konsequenzen verbundene Zugangsbeschränkung zu Medikamenten beispielsweise gegen HIV/AIDS erkennt. Für die einen wird es moralisch unter keinen Umständen akzeptabel sein, dass reale Menschenleben einem abstrakten ökonomischen Prinzip geopfert werden, die anderen werden das Subsidiaritätsprinzip und die gesellschaftliche Arbeitsteilung anführen und auf die subsidiären Pflichten anderer verweisen.

Da pluralistische Gesellschaften aufgrund der Interessenvielfalt konfligierende Normen kennen, werden Sachzwänge zum Gegenstand normativer Zumutungsdiskurse zwischen verschiedenen Anspruchsgruppen und Unternehmen. Dadurch entsteht zumindest die Notwendigkeit, z.B. wirtschaftliche Sachzwänge nicht als gottgegeben, unveränderlich und unhinterfragt hinzunehmen, sondern auch gesellschaftlich zu begründen und, falls durch übergeordnete außerökonomische Notsituationen dazu gedrängt, auch innovativ und konstruktiv mit ihnen umzugehen. Bei manchen als Sachzwang dargestellten Unabänderlichkeiten handelt es sich lediglich um ideologieverkrustete Denkzwänge.

Unternehmerische Leadership würde hier die Überwindung von These und Antithese zu einer Synthese im Sinne einer innovativen neuen Qualität des Handelns bedeuten. Ein gutes Beispiel sind Differentialpreis-Modelle, durch die lebensrettende Medikamente über die Weltgesundheitsorganisati-

---

[31] Ebenda, 118.

on (WHO) armen Patienten in Entwicklungsländern zu niedrigen Preisen zur Verfügung gestellt werden, während sie kaufkräftigen bzw. krankenversicherten Patienten zu Marktpreisen zugänglich sind.[32] Mit Bezug auf die obige Metapher der Organspende könnte man sagen: Aufgrund der Einsicht in übergeordnete Ausnahmesituationen, aber unter Berücksichtigung der legitimen Eigeninteressen, spendet man *eine* Niere.

Weitere praktische Schwierigkeiten haben mit der verbindlichen Festlegung der Qualität von Handlungsnormen zu tun.

4. Zur Festlegung der Qualität von Handlungsnormen

Die ethische Verpflichtungskraft der Forderungen von Anspruchsgruppen ist naturgemäß sehr unterschiedlich. Da die diesbezügliche Prüfung durch das Unternehmen weder willkürlich stattfinden noch von persönlichen Sympathien erhellt oder Antipathien getrübt sein soll, ist eine Überprüfung nach rationalen und ethisch relevanten Kriterien erforderlich. Beim Verpflichtungsgrad von Ansprüchen, die Stakeholder an das Unternehmen stellen, kann man Muss-, Soll- und Kann-Normen unterscheiden.[33]

4.1 Muss-Normen

Als *Muss*-Normen definiert man generelle Verhaltensregeln, die für ein Minimum an geordnetem Zusammenleben von Menschen und zur Vermeidung prinzipieller Friktionen innerhalb einer Gesellschaft unverzichtbar sind. Diese Normen sind nicht verhandelbar oder weisen zumindest einen hohen Grad von gegenseitiger Verbindlichkeit auf. Ihre Einhaltung gilt als selbstverständlich und wird daher nicht belohnt. Ihre Nicht-Einhaltung wird dagegen mit Sanktionen belegt, diese können von Klatsch, Hohn oder Spott bis zu Strafen, starkem sozialem Druck und gesellschaftlichem Ausschluss reichen. In modernen Gesellschaften sind Muss-Normen im großen und ganzen identisch mit den Rechtsnormen, in traditionellen Gesellschaften wirtschaftlich unterentwickelter Länder können sie darüber hinaus ge-

---

[32]   Vgl. z.B. das Positionspapier *Access to Treatment* der Novartis unter: www.novartisfoundation.com

[33]   Vgl. zu dieser Unterscheidung Henecka (1993), 60ff. und Hillmann (1988), 101ff.

hen, wenn durch defizitäre Gesetze oder mangelnde Umsetzung das Befolgen der geltenden Gesetze für das ethische Minimum nicht ausreicht. Dann gehört die Anwendung des Geistes der relevanten Gesetze zu den Muss-Normen.

Solches Handeln ist im Sinne einer Lebenshaltung, wie sie die Goldene Regel umschreibt: Sei es in der passiven Formulierung des Alten Testaments: „Was Dir selbst verhasst ist, das mute auch einem anderen nicht zu", Buch Tobit, 4.15, sei es in der anspruchsvolleren aktiven Form des Neuen Testaments: „Alles, was ihr also von den anderen erwartet, das tut auch ihnen," Matthäus Evangelium 7.12. oder in der populären Formulierung von Wilhelm Busch: „Was Du nicht willst, das man Dir tu, das füg' auch keinem and'ren zu"; die Goldene Regel ist Bestandteil fast aller Kulturen und war es seit Menschengedenken. Rabbi Hillel (20 v. Chr.) soll einem jungen Mann den Inhalt der Tora mit der Goldenen Regel vorgetragen haben: „Was Dir verhasst ist, tue keinem anderen. Das ist das ganze Gesetz. Alles andere ist nur Kommentar dazu."[34]

Richard M. Hare hat die Goldene Regel auf die Gegebenheiten moderner Gesellschaften zugeschnitten. Danach ist individuelles und kollektives menschliches Handeln so zu gestalten, dass wir uns selbst darauf festlegen können (Präskriptivität), aber auch zugleich bereit sind, sie als Beispiel für einen Handlungsgrundsatz zu akzeptieren, der auch für andere in ähnlichen Umständen als Vorschrift zu gelten hat (Universalisierbarkeit).[35] Die Reflexion der Goldenen Regel lädt zu einem imaginativen Rollentausch mit dem oder den von den eigenen Handlungen Betroffenen ein. Georges Enderle weist auf drei Charakteristika hin, die über die Analyse der Verpflichtungskraft von Normen hinaus von genereller Bedeutung für eine konstruktive Auseinandersetzung zwischen Trägern verschiedener Interessen sind:

➤ Der Urteilende soll sich in die Lage des Betroffenen und die wesentlichen Merkmale seiner Rolle hineindenken und hineinfühlen, also innerlich einen echten Tausch vollziehen.

➤ Nicht das eigene Wollen soll maßgeblich sein, sondern das eigene Wollen in der Rolle des Anderen.

➤ Der Rollentausch soll durch eine erfahrungsgeprägte und zukunftsgerichtete Handlungsoffenheit gekennzeichnet sein, d.h. die Vielzahl der

---

[34] Zitiert nach Enderle (1993), 170.

[35] Vgl. Hare (1987), 110f.

sittlich erlaubten Handlungsalternativen soll transparent werden, um daraus eine verantwortungsvolle Variante auswählen zu können.[36]

Ein solches Hineindenken und Hineinfühlen verunmöglicht – oder erschwert zumindest – im zwischenmenschlichen wie im institutionellen Kontext Gleichgültigkeit gegenüber den externen Effekten des eigenen Handelns und strebt tendenziell die Universalisierbarkeit des eigenen Handelns an.

Eine letzte hier zu erörternde *Muss-Norm* ist *Gerechtigkeit* als handlungsleitende Maxime. Weder die generelle ethische Reflexion noch Erörterungen im Kontext von Spezialproblemen lassen sich führen, ohne dass dem Sachverhalt Gerechtigkeit eine zentrale Bedeutung eingeräumt wird. Mindestens seit der stoischen Philosophie (300 vor bis ca. 300 nach Chr.) gilt der Grundsatz, dass jedem Menschen sein Anteil an der Gerechtigkeit gebührt. Dieser Anspruch resultiert aus der bloßen Tatsache, dass er (oder sie) Mensch ist. Was aber heißt das konkret?

Wie operationalisiert man Gerechtigkeit?

Das Bemühen, den Begriff Gerechtigkeit zu definieren und inhaltlich auszufüllen, ist mindestens so alt wie das abendländische Denken, wahrscheinlich so alt wie der Mensch. Und dennoch sind Fragen der Gerechtigkeit nie endgültig beantwortet, sie stellen sich im spezifischen Fall immer wieder aufs Neue, denn: Gerechtigkeit ist ein Verhältnisbegriff, „[...] die Frage lautet immer: Gerecht in Bezug auf was? Zu klären ist dann: An welchem Maßstab, an welcher Norm richtet sich die Gerechtigkeit überhaupt aus? Was ist der inhaltliche Maßstab? Wer setzt diesen Maßstab?"[37] Genau dies aber bleibt in Dialogen mit unternehmensexternen Anspruchsgruppen oft *so* kontrovers, dass das Wort Diderots, man könne Fragen der Gerechtigkeit nur im *Schweigen der Leidenschaften* entscheiden, unverändert gilt. Über die Erörterung des Gerechtigkeitsbegriffs von John Rawls kommen wir im Zusammenhang der Soll-Normen noch einmal zurück.

Unternehmen, welche von Anspruchsgruppen darauf hingewiesen werden, dass sie Defizite bei der Erfüllung von Muss-Normen im Rahmen ihrer Geschäftätigkeit haben, sind prinzipiell gut beraten, diesem Sachverhalt ihre *volle Aufmerksamkeit* zu schenken. Wo geltende Gesetze nicht eingehal-

---

36   Vgl. Enderle (1988).

37   Honecker (1990), 188.

ten oder prinzipielle Sorgfaltsregeln nicht berücksichtigt werden, besteht ohne weitere Diskussion sofortiger Korrekturbedarf. In solchen Fällen sollte – um weiteren negativen Überraschungen vorzubeugen – das Revisorat mit einer Untersuchung beauftragt werden, die ein möglichst helles Licht auf die Gründe derartig defizitären Handelns wirft.

Wo es dagegen um generelle Gerechtigkeitsprobleme geht, wird die Sache komplizierter: Was ist „gerechtes Handeln" für ein Unternehmen, das Jahr für Jahr riesige Mittel für die Forschung nach und Entwicklung von Arzneimitteln investiert, und patentierte Medikamente für HIV/AIDS-Kranke anbietet in Afrika südlich der Sahara? Wie ist damit umzugehen, dass das an sich legitime Gewinnstreben und das Festhalten an geistigen Eigentumsrechten (Intellectual Property Rights) dieses Unternehmens hier in Konflikt kommen kann mit dem Recht auf Leben eines verarmten Menschen? Ist es – aufgrund der an sich leicht nachvollziehbaren Wertehierarchie *menschliches Leben geht vor betriebswirtschaftlichem Gewinn* – nicht die moralisch selbstverständliche Pflicht, jene patentierten Medikamente an jene herzuschenken, die sie zum Überleben brauchen, aber mangels Kaufkraft oder Krankenversicherung auf andere Weise keinen Zugang haben? Andererseits stellt sich die Frage, ob das Pharmaunternehmen in diesem Fall der einzige Akteur ist, dem Pflichten zuzumuten sind. Sind die unternehmerischen Pflichten hier nicht subsidiär zu denen anderer Akteure, beispielsweise des betroffenen Nationalstaates und seiner Behörden oder der internationalen Gemeinschaft (Global Drug Fund!) und ihrer Katastrophenhilfe?

Es befriedigt weder die Verantwortungsträger eines aufgeklärten Unternehmens noch gesundheitspolitische Anspruchsgruppen und erst recht nicht die tödlich erkrankten Menschen, wenn diejenigen, die einen Stein zum Mosaik der Gesamtlösung beitragen können, schulterzuckend auf die Verantwortlichkeit der jeweils anderen Akteure verweisen. Hier besteht eine moralische Pflicht für so genannte *Multi-Stakeholder-Lösungen*, bei denen verschiedene Akteure jeweils ihren Teil zum Zusammensetzen des Lösungspuzzles einbringen. Ein hoffnungsvoller Weg zu konstruktiven Lösungen derart komplexer und multikausal verursachter Probleme ist für Unternehmen im Bereich der *Soll-Normen* angesiedelt.

4.2 Soll-Normen

Im Verbindlichkeitsgrad geringer als die Muss-Normen, jedoch noch immer als weitgehend selbstverständlich empfunden, sind Soll-Normen. Sie haben einen Legitimationsanspruch jenseits des als legal vorgeschriebenen Minimums. Beispiele sind die im geschäftlichen Zusammenarbeiten erwarteten, guten Sitten oder Verkehrssitten und das sich Verlassen auf Treu und Glauben. Als Voraussetzung gehört dazu auch eine bestimmte Korrektheit im Umgang miteinander. Denjenigen, die Soll-Normen einhalten, wird mit präferenzieller Behandlung begegnet. Bei Nicht-Befolgung drohen zwar auch Sanktionen, diese sind allerdings nicht so streng wie bei der Verletzung von Muss-Normen. Wenn wir uns als *Muss-Normen* die legale Handlungsweise als Folge der Gesetze oder ihres Geistes vorstellen, dann fiele unter die *Soll-Normen* das konstruktive und großzügige Ausfüllen rechtsfreier Räume.

Zu den Soll-Normen im Kontext der Arbeit multinationaler Unternehmen in Entwicklungsländern gehören beispielsweise jene Bereiche des nicht gesetzlich vorgeschrieben Handelns, die aus der Sicht der Standards in Industrieländern Selbstverständlichkeits-Charakter haben. Das kann z.B. eine Lohn- und Gehaltspolitik sein, die sich nicht an eventuell bestehenden staatlichen Minimallohn-Vorschriften oder (bei großer Arbeitslosigkeit und Unterbeschäftigung!) am freien Markt orientiert, sondern zur Sicherung menschenwürdiger Lebensumstände der im Unternehmen beschäftigten Menschen darüber hinaus geht und als Minimum Living-Wages bezahlt.

Auch in der Personalpolitik und bei den Sozialleistungen lassen sich Beispiele finden, mit denen die Wünschbarkeit der Einhaltung von Soll-Normen belegt werden kann, z.B. in Bezug auf Lohnfortzahlung im Krankheitsfalle, Kündigungsschutz, Krankenversicherungen, Altersversorgung und Sicherheit am Arbeitsplatz bis hin zu konkreten Hilfen bei der Grundbedürfnisdeckung (z.B. kostenlose oder stark subventionierte betriebliche Essensverpflegung und medizinische Basis-Versorgung). Angesprochen sind hier Dinge, die in vielen Industrieländern zum gewachsenen Bestand der modernen Personalfürsorge gehören und besonders unter Bedingungen kollektiver und individueller Armut große Bedeutung haben. Ebenfalls von großer Bedeutung ist entsprechendes Handeln im Bereich des Umweltschutzes.

Die Erörterung der Gerechtigkeitsvorstellungen des kürzlich leider verstorbenen John Rawls[38] ist eine interessante Reflexionsebene für unternehmerische *Soll-Normen*. Der erste rawlssche Grundsatz postuliert, dass jedermann das gleiche Recht auf das umfangreichste Gesamtsystem von gleichen und

---

[38] Vgl. Rawls (1975).

für alle möglichen Grundfreiheiten hat. Unter Grundfreiheiten versteht Rawls politische Freiheiten (das Recht zu wählen und öffentliche Ämter zu bekleiden) und die Rede- sowie Versammlungsfreiheit, die Gewissens- und Gedankenfreiheit, die persönliche Freiheit, zu der der Schutz vor psychischer Unterdrückung und körperlicher Misshandlung sowie Verstümmelung gehört (Unverletzlichkeit der Person), das Recht auf persönliches Eigentum und der Schutz vor willkürlicher Festnahme und Haft. Diese Grundfreiheiten beziehen sich auf alle Sphären menschlichen Lebens.

Freiheit kann nach Rawls legitimerweise nur um der Freiheit willen beschränkt werden, und nur in zwei Fällen: Eine weniger umfangreiche Freiheit darf dann eingeschränkt werden, wenn dies das Gesamtsystem der Freiheit, an dem alle teilhaben, stärkt. Ein Beispiel dieser Art wäre ein Verbot von Produktionsprozessen, die durch ihre Umweltfolgen das Leben unbeteiligter heute oder zukünftig lebender Menschen gefährden (z.B. die Ozonschicht zerstörende Chemikalien). Die zweite Bedingung ist nach Rawls, dass die ungleiche Freiheit für die Bürger mit weniger Freiheit annehmbar sein muss.[39]

Rawls' zweiter Grundsatz postuliert, dass real existierende soziale und wirtschaftliche Ungleichheiten so beschaffen sein müssen, dass sie den am wenigsten Begünstigten den größt möglichen Vorteil bringen, und sie müssen mit Ämtern und Positionen verbunden sein, die allen gemäß fairer Chancengleichheit offen stehen.[40] Rawls nennt dies die Maximin-Strategie, da diejenigen, die nur ein Minimum haben, maximal profitieren sollen. Die Vorzugsregel *Vorrang der Gerechtigkeit vor Leistungsfähigkeit und Lebensstandard* postuliert, dass die Chancengleichheit der unterschiedlichen Leistungsfähigkeit *vorgeordnet* ist.[41]

Während Rawls erster Grundsatz auch im unternehmerischen Kontext keine Schwierigkeiten bereiten sollte, stößt der zweite auf Umsetzungsschwierigkeiten: Im unternehmerischen Handeln im Rahmen einer sozialen Marktwirtschaft wird im Normalfall als gerecht erachtet, dass eine höhere Leistungsbereitschaft und -fähigkeit zu höheren Remunerationen und anderen Vorteilen führt, und zwar unabhängig von den Gegebenheiten in den

---

[39] Vgl. ebenda, 283.

[40] Vgl. ebenda, 104.

[41] Vgl. ebenda, 283

Basis-Lohnklassen (welche die Befriedigung der Grundbedürfnisse einer Familie ermöglichen).

Zwar wird gemeinhin argumentiert, dass, wenn es einem Unternehmen gut geht, es mit hoher Wahrscheinlichkeit auch allen Mitarbeitern gut geht, weil durch unternehmerischen Erfolg z.B. auch höhere Löhne oder zusätzliche Sozialleistungen möglich werden. Es entspricht jedoch nicht meiner Wahrnehmung der Praxis, dass im unternehmerischen Normalfall soziale und wirtschaftliche Ungleichheiten den am wenigsten Begünstigten die größtmöglichen Vorteile bringen. Nach fast genereller Übereinstimmung von Verantwortungsträgern der Wirtschaft liegt die Verantwortung für sozialen Ausgleich beim Staat (z.B. durch die Steuerprogression) und nicht beim individuellen Unternehmen. Die Kombination der Anwendung des Subsidiaritätsprinzips und der großzügigen Auslegung des wohlverstandenen unternehmerischen Eigeninteresses sowie die Erfüllung von Kann-Normen durch Unternehmen sollten hier in Konfliktfällen gangbare Wege öffnen.

Unternehmen, die von Anspruchsgruppen auf Defizite bei der Erfüllung von Soll-Normen im Rahmen ihrer Geschäftstätigkeit angesprochen werden, sind gut beraten, sich auf einen Dialog über solche Sachverhalte einzulassen. Unter Umständen wird dadurch die Chance eröffnet, die Qualität des unternehmerischen Handelns für eine Entwicklung mit menschlichem Antlitz zu verbessern.

4.3 Kann-Normen

Kann-Normen sind den kantschen „unvollkommenen Pflichten" vergleichbar, ihr Verpflichtungsgrad ist im Sinne des Hypothetischen Imperativs an Voraussetzungen gebunden (Wenn-Dann). Ihre Einhaltung ist zwar ebenfalls gesellschaftlich erwünscht, mit Wertschätzung verbunden und von positiven Reaktionen begleitet, sie kann in der Regel jedoch nicht verbindlich eingefordert werden. Immanuel Kant hat in seiner *Grundlegung zur Metaphysik der Sitten* „vollkommene" und „unvollkommene Pflichten"[42] unterschieden und diese später ausführlich erläutert.[43] Zu den vollkommenen Pflichten gegen sich selbst gehört z.B. die Selbsterhaltung, zu den unvollkommenen Pflichten die Entwicklung und Vermehrung der eigenen Vollkommenheit. Im gleichen Sinne gehört die Befolgung des Gebots des Alten

---

[42]   Kant (1991b), 52.

[43]   Vgl. Kant (1991a), 553ff.

Testaments (Exodus 20, 13) „Du sollst nicht morden" für zivilisierte Menschen zu den vollkommenen Pflichten, während das Gebot der Bergpredigt (Matthäus 5, 44) „Liebt euere Feinde und betet für die, die euch verfolgen" wohl eher zu den unvollkommenen Pflichten gehört.

Auf der Unternehmensebene sind in diesem Zusammenhang Sonderleistungen angesprochen, die weder gesetzlich vorgeschrieben noch branchenüblich sind – und dennoch Menschen u.U. erhebliche soziale oder andere Vorteile bringen. Im sozialen Bereich können dies z.b. kostenlose oder stark subventionierte Kindergärten für allein erziehende Mütter sein, kostenlose Weiterbildungsmöglichkeiten unter Nutzung der betrieblichen Infrastruktur oder Stipendienprogramme für die Kinder von Mitarbeitern der unteren Lohngruppen. Auch Sonderleistungen für Diagnose, Therapie und psychosoziale Fürsorge beispielsweise für HIV/AIDS-kranke Mitarbeiter fallen unter diese Sonderleistungen.

Auch die Gründung und Alimentierung von Stiftungen mit humanitärem Auftrag gehört in den Kontext der Kann-Normen. Angesichts der immensen globalen Armut und des damit verbundenen großen menschlichen Leids wäre an sich schon die unternehmerische Rolle als reiner Geldgeber für humanitäre Zwecke äußerst positiv zu würdigen. Unternehmen verfügen jedoch im Normalfall zusätzlich zu den finanziellen Ressourcen über Wissen und Erfahrungen, die sie mit großem Nutzen und zur Erhöhung der Effektivität, Effizienz und Signifikanz in Projekte und Programme der Entwicklungszusammenarbeit und der humanitären Hilfe einbringen können.[44]

5. Einstellung zu und Umgang mit externen Anspruchsgruppen

Es ist offensichtlich, dass Unternehmen in modernen Gesellschaften für sich alleine nur begrenzt entscheiden können, was als sozial und ethisch akzeptabel empfunden wird. Unternehmen stellen keinen autonomen Kosmos dar, sondern sind lebendiger Bestandteil einer lebendigen Gesellschaft:

---

[44] Vgl. z.B. den Bericht der Novartis Stiftung für Nachhaltige Entwicklung, Basel 2003 (Postfach, CH-4002 Basel, Schweiz) oder www.novartisfoundation.com, zu möglichen Problemen mit der eigenen Berichtestattung über unternehmerisches Engagement im humanitären Bereich vgl. Stoll (2002).

Im Sinne der Metapher von Albert Schweitzer sind auch Unternehmen „Leben, das leben will, inmitten von Leben, das leben will". Durch permanente Interaktion beeinflussen sie ihr Umfeld und werden von diesem beeinflusst. In pluralistischen Gesellschaften ist es völlig normal, dass externe Beeinflussungsversuche auf die verschiedenste Weise und in Bezug auf die verschiedensten Ziele stattfinden. Daraus können Konflikte entstehen, die in freien Gesellschaften zunächst einmal als berechtigt anerkannt werden sollten, weil gesellschaftlicher Wandel ohne konfligierende Interessen und die Auseinandersetzung ihrer Wertigkeit nicht möglich ist.

Aus diesen Feststellungen resultiert jedoch nicht, dass die Verantwortung für das, was letztendlich Inhalt einer unternehmerischen Entscheidung ist, aus dem Unternehmen heraus delegiert werden kann. Forderungen anderer gesellschaftlicher Akteure können schon aus Gründen der Wahrung der Eigeninteressen nicht ohne weiteres entgegengenommen oder gar übernommen werden. Unternehmen sollten sich jedoch Forderungen, die an sie herangetragen werden, konstruktiv und unvoreingenommen stellen; zumindest erweitert das die eigene Entscheidungsbasis. Im Sinne Dahrendorfs sollten Konflikte zwar als konstruktives Element aufgefasst, allerdings in geregelten Formen und unter Einhaltung bestimmter Spielregeln (z.B. Gewaltlosigkeit) ausgetragen werden.[45]

5.1   Best Practices im Umgang mit unternehmensexternen Anspruchsgruppen

Da es im wohlverstandenen Eigeninteresse eines Unternehmens liegt, das aus seiner Sicht relevante gesellschaftliche Umfeld zu kennen und zu pflegen, sind Stakeholder-Beziehungen heute eine selbstverständliche Aufgabe des Managements. Wer anderen zuhört, ihre Anliegen ernst nimmt und auf sie eingeht und dabei selbst klare Positionen bezieht, wird Bestandteil einer Kommunikationsgemeinschaft. Das vermittelt nicht nur Kenntnis von und Auseinandersetzung mit Bewertungen des eigenen Tuns, sondern auch das Wissen um die jeweiligen Persönlichkeiten, die hinter den verschiedenen Anspruchspositionen stehen. Obwohl auch das aufgeklärteste Unternehmen nie allen Anspruchsgruppen gegenüber gleichermaßen aufgeschlossen sein wird, liegt es im unternehmerischen Interesse zu wissen, welche Ansprüche mit welcher Legitimität von wem vorgebracht werden. Der Satz

---

[45]   Vgl. Dahrendorf (1981).

Martin Bubers, „*Der Mensch wird am Du zum Ich*", gilt in abgewandelter Form auch für Unternehmen: Diese gewinnen ihre Identität durch ihre Einstellung zu ihrem gesellschaftlichen Umfeld.

Nur die nüchterne professionelle Analyse erlaubt sachkundige Rückschlüsse auf die Wertigkeit von Forderungen externer Anspruchsgruppen an das Unternehmen.[46] Dissens über wesentliche Sachverhalte muss nicht nur ausgehalten werden, er bietet die Chance, höherqualitative Lösungen zu finden. Ausweichstrategien wie beispielsweise Konflikte aussitzen, ideologisch begründete Ablehnung oder selbst-verordnete Kompromisslosigkeit führen ein Unternehmen ebenso ins Abseits wie populistische Kompromisssucht und ein Nachgeben ohne argumentative Gegenwehr. Schon die Tatsache, dass ein Unternehmen Verantwortungsträger in einen Dialog mit Anspruchsgruppen delegiert, um die eigenen Positionen darzulegen, auf Gegenargumente rational einzugehen und sich seinerseits belehren zu lassen, holt ein Unternehmen aus jener Art von Anonymität heraus, die so oft Ursache diffuser Unbehagensgefühle ist.

Erfahrungsgemäß haben sich die folgenden Prinzipien und Handlungsweisen besonders für international arbeitende und forschende Unternehmen bewährt:

➢ Anerkennung der Tatsache, dass das gesellschaftliche Umfeld als Ganzes und erst recht diejenigen, die von den Aktivitäten eines Unternehmens direkt betroffen sind, legitime Ansprüche auf die Berücksichtigung ihrer Interessen haben. Im Minimum sollen Beeinträchtigungen, Zumutungen oder gar Schädigungen so klein als möglich gehalten, im besten Fall sollen positive Externalitäten maximiert werden. So oder so müssen mit allen relevanten Anspruchsgruppen des Unternehmens kommunikative Verständigungspotentiale aufgebaut werden. Dies geschieht am ehesten durch Sachlichkeit in der Argumentation, Fairness gegenüber den Diskurspartnern sowie Kohärenz und Konsistenz im Handeln.

➢ Laufende Analyse der wissenschaftlichen, gesellschaftlichen, politischen und publizistischen Argumentation zu allen Sachverhalten, die im Hinblick auf die Unternehmensstrategie und die nachhaltige Existenzsicherung des Unternehmens von Bedeutung sind.

➢ Laufende Bewertung der potenziellen Konsequenzen dieser Argumentationen für die Unternehmensstrategie und den zukünftigen unter-

---

[46] Vgl. Clarkson Center for Business Ethics (1999).

nehmerischen Erfolg sowie für die Notwendigkeit von strategischen Anpassungen.

➤ Laufende und möglichst herrschaftsfreie Kommunikation mit allen relevanten Anspruchsgruppen des Unternehmens, inklusive der Aktionäre. „Laufend" bedeutet hier explizit, dass Kommunikation nicht nur in problematischen Zeiten und zu jeweils öffentlich aufgebrochenen Konflikten und Kontroversen, sondern unabhängig von diesen ihre permanente Bedeutung hat. Dadurch wird ein Unternehmen in die Lage versetzt, die komplexe interne Wirklichkeit nach draußen und externe Perzeptionen strategisch wichtiger Sachverhalte (Risiken, Nutzen, Befürchtungen, Verwundbarkeiten) nach innen zu transportieren. Im Idealfall findet ein Wahrnehmungsabgleich über die Wirklichkeit statt oder zumindest ein besseres Verständnis über alternative Vorstellungen.

➤ Die Tatsache, dass es potenzielle Konflikte zwischen den Unternehmensinteressen und denen externer Anspruchsgruppen gibt, muss offen angesprochen werden. Ebenfalls problematisiert werden muss die Tatsache, dass es (nicht nur, aber auch) unternehmerische *Dilemma-Situationen* gibt, die keine Auflösung im Sinne einer für alle befriedigenden Lösung haben, sondern eine Suche nach dem kleineren Übel notwendig machen. In diesem Zusammenhang sollten auch die Konsequenzen des Nichthandelns Teil des Dialogs sein.

➤ Unternehmen sollten bei der Erörterung komplexer Sachverhalte nicht nur rein rezeptive Akteure sein, sondern als Bestandteil der zivilen Gesellschaft auch in politischer Hinsicht eine mitbestimmende und gestalterische Rolle übernehmen.

Diese Art des Handelns ist nur vordergründig etwas Neues. Die meisten Unternehmen tun nämlich genau dies auf den Produkt-Märkten: Man setzt sich mit den neuesten Produktentwicklungen auseinander, prüft die Entwicklung der Konkurrenz im Lichte der eigenen Fortschritte und zieht Schlussfolgerungen daraus, um im Wettbewerb möglichst gut abzuschneiden. Die gleichermaßen professionelle Auseinandersetzung mit den unterschiedlichen Bewertungen, Ansprüchen und Zeitgeistveränderungen auf den Meinungs-Märkten hat ein vergleichbares Ziel: Überprüfung der fortlaufenden Entwicklung der Unternehmenspositionen auf den Meinungs- und Bewertungsmärkten in Konkurrenz zu gesellschaftlichen Anspruchsgruppen, die sich mit der gesellschaftlichen Beurteilung der Legitimität unternehmerischen Handelns beschäftigen. Der möglichst erfolgreiche Wettbewerb auf den Meinungs-Märkten hat letztlich wesentlichen Einfluss auf die gesellschaftliche Wahrnehmung des Unternehmens und somit auch auf den Erfolg auf den Produkt-Märkten.

Die intensive Pflege von Stakeholder-Beziehungen im Sinne einer rationalen und professionellen Auseinandersetzung mit dem gesellschaftlichen Umfeld ist eine bewusste unternehmerische Strategie,

➤ als Akteur der zivilen Gesellschaft seinen Pflichten nachzukommen, aber auch seine Rechte wahrzunehmen,

➤ relevantes Wissen zu beschaffen, zu verarbeiten und zu bewerten,

➤ falsche Wahrnehmungen zu korrigieren, eigene Bewertungen und Sachargumente in den gesellschaftlichen Diskurs einzubringen, aber auch, falls erforderlich,

➤ strategische Anpassungen in der Unternehmenspraxis vorzunehmen, um den Unternehmenserfolg im Lichte neuer gesellschaftlicher Entwicklungen zu optimieren.

Betrachtet man Whistleblower im Unternehmen ebenfalls als legitime Anspruchsgruppe – und einer solchen Sicht steht wenig entgegen – dann hat der korrekte Umgang mit ihnen vergleichbare strategische Vorteile.

5.2 Auswirkungen dieser Art des Stakeholder-Managements

Diese Handlungsweisen bringen für das Unternehmen die folgenden Vorteile mit sich:

5.2.1 Early warning system

Wer bei der Bewertung von für das Unternehmen wichtigen Sachverhalten im laufenden Kontext mit der sich wandelnden Zeit steht, weiß besser Bescheid und hat größere Chancen, keine bösen Überraschungen zu erleben. Die meisten gesellschaftlich kontrovers erörterten Sachverhalte, die im Laufe der Zeit zu teilweise substanziellen Schwierigkeiten für exponierte Unternehmen führten, waren Jahre zuvor bereits Bestandteil wissenschaftlicher Disputationen und danach Bestandteil der Arbeit von spezialisierten Anspruchsgruppen. Ein Beispiel soll dies erläutern: Wer die Forderungen der professionellen Umweltgruppen der späten siebziger Jahre mit dem vergleicht, was in den neunziger Jahren in den Umweltbroschüren der Unternehmen stand, hat den Eindruck, hier habe der berühmte Marsch durch die Institutionen stattgefunden, den Herbert Marcuse in den sechziger Jahren thematisierte. Hätte sich die Unternehmenswelt schon in den späten siebziger Jahren so offen und konstruktiv mit Fragen des Umweltschutzes befasst, wie das mehr als zehn Jahre später in Vorbereitung der UNO Konferenz über Umwelt und Entwicklung (Rio de Janeiro, 1992) begann, wäre zum Nutzen zukünftiger Generationen ein schnellerer gesellschaftlicher Lernprozess möglich gewesen. Dass nicht alle Forderungen von außen letztlich aus der Sicht des Unternehmens als legitim bewertet werden, liegt in der Natur der Sache. Die ernsthafte Beschäftigung mit Stakeholder-Forderungen und die Auseinandersetzung mit andersartigen Wertekonfigurationen helfen einem Unternehmen auch, Veränderungen bei der gesellschaftlichen Wertekonstellation zu antizipieren. Dies wiederum macht proaktives Issues Management im Sinne der über 2000-jährigen Weisheit von Laotse möglich:

> Plane das Schwierige, solange es noch einfach ist;
> Tue das Große, solange es noch klein ist,
> denn die schwierigen Dinge auf der Welt
> fangen stets einfach an,
> und die großen Dinge fangen stets klein an.
> Befasse Dich mit den Dingen, bevor sie geschehen;
> bringe sie in Ordnung, bevor sie durcheinander sind.

Dazu ein konkretes Beispiel: Seit einiger Zeit werden die Artikel der Allgemeinen Erklärung der Menschenrechte durch entwicklungs- und sozialpolitisch engagierte Anspruchsgruppen immer öfter auch auf die unternehmerische Dimension des gesellschaftlichen Lebens angewandt. Dabei stehen nicht so sehr die politischen Freiheits- und Persönlichkeitsrechte (Artikel 1-18, z.B. Recht auf Leben, Unversehrtheit, Freiheit, Eigentum und Sicherheit sowie Glaubensfreiheit) oder staatsbürgerlichen Rechte (Artikel 19-21, z.B. Freiheit der Meinungsäußerung, Informationsfreiheit oder Wahlrecht) im Vordergrund, sondern die so genannten *sozialen* Rechte. Diese sind in den Artikeln 22-28 der Erklärung der Menschenrechte aufgeführt.

Was konkret bedeutet für ein Pharmaunternehmen z.B. die Passage des Artikels 25 „Jeder Mensch hat Anspruch auf eine Lebenshaltung, die seine und seiner Familie Gesundheit und Wohlbefinden, einschließlich Nahrung, Kleidung, Wohnung, ärztliche Betreuung und die notwendigen Leistungen der sozialen Fürsorge gewährleistet"? Wenn wir davon ausgehen, dass das Recht auf ärztliche Betreuung, das in folgenden Präzisierungen (Covenants) von der internationalen Gemeinschaft als Recht auf Gesundheit interpretiert wurde, implizit auch ein Recht auf Zugang zu Medikamenten beinhaltet, verletzt dann ein Unternehmen, das sich zu keinen Medikamentenschenkungen oder substantiellen Preiskonzessionen bereit findet, die Menschenrechte dieser Patienten?

Ohne hier im Detail eine angemessene Antwort geben zu können, steht eines fest: Weder das Ignorieren solcher Forderungen noch eine völlige Kapitulation durch eine freie Abgabe der Medikamente ohne Bedingungen können eine nachhaltige Lösung sein. Und noch etwas scheint klar: Probleme dieser Art kann ein Unternehmen nur in Koalitionen mit anderen Partnern guten Willens und nicht alleine lösen. Dem Unternehmen wäre nicht gedient, wenn es als profitgierig und über die Leichen der HIV/AIDS-Patienten gehend karikiert würde. Zukünftigen Patienten von Armutskrankheiten wäre nicht gedient, wenn sich die Pharmaindustrie wegen des öffentlichen Drucks auf die Preise aus der Forschung und Entwicklung von Medikamenten gegen solche Krankheiten zurückziehen würde. Die Forderung des Zugangs zu lebensrettenden Medikamenten ist in jedem Fall legitim. Es stellt sich jedoch die Frage nach dem richtigen Adressaten der Forderung, nach den – situativ abzuklärenden – akzeptierbaren Zumutungen, nach einer für alle involvierten Akteure fairen gesellschaftlichen Verantwortungsteilung und nach möglichen Koalitionen der Vernunft.

Eine in der Auseinandersetzung mit der Außenwahrnehmung und mit Stakeholder-Forderungen ernsthaft durchgeführte Positions- und Verwundbarkeitsanalyse wirkt sich für das Unternehmen positiv aus. Es findet aus eigener Initiative und ohne defensive Zwänge heraus, wo suboptimal gehandelt wird. Ein weiterer indirekter Vorteil ist, dass ein firmeninternes Frühwarnsystem aufgebaut und die firmeninterne Sensibilität für potenziell illegitimes Handeln erhöht wird.

Stakeholderorientierte Schwachpunktanalysen des eigenen Handelns vermindern auch die Wahrscheinlichkeit, dass sich unerkannte oder nicht-problematisierte Missstände als *Courant Normal* festsetzen; dies wiederum vermindert die Notwendigkeit für Whistleblowing. Eine professionelle Auseinandersetzung mit sich verändernden gesellschaftlichen Werteeinstellungen, die pro-aktive Beschäftigung mit Technologiefolgen und ein permanenter Dialog mit relevanten Stakeholdern schaffen in einem Unternehmen ein zusätzliches Frühwarnsystem sozio-politischer Art.

Wer sich als Unternehmen darauf einlässt, mit allen legitimen Anspruchsgruppen im institutionalisierten Kontakt zu bleiben, kann nicht nur unternehmensextern initiierte Trends schneller erfassen, sondern auch den eigenen Horizont früher erweitern. Er kann zudem Vorurteile gegen unorthodoxe Problemwahrnehmungen abbauen und die eigene Argumentation im Lichte der neuen Erkenntnisse weiter entwickeln. Als gesellschaftlicher Lernprozess wird die Spannung abgebaut zwischen rein normativ begrün-

deten Ansätzen von Anspruchsgruppen – sie laufen Gefahr, den Kontakt
mit der gesellschaftlichen Realität zu verlieren – und ausschließlich unter-
nehmenspragmatischen Ansätzen – diese laufen Gefahr, alle normativen
Aspekte auszublenden.[47]

5.2.2 Kenntnis der Anspruchsgruppen und ihrer Meinungsführer

Heute haben junge Menschen mehr Vertrauen in Nicht-Regierungs-Organi-
sationen wie beispielsweise Amnesty International oder Greenpeace als in
politische Institutionen oder Unternehmen.[48] Dies bedeutet auch, dass die
politischen Prozesse komplexer geworden sind. Unternehmen, die von gesellschaftspolitischen Einflüssen stark betroffen sind, sollten daher ihre
Hausaufgaben auch in dieser politischen Hinsicht machen. Die Frage, ob
unternehmensexterne Anspruchsgruppen eine moralische Legitimation haben, ist längst und positiv beantwortet.[49]

Die Auseinandersetzung mit den Argumenten externer Anspruchsgruppen
hat neben der inhaltlichen auch eine menschliche Seite. Wer die Menschen
hinter den Positionen kennt, wird besser in der Lage sein, die Gründe für
die jeweilige Denkweise nachzuvollziehen. Dies ermöglicht Diskussionen
von Mensch zu Mensch und die wiederum können erfahrungsgemäß bei
kundigen und ernsthaft bemühten Menschen guten Willens veränderte Einstellungen auf beiden Seiten der Argumentation auslösen. Im besten Fall
findet ein Lernprozess statt, der ohne öffentlichen Showdown zu qualitativ
besseren Lösungen führt. Idealtypischerweise wird hier davon ausgegangen,
dass beide Seiten der Argumentation in der Lage sind, sich der Kraft des
besseren Arguments zu fügen.

Nicht zu unterschätzen sind die zwischenmenschlichen Lernerfahrungen in
gesellschaftlichen Dialogen. Das Verfolgen unterschiedlicher Interessen
und unterschiedlicher Ziele hat oft seinen Ursprung nicht in simplen ideo-

---

[47] Vgl. Habermas (1998).

[48] Vgl. Environics International (2001). Nach dieser Quelle haben 65% der Befragten Vertrauen darin, dass NGOs im besten Interesse der Gesellschaft arbeiten, während 51% in
dieser Hinsicht Global arbeitenden Unternehmen misstrauen. Eine Nachfolgestudie im
Jahr 2002 bestätigte diese Daten. Die Shell Jugendstudie 1997 kam zu vergleichbaren
Ergebnissen für die Bundesrepublik.

[49] Vgl. z.B. Gibson (2000).

logischen Prädispositionen (das gibt es auch), sondern in divergierenden Grundwerten und unterschiedlicher Sozialisation aufgrund unterschiedlicher Lebenswelten. Besonders das, was intuitiv als ethisch oder unethisch begriffen wird, ist durch Sozialisation vermittelt und dadurch vom sozialen Kontext der betreffenden Person abhängig. Auch Ängste durch Überforderung aufgrund schnellen gesellschaftlichen Wandels oder wegen der Erosion vertrauter Sicherheiten können eine Rolle spielen. Die Erkenntnis, dass Menschen gleicher Würde aufgrund verschiedener Lebenserfahrungen unterschiedliche Positionen einnehmen, nimmt Kontroversen die polemische Schärfe und schafft die Voraussetzung für vertrauensbildende Maßnahmen.

5.2.3 Möglichkeit, die Entwicklung einer Debatte durch eigene Argumente zu beeinflussen

Hier ist jene vierte Dimension der *Quadruble Bottom Line* angesprochen: Wer Teil einer sachlichen Erörterung ist, kann seine Argumente in den Meinungsfindungsprozess einbringen, auf inhaltlich falsche Argumente der Gegenseite korrigierend einwirken und zusätzliche, bisher nicht berücksichtigte Gesichtspunkte einbringen. Die Anerkennung von Unternehmen als Akteure in einer zivilen Gesellschaft und das Einfordern von Pflichten verleiht ihnen auch das Recht, ihre Interessen durch Teilnahme am politischen Meinungsbildungsprozess wahrzunehmen. Das kann, muss aber nicht unbedingt Einflussnahme im Sinne von *Advocacy* sein. Oft gibt es unterschiedliche Auffassungen über die Beschaffenheit bestimmter Defizite und den Ort ihrer Überwindung. Durch das Einbringen anderer Gesichtspunkte können Sachverhalte und Bewertungskriterien, die nach vorherigem Verständnis strittig waren, in einem anderen Licht erscheinen. Das Unternehmen kann in einer solchen Situation konstruktiv und offensiv eigene Positionen zum Gegenstand der öffentlichen Debatte machen, anstatt defensiv auf außengesteuerte Kampagnen reagieren zu müssen. Dies wiederum kann nicht nur den Verlauf einer gesellschaftlichen Diskussion verändern, sondern auch einen a priori kontroversen Sachverhalt, vielleicht inhaltlich modifiziert, gemeinwohlverträglich und unternehmenskompatibel lösbar machen. Auch hier ein Beispiel:

Die Kontroversen um die Grüne Gentechnik begannen in der Mitte der achtziger Jahre zunächst auf der wissenschaftlichen, dann gesellschaftspolitischen (Nicht-Regierungsgruppen wie beispielsweise Greenpeace) und schließlich publizistischen Ebene. Wären Unternehmen, bei denen diese Technologie große strategische Bedeutung hatte, früher, sachorientierter, professioneller und offener auf der wissenschaftlichen, politischen und publizistischen Diskussionsebene präsent gewesen, wäre es wahrscheinlich möglich gewesen, eine einseitig risiko-orientierte Erörterung zu verhindern und – argumentativ oder durch technologische Anpassung – den berechtigten Bedenken gerecht zu werden.

Im besten Falle hätte durch die konstruktive und offene Teilnahme an der Erörterung dieser neuen Technologie auch ein Stück Transformationsarbeit geleistet werden können: weg von der diffusen Ungewissheit und hin zu quantifizierbaren und berechenbaren Risiken. Das hätte nicht nur die Gelegenheit geboten, über die Risiken des Nichthandelns und die bekannten Möglichkeiten des Risikomanagements zu reden, sondern tendenziell auch bewirkt, dass (rational kaum beeinflussbare) Angst zu (mit schlüssigen Argumenten verminderbare) Furcht wird.

Ohne Zweifel sind viele Menschen, die bei Protestaktionen von Stakeholdergruppen mitmachen, moralisch engagierte, verständigungsorientierte und sich für eine aus übergeordneter Sicht gute Sache einsetzende Mitbürger. Andere sehen in der Konfrontation und der daraus resultierenden Medienaufmerksamkeit ein effektiveres Mittel für die Durchsetzung politischer Ziele – diese werden für Konsenslösungen weniger zur Verfügung stehen und der Zusammenarbeit in gemeinsamen Projekten eher aus dem Weg gehen. Nur wer aus Kooperation Interaktionsgewinne für sich oder die Sache erwartet, wird sich für Zusammenarbeit mit anderen bereit finden. Wer dagegen aus Konfrontation Vorteile zieht, z.B. weil bei der Spendenakquisition ein *Robin Hood* für seine Profilierung einen *Sheriff von Nottingham* braucht, wird, rational nachvollziehbar, aus Eigeninteresse die Konfrontation der Kooperation vorziehen. In diesem Zusammenhang hat eine vor über 80 Jahren von Max Weber gemachte Feststellung höchste Aktualität, dass nämlich die Machtkonstellation in einer Gesellschaft nicht ein einfaches Gegenüber von Mächtigen und Ohnmächtigen ist, sondern ein „unendlich verwickeltes Kraftfeld".[50] Die Auswahl der richtigen Partner ist die erste Weichenstellung für erfolgreiche Zusammenarbeit. Wer für die in einer Zusammenarbeit anzugehenden Probleme völlig andere Definitionen hat, kommt für eine Zusammenarbeit allein schon deshalb nicht in Frage, weil er im Lichte seiner Diagnose völlig anders strukturierte Lösungen vorschlagen wird.

---

[50] Weber (1980), 351.

Beim Bemühen, Positionen kennen zu lernen, die von eigenen Überzeugungen abweichen, geht es nicht darum, sich im manichäischen Sinne zwischen gut oder böse bzw. richtig oder falsch entscheiden zu müssen, sondern zunächst einmal um das Kennenlernen des so oder anders. Auch bei bester Information über die verschiedenen Standpunkte und beim besten Willen, Menschen mit anders gelagerten Argumentationen zu verstehen, wird es nur in Ausnahmefällen möglich sein, Wertekonflikte grundsätzlich beizulegen und daraus abgeleitete prinzipielle Bewertungsdifferenzen ganz auszuräumen. So oder so fließen jedoch wertvolle zusätzliche Informationen ins Begründungsportfolio unternehmerischer Entscheidungen ein, weil ein ganzheitlicher Realitäts-Check und nicht lediglich ein interner Erörterungsprozess stattfindet.

Erfolgreiche Diskurse – Erfolg gemessen an der Tatsache, dass Konsens in der Sache und im gemeinsamen Vorgehen erzielt wurde – müssen sorgfältig vorbereitet sein, und alle Beteiligten müssen sich Rechenschaft über die Existenz konfligierender Interessen geben. Das fängt schon bei der Definition der wesentlichen Probleme an, denn aus dieser resultiert die Bewertung der Angemessenheit der eingesetzten Mittel und Methoden. Dialoge unter gutmeinenden Partnern schaffen zunächst Verständnis für die verschiedenen Diskurspositionen und können durch das Angebot und den Austausch von Informationen Einblick in die Bedenken und Befürchtungen anderer Menschen gewähren und dadurch Vorurteile abbauen oder zumindest einen Hintergrundkonsens herstellen. Dialoge finden zwischen Menschen statt – nicht zwischen Institutionen. Seit Sokrates wissen wir, dass Menschen dazu neigen, ihre subjektiven Gewissheiten mit der objektiven Wahrheit zu verwechseln. Die Verwechslung von subjektiven Gewissheiten mit objektiver Wahrheit, die intersubjektive Geltung hat, weil sie Irrtum und Täuschung ausschließt, ist oft die Ursache allen Übels.

Im Kontext des Whistleblowing ist noch folgender Hinweis von Bedeutung: Überzeugungskonflikte und Meinungsverschiedenheiten kommen in der Praxis natürlich nicht nur zwischen Menschen in Unternehmen und Menschen außerhalb dieser vor, sondern sind auch gängige Lebensrealität zwischen Menschen innerhalb desselben Unternehmens. So können Stabsabteilungen und dort arbeitende Spezialisten über die inhaltlichen oder strategischen Erfordernisse eines Unternehmens völlig andere Positionen vertreten als z.B. Marketingverantwortliche oder Finanzabteilungen. Das Austragen solcher Dissense kann, in geregelten Formen, Lernprozesse auslösen, die dem Unternehmen als Ganzem zugute kommen.

Erfolgreiche Strategien zur Überwindung von unternehmensinternem Dissens unterscheiden sich nicht wesentlich von denen zur Auflösung von Dissens mit unternehmensexternen Anspruchsgruppen – mit einer Ausnahme: Interner Dissens kann zur Not mit einem Machtwort beendet werden, externer nicht. Ansonsten haben jedoch im internen wie im externen Fall Dissensauflösungsstrategien durch Kompromiss und durch Kompensation die größten Chancen.[51] Ob nun intern oder extern miteinander gesprochen wird, immer gilt:

Konstruktive Dialoge unter wohlmeinenden Menschen können einen wesentlichen Beitrag zur gemeinsamen Erschießung der Komplexität spezifischer Sachverhalte leisten. Durch die Bereitschaft zum Sachdialog kann auch klargestellt werden, dass längst nicht alle Urteile über das Gute und Richtige moralische Urteile sein müssen. Längst nicht jeder Dissens über technologische Sachverhalte ist ein moralischer Dissens.[52] Vielleicht sind die moralischen Dissense sogar die Ausnahme zur Regel, denn es gibt

➢ *Interpretationsdissense* z.B. über die Anerkennung der Aussagefähigkeit gewisser Messgrößen, über die Regenerationsfähigkeit von Biotopen oder Gefährlichkeit naturwissenschaftlicher Versuche (z.B. Freilandversuche mit gentechnisch veränderten Pflanzen),

➢ *Dissens über die Erfolgswahrscheinlichkeit alternativer Maßnahmen* zur Erreichung eines bestimmten Zieles, z.B. eines Wirtschaftsboykotts gegenüber einem Schurkenland oder Kaufboykott von Tropenholz,

➢ *Dissens über die Einschätzung von Sachzwängen*, z.B. einer Gewinnmaximierung im Gegensatz zu einer langfristig angelegten Gewinnoptimierung.

Andere Formen des Dissenses können, müssen aber nicht moralische Dissense sein, z.B.

➢ Dissens zwischen der *Wertigkeit tangierter Grundwerte*, z.B. Akzeptabilität von Nebeneffekten oder anderen unerwünschten Auswirkungen beim Verfolgen einer bestimmten Handlungsweise oder

➢ Dissens über die *Zuschreibung von Verantwortung* an spezifische Akteure oder Institutionen.

Die sachliche Auseinandersetzung mit den Forderungen unterschiedlicher Anspruchsgruppen klärt auch die Art des Dissenses und eröffnet dadurch

---

[51]   Vgl. Hubig (2001), 198-201.

[52]   Vgl. ebenda.

eine Reihe von völlig normalen Lösungswegen. Oder, um es in den Worten Karl Jaspers zu sagen:

> „Grenzenlose Kommunikationsbereitschaft ist nicht eine Folge des Wissens, sondern der Entschluss zu einem Weg im Menschsein. Der Kommunikationsgedanke ist nicht Utopie, sondern Glaube. Er ist für jeden die Frage, ob er dahin drängt und ob er daran glaubt, nicht wie an ein Jenseitiges, sondern an ein ganz Gegenwärtiges: an die Möglichkeit in uns Menschen, wirklich miteinander zu leben, miteinander zu reden, durch dieses Miteinander in die Wahrheit finden und erst auf diesem Wege eigentlich selbst zu werden."[53]

Allerdings setzt ein konstruktiver Dialog eine gemeinsame Wertebasis und bestimmte Spielregeln voraus. Zum Minimalkatalog gehören nicht nur Gewaltverzicht, Toleranz,[54] Verzicht auf Feindbilder, sondern eben auch das Teilen gemeinsamer Werte. Auch in der Unternehmensethik gibt es keinen Beliebigkeitspluralismus, auch hier setzt gemeinsames Handeln einen Grundkonsens über Grundwerte, Grundrechte und Grundpflichten voraus. Diesbezüglich gegenteilige Argumentationen fallen nicht unter Meinungspluralismus, sie zeugen von Mangel an Verantwortungsbewusstsein.

Und *last but not least*: Dialoge sind kein Selbstzweck, sie sind Teil des Erkenntnisaktes, Teil des Weges zum Verständnis der Wirklichkeit, das aber nur, um danach durch eine resultatsorientierte Umsetzung der Erkenntnisse die defizitäre Wirklichkeit zu verändern.

---

[53] Jaspers (1997), 179.

[54] Zur Erinnerung: Toleranz kommt von lat. *tolerare*, und dies heißt sowohl ertragen als auch sich vertragen.

Reputation Management gegen Whistleblowing

> Der Mensch hat dreierlei Wege, klug zu
> handeln: Erstens durch Nachdenken, das
> ist der edelste, zweitens durch Nachahmen,
> das ist der leichteste, und drittens durch Er-
> fahrung, das ist der bitterste.
>
> *Konfuzius*

G. Reputation Management gegen Whistleblowing

Zu Whistleblowing kommt es dann, wenn in einem Unternehmen (oder in einer anderen Institution) illegal oder illegitim gehandelt wird und interne Korrekturversuche gemeinwohlorientierter Mitarbeiter auf dem normalen Dienstweg scheitern. Aus ethischer Perspektive ist es wünschenswert, wenn Unternehmen als korporative Bürger der lokalen und globalen Gesellschaft (*Corporate Citizens*) in ihrem Einflussbereich die Prinzipien der Allgemeinen Erklärung der Menschenrechts verwirklichen und in Bezug auf die Umsetzung sozial- und umweltethischer Normen gut und gerecht handeln sowie dort, wo lediglich legales Handeln defizitär bliebe, Legitimität durch zusätzliche Bemühungen schaffen. Da illegales oder illegitimes unternehmerisches Handeln nicht rechtfertigbar ist und für Whistleblower, die defizitäres Handeln korrigieren wollen, vermeidbarer, teilweise hoher persönlicher Schaden entsteht, sind Handlungsoptionen, die Whistleblowing mangels Anlass unnötig werden lassen, allen anderen Handlungsmöglichkeiten vorzuziehen.

1. First things first: Die Befriedigung legitimer Ansprüche als moralische Verpflichtung

Für Unternehmen und Manager mit einem ethischen Legitimationsverständnis stellt sich bei offenbar werdenden Missständen die Frage, ob Korrekturen durchgeführt werden sollen, nicht. Da sie für ihr Handeln auch moralische Anerkennung wollen, ist die (Wieder-)Herstellung eines legitimen Zustands die einzige rechtfertigbare Handlungsweise. Korrekturen werden um ihrer selbst willen durchgeführt, es ist *the right thing to do*. Durch die Pflege einer ethisch reflektierten Unternehmenskultur sowie durch das permanente Bemühen, dieser im Alltag gerecht zu werden, wird die Wahrscheinlichkeit illegitimen Handelns klein gehalten. Ein solches Unternehmen gibt ethischen Gesichtspunkten kategorischen Vorrang und verzichtet – in aufgeklärter und intelligenter Selbstbeschränkung[1] – bereits auf moralisch ambivalente Geschäfte. Wo dies zu Mehrkosten, Umsatzeinbußen, Verlusten von Marktanteilen, zusätzlichen Investitionserfordernissen und damit letztlich zu niedrigeren Betriebsgewinnen führt oder sich Ethik auf andere Weise nicht auszahlt, wird es aus der Überzeugung hingenommen, dass illegitimes Handeln prinzipiell keine Handlungsoption darstellt.

Solche Unternehmen werden sich, zusätzlich zur Befolgung der bestehenden Gesetze, internationaler Verhaltenskodices und nationaler Regulierungen, auch dem Diskurs mit kritischen Stakeholdern stellen. Sie tun dies, um für die Achtung der Rechte anderer sensibilisiert zu bleiben und um die eigenen Geltungsansprüche durch einen konsensorientierten Diskurs zu prüfen. Solche Unternehmen werden aus den gleichen Motiven – und weil menschliche Schwächen bekanntermaßen Teil der menschlichen Existenz sind und Handeln, das in der Vergangenheit als moralisch gerechtfertigt galt, im Lichte neuer Erkenntnisse unter Umständen korrekturbedürftig wird – eine kritikfreundliche Unternehmenskultur schaffen. Dissensmanagement wird als interne Lernerfahrung geschätzt und gefördert. Solche Handlungsmuster sind in ihrer Gesamtheit der beste, weil proaktive und konstruktive Umgang mit Whistleblowing.

Davon unterschiedlich – aber sich nicht gegenseitig ausschließend – ist die Sicht, dass ethisch legitimiertes unternehmerisches Handeln auf lange Frist auch betriebswirtschaftlich vorteilhaft ist.

2. Die Befriedigung legitimer Ansprüche als strategisch richtig Wahl: Der Business Case

Unternehmen, die aus intrinsischen Gründen das Richtige tun, können in einem einseitig auf monetäre Quartalsergebnisse ausgerichteten Umfeld u.U. auf Unverständnis und Ablehnung stoßen: Während die Kosten entsprechender Bemühungen meist relativ klar als zusätzliche Kosten (Ausbildung der Mitarbeiter, Kommunikation von Richtlinien, Verbesserung sozialer Absicherungssysteme oder Umweltschutz), aber u.U. auch als Verzicht auf Umsatz eindeutig quantifizierbar sind, ist ein eventuell anfallender be-

---

[1] Vgl. Maak (1998).

triebswirtschaftlicher Nutzen, der *Return on Ethical Investment*, kurzfristig nur in seltenen Fällen – oft überhaupt nicht – messbar.

Die vermiedenen Kostenbelastungen durch Unfälle, Streiks, öffentliche Kritik oder zusätzliche politische Regulierung, sind genauso wenig messbar, wie Umweltschäden, die wegen entsprechender Investitionen nicht zustande kamen. Auch die Aktienkurse sind meist durch generelle Hausse- oder Baissebewegungen der US-amerikanischen Märkte und branchenspezifische Präferenzen erklärbar, als durch die moralische Qualität spezifischen unternehmerischen Handelns. Obwohl man mit Verweis auf konkrete Fälle wie Enron, WorldCom, Tyco oder andere einwenden könnte, *if you think compliance with ethical criteria is expensive try non-compliance*, wäre es unredlich, die Messungsprobleme des Erfolgs ethisch legitimierten Handelns nicht einzuräumen.

Hinzu kommt, dass die moralische Beurteilung und der Ruf eines heute legitim handelnden Unternehmens zum Teil als Folge des Unternehmenszwecks, als Konsequenz vergangener Sünden oder durch das schwächste Glied der Branchenkette teilweise vorgeprägt sind – heutiges legitimes Handeln also (noch) nicht honoriert wird:

➢ Ein Unternehmen, das z.B. militärische Ausrüstungsgüter herstellt und diese legal – und, wo dies zu legitimen Verteidigungszwecken geschieht, auch legitim – in Konfliktgebiete exportiert, fällt in der heutigen gesellschaftlichen Beurteilung a priori in eine andere Güteklasse der Beurteilung als z.B. ein Unternehmen, das Heilmittel auf pflanzlicher Basis und im Kontext der homöopathischen Philosophie herstellt.

➢ Ein Unternehmen, das in der Vergangenheit durch illegales Verhalten auffiel oder die Grenze zwischen gerade noch und gerade nicht mehr legitimem Verhalten im Zweifel konsequent auf die falsche Seite hin auslegte (oder als solches wahrgenommen wird[2]), muss erwarten, eher im Fokus einer kritischen Öffentlichkeit zu stehen als ein Unterneh-

---

2   So war rückblickend beispielsweise die geplante Handlungsweise der Firma Shell im Fall Brent Spar offensichtlich völlig anders zu beurteilen, als dies von Greenpeace dargestellt wurde. Da in der deutschen Öffentlichkeit Greenpeace gegenüber Shell jedoch einen immensen Glaubwürdigkeitsvorteil hatte, kam es zu Boykottaufrufen gegen Shell, denen sich sogar Verantwortliche des evangelischen Kirchentages – in Ermangelung adäquaten Sachwissens – anschlossen. Dass Greenpeace nach einiger Zeit Fehler einräumen musste, blieb vielen, die sich über die vermeintlich unethische Handlungsweise Shells erregten, verborgen. Ein anderes Beispiel ist der ehemalige United-Fruit-Konzern, der am alten Image zu leiden scheint, obwohl er inzwischen mit beispielhaften geschäftspolitischen Initiativen völlig anders handelt (vgl. www.chiquita.com/chiquitaCRO1/).

men, das sich durch nachhaltig verantwortungsvolles Handeln über die Zeit einen guten Ruf aufgebaut hat.

➤ Individuelle vorbildlich handelnde Unternehmen verspüren oft keine direkten positiven Rückkopplungen im Sinne einer differenzierten Heraushebung vom Branchenimage, sehen sich aber jedes Mal durch Rufschädigung in Sippenhaft genommen, wenn eines der schwachen Glieder der internationalen Multinationalen oder Branchen-Familie durch fehlbares Verhalten die gesellschaftliche Perzeption der Unternehmenslandschaft negativ belastet. Unter solchen Bedingungen könnte die Überzeugung wachsen, dass man als einzelnes Unternehmen sowieso nichts erreichen kann und der Gute höchstens der Dumme ist. Ist dies der Fall, dann gewinnt die Neigung, die jeweils bestehenden Gesetze strikt zu befolgen und sich im Übrigen aufs Geschäft zu konzentrieren, um den Unternehmenserfolg zu maximieren, an Attraktivität.[3]

Es gibt jedoch plausible und ernst zu nehmende Hinweise darauf, dass eine gute Unternehmensmoral nicht nur intrinsischen Wert hat, sondern – zumindest langfristig – auch zu messbaren Vorteilen für das Unternehmen[4] und die Volkswirtschaft führt.[5]

Ein sensibler, konstruktiver Umgang mit Whistleblowing eröffnet die Gelegenheit, frühzeitig auf unternehmensinterne Missstände aufmerksam zu werden. Dies wiederum gibt die Möglichkeit, Korrekturen vorzunehmen, ohne dass es zu größeren Schäden für Mensch oder Natur sowie zu öffentlicher Missbilligung des Unternehmens kommt. Die unternehmensstrategischen Vorteile – der *Business Case* – eines konstruktiven Dissensmanagements sind daher denen vergleichbar, die aus ethisch legitimiertem unternehmerischem Handeln auf lange Frist zu erwarten sind. Es sind dies mindestens:

---

3   Diese Motivationsproblematik kann durch eindeutige individuelle Wertprämissen und daraus resultierendes selbstverpflichtendes Führungshandeln gelöst werden.

4   Vgl. The Conference Board/Garone (1999) und Roman et al. (1999).

5   Vgl. Sen (1987) und dessen Schlussfolgerung, dass trotz aller „tief sitzenden Vieldeutigkeiten" und den „der Problematik inhärenten Komplexität" der Lohn ethischen Handelns „ziemlich gross" ist.

2.1   Verhinderung oder Verminderung von Friktionskosten mit dem gesellschaftlichen Umfeld

Wo illegales oder legales, aber als illegitim empfundenes unternehmerisches Verhalten durch Whistleblower ans Tageslicht kommt, hat dies Friktionen mit dem gesellschaftlichen Umfeld und dadurch Rufschädigung zur Folge: Ob eine kritisch engagierte Öffentlichkeit vor Werktoren demonstriert, Hilfswerke Klagemauern errichten oder die Medien durch kritische Berichterstattung Druck ausüben – für das betroffene Unternehmen bedeutet dies Minderung der gesellschaftlichen Anerkennung. Ob als Folge davon der Aktienkurs sinkt oder sich konkret messbare Umsatzeinbußen einstellen oder nicht, ist von zweitrangiger Bedeutung. Kritik von außen bedeutet, dass Managementkapazität für defensive Aktivitäten gebunden wird und somit die Köpfe nicht frei sind für die Nutzung von Chancen an Märkten und die Gestaltung der Zukunft. Wo zusätzlich noch der Eindruck entsteht, der schuldig gewordene Goliath verfahre mit dem unschuldigen David auf eine menschenverachtende Weise, gehen einem Unternehmen Sympathien verloren, die nur mit sehr viel Aufwand zurück gewonnen werden können.

Dagegen mehren sich Hinweise, dass das Ansehen eines Unternehmens zum Konkurrenzvorteil wird, weil ein positiver Beiwert in Form einer sympathisch besetzten Affinität entsteht. Dies wird empirisch messbar dort zu einem entscheidenden Marktvorteil werden, wo ein Unternehmen Produkte und Dienstleistungen anbietet, die in Qualität und Nützlichkeit mit denen anderer Unternehmen vergleichbar sind (*Me-Too-Produkte*).[6] Ein in der Gesellschaft mit positiven Assoziationen besetzter Unternehmensnamen (ethical Corporate Identity) verleiht Produkten einen Zusatznutzen, den ethisch sensible Verbraucher bei ihren Kaufentscheidungen berücksichtigen.[7]

Eine ganzheitliche Definition von Verantwortung gegenüber dem Kunden bringt ebenso Vorteile wie die auf die Produkte bezogene gelebte Verantwortung: sie wird im Normalfall vom Verbraucher honoriert.[8] Umgekehrt

---

[6]   Vgl. Paine (1994).

[7]   Vgl. Pruzan (2001).

[8]   Eines der besten Beispiele ist wohl das Verbraucherverhalten im Fall des Schmerzmittels Tylenol, das von der Firma Johnson & Johnson wegen vereinzelter Verunreinigungen durch Erpresser ganz aus den Regalen geholt und mit völlig neuen verbrauchersicheren Verpackungen erst Monate später wieder höchst erfolgreich eingeführt wurde; siehe dazu Canon C.: Tylenol´s Rebound. In: Los Angeles Times, September 25, Teil 1, 16.

gibt es sowohl bei Sportschuhen als auch modischen Sportbekleidungen Beispiele dafür, dass Menschen bei als illegitim empfundenem Handeln mit ihrer Kaufkraft gegen das Unternehmen abstimmen – entsprechende Internetseiten helfen bei der Entscheidung.

2.2 Motivation der Mitarbeiter und Wettbewerbsvorteile auf dem Arbeitsmarkt

Wenn ein Unternehmen illegitim handelt und Mobbing gegen anständige Menschen betreibt, die lediglich ihre gesellschaftliche Pflicht tun, um vermeidbaren Schaden für Dritte abzuwenden, dann hat dies in der Regel auch negative Auswirkungen auf Unternehmensmoral und Arbeitszufriedenheit. Dies kann auf mittlere und lange Frist dazu führen, dass wertvolle, weil talentierte und qualitätsbewusste Mitarbeiter sich nach anderen Beschäftigungsmöglichkeiten in anderen Unternehmen umsehen (*exit*). Da jedoch heute talentierte Mitarbeiter als das wertvollste Kapital eines Unternehmens angesehen werden, kann auch aus dieser Perspektive unethisches Gebaren nicht im Unternehmensinteresse liegen. Hinweise, dass für die besten Absolventen von Universitäten bei der Wahl ihres zukünftigen Unternehmens dessen guter Ruf eine große Rolle spielt, sind ebenfalls in diesem Zusammenhang zu sehen.[9] Dort, wo unternehmerisches Handeln als ethisch korrektes Verhalten empfunden wird, steigen bei gutem Betriebsklima die Arbeitszufriedenheit und der Identifikationsgrad der Mitarbeiter mit dem Unternehmen. Beides wirkt sich messbar positiv auf die Unternehmensergebnisse aus, und zwar nicht nur in Westeuropa und den USA, sondern auch in asiatischen Schwellenländern.[10]

Wo angewandte Unternehmensethik inklusive konstruktivem Dissensmanagement Bestandteil einer *moral* Corporate Identity wird, die als kulturelle Gesamtheit der Wertvorstellungen, Denk- und Entscheidungsmuster, Verhaltensweisen und Strukturen innerhalb des Unternehmens Mitarbeitern ein positiv besetztes Wir-Gefühl vermittelt, steigt die Arbeitsmotivation. Menschen setzen sich im Arbeitsleben für etwas ein, mit dem sie sich auch persönlich voll und ganz identifizieren können, über das sie mit Stolz der Fa-

---

[9]   Vgl. Bradshaw (1998) und Larsen/Sørensen (2001), 14ff. und Pruzan (2001), 53f.

[10]   Vgl. Chye Koh/Boo (2001). In Singapore waren es vor allem drei Faktoren, die eine Rolle spielten: Die Unterstützung des Top-Managements für ethisches Verhalten, das ethische Klima in der Organisation und die Assoziation von ethischem Verhalten und Karriere-Erfolg.

milie und den Freunden berichten können. Solche Mitarbeiter werden andere Kräfte freisetzen als jene, die ökonomisch gezwungenermaßen ihren Job abwickeln. Was Jacob Burckhardt für den einzelnen Menschen formulierte, gilt auch für ganze Unternehmen: Sie sind nicht bloß das, was sie sind, sondern auch, was sie sich als Ideal gesetzt haben. Auch wenn sie diesem nicht völlig entsprechen, wird doch schon durch das bloße Wollen ein Teil ihres Wesens bezeichnet.[11]

2.3 Attraktivität des Unternehmens für ethisch orientierte Anleger

Trotz – vielleicht sogar wegen – der durch die Bilanzbetrügereien zwiespältig besetzten Diskussionen über den Shareholder Value (wie immer der auch definiert wird[12]), werden Unternehmen heute nicht mehr ausschließlich daran gemessen, was sie *her*stellen, sondern auch daran, was sie *dar*stellen. Es gibt Periodika, die sich mit Best Practices im Kontext der Ethical Performance von Unternehmen befassen[13] und damit transparente Benchmarks für den Wettbewerb in dieser Hinsicht setzen. Diese gewinnen an Bedeutung, denn es gibt eine noch immer stark wachsende Anzahl von Pensionskassen und anderen institutionellen Anlegern, die nicht nur auf die kurzfristige Rendite schauen, sondern auch auf die Art und Weise, wie diese Rendite zustande kommt.[14] Schätzungen über die finanzielle Macht ethisch orientierter Anleger belaufen sich allein in den auf über 2.000 Milliarden Dollar – etwa 13 Prozent der 16.300 Milliarden Dollar, die durch professionelle Anleger betreut werden.[15] Bei ansonsten gleich guter betriebswirtschaftlicher Performanz können Anlagesummen dieser Größenordnung einen signifikanten Unterschied für den Aktienkurs machen.

Amerikanische Unternehmensberater wie Charles Fombrun (Reputation Institute[16]) schätzen, dass bis zu 30 Prozent des Shareholder Value auf den guten Ruf eines Unternehmens zurückzuführen sind – andere Schätzun-

---

[11] Vgl. Burckhardt J.: Griechische Kulturgeschichte, zitiert in: Riklin (1987).

[12] Vgl. Brink (2000), 95ff.

[13] Vgl. Ethical Performance – Best Practices (publisher@ethicalperformance.com)

[14] Zur Diskussion der Kriterien vgl. Mackenzie (1998).

[15] Vgl. Pruzan (2001), 52.

[16] Vgl. www.reputationinstitute.com und Corporate Reputation Review, Vol. 1, No. 4 (2001).

gen[17] sind erheblich konservativer. Die Tatsache, dass es Unternehmen gibt, die sowohl wirtschaftliche als auch soziale und ökologische Glanzergebnisse erreichen, ist belegt.[18] Auch schneiden *Ethical Investment Funds* am Kapitalmarkt mit ihren Ergebnissen zumindest nicht schlechter ab als solche, die breitere Anlegekriterien haben.[19] Beides sind Hinweise auf die zumindest mittel- und langfristige betriebswirtschaftliche Kompatibilität ethisch legitimierten unternehmerischen Handelns.[20]

Der Ruf eines Unternehmens, definiert als Summe der Wahrnehmungen aller Stakeholder, ist ein komplexes Konstrukt und meist das Resultat jahrelanger Aufbauarbeit. Er kann durch wenige, aber dezidiert inadäquate Handlungen aufs Spiel gesetzt werden. Wo Mitglieder des Top-Managements vor laufenden Kameras in Handschellen abgeführt werden, werden betriebswirtschaftliche Probleme zweitrangig. Wenn sich ein Unternehmen erst einmal auf der Ten-Worst-Corporations-Liste befindet, die von US-amerikanischen Unternehmenskritikern wie Russel Mokhiber und Robert Weissman jedes Jahr herausgegeben wird oder in den Publikationen der *Corporate Crime Watch*[21] auftaucht, entstehen immense Legitimations- und Ansehensprobleme mit direkten Konsequenzen auf den Produktmärkten, und zwar unabhängig davon, ob die unternehmensinterne Wahrnehmung der externen entspricht oder nicht. Schon die stoische Philosophieschule machte darauf aufmerksam, dass es nicht die Tatsachen sind, die die Menschen beunruhigen, sondern die Meinungen über die Tatsachen. So genannte *kritische Aktionäre* – heute weltweit in einem Dachverband organisiert – stellen sicher, dass Whistleblower zur Not auch direkt in Aktionärsversammlungen und damit bei einem der wichtigsten Entscheidungsgremien zu Wort kommen können.[22] Der konstruktive Umgang mit Dissens in einer offenen Unternehmenskultur trägt in hohem Maße dazu bei, unangenehmes öffentliches *Naming and Shaming* zu vermeiden.

---

17   Z.B. Cummings (2000) und Moore (2001).

18   Vgl. z.B. King (2001).

19   Vgl. Murphy (2002).

20   Vgl. Cummings (2000).

21   Vgl. www.corporatewatch.org, aber auch www.polarisinstitute.com, www.ethicalconsumer.org oder www.publiccitizen.org

22   Vgl. http://ourworld.compuserve.com/homepages/critical_shareholders/

Aus der Forschung über Risikokommunikation wissen wir, dass Fehlverhalten im Sinne grober Abweichungen von der erwarteten Norm von den
Menschen einer Gesellschaft mit größerer Aufmerksamkeit zur Kenntnis
genommen wird und einen stärkeren Erinnerungswert hat als korrektes Ge-
schäftsgebaren im Rahmen gesetzlicher Normen.[23] Was für technische Risiken bewiesen ist, hat auch Plausibilität für soziale und wirtschaftliche Risiken. Eine Relativierung des gesellschaftlichen Langzeitgedächtnisses ist
durch Gegensteuern – wenn überhaupt – nur auf lange Frist und durch eindeutig positiv differenziertes Handeln sowie durch den Aufbau vertrauens-
voller Beziehungen möglich. Dies gelingt dann, wenn glaubwürdig dargelegt
werden kann, dass das unternehmerische Handeln auch *im gesellschaftlichen
Interesse* liegt und Ziele anstrebt, die gesellschaftliche Wertschätzung (*Shared
Values*) genießen.[24]

2.4   Wahrung unternehmerischer Freiheit

Verantwortungstragende in Unternehmen stöhnen oft über eine zu hohe
Regelungsdichte durch Gesetze, Vorschriften und Auflagen. Der Wust an
Vorschriften in Europa wird immer wieder auch als Motiv für Auslandsin-
vestitionen und Verlagerungen genannt; zu hohe Regelungsdichte gefährde,
so die Sicht vieler Unternehmer, den Standort. Nicht nur die EU-Büro-
kratie, welche bekannterweise für die Krümmung von Bananen oder die
Größe von Klodeckeln Normen festlegt, deutet darauf hin, dass derartige
Beschwerden eine reale Grundlage haben: Weniger Staat wirkt sich erfahrungsgemäß belebend auf das unternehmerische Engagement aus.

Insbesondere Unternehmen, die wegen hoher Regulierungsgegebenheiten
für ihren Erfolg auf ein freundlich gesinntes politisches Umfeld angewiesen
sind, können langfristig auf den Produktmärkten nur erfolgreich sein, wenn
sie auf den gesellschaftlichen Ansehens-Märkten als legitime Akteure betrachtet werden, die als Teil der Lösung und nicht als Teil des Problems mit
ihren Aktivitäten zum Allgemeinwohl beitragen. Ansehensrisiken werden
auf diese Weise Bestandteil der operationellen Risiken. Legitimationsmana-
gement, im Sinne des Strebens nach Anerkennung des eigenen Handelns
auch aus ethischer Perspektive, wird in einer solchen Situation Voraussetzung für erfolgreiche Marketingbemühungen.

---

[23] Vgl. Siegrist (2000).

[24] Vgl. Earle/Cvetkovich (1995).

Was immer an der Kritik über ein Zuviel an Regulierung richtig ist, muss relativiert werden durch die Einforderung entsprechender Verantwortung: Freiheit ist immer Freiheit in Verantwortung und somit einforderbar im Einklang mit Gegenleistungen auf der Ebene ethisch motivierter Verpflichtungen. Wer eine weitergehende Reglementierung der Wirtschaft vermeiden will und zur Korrektur verfehlter Rechtsentwicklungen beitragen möchte, muss auf nachhaltige Weise verantwortungsvoll handeln. Wer mit Bezug auf die geltende Gesetzeslage mit hinhaltenden Rückzugsgefechten Positionen verteidigt, die zwar vielleicht vor vielen Jahren einmal auf gesellschaftlichem Konsens beruhten, jedoch schon heute und erst recht in der Zukunft als illegitim empfunden werden, handelt nicht unternehmerisch, sondern fahrlässig.

Wer berechtigte Kritik aus dem Unternehmen mit Mobbing ahndet, statt die Ursachen für die Kritik zu beseitigen, bestätigt diejenigen gesellschaftlichen Kräfte, die mehr Kontrollen, engere Gesetzesvorgaben und somit auch mehr staatliche Bürokratie fordern. Es gibt keinen größeren Run von Politikern auf Fernsehkameras und Mikrophone, als wenn sie offensichtlich illegales oder illegitimes unternehmerisches Handeln anklagen und mehr Kontrolle zur Vermeidung zukünftiger Missetaten fordern können.

Nur nebenbei: Wer Kritik an unternehmensinternen Missständen lediglich zum Anlass nimmt, die Whistleblower zu denunzieren und zu verfolgen, ohne sich Gedanken über das Zustandekommen der defizitären Handlungsstrukturen zu machen, läuft Gefahr, dass früher gemachte Fehler wieder und wieder gemacht werden – seien es Preisabsprachen wie im Fall der Vitamingeschäfte von Roche, Produktmängel wie im Fall Ford oder anderes.

2.5 Angewandte Unternehmensethik als Wettbewerbsvorteil

Innovation, Effizienz, Effektivität, die Fähigkeit, Marktpotentiale optimal auszunutzen und die Zeichen der Zeit richtig zu deuten sowie die Kunst, am richtigen Ort und zur richtigen Zeit Kosten und Aufwand zu sparen, werden als unverzichtbare unternehmerische Tugenden auch in Zukunft ihre immense Bedeutung behalten. Ein zusätzliches Element wird jedoch an Bedeutung gewinnen: Die ethische Qualität unternehmerischen Handelns. Sie könnte zu einer neuen, soliden Basis zukünftiger Wettbewerbsfähigkeit werden. Je größer der Wohlstand einer Gesellschaft wird, desto mehr gewinnen immaterielle Werte an Bedeutung – und je mehr Kunden

gibt es, die sich für die soziale, ökologische und politische Handlungsqualität des Unternehmens, von dem sie ihre Waren kaufen, interessieren. Neuere Studien gehen davon aus, dass etwa die Hälfte der dänischen Konsumenten bei ihren Kaufentscheidungen auch ethische Kriterien erfüllt sehen
will.[25]

Zumindest für aufgeklärte Unternehmen beinhaltet unternehmerischer Erfolg heute mehr als ausschließlich die Höhe des jeweiligen Quartalgewinns.
Gewinnerzielung ist für das Unternehmen das, was die Nahrungsaufnahme
für den Menschen ist – eine absolute Notwendigkeit. So, wie kein vernünf-
tiger Mensch seinen Lebensinhalt ausschließlich durch die Nahrungsaufnahme definieren wird, wollen aufgeklärte Unternehmen ihre Gewinnerzielung durch einen gesellschaftlichen Mehrwert legitimieren. Der Ruf eines
Unternehmens wird mehr und mehr zu einem der wertvollsten Aktivpos-
ten, auch wenn er nicht direkt in der Bilanz erscheint – was sich vermutlich
angesichts der erheblichen Bemühungen um *Social Responsibility Reporting*
schon in der nächsten Zukunft ändern dürfte. Das diesen Ruf begründende
Urteil der Gesellschaft hängt wesentlich davon ab, ob empfunden wird,
dass ein Unternehmen einen Beitrag zur Realisierung gesellschaftlicher
Werte leistet.

Die Befriedigung von Kundenbedürfnissen im erweiterten Sinn, der verantwortliche Umgang mit Menschen – nicht nur als Mittel zum Zweck höherer Produktivität, sondern als Eigenwert – sowie der Schutz der Umwelt
sind wichtige Steine im Mosaik *nachhaltiger Unternehmenserfolg*. Dies macht legitimes Handeln nicht nur zum Selbstzweck und zum Mittel, Whistleblowing zu verhindern, sondern stellt eine Investition in zukünftigen unternehmerischen Erfolg dar. Eine Unternehmenskultur, in der eine solche
Sicht der Dinge von den Mitarbeitern internalisiert wurde, ist einer der
wichtigsten Bausteine für gegenwärtigen und zukünftigen Erfolg. Das sehen übrigens nicht nur Unternehmensethiker oder Philosophen, sondern
auch Führungskräfte in Unternehmen so. Sie sind mehrheitlich der Auffassung, dass sich hohe Standards auch geschäftlich lohnen („Doing well by
doing good"[26]).

In allen Institutionen der Erde wissen Insider am besten, wo die Stärken
und Schwächen der eigenen Organisation liegen. Whistleblower sind jene
Insider, die den Finger auf die Wunden legen, aber auf dem normalen

---

25 Vgl. Pruzan (2001), 51 sowie Hjulmand (1997).

26 Katholieke Universiteit Brabant (1996), 42f.

Dienstweg keine Korrekturen erreichen und diesen deshalb verlassen. Diese Tatsache kann zur Hexenjagd und zum Schüren von Feindbildern gegen jene genutzt werden, die ihr Wissen über tatsächliche oder vermeintliche Defizite artikulieren. Unternehmen können Whistleblower allerdings auch als eine Art interne Stakeholder betrachten und mit ihnen Stakeholder-Beziehungen pflegen. Auf diese Weise machen sie sich ein sensibles betriebsinternes Early-Warning-System zunutze und sind in der Lage, potenzielle oder aktuelle Probleme früher zu erkennen, Korrekturen vorzunehmen und auf Dauer Best Practices anzustreben.

Hexenjagd verschärft bestehende Probleme und schafft auf der individuellen, der unternehmerischen und der Allgemeinwohlebene unnötige Zusatzschäden. Konstruktives Dissensmanagement, das Eingehen auf Whistleblowing im Sinne von professionellen Stakeholder-Beziehungen, trägt dazu bei, Probleme mit geringstem Aufwand dort zu lösen, wo sie entstehen. Das erhöht die Effizienz und Effektivität unternehmerischen Handelns. Auch darin liegt ein Business Case für konstruktives Dissensmanagement.

Kapitel H

Fallstudien

H. Fallstudien

1. Stanley Adams: Whistleblowing mit schlimmsten persönlichen Folgen[1]

1.1 Der Hintergrund

Im Laufe des Jahres 1972 verhandelte die Schweizer Regierung mit der damaligen Europäischen Gemeinschaft (EG) über ein Freihandelsabkommen. Nach Abschluss des Vertrags war jede Schweizer Firma, die mit Ländern der EG in Handelsbeziehungen stand, auch den Wettbewerbsvorschriften der Gemeinschaft unterworfen. Die hier relevante Wettbewerbsvorschrift – Art. 86 EG-Vertrag[2] (Maastrichter Fassung vom 25. März 1957) – verbietet die missbräuchliche Ausnutzung einer marktbeherrschenden Stellung. Am 20. Dezember 1972 wurde das Abkommen von der Schweiz ratifiziert.

Offenbar war es in Europa damals üblich, dass sich die größten Hersteller von Vitaminen und Chemikalien von Zeit zu Zeit zusammensetzten und sich über Preise unterhielten. Die Product-Manager waren gehalten, mit den bedeutendsten Kunden Kontakt aufzunehmen und mit ihnen so genannte *Treue-Verträge* abzuschließen. Kunden, die ihren Bedarf ausschließlich oder mindestens zu 90 bis 95 Prozent bei Roche deckten, erhielten, abhängig von der Höhe ihrer Bestellung, einen Rabatt von fünf bis zehn Prozent.[3]

---

[1]   Diese Fallstudie beruht überwiegend auf Literatur, die aus der Sicht des Whistleblowers Stanley Adams geschrieben wurde (vgl. Adams (1984)) sowie auf den Urteilsdokumenten Urteile des Schweizerischen Bundesgerichts BGE 102 IA 211 und 104 IV 175. Ich danke Benjamin Leisinger für das Abfassen der Fallstudie und Jürg Bürgi für das Editing.

[2]   Heutiger Art. 82 EG-Vertrag (Amsterdamer Fassung vom 02.10.1997).

[3]   In einem Rundschreiben an das Roche-Management wurden – nach Stanley Adams – im Dezember 1970 die Treue-Verträge folgendermaßen erläutert: Der Kunde verpflichtet

1.2   Der Whistleblower: Stanley Adams

Stanley Adams wurde 1927 als britischer Staatsbürger in Malta geboren. Nach seinem Studium der Betriebswirtschaft in London und Oxford arbeitete er für verschiedene Firmen, zunächst in Afrika, dann in Südamerika. Dort unterhielt er neben seiner Arbeit eine Bananenplantage und entdeckte dabei seine Neigung zur Landwirtschaft.

1964, nach seiner Rückkehr nach Europa, trat er in Basel in die Dienste der Firma Hoffmann-La Roche. In der Abteilung Rohvitamine und Feinchemikalien erhielt er eine umfassende Zusatzausbildung, für die er nach allem, was in der Folge geschah, immer dankbar blieb. Danach wurde er mit der Aufgabe betraut, in Venezuela eine neue Niederlassung aufzubauen.

Bevor er 1968 diese Herausforderung annahm, heiratete er Marilène Morandi, mit der er drei Kinder hat. Ende 1970 kehrte Stanley Adams nach erfolgreich vollendeter Arbeit in Südamerika nach Basel zurück. Er wurde Regional Director für die Verkaufsoperationen der Abteilung Rohvitamine und Feinchemikalien auf dem amerikanischen Kontinent von Kanada bis Lateinamerika.

Im Jahre 1972 änderte sich die betriebsinterne Organisation. Die neue Roche-Welt war nicht mehr in geografische Bereiche aufgeteilt. Die drei Regional-Direktoren wurden zu Product Managern, die weltweit für den Verkauf einer gewissen Zahl von Produkten verantwortlich waren. Stanley Adams war von nun an auch für den Verkauf auf dem hart umkämpften europäischen Markt zuständig, wo die größten Kunden und auch die wichtigsten Konkurrenten von Roche saßen.

---

sich mindestens 90% seiner gesamten Nachfrage an Vitaminen bei Roche zu decken. Roche wendet automatisch für alle Käufe des Kunden den besten Preis für die gewünschte Menge an. Falls der Kunde ein tieferes Angebot von einem anderen Vitamin Hersteller erhält, gibt er Roche die Möglichkeit, mit diesem Angebot gleichzuziehen, bevor er dem betreffenden Konkurrenten den Auftrag vergibt. Will Roche auf den ihr unterbreiteten Preis nicht eingehen, ist der Kunde in Hinblick auf diesen einzelnen Kauf frei, ohne seinen Treue-Status zu verlieren. Dieser Grundsatz gilt auch, wenn Roche aufgrund von Lieferschwierigkeiten nicht imstande ist, den gesamten Bedarf des Kunden zu befriedigen. Am Jahresende erhält der Kunde einen Treue-Rabatt auf das Total seiner Jahreskäufe. Dieser Rabatt wird zur Gänze hinfällig, wenn der Kunde für ein einziges Vitamin seines Bedarfs, das durch Roche hergestellt wird, gegen die obigen Bestimmungen verstößt. Da der Treue-Rabatt am Jahresende ausbezahlt wird, besteht keine Notwendigkeit für eine schriftliche Vereinbarung in jenen Fällen, wo die Kunden einem solchen formellen Vorgehen abgeneigt sind.

1.3   Whistleblowing gegenüber den EG-Behörden

Als Stanley Adams die rechtlichen Veränderungen wahrnahm, die sich aus
dem Freihandelsabkommen zwischen der Schweiz und der EG ergaben,
befasste er sich mit den Konsequenzen für seine Firma und die von ihr
praktizierten Treue-Verträge. Das Thema hatte ihn offenbar mehrere Monate lang beschäftigt, bevor er zur Überzeugung kam, dass die bisherige
Praxis der Preisabsprachen nun nicht mehr nur illegitim, sondern schlichtweg illegal war. Nach Adams´ eigenem Bericht[4] fasste er zusammen mit
seiner Frau darauf den Entschluss, die Firma Hoffmann-La Roche zu verlassen und ein eigenes landwirtschaftliches Unternehmen in Italien aufzubauen.

Stanley Adams traf aber noch einen weiteren folgenschweren Entscheid: Er
wollte die Geschäftspraktiken von Roche den EG-Behörden melden. Und
hier kommt Whistleblowing ins Spiel. Nach den mir vorliegenden Informationen wandte sich Stanley Adams an Dritte, ohne vorher eine zuständige
Stelle bei Roche auf die neue Rechtslage und das bisher lediglich illegitime,
nun aber illegale Vorgehen angesprochen zu haben. Er schrieb einen Brief
an Albert Borschette, den für Wettbewerbsfragen zuständigen EG-
Kommissar, und zeigte seine Firma an. Bis Oktober 1973 bediente Stanley
Adams Mitarbeiter der Kommission mit Dokumenten und traf sich mehrmals mit ihnen, dann verließ er die Firma. Die EG verfügte nun über genügend Beweismaterial, um gegen Roche Anklage zu erheben.

1.4   Die EG-Kommission

Albert Borschette übergab das Dossier, das sich aus dem ersten Brief von
Stanley Adams entwickelt hatte, zunächst an seinen Stellvertreter Willi
Schlieder, Generaldirektor der Abteilung Wettbewerb. Dieser nahm mit
Stanley Adams Kontakt auf, schrieb ihm einen Brief und traf sich im April
1973 in Brüssel zum ersten Mal mit ihm. Albert Borschette wurde über die
Treffen zwischen Stanley Adams und Willi Schlieder, der stets von seinen
Assistenten begleitet war, regelmäßig auf dem Laufenden gehalten.

Beim ersten Treffen erfuhr Adams, dass es sich tatsächlich um einen für die
Justiz relevanten Fall handeln könnte, dass aber für eine Anklage noch zu
wenige Beweise vorlägen. Die EG-Kommission sei auf seine weitere Ko-

---

[4]   Vgl. Adams (1984).

operation und sein Insider-Wissen angewiesen. Dass diese Zusammenarbeit für ihn angesichts der Schweizer Gesetzeslage über Wirtschaftsspionage mit einem sehr hohen Risiko verbunden war, sagte man ihm nicht. Stanley Adams belieferte die EG-Kommission mit firmeninternen Dokumenten, bis er bei Roche ausschied.

In der folgenden Zeit schloss die Wettbewerbsabteilung der Europäischen Kommission ihre Ermittlungen ab und ging nun direkt gegen Roche vor. Mit einem von Willi Schlieder unterzeichneten Durchsuchungsbefehl wurden im Oktober 1974 in der Pariser und in der Brüsseler Niederlassung des Schweizer Konzerns Razzien durchgeführt. Dabei stellten die französischen und belgischen Beamten Beweismaterial sicher, das die Informationen von Stanley Adams bestätigte. Über diese Vorgänge wurde Adams von der EG-Kommission nicht informiert. Katastrophal für das weitere Leben von Stanley Adams wirkte sich die Tatsache aus, dass Willi Schlieder einem Roche-Anwalt den Namen seines Gewährsmannes preisgab.

1.5 Die persönlichen Konsequenzen für Stanley Adams

Auf einem Ausflug von Norditalien in die Schweiz wurde Stanley Adams am 31. Dezember 1974 bei der Einreise festgehalten und nach einigen Abklärungen am 1. Januar 1975 verhaftet. Er verbrachte drei Monate in Untersuchungshaft und wurde später von einem Basler Gericht wegen fortgesetzten wirtschaftlichen Nachrichtendienstes zu 12 Monaten Gefängnis auf Bewährung verurteilt. Die Bewährungsfrist betrug drei Jahre. Außerdem verlor er eine Kaution von 25.000 Franken und musste die Kosten des Verfahrens tragen. Die in dem kantonalen Urteil ausgesprochene Landesverweisung von fünf Jahren wurde im Berufungsverfahren vor dem Bundesgericht in Lausanne aufgehoben. Beide Gerichtsverfahren fanden unter Ausschluss der Öffentlichkeit statt.[5]

Zu den Belastungen durch die gerichtliche Auseinandersetzung kam eine persönliche Tragödie hinzu. Während Stanley Adams sich in Untersuchungshaft befand, nahm sich seine Frau Marilène das Leben. Damit verloren drei kleine Mädchen ihre Mutter. Stanley Adams wurde es nicht erlaubt, an der Beerdigung seiner Frau teilzunehmen.

---

[5] Vgl. ebenda und die Urteile des Schweizerischen Bundesgerichts BGE 102 IA 211 und 104 IV 175.

1.6   Das Verhalten der EG nach dem Whistleblowing

Die Tatsache, dass Stanley Adams während der weiteren Untersuchungen der EG-Kommission verhaftet wurde, erfuhr Willi Schlieder erst durch einen Brief eines Mitgefangenen. Versuche der EG, auf die Schweizer Regierung politisch Druck auszuüben, blieben ohne Erfolg.

Nachdem alle Verhöre abgeschlossen waren, stellte Stanley Adams Anwalt ein Gesuch um Freilassung gegen Kaution. Dieses wurde nach längerem Hin und Her schließlich bewilligt und die Kaution auf 25.000 Franken festgesetzt. Die Europäische Kommission hatte zwar versprochen, das Geld zur Verfügung zu stellen, ließ sich aber so viel Zeit mit der Überweisung, dass sich Adams nach 45 Tagen das Geld privat beschaffte, um endlich aus der Haft freizukommen.

Im Juli 1975 lud die EG-Kommission Stanley Adams nach Brüssel ein, um zu prüfen, ob die Schweizer Behörden mit seiner Verhaftung gegen das Freihandelsabkommen verstoßen hatten. Während dieses Aufenthaltes in Brüssel machte Stanley Adams die Bekanntschaft von John Prescott, dem Leiter der Labour-Delegation im Europäischen Parlament, der ihm die Hilfe der sozialistischen Fraktion vermittelte. Aber weder die ihm fortan freundschaftlich verbundenen Abgeordneten noch die EG-Bürokraten wiesen Stanley Adams rechtzeitig auf die Möglichkeit hin, gegen den Entscheid des Schweizer Bundesgerichts vor dem Europäischen Gerichtshof für Menschenrechte in Straßburg Einspruch zu erheben. John Prescott erwähnte dieses Rechtsmittel erst, als die sechsmonatige Berufungsfrist abgelaufen war.

Wie schon nach seiner Verhaftung, hielt sich das Engagement der EG für Stanley Adams in engen Grenzen. Der Informant hatte seine europäische Pflicht erfüllt, und nun wollte die EG das Freihandelsabkommen und die guten Beziehungen zur Schweiz nicht gefährden. Auch im weiteren Verlauf machte die EG-Kommission keine Geste, Stanley Adams in seinen durch die Geschehnisse entstandenen finanziellen Schwierigkeiten zu unterstützen.

Obwohl das Europäische Parlament und die EG-Kommission in der Zwischenzeit den so genannten *Donnez-Report* verabschiedet hatten, der die Kommission verpflichtete, Adams beizustehen, wurde nichts unternommen, ihm zu helfen. Erst nach jahrelangem Druck wurde Stanley Adams eine Entschädigung für die Unannehmlichkeiten gezahlt. Sie betrug bescheidene 20.000 britische Pfund.

Wegen seiner finanziellen Schwierigkeiten und der trotz mehrmaliger Bitten um Unterstützung ausgebliebenen Hilfe kam Stanley Adams – diesmal in Italien – erneut ins Gefängnis: Durch die Inhaftierung in der Schweiz war er mit dem Bau seiner Schweinefarm in Verzug geraten und hatte mit einem Kredit verbundene Verpflichtungen nicht einhalten können. Er wurde auf Anordnung des italienischen Amtsrichters Di Paoli wegen seiner Vergangenheit und wegen Fluchtgefahr an Weihnachten 1979 verhaftet und beschuldigt, eine Regierungsstelle betrogen zu haben. Um einer erneuten Inhaftierung zu entgehen, floh er im Januar 1981 nach England. Nach erheblichen Schwierigkeiten erhielten er und seine Kinder dort eine unbefristete Niederlassungsbewilligung. Der inzwischen 75 Jahre alte Adams lebt heute in England – allerdings im Gefängnis.[6]

Stanley Adams verklagte im Juli 1982 die Schweiz vor dem Europäischen Gerichtshof für Menschenrechte, weil diese den Antrag auf Wiederaufnahme seines Verfahrens abgelehnt hatte. Zur Stützung seines Antrages hatte er von der Wettbewerbskommission der EG Kopien jener Dokumente verlangt, die er ihr seinerzeit als Belege für die ungesetzlichen Aktivitäten von Roche zur Verfügung gestellt hatte. Die Kommission lehnte sein Begehren mit der Begründung ab, dass die Papiere Geschäftsgeheimnisse enthalten könnten.

1.7 Konsequenzen für Hoffmann-La Roche

Im Jahre 1976 veröffentlichte die Europäische Kommission ihre Entscheidung im Verfahren gegen den Basler Konzern. Roche wurde zu einer Geldbusse von 1.098 Mio. Franken verurteilt.[7] Das Urteil wurde – nach einem Einspruch des Unternehmens – von Europäischen Gerichtshof zwar bestätigt, die Buße jedoch auf 150.000 Pfund herabgesetzt. Mehr als 20 Jahre später kam es gegen das Unternehmen (und dessen Konkurrenten) erneut zu Vorwürfen wegen Preisabsprachen. Im August 2002 gab Roche den Verkauf der Vitaminsparte bekannt.

---

[6] Das berichteten britische Zeitungen (The Independent Magazine, The Observer): Er suchte in einer obskuren Söldnerzeitung nach einem Mörder für seine Frau, fand einen Interessenten, gab den Mord in Auftrag und wollte die 500.000 Pfund Versicherungssumme kassieren. Die Sache flog auf, weil sich der gedungene Mörder vor der Tat der Polizei offenbarte – die stellte eine Falle und Adams fiel rein.

[7] Dies entsprach ca. 0,01 Prozent des Jahresumsatzes, statt der möglichen 10 Prozent.

1.8   Kommentar

Der Fall des Stanley Adams zeigt beispielhaft, dass Whistleblowing nicht nur für ein illegitim handelndes Unternehmen weitreichende Folgen haben kann, sondern dass auch der Whistleblower selbst äußerst tragische Konsequenzen erdulden muss. Es ist die menschliche Tragödie des Stanley Adams, die einem in dieser Fallstudie am meisten beeindruckt.

Whistleblowing-theoretisch hat sich hier ein Mitarbeiter eines Unternehmens an externe Aufsichtsbehörden gewandt – allem Anschein nach, ohne zuvor alle internen Möglichkeiten einer Korrektur des Missstandes auszuschöpfen. Dabei ist hier nicht darüber zu spekulieren, inwieweit eventuelle interne Korrekturversuche erfolgreich hätten sein können, sondern von der Tatsache auszugehen, dass Adams als Insider und Kenner der Firmenkultur diese Möglichkeit ausschloss.

Unbestritten ist, dass Roche die zur Diskussion stehenden Handlungsweisen damals als lediglich illegitim empfand und diese als Geschäftspraktik duldete. Horizontale Preisabsprachen wurden im Fall Adams nie bewiesen, in späteren Jahren allerdings schon. Wünschbar wäre – aus Gründen der Schadensminderung für alle involvierten Akteure, insbesondere jedoch für den Whistleblower im vorliegenden Fall –, dass illegale Geschäftspraktiken nicht durch das Netz der internen Kontrollen fallen.

Wünschbar wäre aber auch die Existenz einer Unternehmenskultur, die das interne Problematisieren einer – schon vor ihrer expliziten Illegalität – illegitimen Handlungsweise ermöglichen, wenn nicht gar ermutigen würde. Zumindest bestünde in einer solchen Unternehmenskultur eine höhere Wahrscheinlichkeit, dass illegitime – und erst recht illegale – Handlungsweisen aus empfundenem Eigeninteresse abgestellt würden. Die interne Erörterung von Fehlleistungen würde ein institutionelles Lernen ermöglichen, das Wiederholungen unwahrscheinlich macht.

Die Handlungsweise der EG-Behörden: ausnutzen, ermuntern, fahrlässig bloß stellen und dann fallen lassen, spricht für sich und bedarf keines Kommentars. Die EG-Funktionäre waren offensichtlich mehr an ihrem Verfahren gegen das Unternehmen als am persönlichen Wohlergehen ihres Kronzeugen interessiert.

Auf die Frage, ob er auch so gehandelt hätte, hätte er gewusst, wie sich das Ganze entwickeln würde, antwortete Stanley Adams: „Wie kann man eine solche Frage beantworten? Aber wenn ich den Tod meiner Frau beiseite lasse, dann würde ich ohne Zögern ja sagen. Wenn du eine Geschichte zu erzählen hast, dann rate ich: Erzähl sie! Es ist besser, aufrecht zu sterben, als auf Knien zu leben."

2.   Roger Boisjoly: Zu unentschlossenes und zu spätes Whistleblowing[8]

2.1   Der Hintergrund: Katastrophe in der Raumfahrt

Die Explosion der Raumfähre Challenger am 28. Januar 1986 gilt als einer der größten technischen Unglücksfälle der letzten 50 Jahre. Die unter großem öffentlichem Interesse live im Fernsehen übertragene Katastrophe kostete sieben Menschen das Leben – und wäre ohne weiteres zu verhindern gewesen, wenn die Verantwortlichen vorhandenes und gesichertes Wissen und entsprechende Warnungen ernst genommen hätten. Das Unglück und seine Ursachen wurden später durch einen offiziellen Untersuchungsausschuss im Detail analysiert.

2.2   Der Whistleblower: Roger Boisjoly

Als Entwicklungsingenieur und Senior Scientist bei der Firma Morton Thiokol, die der NASA die mehrfach verwendbaren Feststoffraketen (Solid Rocket Booster, SRB) für das Challenger-Space-Shuttle-Programm lieferte, war Roger Boisjoly am Design und der Herstellung der so genannten *O-Ringe*, der Dichtungen zwischen den einzelnen Elementen des Boosters, beteiligt. Er war auch damit beauftragt, die ausgebrannten Raketenteile nach ihrer Bergung aus dem Atlantik gründlich zu untersuchen. Roger Boisjoly war ein sehr gewissenhafter Ingenieur und gewohnt, ein Problem hartnäckig zu bearbeiten. Es gab in seiner Umgebung Leute, denen er mit seiner

---

[8]   Unsere Fallstudie beruht auf der Auswertung einer Reihe von Veröffentlichungen aus unternehmensethischer und Whistleblowing-theoretischer Sicht. Vgl. vor allem Boisjoly et al. (1989), Werhane (1991), Herkert (1991) sowie Norton (1991). Ich danke Pius Seiler insbesondere für die in meinem Block-Seminar *Sozio-ökonomische Unterentwicklung und Multinationale Unternehmen* verfasste Seminar-Arbeit (Ethische Fragen im Zusammenhang mit der Explosion der Raumfähre Challenger, Wintersemester 1995/96, Universität Basel) sowie Jürg Bürgi und Albrecht Kern für deren Hilfe bei der Entwicklung der Fallstudie.

Fixierung auf das richtige Funktionieren der O-Ringe als ewiger Nörgler und Bedenkenträger gehörig auf die Nerven ging.

Am 24. Januar 1985 beobachtete Roger Boisjoly den Start von Flug 51-C des Space-Shuttle-Programms. Er bemerkte, dass die Temperatur an jenem Tag wesentlich tiefer war als während anderer Starts, die er miterlebt hatte. Das für die Jahreszeit ungewöhnlich kalte Wetter hatte auf Floridas Zitrusplantagen verheerende Schäden angerichtet. Als Boisjoly einige Tage später die geborgenen Feststoffraketen inspizierte, entdeckte er an den O-Ringen Rauchspuren und geschwärztes Fett, als ob sie durch heiße Abgase beschädigt worden wären. Es war das erste Mal, dass eine Primärdichtung nicht gehalten hatte. Seine Bedenken wuchsen, als er große Mengen geschwärzten Fettes zwischen der primären und sekundären Dichtung entdeckte. Nachträgliche Berechnungen ergaben, dass die Bodentemperatur zum Zeitpunkt des Starts etwa 53 Grad Fahrenheit (knapp 12 Grad Celsius) betragen hatte. Dieser Befund, zusammen mit den Temperaturdaten des Starttages und den Frostschäden an den Zitrusfrüchten, weckte in ihm den Verdacht, dass der Gasaustritt in Zusammenhang mit dem kalten Wetter stehen könnte.

Roger Boisjoly berichtete seinen Vorgesetzten über seine Beobachtungen und präsentierte seine Erkenntnisse und Vermutungen auch Ingenieuren und Managern am Marshall Space Flight Center (MSFC) der NASA. Als Ergebnis dieser Präsentation wurde Boisjoly zur Flugbereitschafts-Konferenz (Flight Readiness Review, FRR) vom 12. Februar 1985 für Flug 51-E eingeladen. Dieser Start war für April vorgesehen. An jener Flugbereitschafts-Konferenz wurde der Zusammenhang von tiefer Temperatur und Gasaustritt erstmals aktenkundig. Larry Mulloy, NASA-Manager für das Booster-Projekt, und andere NASA-Vertreter nahmen die vorgebrachten Erkenntnisse ebenfalls zur Kenntnis – sie erachteten das Risiko jedoch als akzeptierbar.

Diese Reaktion, aber auch die Strenge der Befragung an der FRR überzeugten Boisjoly von der Notwendigkeit, den Zusammenhang von tiefer Außentemperatur und Gasaustritt noch genauer zu untersuchen. Er arbeitete dabei eng mit Arnie Thompson, dem Verantwortlichen (Supervisor) für das Raketenmotor-Gehäuse (Rocket Motor Case) zusammen. Thompson führte im März 1985 kleinmaßstäbliche Labortests durch, um den Einfluss der Temperatur auf die Dichtungsfähigkeit der O-Ringe zu klären. Die Tests ergaben eindeutige Belege für die Annahme, dass sich tiefe Temperaturen stark und negativ auswirkten: Die Fähigkeit der O-Ringe, die Raketenverbindungen zu dichten, nahm dramatisch ab. War die Temperatur sehr tief, konnte sogar der Fall eintreten, dass weder der primäre noch der sekundäre O-Ring zuverlässig dichtete. Die kritische Temperaturschwelle konnten Boisjoly und Thompson jedoch nicht ermitteln.

Bei früheren Testflügen war Roger Boisjoly aufgefallen, dass manchmal heiße Verbrennungsgase die Dichtungen erodiert hatten. Das bedeutete, dass die Dichtungen ihren Zweck nicht oder erst mit Verzögerung nach einer gewissen Zeit erfüllten: Die O-Ringe saßen nicht fest. Mit seinen Vorgesetzten wurde er eingeladen, bei der NASA auch über dieses Phänomen zu berichten. Roger Boisjoly war überzeugt, dass der Gasaustritt mit der Umgebungstemperatur zusammenhing. Je tiefer sie war, desto später funktionierten die Dichtungen zwischen den einzelnen Boosterteilen. Die heißen Gase stellten ein großes Gefahrenpotenzial dar, da sich neben den Feststoffraketen die großen Flüssiggas-Tanks mit Wasserstoff und Sauerstoff, einem hochexplosives Gemisch, befanden. Laborversuche bestätigten seine Befürchtungen. Auch ein weiterer unbemannter Testflug in Utah schien die Richtigkeit seiner Vermutungen zu belegen. Zum Entsetzen Boisjolys hatten aber weder die NASA noch seine eigene Firma großes Interesse an seinen Studien und deren Ergebnissen.

Einen Monat später zeigte die Nachinspektion von Flug 51-B, dass die Primärdichtung an einer Raketen-Düse während des zweiminütigen Fluges keinen Kontakt aufgebaut hatte. Wäre dieser Schaden an einer Feldverbindung aufgetreten, hätte möglicherweise die Sekundärdichtung auch versagt und zum Verlust des Fluges geführt. In der Folge machten sich Boisjoly und seine Kollegen über die Sicherheit des Shuttle ernste Sorgen. Die Ergebnisse der Inspektion von Flug 51-B wurden am FRR für Flug 51-F am 1. Juli 1985 präsentiert. Die verantwortlichen Ingenieure und Manager der NASA und von Morton Thiokol kannten nun die Brisanz des O-Ring-Problems und den negativen Einfluss tiefer Temperaturen auf das Verhalten der Dichtungen.

2.3 Whistleblowing nach innen

Im Juli 1985 verlangten Roger Boisjoly und seine Mitstreiter einen größeren Einsatz und mehr finanzielle Mittel für die Lösung des O-Ring-Problems. Halbherzig setzte das Management von Morton Thiokol darauf fünf Ingenieure als *Seal Erosion Teask Force* ein, die das Problem lösen sollten. Doch offensichtlich waren weder die NASA noch Morton Thiokol daran interessiert, die Sache an die große Glocke zu hängen. Die NASA befürchtete, der Kongress könnte ihre Geldmittel kürzen, Morton Thiokol hatte Angst um ihre Stellung als Alleinlieferantin der Feststoffraketen. In Aufzeichnungen vom 22. und 29. Juli 1985 äußerte Boisjoly seine erhebliche Verärgerung und Enttäuschung über den mangelnden Fortschritt. Schließlich verfasste Boisjoly zu Händen von R. K. (Bob) Lund, Vizedirektor (Vice President) der Ingenieur-Abteilung von Morton Thiokol, ein Memo, das er als „firmenintern, vertraulich" (Company Private) deklarierte:

> "Mit diesem Brief will ich sicherstellen, dass das Management in voller Kenntnis der Ernsthaftigkeit des O-Ring-Problems ist. [...] Die irrtümlich akzeptierte Position zum Dichtungs-Problem, dass ein Versagen nicht zu befürchten sei, ist durch den Schaden an der SRM 16A-Düsenverbindung, bei der ein sekundärer O-Ring beschädigt wurde und der primäre gar nicht dichtete, unhaltbar geworden. Würde dies bei einer Feldverbindung auftreten (was durchaus sein könnte), wäre es ein Lotteriespiel (jump ball), ob die Verbindungen halten oder nicht. Die Folge wäre eine Katastrophe der höchsten Ordnung – Verlust von Menschenleben. [...] Es ist meine ehrliche und echte Befürchtung, einen Flug samt allen Starteinrichtungen zu verlieren, wenn wir nicht unverzüglich ein Team zur Lösung dieses Problems bestimmen."

Hartnäckig machte Boisjoly sein Management immer wieder schriftlich auf das Problem der O-Ringe aufmerksam und bemängelte die ungenügende Unterstützung. Da es ihm mit den zur Verfügung stehenden Mitteln unmöglich war, das Problem der Dichtungen bis zum nächsten Flug zu lösen, warnte er eindringlich davor, Flüge bei Temperaturen unter 11°C durchzuführen.

2.4 Wie das Unheil seinen Lauf nahm

Nach mehreren Verschiebungen war der Start des Fluges 51-L für den 28. Januar 1986 geplant. Dieser Flug wurde von den Medien mit größter Aufmerksamkeit bedacht. Der Grund dafür war, dass eines der 7 Besatzungsmitglieder, die Lehrerin Sharon Christa McAuliffe, aus dem All die Jugend der USA unterrichten wollte.

Am Vorabend wurde für die Nacht eine Temperatur von minus 8°C prognostiziert. Nie zuvor war bei einer so tiefen Temperatur ein Start dieses Raketentyps durchgeführt worden. Roger Boisjoly war äußerst besorgt. Das

Dichtungsproblem der O-Ringe stellte seiner Ansicht nach eine ernste Gefahr für das Leben der Besatzung dar. An einer dramatischen Telefonkonferenz der drei beteiligten Management- und Ingenieurteams am Vorabend des Starts brachte Boisjoly seine Bedenken vor. Die enormen Kräfte, die beim Start der Raketen freigesetzt würden, bewirkten in den Verbindungen eine Torsion, die zwischen Metall und sekundärem O-Ring einen Spalt öffnen könnten. In dieser Phase sei die Wahrscheinlichkeit groß, dass der sekundäre O-Ring nicht dichten könne, seine Funktion als Sicherung also versagte. Bei einer zu tiefen Umgebungstemperatur steige zudem die Wahrscheinlichkeit, dass der primäre O-Ring nicht dichte. Es komme deshalb zum Gasaustritt, der seinerseits die Erosion verursache. Träten beide Ereignisse gleichzeitig ein, bedeutete dies die Katastrophe.

Chefingenieur Bob Lund erläuterte anschließend die Empfehlung von Morton Thiokol. Gestartet werden solle nur, wenn die Temperatur der Dichtungen mindestens 53°F beträgt. Da 18°F (-8°C) vorhergesagt seien, sprach sich Lund gegen den Start aus. Er empfahl, erst zu starten, wenn die 53°F (12°C) erreicht seien. Larry Mulloy, verantwortlicher Manager der NASA für die Feststoffraketen, überging Lund und fragte direkt Joe Kilminster, den zuständigen Manager von Morton Thiokol nach seiner Meinung. Kilminster unterstützte zunächst seine Ingenieure und empfahl ebenfalls, nicht zu starten, solange 53°F nicht erreicht seien. George Hardy, Deputy Director of Science and Engineering am MSFC, war über diese Empfehlung empört. Trotzdem bestand er nicht auf dem Start, solange Morton Thiokol dagegen war.

Alle anderen Teilnehmer dieser Konferenz waren für einen Start am nächsten Tag. In einer Diskussion, die bei Morton Thiokol außerhalb der Telefonkonferenz stattfand, versuchten Boisjoly und ein Kollege vergeblich, sich Gehör zu verschaffen. Die NASA war dabei, die Beweislast umzukehren: Bei einem Raketenstart hatte bis dahin immer gegolten, dass die Ingenieure die Unbedenklichkeit zu beweisen hatten. Nun sollte Boisjoly und sein Kollege beweisen, dass der Challenger beim Start ohne Zweifel explodieren würde. Einer der Manager, die sich für einen Start aussprachen, verlangte von Chefingenieur Lund, er sollte endlich seinen Ingenieur-Hut ab- und den Manager-Hut aufsetzen. Anschließend gab das Senior-Management von Morton Thiokol der NASA seine Zustimmung zum Start des Shuttle bekannt. Die NASA nahm diesen Entscheid hoch erfreut zur Kenntnis. Die beiden opponierenden Ingenieure Boisjoly und Thompson waren daran nicht mehr beteiligt. Sie hatten es aufgegeben, sich weiter zur

Wehr zu setzen, nachdem sie festgestellt hatten, dass ihnen niemand mehr
zuhörte.

Am nächsten Tag geschah das Vorhersehbare: Eine Minute und dreizehn
Sekunden nach dem Start explodierte die Rakete mit der Raumfähre, nachdem sich die heißen Verbrennungsgase durch die Hülle der Feststoffrakete
gefressen hatten. Vor den Augen der ganzen Nation fand die gesamte Besatzung den Tod.

2.5 Nach der Katastrophe

Nach der Katastrophe wurde Boisjoly Mitglied des internen Untersuchungsteams von Morton Thiokol und musste vor dem Untersuchungsausschuss der Regierung, der Rogers Commission, als Zeuge aussagen. Dabei
wurde er von der Rechtsabteilung von Morton Thiokol angewiesen, nur mit
Ja und Nein zu antworten und keine zusätzlichen Informationen preis-
zugeben. Für Roger Boisjoly war der point of no return erreicht: Er packte
aus und übergab dem Ausschuss auch die Memoranden und Tätigkeitsbe-
richte, in denen er früher seiner tiefen Besorgnis Ausdruck gegeben hatte.
Natürlich waren weder die NASA noch Morton Thiokol über seine Aussagen erfreut. Mit seinen Dokumenten hatte er die Behauptung seines Gene-
ralmanagers widerlegt, dass die ursprüngliche Entscheidung gegen den Start
nicht einstimmig gewesen sei. Sie waren auch der Beweis, dass beide Organisationen die Bedenken nicht ernst genommen und keine Korrekturmaß-
nahmen eingeleitet hatten. Boisjoly wurde kurz darauf von seiner Aufgabe
als Mitglied des Untersuchungsteams von Morton Thiokol entbunden. Und
die NASA versuchte mit allen Mitteln, einen Beweis zu finden, dass nicht
die tiefe Temperatur Ursache der Katastrophe gewesen war.

Zunächst sollte Boisjoly – und nicht etwa jene, die die falsche Entscheidung fällten – entlassen werden, stattdessen erhielt er jedoch einen neuen
Titel als *Hauptkoordinator für die Neuentwicklung der Dichtungen*. In Tat und
Wahrheit wurde er jedoch vom ganzen Informations- und Arbeitsprozess
ausgeschlossen. Verschiedentlich ließ ihn das Management wissen, er solle
sich bei seinen Äußerungen zurückhalten. Es sei nicht im Interesse der
Firma, wenn öffentlich schmutzige Wäsche gewaschen werde. Nach wie
vor blieb Boisjoly jedoch bei seinen Aussagen und verkündete dies innerhalb der Firma auch öffentlich. Seine Kollegen warfen ihm vor, dass auch
sie unter seiner Offenheit zu leiden hätten.

Ende Juli 1986, ein halbes Jahr nach dem Challenger-Desaster, ließ sich Roger Boisjoly krankschreiben und kehrte nicht mehr an seinen Arbeitsplatz zurück.

2.6 Kommentar

Der Fall Roger Boisjoly gilt auf vielen Whistleblowing-Websites und in der Literatur als Paradebeispiel für Whistleblowing. Es ist aber unschwer erkennbar, dass hier kein eigentliches Whistleblowing vorliegt. Das Unglück nahm seinen Lauf, weil sich Roger Boisjoly mit seinen Bedenken nicht an die Öffentlichkeit wandte, sondern sich im maßgeblichen Augenblick streng an den Dienstweg hielt und keine Außenstehenden einschaltete. Erst nach der Katastrophe hielt er sich nicht mehr an die Vorgaben seiner Vorgesetzten und machte die Abläufe, die zum Startentscheid führten, vor der Untersuchungskommission der Regierung öffentlich.

Von Interesse ist bei dieser Fallstudie auch der Konflikt zwischen den technischen Experten und dem übergeordneten Management. Die einen hatten sachlich Recht, die anderen setzen sich mit sachfremden Argumenten via Firmenhierarchie durch. Deshalb wurde die finale Entscheidung nicht, wie nach den strengen Vorschriften eigentlich vorgesehen, von den Ingenieuren, sondern vom Management gefällt. Dieses orientierte sich hauptsächlich am Interesse der Firma, den Auftrag der NASA für die Bereitstellung der Feststoffraketen nicht zu verlieren, koste es was es wolle.

Das Abweichen von klaren unternehmenspolitisch festgelegten Vorgehensweisen bewirkte, dass genau das aus kurzfristig opportunistischen Gründen geopfert wurde, was notwendig gewesen wäre. Ein Mangel an Management-Disziplin und eine unklar definierte Unternehmenskultur führten zum Desaster. Wäre von Roger Boisjoly zu erwarten gewesen, dass er – eine Umkehr der Beweislast akzeptierend – CNN anruft und Alarm schlägt? Diese Frage beantworte jeder für sich selbst.

3. Anonymes Whistleblowing und Scientific Dissent[9]

3.1 Der Hintergrund: Eine unheimliche Krankheit

Mitte der fünfziger Jahre tauchte in Japan eine bis dahin unbekannte, lange namenlose Krankheit auf, für die sich zunächst nur einige Spezialisten interessierten. Als Ursachen galten Umweltgifte, Vitaminmangel, Stoffwechselstörungen, auch eine Viruserkrankung wurde in Betracht gezogen.

Aufgrund der ersten systematischen Studie über die rätselhafte Krankheit, die der Neurologe Tadao Tsubaki, Professor an der Universität Niigata, 1965 publizierte, erhielt das Leiden wegen der am häufigsten beobachteten Symptome – degenerative Veränderungen der Wirbelsäule, des Sehnervs und der peripheren Nerven – den Namen *Subakute myeloptische Neuropathie*, abgekürzt: SMON. Seine Ursache ist bis heute unbekannt.

Vier Jahre später berief das japanische Gesundheitsministerium eine Sonderkommission, die sich mit dem SMON-Problem und dessen Ursachen und Zusammenhängen befassen sollte. Die Recherchen der Experten ergaben, dass

➢ 96% der vom Untersuchungsteam von Tadao Tsubaki untersuchten SMON-Patienten den Wirkstoff Oxychinolin[10] eingenommen hatten,

➢ die durchschnittliche Frist zwischen dem Beginn der Medikation mit Oxychinolin und dem Auftreten der Symptome bei einer Tagesdosis von 600 mg Oxychinolin 48,8 Tage betrug und bei einer Tagesdosis von 1.200 mg 29,4 Tage,

➢ der Ausbruch von SMON in einem der untersuchten Krankenhäuser im Jahre 1968 eine deutliche Parallele zwischen der Zahl der erkrankten

---

[9] Diese Fallstudie beruht auf der Auswertung folgender Publikationen: Hansson (1987), Hansson (1979) sowie Solverman et al. (1992). Ich danke Benjamin Leisinger für das Zusammentragen der Fakten und das Abfassen der Fallstudie.

[10] Oxychinolin war der Wirkstoff eines Durchfall-Mittels, das in Japan für alle möglichen Unterleibsprobleme benutzt wurde. Es ist der Sammelbegriff für eine Anzahl ähnlicher chemischer Verbindungen mit 8-Hydroxychinolin als Grundmolekül. Diese Verbindungen haben antiseptische, d.h. Wundinfektionen verhindernde und keimtötende, Eigenschaften.

Patienten und der Menge der verabreichten Oxychinolin-Tabletten erkennen ließ,

➢ 11% der in Japan wegen Darmbeschwerden mit Oxychinolin behandelten Patienten an SMON litten.[11]

Aufgrund dieser Ergebnisse, die den Verdacht erhärteten, dass zwischen SMON und dem Wirkstoff Oxychinolin ein Zusammenhang bestand, wurden im September 1970 Verkauf und Anwendung von oxychinolinhaltigen Präparaten in Japan verboten. Im Laufe der darauf folgenden 12 Monate[12] wurden nur noch 37 weitere SMON-Fälle gemeldet, während es 1970 noch 399 Fälle waren. Man schätzt, dass über ca. 20 Jahre insgesamt rund eine halbe Million Japaner oxychinolinhaltige Präparate eingenommen haben.

Bis Ende März 1972 betrug die Gesamtzahl der von der SMON-Kommission des japanischen Gesundheitsministeriums erfassten Fälle 5.839. Hinzu kamen noch 3.410 Verdachtsfälle.[13] Am 13. März 1972 hielt die Kommission fest, dass Oxychinolin als Ursache für SMON anzusehen sei.[14] Die Gesamtzahl der in Japan Erkrankten bezifferte sie auf 11.007.

Prof. P.K. Thomas, Mitglied eines aus neun Spezialisten bestehenden Gremiums von unabhängigen internationalen Experten für Neurologie,[15] erklärte bei einer Pressekonferenz am 28. April 1980 in Genf, dass bei 42 von 220 außerhalb Japans registrierten Verdachtsfällen die Diagnose SMON „wahrscheinlich" schien, in weiteren 69 Fällen bezeichnete das Gremium die Diagnose als „möglich", in 29 als „unwahrscheinlich". Die restlichen 80

---

[11]   29 von 263 Patienten, die mit Oxychinolin behandelt wurden. 0 von 706 untersuchten Patienten mit ähnlichen Darmbeschwerden, die nicht mit Oxychinolin behandelt wurden, hatten SMON.

[12]   Zwischen 8. September 1970 und 30. September 1971.

[13]   Diese hohe Zahl an Verdachtsfällen führt Olle Hansson in seinem Buch *Ciba Geigy Intern* auf unklare Krankengeschichten und andere Untersuchungen, auf Unwissenheit der Patienten bezüglich der ihnen verabreichten Medikamente sowie zum Teil auf unterstellte vorsätzliche Verschleierung der Ärzte und örtlichen Gesundheitsbehörden aus Angst vor juristischen Konsequenzen zurück. Olle Hansson schätzt die Zahl der tatsächlichen SMON-Fälle auf bis zu 30.000, jedoch ohne eine Quelle oder wissenschaftliche Fakten für diese Annahme zu haben (vgl. Hansson (1987), 25).

[14]   Später wurde noch eine weitere Mitteilung herausgegeben, in der gesagt wurde, dass diese Theorie bzw. Schlussfolgerung noch nicht widerlegt werden konnte und diese somit als richtig angesehen werden könne.

[15]   Die Unabhängigkeit der Kommission wird von Olle Hansson bestritten oder zumindest in Frage gestellt (vgl. Hansson (1987), 93ff.).

Fälle waren zu unvollständig dokumentiert, als dass eine wissenschaftliche Beurteilung möglich gewesen wäre.[16] Die Kommission äußerte zudem den Verdacht einer möglichen Überdiagnostizierung.

3.2   Die Whistleblower: firmeninterne Anonyme an Dr. Olle Hansson

Im Mittelpunkt der öffentlichen Diskussion des SMON-Falls steht der schwedische Kinderarzt und Neurologe Olle Hansson, der auch als Dozent an den Universitäten von Uppsala und Göteborg wirkte. Er profilierte sich im Laufe der SMON-Affäre als engagiertester Kämpfer für die Interessen der Oxychinolin-Opfer. Olle Hansson starb 1985 im Alter von nur 49 Jahren an Krebs. Jährlich am 23. Mai wird seiner im Rahmen eines *Olle Hansson-Day* gedacht.

Olle Hansson vertrat die Ansicht, dass der Wirkstoff Oxychinolin, und zwar ausschließlich dieser Wirkstoff, SMON verursachte. Den Pharma-Unternehmen, die oxychinolinhaltige Präparate herstellten und vertrieben, warf er vor, den Verkaufsstopp aus reiner Profitgier hinausgezögert und dabei weitere Menschenleben gefährdet oder zerstört zu haben. In der Tatsache, dass *nur* 11% Prozent der mit Oxychinolin behandelten Patienten an SMON litten, sah er keine ausreichende Begründung für eine bedenkenlose Verwendung der Präparate. Er führte solche Zahlen auf eine mögliche Vertuschung der Nebenwirkungen durch Ärzte und Pharmaunternehmen zurück. Ebenso ging er davon aus, dass die meisten Patienten gar nicht wussten, dass sie mit Oxychinolin behandelt wurden, und deshalb die negative Entwicklung ihres Gesundheitszustandes nicht auf die Einnahme dieses Wirkstoffes zurückgeführt wurde.

Gegen das Argument, dass außerhalb Japans keine bewiesenen Fälle auftraten, führte er an, dass zum Beispiel auch in Schweden SMON-ähnliche Fälle aufgetaucht seien.[17] Die Häufung von SMON in Japan führte Hansson auf die spezifisch japanische Beziehung zum hara (Magen) zurück. Sie bewirke, dass auch gegen harmlose Magenverstimmungen und leichte Darmbeschwerden Medikamente eingesetzt würden. Auch sei das japanische Ge-

---

[16]   Vgl. Hansson (1987), 93ff.

[17]   Dr. Hansson spricht immer von SMON-ähnlichen Fällen oder von wahrscheinlichen SMON-Fällen, von denen aber in keinem Fall wissenschaftlich gut belegte Studien vorliegen.

sundheitssystem, in dem die Ärzte Arzneimittel nicht nur verschrieben, sondern auch verkauften, ein wesentlicher Faktor für übermäßigen Medikamentenkonsum.

Ohne die Mithilfe eines oder einer kleinen Zahl von Insidern der Ciba-Geigy in verschiedenen Ländern, von denen er direkt oder über Mittelsleute vertrauliche firmeninterne Dokumente erhielt,[18] wäre Hanssons Kampf weniger spektakulär verlaufen. Die Identität seiner Helfer ist bis heute nicht bekannt. Inwiefern sie als Whistleblower bezeichnet werden können, ist strittig, nicht zuletzt deswegen, weil die zur späteren Diskussion Anlass gebenden Handlungsweisen nicht illegal oder moralisch illegitim waren. Hansson gab lediglich Einblick in den internen Meinungsbildungs- und Entscheidungsprozess im Kontext eines wissenschaftlichen Dissenses. Dieser allerdings war – anders ließe sich das Verhalten der Insider nicht plausibel machen – hierarchisch überlagert.

Durch ihr Handeln nahmen die anonymen Internen direkten Einfluss auf Entscheidungen und Reaktionen des Unternehmens – Olle Hansson war der öffentlich sichtbare Alliierte dieser anonymen Whistleblower im Unternehmen, der ohne deren Informationen seine Kampagne nicht so erfolgreich hätte führen können. Der *Issue Champion* Hansson plante allerdings seine Aktivitäten selbständig als Einzelkämpfer und riskierte dafür auch seinen Ruf als ernsthafter Wissenschaftler. Das trug ihm Bewunderung und Respekt ein und war ein maßgeblicher Teil seiner öffentlichen Wirkung.

3.3   Die Argumentation der Pharmaunternehmen

Die Pharmaunternehmen, die oxychinolinhaltige Medikamente auf dem Markt hatten – die größten waren in Japan Ciba-Geigy Japan Ltd., Takeda Ltd. und Tanabe Ltd. – hatten ihrerseits schlagkräftige Argumente gegen die von der SMON-Kommission aufgestellte These, Oxychinolin verursache SMON:

➢ In den 36 Jahren seit der Einführung des Präparats bis zum Jahre 1970 hatte alleine die schweizerische Ciba 2.650 Tonnen Oxychinolin zur inneren Anwendung hergestellt.[19] Rechnet man die ungefähre Produkti-

---

[18]   Diese internen Dokumente wurden in Olle Hanssons Buch *Ciba-Geigy Intern* im II. Teil (ab Seite 131) verarbeitet.

[19]   Gemeint ist hier zur Einnahme. Es gab auch äußere Anwendungsmöglichkeiten wie z.B. Puder, wegen der antiseptischen Wirkung des Oxychinolins.

onsmenge anderer Hersteller hinzu, wurden vermutlich zwischen 400 und 1.200 Millionen Menschen auf der ganzen Welt mit Oxychinolin behandelt. Diese große Zahl sprach, verglichen mit den aufgetretenen SMON-Fällen, gegen einen Zusammenhang zwischen Oxychinolin und SMON.

➢ Außerhalb von Japan wurden nur rund 30 SMON-ähnliche Fälle bekannt.[20] In Japan hingegen waren es über 10.000. Ein Vergleich dieser beiden Zahlen lässt sich nicht mit einer besonderen Einstellung zu Magen-Darm-Beschwerden begründen, sondern könnte sehr plausibel auf einen speziellen japanischen Kontext hinweisen. Dass in Japan nicht eine übermäßig hoher Konsum von Oxychinolin-Präparaten feststellbar war, belegen Vergleichszahlen für das Jahr 1969:

Land	Verkaufte Oxychinolin-Menge in kg	Anzahl Einwohner	Menge pro Person in mg
Japan	30.000	100.000.000	300
Westdeutschland	27.750	60.000.000	460

➢ Das Argument, dass außerhalb Japans weniger SMON-Fälle auftraten, weil in anderen Ländern die Langzeiterfahrung mit hoch dosierten Oxychinolin-Behandlungen fehle, wurde mit einer Studie widerlegt, die zeigte, dass einige der SMON-Patienten in Japan nur kleine Dosen Oxychinolin und nur über einen kurzen Zeitraum eingenommen hatten. Außerdem sei SMON auch bei Patienten diagnostiziert worden, die nie ein oxychinolinhaltiges Produkt eingenommen hatten.[21]

➢ Die Tatsache allein, dass 96% der SMON-Patienten Oxychinolin konsumiert hatten, beweise noch keine Ursächlichkeit. Vor allem, wenn man bedenke, dass zum Teil zur Behandlung von SMON selbst bzw. gegen die häufig im Anfangsstadium auftretenden Magen-Darm-Beschwerden, Oxychinolin verschrieben wurde, überrasche es nicht, dass viele SMON-Patienten Oxychinolin eingenommen hätten.[22]

---

[20]   Es werden auch Zahlen bis zu 220 genannt.

[21]   So war es bei 4% aller SMON-Fällen.

[22]   Um ein vielleicht unpassendes und der Tragödie nicht angemessenes Beispiel zu nennen: Wenn jemand, der sich den Arm gebrochen hat, einen Gips zur Heilung des Bruches trägt, so könnte dies, da fast alle Patienten mit einem Armbruch einen Gips tragen, bei einem uninformierten Außerirdischen, der nichts über die Behandlung von Brüchen weiß, den Eindruck erwecken, die Bruchverletzung hätte etwas mit dem Tragen eines Gipses zu tun. Nicht alles, was mit einem Symptom zeitlich einhergeht, hat ursächlichen Charakter.

3.4 Kommentar

In dem geschilderten Fall geht es offensichtlich um wissenschaftlichen Dissens in einer defizitären Gesprächs- bzw. Unternehmenskultur. Von einem Teil der Wissenschaftler wurde – und wird meines Wissens immer noch – ein kausaler Zusammenhang zwischen der Einnahme von Oxychinolin und SMON angenommen, und von dem anderen Teil wird ein solcher Zusammenhang als unwahrscheinlich und unbewiesen abgelehnt. Bis heute besteht weder über die Ursache von SMON noch über das Ausmaß der SMON-Epidemie endgültige Klarheit.

Der Dissens bezog sich zum Beispiel auf die Bewertung der Beobachtung, dass nur 11% aller japanischen Patienten, die mit Oxychinolin behandelt wurden, auch an SMON erkrankten, obwohl in Japan SMON überproportional häufig auftrat. Eine Seite führte diese Zahl auf Vertuschung oder auf Desinformation zurück, die andere Seite nahm diesen Wert als erwiesen an. Die Tatsache, dass Jahrzehnte lang keine SMON-Fälle bekannt wurden, wurde darauf zurückgeführt, dass man früher die Symptome nicht richtig gedeutet habe. Dass die Zahl der SMON-Erkrankungen nach dem Rückzug von Oxychinolin vom Markt schnell und nachhaltig zurück ging, erklärten Vertreter der Pharmaindustrie und ein Teil der Ärzteschaft sowie einige Wissenschaftler mit dem Argument, die Krankheit sei vorher überdiagnostiziert und nach dem Verschwinden von Ciba-Geigys Enterovioform und Mexaform sowie anderen oxychinolinhaltigen Präparaten unterdiagnostiziert worden.

In einem Fall wie dem hier aufgezeigten, in dem über den kausalen Zusammenhang von menschlichem Leid und der Einnahme eines Arzneimittels wissenschaftlich keine Klarheit besteht, ist das Handeln der anonymen internen Whistleblower schwer zu werten. Es stellen sich mit der Anonymität verbundene Probleme, und es stellt sich auch die Frage, ob mit einem offenen Visier nicht größerer Glaubwürdigkeit der Dissidenten und weniger Schaden für alle Beteiligten verbunden gewesen wäre. Wäre es nur um eine Frage der Arzneimittelsicherheit gegangen, so war dadurch wenig gewonnen, dass Ciba-Geigy das Produkt zurückzog. Da außer den beschuldigten Firmen noch weitere Firmen Oxychinolin-verwandte Wirkstoffe in ihren Medikamenten hatten, und diese nicht vom Markt genommen werden mussten, wurde deshalb auch schon damals selbst von Arzneimittelkritikern die Frage gestellt, als was die Polemik gegen das Enterovioform von Ciba-Geigy betrachtet werden sollte: als Kampf gegen das Medikament bzw. den

Wirkstoff Oxychinolin oder als Bemühungen, Ciba-Geigy aus dem Markt zu drängen.[23]

Es könnte auch sein, dass sich der Rückzug des Medikaments auf einzelne Patientengruppen negativ ausgewirkt hat, so jedenfalls kommentierten führende ägyptische Ärzte und Wissenschaftler seinerzeit die Einstellung der Produktion. SMON war in ihrem Land nie aufgetreten, und Enterovioform wurde, verglichen mit anderen Medikamenten gegen Diarrhöe, als sicher und wirksam angesehen.

So oder so lässt der Ablauf der Geschichte nicht nur einen Mangel an Offenheit auf Seiten derjenigen erkennen, die selektiv firmeninterne Dokumente nach außen gaben, sondern auch auf immense Defizite bei der Gesprächskultur in den betreffenden Forschungsabteilungen des Unternehmens. Es fehlte ein neutrales firmeninternes Forum, in dem ohne Gesichtsverlust und jenseits hierarchischer Strukturen Scientific Dissent zwischen Menschen guten Willens hätte ausdiskutiert werden können.

4. Ben Johnston und Kathryn Bolkovac: Whistleblowing für Menschenrechte[24]

4.1 Der Hintergrund: UN-Schutz- und Hilfstruppen auf dem Balkan

Zum Schutz ihrer Einrichtungen, zur Sicherung des prekären Friedens, zur Etablierung von Recht und Ordnung sind im Auftrag der UNO in Bosnien Hilfstruppen stationiert. Die bunt gemischten, multinational zusammengesetzten Mannschaften sind ein beträchtlicher Wirtschaftsfaktor in der Region. Es ist offensichtlich, dass die Anwesenheit von Tausenden allein stehender, gut bezahlter Männer die Prostitution – und alles, was mit ihr zusammen hängt – besonders üppig florieren lässt. Hinweise auf die unwürdigen und illegalen Folgen der Truppen-Stationierung, die den Einheimischen nicht zuletzt das Funktionieren rechtsstaatlicher und demokratischer Insti-

---

[23] Vgl. Silverman et al. (1992).

[24] Die Fallstudie beruht auf Literaturrecherchen von Jürg Bürgi und wurde auch von ihm verfasst.

tutionen beispielhaft vorführen sollte, pflegen viele Politiker und Militärs mit einem Achselzucken zu ignorieren.[25]

Neben regulären Soldaten und Polizisten dienen auf dem Balkan auch zahlreiche von privaten Unternehmen angestellte Zivilisten. Der größte Vertragspartner ist die amerikanische Firma DynCorp, die seit 50 Jahren im Dienst der US-Regierung, vor allem des Außen-, des Justiz- und des Verteidigungsministeriums Dienstleistungen aller Art übernimmt. Das Unternehmen rekrutiert seine Angestellten – vom Flugzeugmechaniker bis zur Ärztin, vom Polizei-Instruktor bis zum Software-Programmierer – selbst und unterhält an den Einsatzorten eine eigene Infrastruktur.

Marktführer DynCorp und andere Firmen aus der 100-Milliarden-Dollar-Branche privater Militär-Dienstleister[26] machen seit Jahren wegen Gesetzesbrüchen und schmutziger Tricks von sich reden.[27] Kritiker werfen ihnen vor, sie ließen sich in fragwürdige Aktionen verwickeln und übernähmen – u.a. in Südamerika – gegen gute Bezahlung auch rechtswidrige Aufträge. In den Internet-Magazinen *Salon* und *Online Journal* sind mehrere dieser Fälle dokumentiert. Die Privatisierung heikler Aufträge, heißt es in den Berichten, ermögliche es der US-Regierung, sowohl den militärischen Ehrenkodex als auch die Regeln der Genfer Konventionen zu umgehen, die nur für reguläre Truppen Geltung haben.

4.2 Die Whistleblower: Ben Johnston und Kathryn Bolkovac

Der Texaner Benjamin D. Johnston, 31, diente sechs Jahre – unter anderem in Deutschland – als Helikopter-Mechaniker in der US-Army, bevor er Ende 1998 für drei Jahre beim Militär-Dienstleister DynCorp anheuerte. Er erwartete, dass sich seine Arbeit auf der US-Basis *Camp Comanche* bei Tusla in Bosnien in ähnlichem Rahmen abspielen würde, wie er es von seiner Zeit bei der Armee gewohnt war. Tatsächlich erhielt er, wie die Soldaten, eine schusssichere Weste und einen Helm, er bekam Gefahrenzulage und aß

---

[25] Vgl. den Report von Amnesty International über Verbrechen von UNO-Blauhelme in Moçambique, Somalia, Kambodscha, auf dem Balkan, ai-Journal, Januar 2002.

[26] Vgl. Salon, 26.06.2002.

[27] Vgl. Uri Dowbenko: Dirty Tricks Inc., The DynCorp – government connection. In: Online Journal, 20.03.2002, Robert Capps: Outside the law. In: Salon, 26.06.2002 Weniger ausführliche Berichte publizierten zahlreiche amerikanischen Tageszeitungen, zum Beispiel Washington Post, 23.06.2001.

auch in derselben Kantine wie das reguläre Militärpersonal. Bei der Arbeit allerdings waren die Unterschiede offensichtlich. Die Arbeitskollegen waren zum größten Teil viel älter; ihre Arbeitsleistung war bescheiden und ihre Disziplinlosigkeit groß. Viele kamen betrunken zur Arbeit. In der Armee habe man für einen Radwechsel bei einem Black-Hawk-Hubschrauber 45 Minuten gebraucht, in Bosnien dagegen verging dabei der ganze Tag, berichtete Johnston. Der Mechaniker, dessen Ehe während seiner Abwesenheit in Brüche ging, befreundete sich in dem der Garnison am nächsten liegenden Dorf Dubrave mit einer jungen Bosnierin, die er im September 1999 nach muslimischem Ritus heiratete.

Kathryn Bolkovac, 41, Mutter von drei Kindern, stammt aus Lincoln, Nebraska, wo sie als Polizistin arbeitete. Sie ließ sich von DynCorp als Ermittlerin für Menschenrechtsverletzungen (Human Rights Investigator) in der International Police Task Force (IPTF) in Bosnien verpflichten.[28]

4.3   Kindersex und Mädchenkauf rund um Camp Comanche in Bosnien

Schon kurz nach seiner Ankunft in Bosnien bemerkte Ben Johnston, dass seine Arbeitskollegen in ihrer Freizeit häufig zwielichtige Bars und Bordelle besuchten. Während der Arbeit drehte sich das Gespräch in erster Linie um die jugendlichen Prostituierten, die dort stunden- oder tageweise zu mieten waren. Wer wollte, konnte sich eine Gespielin für rund 1.000 Dollar auch kaufen. Army-Helfer diskutierten die Möglichkeit, Freundinnen zum halben Preis weiter zu verhökern, wenn man ihrer überdrüssig würde. Viele der Mädchen, beobachtete Johnston, waren junge Teenager. Sie stammten nicht aus der Gegend, sondern waren aus Russland, Rumänien, Moldawien oder anderen armen Ländern Osteuropas nach Bosnien gelockt oder verschleppt worden. Beschafft wurden sie, behauptete Johnston, „von Dyn-Corp und der serbischen Mafia".[29]

Als sich ein über 60jähriger DynCorp-Angestellter damit brüstete, sein Girl sei „keinen Tag älter als zwölf", alarmierte Johnston seine Vorgesetzten. Als dies nichts half, ging er im Frühling 2000 mit seinem Kollegen Kevin Werner, der selbst einschlägige Erfahrungen gemacht und sich eine junge Moldawierin besorgt hatte, zur amerikanischen Militärjustiz (U.S. Army

---

28   Vgl. Daily Telegraph, 25.04.2002.

29   Kelly Patricia O'Meara: DynCorp Disgrace. In: Insight, 14.01.2002.

Criminal Investigation Division, CID) und erzählte, was er täglich von seinem Fenster aus auf den Straßen des Dorfes sah: Mädchen, die mit Nachbarkindern spielten, während ihre Besitzer sie beaufsichtigten. Johnston berichtete von einem 180-Kilo-Mann, der auch während der Arbeit ununterbrochen Cheeseburger aß und „alle fünf Minuten einschlummerte". Dieser Kollege hatte sich ein Mädchen gekauft, das nicht einmal 14 war. „Es macht mich krank einen 45jährigen, 180-Kilo-Mann zu sehen, der mit einem kleinen Mädchen Sex hat."[30]

Am 2. Juni machten Angehörige der US-Militärpolizei im Camp Comanche eine Razzia und verhörten die DynCorp-Angestellten. Im Laufe dieser Untersuchung kam heraus, dass Johnstons Vorgesetzte, die er vergeblich auf die skandalösen Zustände aufmerksam gemacht hatte, selbst in den Mädchenhandel verwickelt waren. Einer von ihnen, John Hirtz, hatte sich selbst beim Sex mit zwei jungen Mädchen auf Video aufgenommen. Er bekam die Liebesdienerinnen umsonst und führte als Gegenleistung neu angekommenes DynCorp-Personal in den Bordellen ein. Wenn einer seiner Angestellten das Land verließ, sorgte Hirtz dafür, dass er seine Schulden bei der serbischen Mafia beglichen hatte, berichtete Johnston: „Die DynCorp-Führung steckte zu 100 Prozent mit der Mafia unter einer Decke." Hirtz, dem auch Vergewaltigung vorgeworfen wurde, verlor seinen Job und wurde nach Hause geschickt. Eine Strafverfolgung hatte er nicht zu befürchten.

Mitte Mai 2000, nach Beginn der Untersuchungen der CID, erhielt Johnston die Kündigung. DynCorp Manager begründeten die Entlassung mit dem zu hohen Personalbestand auf dem Stützpunkt Camp Comanche. Dass sie gerade Johnston als überzählig ausgemacht hatte, begründete die Firma mit Unzulänglichkeiten des Angestellten: Er sei mit dem Helikopter-Typ Big Hawk zu wenig vertraut gewesen und habe mit einer Bosnierin (seiner Frau) zusammen gelebt. Außerdem habe er versucht, in Dubrave eine eigene Geschäftstätigkeit aufzubauen. Johnston bestritt alle Vorwürfe.

4.4 Mädchenhandel von UN-Polizisten und NATO-Soldaten

Ähnliche Erfahrungen wie Ben Johnston machte auch die als Ermittlerin von Menschenrechts-Verletzungen im Auftrag der DynCorp in Bosnien tätige Ex-Polizistin Kathryn Bolkovac. Wie Johnston berichtete sie ihre Beobachtungen über die Verfehlungen von UN-Personal zuerst intern, indem

---

[30] Ebenda.

sie in 50 E-Mails Manager von DynCorp, Funktionäre von UNO und IPTF alarmierte. Auch Jacques Klein, der Vertreter von UN-Generalsekretär Kofi Annan in Bosnien, erhielt die Informationen. Darin beschrieb Bolkovac die verzweifelte Lage der vom Menschenhandel betroffenen Mädchen. Sowohl UN-Polizisten als auch NATO-Soldaten und Mitarbeiter humanitärer Organisationen beteiligten sich an den menschenverachtenden Praktiken.

Kurz nach ihrem Whistleblowing wurde Bolkovac von Michael Stiers, dem stellvertretenden Chef der UN-Polizisten in Bosnien, die Versetzung angekündigt. Sie habe, warf er ihr vor, mit ihrer Aktion unprofessionell gehandelt und ihre Prioritäten falsch gesetzt, da sie sich in erster Linie um ethnisch motivierte Gewalt kümmern sollte, die die Stabilität im Land gefährden könnte.[31]

4.5 Konsequenzen für Ben Johnston

Johnston verklagte seine Firma in seinem Heimatstaat Texas wegen ungerechtfertigter Kündigung, obwohl er fürchtete, DynCorp könnte sich weiter an ihm rächen oder die Serbenmafia Killer ausschicken. Er sei wütend, dass er seinen Job verloren habe, noch schlimmer finde er aber, wie schamlos sich die Pädophilen in Dubrave aufgeführt hätten, berichtete sein Anwalt. In aller Öffentlichkeit und zum Entsetzen der tugendhaften muslimischen Bevölkerung hätten sie mit ihren Lolitas geschmust.

Zwei Tage vor Prozessbeginn in Fort Worth, Texas, akzeptierte Johnston Anfang August 2002 eine Abfindung von DynCorp, über deren Höhe Stillschweigen vereinbart wurde. Sein Anwalt erklärte, auch wenn der Fall nun nicht vor Gericht verhandelt werde, bedeute das einen Sieg für seinen Mandanten. Der zweijährige Kampf gegen die Firma habe sich gelohnt.[32]

4.6 Konsequenzen für Kathryn Bolkovac

Wie Johnston verlor auch Kathryn Bolkovac ihren Job bei DynCorp. Als Grund gab die Firma an, sie habe Spesenrechnungen gefälscht und eigenmächtig Urlaub genommen, um ein Meisterschaftsspiel ihrer Basketball spielenden Tochter in Nebraska zu sehen. Sie bestritt die Spesen-Geschichte, der ein Durcheinander in der Administration zugrunde gelegen

---

[31]   Vgl. Washington Post, 23.06.2001.
[32]   Vgl. Salon, 06.08.2002.

habe; sie räumte hingegen ein, dass ihr Heimaturlaub von ihren Vorgesetzten nicht abgesegnet gewesen sei. Gegen ihre Kündigung klagte die Amerikanerin vor einem britischen Handelsgericht.

„Wenn die Mädchen sich weigerten, Freier zu empfangen", berichtete Kathryn Bolkovac dem Richter über ihre Erfahrungen in Bosnien, „wurden sie eingesperrt und ihnen ausreichende Nahrung und alle Außenkontakte für Tage und sogar für Wochen verweigert. Dann befahl man ihnen, nackt auf den Tischen im Lokal zu tanzen und sich zu den Kunden zu setzen." Mädchen, die weiter renitent blieben, „wurden von den Barbesitzern und ihren Helfern geschlagen und vergewaltigt. Man sagte ihnen, wenn sie zur Polizei gingen, würden sie wegen Prostitution und illegaler Einreise eingesperrt." Die US-Polizistin gab überdies zu Protokoll, Mike Stiers, der stellvertretende Leiter der IPTF, habe sich beleidigend über die Opfer der Menschenhändler geäußert, als er meinte: „Das sind ja bloß Huren."[33]

Ihre Klage gegen die britische DynCorp-Tochter wegen ungerechtfertigter Kündigung, Geschlechter-Diskriminierung und Verletzung von Bestimmungen zum Schutz von Whistleblowern wurde am 6. August 2002 gutgeheißen. „Es gibt keinen Zweifel, dass der Grund für die Kündigung ihre Enthüllungen waren", sagte der Richter. Die Höhe der Entschädigung wurde im Oktober 2002 in einem separaten Verfahren festgesetzt.[34] DynCorp wollte das Urteil nicht kommentieren. Ein Sprecher hielt aber fest, dass die Kündigung von Kathryn Bolkovac zu Recht erfolgt sei. Die Firma prüfe einen Rekurs.[35]

4.7 Kommentar

Whistleblowing, das zeigt dieser Fall, kommt in den unterschiedlichsten Kontexten zustande, weil Menschen in den unterschiedlichsten Institutionen illegitim oder gar illegal handeln.

Auch dieser Fall zeigt, dass Whistleblower bereit sein müssen, ihre Warnrufe mit dem Verlust ihres Arbeitsplatzes zu bezahlen. Schlimmer noch, wie der Fall des Flugzeugmechanikers Johnston belegt: Sie müssen gewärtigen, von ihrer Arbeitgeberfirma der Rufschädigung beschuldigt zu werden, weil

---

[33] Daily Telegraph, 25.04.2002.

[34] Daily Telegraph, 07.08.2002.

[35] Salon, 06.08.2002.

sie Außenstehende – im konkreten Fall: die amerikanische Militärpolizei – informierten. Dass beide Fälle für die Whistleblower einigermaßen zufrieden stellend ausgingen, ist in erster Linie Folge der breiten, für den Ruf der betroffenen Firma DynCorp gefährlichen Publizität.

Deutlich wird überdies, dass die durch Johnston und Bolkovac ans Licht gebrachten Vergehen weit herum als unvermeidliche Nebenerscheinungen von Armee-Einsätzen betrachtet werden. Prostitution und Mädchenhandel werden auch dann toleriert, wenn ihre Verbindung zur organisierten Kriminalität offensichtlich ist. In Stellungnahmen zum Fall Johnston stellten Verantwortliche der DynCorp die Vergehen ihrer Angestellten sogar als gute Taten von Männern hin, die mit sauer verdientem Geld junge Mädchen aus den Klauen von Erpressern befreit hätten.

Der dritte, langfristig wichtigste Aspekt, den die öffentliche Empörung der beiden DynCorp-Mitarbeiter bewusst machte, ist das strafrechtliche Vakuum, in dem sich die Verbrechen an den jungen Frauen abspielten. Aufgrund vertraglicher Regelungen genießen UN-Mitarbeiter im Einsatzgebiet Immunität. Soldaten, Polizisten und Zivilangestellte, die krimineller Handlungen überführt werden, lässt die UNO deshalb umgehend in ihre Heimatländer abschieben. Dort sollen sie vor Gericht gestellt werden – falls der Heimatstaat dafür rechtliche Grundlagen hat. In den USA stehen solche Bestimmungen nur auf dem Papier des *Military Extraterritorial Jurisdiction Act* von 2000, in einem Gesetz, zu dem bisher keine Ausführungsbestimmungen erlassen wurden, wie Martina Vandenberg, wissenschaftliche Mitarbeiterin der Menschenrechtsorganisation *Human Rights Watch* bedauerte. Zudem gilt dieses Gesetz nur für Zivilangestellte im Dienste der US-Streitkräfte. Es herrsche, resümierte Vandenberg die Lage, ein „Klima totaler Straffreiheit".[36]

Daran wird sich so bald kaum etwas ändern, wie im Sommer 2002 die Bemühungen der US-Regierung zeigten, mit möglichst vielen Staaten bilateral zu vereinbaren, dass sie keine US-Bürger an den Internationalen Strafgerichtshof ausliefern. Das gilt nicht nur, wie eine breite Öffentlichkeit glaubt, für Angehörige der Streitkräfte, sondern auch für die Angestellten privater Militär-Dienstleister wie DynCorp.

---

36   Ebenda.

5. Christoph Meili: Whistleblowing, Vergangenheitsbewältigung und Politik[37]

5.1 Der Hintergrund: Eine unbewältigte Vergangenheit

Ausgelöst durch in den USA freigegebene Akten aus dem Zweiten Weltkrieg machten Mitte der neunziger Jahre in der internationalen Presse Spekulationen die Runde, die Schweizer Banken, darunter die Schweizerische Bankgesellschaft (SBG), hüteten in ihren Tresoren Hunderte Millionen Dollar aus der Zeit des Zweiten Weltkriegs, die jüdischen, von den Nazis im Holocaust umgebrachten Kunden gehörten. Nachdem Beschwichtigungs- und Rechtfertigungsversuche gescheitert waren, begegnete die Schweizer Regierung 1996 dem zunehmenden in- und ausländischen Druck mit der Einsetzung einer Task Force und einer unabhängigen Historikerkommission. Gegenüber den Banken erließ sie am 13. Dezember 1996 ein generelles Verbot, Akten, die mit Guthaben von Holocaust-Opfern zusammen hängen könnten, zu vernichten. Die SBG hatte schon tags zuvor einen unbegrenzten Aktenvernichtungs-Stopp verfügt. Um weiteren Schaden insbesondere von ihrem Amerika-Geschäft abzuwenden und um zu beweisen, dass sie sich keine Vermögen von Holocaust-Opfern angeeignet hatten, ließen die wichtigsten Schweizer Banken ihre Geschäftsbücher aus der fraglichen Zeit von internationalen Revisionsfirmen prüfen und willigten im Sommer 1998 unter dem Druck milliardenschwerer Sammelklagen in die Zahlung einer pauschalen Entschädigung von 1,25 Milliarden Dollar ein, die an die Erben nachrichtenloser Vermögen und andere Anspruchsberechtigte verteilt werden sollten.

5.2 Der Whistleblower: Christoph Meili

Geboren 1968 und aufgewachsen im Kanton Aargau, riss Christoph Meili mit 16 von zu Hause aus und lebte danach in einer Wohngemeinschaft. Wegen allzu bescheidener Leistungen musste er eine Lehre als Radio-TV-Elektriker abbrechen. Eine anderthalbjährige Ausbildung als Verkäufer verließ er vorzeitig. Später nahm Meili eine Stelle als Computer-Verkäufer in

---

[37] Ich danke Jürg Bürgi für das Zusammentragen der Materialien und das Abfassen dieser Fallstudie.

einem Warenhaus an. Dort ergaben sich „Probleme mit der Pünktlichkeit und im Umgang mit Kunden." Ab März 1994 arbeitete er in Zürich bei der Bewachungsgesellschaft Wache AG als Nachtwächter. Im Januar 1997, als er seinen Ruhm als Whistleblower begründete, befand er sich in gekündigter Stellung. Die Schweizerische Bankgesellschaft (SBG) hatte eine Reduktion des externen Wachpersonals von fünf auf vier Stellen verlangt und Meili im Dezember 1996 wegen ungenügender Leistungen auf den 1. März 1997 entlassen.[38] Christoph Meili war verheiratet. Seine Frau Giuseppina spielte bei seinem Whistleblowing und in der sich daraus entwickelnden Affäre eine aktive Rolle. Meili hat zwei Kinder, die damals zweieinhalb und viereinhalb Jahre alt waren.[39]

5.3   Whistleblowing im Dienste der „Wahrheit"

Weil ein Installateur das Bauareal im Zürcher Hauptgebäude der SBG am 8. Januar 1997 wegen der Kälte vorzeitig verließ, hatte der für die Gebäudebewachung angestellte Christoph Meili unvermutet Zeit, jenseits der Straße, in einem anderen Gebäude, den Raum aufzusuchen, wo die Bank Akten vernichtete. In zwei Sackwagen fand er grün und grau eingebundene Bücher. Auf einem von ihnen sah er das Wort „Directorium 9" und die Jahreszahl 1925. Auf einem Zettel las er: „Aus Zwangsversteigerung übernommen."[40] Bei einer zweiten Visite am gleichen Abend betrachtete er die Bücher genauer. Es waren Protokolle der wegen ihrer Nazi-Verbindungen berüchtigten „Eidgenössischen Bank" über Kreditvergaben und Hausrenovationen in Berlin. Die Dokumente stammten aus den Jahren 1930 bis 1940 und 1945 bis 1960. Christoph Meili sagte, er habe sich, als er die Bücher sah, daran erinnert, dass die Regierung vor kurzem die Vernichtung von Akten aus dem Zweiten Weltkrieg verboten habe. Aus dem Teil Immobilien nahm er 59 Kontoblätter aus den dreißiger bis siebziger Jahren an sich. Nachdem ihm zu Hause seine Frau bestätigt hatte, dass die Papiere „extrem" seien, holte er sich tags darauf bei einem weiteren Besuch im Schredderraum drei weitere Bücher. Es waren die letzten, der Rest war verschwunden. Eines davon trug er nach Hause, die andern verbarg er in seinem Kleiderschrank. „Wenn Gott mir diese Akten in die Hände gibt", er-

---

38   Vgl. SonntagsZeitung, 18.01.1998.

39   Vgl. Weltwoche, 27.02.1997.

40   Die Darstellung folgt, wenn nicht anders vermerkt, Koch (1998).

klärte er später Journalisten seine Überlegungen, „so muss ich etwas damit unternehmen".[41]

Am Morgen des 10. Januar 1997 telefonierte Meili mit der israelischen Botschaft in Bern und bot sein Material an. Der Mann am Telefon wies ihn an, die Dokumente gelegentlich per Post nach Bern zu schicken. Meili, enttäuscht über das laue Interesse und weil er befürchtete, das Material könnte unterwegs verloren gehen, trug die Papiere noch am gleichen Morgen auf Vorschlag seiner Frau zur Israelitischen Cultusgemeinde Zürich (ICZ). Nach langer Beratung brachten ICZ-Präsident Werner Rom und seine Generalsekretärin das Material gegen Abend zur Kriminalpolizei und erstatteten Anzeige; den Namen des Überbringers der Akten gaben sie nicht preis. Nach einem Besuch in Meilis Wohnung vermittelte ihm Rom anderntags einen Anwalt und brachte ihn mit der Journalistin Gisela Blau in Kontakt, die in der „Jüdischen Rundschau" regelmäßig über die Affäre der nachrichtenlosen Vermögen berichtete. Am 13. Januar informierte der zuständige Untersuchungsrichter Rechts- und Sicherheitsdienst der SBG, während Meili normal seinen Wachdienst versah. Nach Dienstschluss um 14 Uhr 30 holte er die beiden Bücher aus seinem Kleiderschrank und übergab sie Gisela Blau, die ihn mit den Folianten mit der Aufschrift 1891/92 und 1892/93 fotografierte. Noch am gleichen Tag ließ sich Meili, begleitet von seiner Frau und seinem Anwalt, über drei Stunden lang vom Chef der Kripo befragen. Mit seiner Tat, gab er zu Protokoll, habe er aufrütteln wollen, „der Wahrheit zuliebe". Deshalb habe er auch zwei Bücher der Presse übergeben.

Der Untersuchungsrichter kündigte Strafuntersuchungen gegen die Bank wegen Verletzung des Aktenvernichtungsverbots und gegen Meili wegen einer möglichen Verletzung des Bankgeheimnisses an. Darauf ging die ICZ an die Öffentlichkeit, worauf die Wache AG ihren Nachtwächter suspendierte. Der Expressbrief traf ein, als Meili zu Hause am Telefon saß und Gratulationen des New Yorker Senators Alfonse D'Amato entgegen nahm. Als Vorsitzender des Bankenausschusses der kleinen Kammer des US-Parlaments und einer der schärfsten Kämpfer gegen die Schweizer Banken, lud er Meili umgehend nach Washington ein. Der Wachmann nahm das Angebot gerne an.

---

[41] SonntagsZeitung, 19.01.1997.

5.4   Die Reaktionen der Öffentlichkeit

Spätestens mit dieser ersten Einladung des sich im Vor-Wahlkampf befind-
lichen amerikanischen Politfuchses geriet Meilis Whistleblowing-Aktion
außer Kontrolle. Christoph Meili wurde in der Folge in einer Weise zur öffentlichen Person, die ihm wenig Platz für überlegte Reaktionen zu lassen
schien. Für D'Amato, der sich auf Bitten des *Jüdischen Weltkongresses* der angeblich in Schweizer Banktresoren verschwundenen Vermögen von Holocaust-Opfern annahm, war Meilis Dokumenten-Rettung der entscheidende
Beweis für die niedrige Gesinnung einer Großbank, die sich verhängnisvol-
ler Zeit-Zeugnisse entledigen wollte und dabei nicht davor zurück schreckte, Gesetze zu verletzen.

Sowohl ein Teil der schweizerischen als auch große Teile der amerikanischen Öffentlichkeit teilten diese Ansicht. Die Schweizer Medien lobten
mehrheitlich den Nachtwächter für seine Zivilcourage. Die Saga vom heldenhaften Wachmann ging um die Welt. Hellsichtig mutmaßte die „Weltwoche" anderthalb Monate nach Beginn des Rummels, dass der „Medienstar zum missbrauchten Helden" werden könnte.[42]

Knapp zwei Wochen nach seiner Tat sah sich Christoph Meili in Zürich im
vornehmen Hotel Dolder von Abraham H. Foxman, dem Direktor des jüdischen Vereins *Anti Defamation League of B'nai B'rith* aus Washington, ans
Herz gedrückt. Der Wachmann habe die Ehre der Schweiz gerettet, sagte
Foxman und überreichte ihm vor einem gerührten Publikum eine Menora,
das jüdische Symbol für Licht und Aufklärung. Für Rechtsbeistand und
Notfälle wolle seine Organisation für Meili einen Fonds von 50.000 Franken einrichten, versprach Foxman.

5.5   Die Schweizerische Bankgesellschaft

Nachdem sie in ihrem ersten Communiqué einen „bedauerlichen Fehler"
eingestanden und sich zur Zusammenarbeit mit dem zuständigen Untersu-
chungsrichter bereit erklärt hatte, glaubte die Führung der Schweizerischen
Bankgesellschaft offenbar, die peinliche Affäre sei überstanden. SBG-
Verwaltungsratspräsident Robert Studer äußerte bereits zwei Tage nach
Meilis Enthüllung, dass „mit 99prozentiger Sicherheit" nichts Schlimmes

---

[42]   Weltwoche, 27.02.1997.

geschehen sei: „Was vernichtet wurde, war uninteressant."[43] Er wiederholte
diese Behauptung auch in einer beliebten Diskussionssendung des Schweizer Fernsehens und sagte darauf den vielleicht verhängnisvollsten Satz seiner Karriere: „Mein heutiger Wissensstand lässt mich vermuten, dass die
Gründe, die Meili für sein Handeln angab, nicht die einzigen sind."

Diese, auch auf Nachfragen hin nicht weiter erläuterte Unterstellung, ver-
setzte die Öffentlichkeit in Aufruhr. „Ganz schön fies, Herr Studer!", titelte
das Massenblatt *Blick*: „SBG-Chef zieht den mutigen Wächter Meili in den
Schmutz."[44] Studer und seine Medienberater weigerten sich auch an den
folgenden Tagen, die Bemerkung zu präzisieren. So entstand der Eindruck,
die Bank versuche, ihre Verfehlungen herunter zu spielen und möglichst zu
vertuschen. Der Angriff auf Meilis Glaubwürdigkeit erschien als billiges
Ablenkungsmanöver. In dieses Bild passte auch, dass der für die Aktenvernichtung verantwortliche Erwin Haggenmüller am Tag nach dem Platzen
der Affäre suspendiert und der Öffentlichkeit der Eindruck vermittelt wurde, damit sei der Sündenbock dingfest gemacht. Während die Öffentlichkeit
den unglücklichen Archivar bedauerte und niemand ihm Böswilligkeit unterstellte, hatte die Bank mit ihrer defensiv-arroganten Kommunikation jedes Verständnis verspielt. Selbst für die konservative und gewöhnlich mo-
derate *Neue Zürcher Zeitung*, war die Aktenvernichtung der SBG „entweder
kriminell oder ‚kriminell dumm'".[45]

5.6 Antreiber und Profiteure

Es ist bezeichnend, dass der historische Wert und die Aussagekraft der
geschredderten und der geretteten Akten im weiteren Verlauf der Geschichte keine Rolle mehr spielten. Niemand schien es zu kümmern, ob
Robert Studer Recht hatte, als er davon sprach, die vernichteten Akten sei-
en „uninteressant" gewesen. Wichtig war fortan nur der Held Christoph
Meili. Das war vor allem zwei Männern zuzuschreiben, die mit eigener A-
genda als Antreiber und Profiteure wirkten: Senator Alfonse D'Amato und
Rechtsanwalt Ed Fagan.

Nachdem er Christoph Meili mit einer Einladung nach Washington über-
rascht hatte, musste sich der Senator aus New York erst einmal in Geduld

---

SonntagsZeitung, 19.01.1997.

Blick, 18.01.1997.

Neue Zürcher Zeitung, zit. nach SonntagsZeitung, 19.01.1997.

üben. Es wurde Anfang Mai, bis in New York alle Arrangements für den Empfang des heldenhaften Schweizer Wachmanns getroffen waren. Als Organisator setzte sich Ed Fagan in Szene. Der Spezialist für Sammelklagen hatte erst im Herbst 1996 begonnen, sich in den Fall der nachrichtenlosen Vermögen einzuarbeiten, indem er Namen von Naziopfern und ihren Nachkommen sammelte, die behaupteten, Konten bei Schweizer Banken zu besitzen. Er hatte bereits vom Schweizerischen Bankverein und von der SBG für einige Tausend Klienten eine Entschädigung von 20 Milliarden Dollar verlangt. Von Christoph Meili erhoffte er sich weitere Publizität.

Am vierten Tag seiner USA-Reise stand Meili neben Senator D'Amato, während dieser empörte und spöttische Worte über die Schweiz in eine Fernsehkamera sprach. Auch Edgar Bronfman, der Präsident des Jüdischen Weltkongresses, ließ sich mit Meili filmen und versprach dem Arbeitslosen einen Job. Den Höhepunkt der Präsentations-Tour bildete der Auftritt vor Senator D'Amatos Bankenausschuss in Washington. Als Clou seiner Ausführungen hielt Christoph Meili eine Seife in die Höhe, um deutlich zu machen, dass die Schweizer Banken mit jenem Regime Geschäfte gemacht hätten, das aus getöteten Opfern Seife machen ließ.

Bald wurde klar, dass an eine Rückkehr der Meilis in die Schweiz nicht mehr gedacht wurde. Über die deutsche Illustrierte *Stern* ließ der Wachmann die Welt wissen, dass er in den USA um politisches Asyl gebeten habe. Schon am zwanzigsten Tag seines Aufenthalts saß er vor der Einwanderungskommission des Senats und verlas eine Erklärung, die ihm Alfonse D'Amato aufgesetzt hatte. Er führte aus, dass er sich und seine Familie in der Schweiz bedroht fühle und lobte die USA als großartiges Land. Kurz nach diesem Auftritt erhielt er eine unbeschränkte Aufenthaltsbewilligung.

Im selbstgewählten Exil radikalisierte sich Meilis Ausdrucksweise. Dem österreichischen Magazin *profil* erläuterte er, die Schweiz sei derzeit „in den Händen von – man muss schon fast sagen – Nazis". Und per E-Mail schlug er vor, man sollte vielleicht in den USA eine Schweizer Exilregierung gründen.

Neun Monate nach der Aktenrettung stellte die Zürcher Bezirksanwaltschaft das Verfahren gegen den Wachmann Meili ein. Dasselbe geschah mit der Untersuchung gegen den Archivar Haggenmüller. Inzwischen war Christoph Meili, der angeblich wieder als Nachtwächter jobbte, in den USA zu einer Art Talisman im Kampf gegen die Schweizer Banken geworden. Im September erhielt er in Israel den Yad-Vashem-Preis und wurde von Schülern auf den Schultern getragen. Wer immer Vorwürfe gegen Schweizer Banken oder die Eidgenossenschaft vorbringen wollte, ließ sich vom Kronzeugen Meili begleiten. Der äußerte bereitwillig, was seine Mentoren wünschten.

So tauchte Ed Fagan mit seinem Helden im Dezember 1997 in London auf, wo sich Abgesandte aus 41 Ländern und von sechs internationalen Organisationen zu einer Raubgold-Konferenz versammelt hatten. In Fagans Auftrag schimpfte Meili, dem man den Zutritt zum Tagungsgebäude verweigert hatte, über die jüdischen Organisationen, die das Geld selbst behalten wollten, um „irgendwo im Osten Synagogen" zu bauen. Und der Rechtsanwalt, der für seine Sammelkläger inzwischen 36 Milliarden Dollar Wiedergutmachung forderte, ergänzte, dass nur Holocaust-Opfer andere Holocaust-Opfer vertreten könnten. Wenige Tage später gaben der Schweizerische Bankverein und die Schweizerische Bankgesellschaft ihre Fusion bekannt. Für den SBG-Verwaltungsratspräsidenten Robert Studer, der noch im Oktober versichert hatte, er empfinde wegen seines Verhaltens nicht das geringste Schuldgefühl, war in der neuen Großbank UBS keine Funktion mehr vorgesehen.

Kaum war die Konferenz in London beendet, lud der Stadtkämmerer von New York, Alan Hevesi, hundert Finanzchefs amerikanischer Städte und Staaten zur Aussprache über ihre künftigen Geschäftsbeziehungen zu den Schweizer Banken ein. Am Rande der Zusammenkunft drückte Richard Capone, Chefmanager der UBS USA, dem einstigen Wachmann die Hand und bedauerte, was ihm und seiner Familie widerfahren sei. Als Entschuldigung – die Zürcher Zentrale der neuen UBS ließ umgehend entsprechende Presseberichte dementieren – sei dies aber nicht zu werten.

5.7 Die Konsequenzen für Christoph Meili

Ein Jahr nach seinem Coup stand Christoph Meili auf dem Höhepunkt seiner Blitzkarriere als Held – und am Abgrund. Nachdem er am 14. Januar 1998 vor dem Gebäude der UBS in Manhattan, angeleitet von Ed Fagan, angekündigt hatte, er verlange von der UBS wegen übler Nachrede, Verleumdung, Charakterverzerrung und weiterer Grausamkeiten 2,5 Milliarden Dollar Schadensersatz, ließen ihn die Schweizer Medien fallen. Nun kamen hässliche Details aus seinem erfolglosen Berufsleben zutage, die vorher niemanden interessiert hatten.

Spätestens im Sommer 1998, nach Abschluss des Entschädigungs-Abkommens mit den Schweizer Banken, verloren auch Alfonse D'Amato und Ed Fagan das Interesse an ihrem Kronzeugen Meili. Mildtätige jüdische Organisationen, die sich um das Wohl der Schweizer Flüchtlinge kümmerten, arrangierten einen Umzug nach Kalifornien, wo Christoph Meili in einem College eine angemessene Ausbildung erhalten sollte. Doch das erwies sich als schwierig. Es kam zu Spannungen mit seiner Frau, die ihn wegen Brutalität anzeigte. Meili wurde verhaftet. Inzwischen ist er geschieden.

5.8   Kommentar

Christoph Meilis Whistleblowing ist beispielhaft und gleichzeitig einzigartig. Beispielhaft, weil es vorführt, wie Fehleinschätzungen und mangelnde Sensibilität auf Seiten der betroffenen Institution eine Affäre ins Gigantische aufblähen können, einzigartig, weil der Whistleblower im Augenblick, als er mit seinem Wissen an die Öffentlichkeit trat, die Kontrolle über den Fortgang der Ereignisse verlor, da sein Anliegen ideal eine bereits heiß laufende Affäre ergänzte.

Dass Meili im Laufe der Zeit jeden Bezug zur Realität verlor und sich unkritisch von seinen Mentoren führen ließ, ist ihm nicht vorzuwerfen. Auch intelligentere Menschen sind der Rolle als Medienstar gewöhnlich nicht besonders gut gewachsen. Der Nachtwächter, der sich immer mehr als tatkräftiger Aufklärer fühlte – was ihm Beteiligte und Unbeteiligte auch immer wieder bestätigten – wurde schnell zum Opfer seiner Tat. Es ist offensichtlich, dass er seine Wichtigkeit genoss und daraus, in völliger Selbstüberschätzung, phantastische finanzielle und berufliche Perspektiven ableitete.

Einen beträchtlichen Teil der Verantwortung für Meilis steilen Aufstieg und seinen jähen Sturz haben der Politprofi D'Amato und der Rechtsanwalt Fagan zu übernehmen. Ebenso alle andern im Kampf gegen die Schweizer Banken engagierten Institutionen und ihre Repräsentanten. Sie alle beuteten den willfährig tumben Wachmann und seinen Heldenruhm für ihre Ziele aus. Auch den Medien war Christoph Meili anderthalb Jahre lang eine einträgliche Stütze. Zuerst wurde er, dem Publikumsgeschmack entsprechend, hochgejubelt, später, als seine Forderungen einen grotesken Realitätsverlust erkennen ließen, genüsslich demontiert.

Das schlechteste Zeugnis gebührt allerdings der angegriffenen Institution, der Schweizerischen Bankgesellschaft. Mit welcher insensibel-arroganten Verbohrtheit ihre Führungsmannschaft, allen voran Verwaltungsratspräsident Robert Studer selbst, unhaltbare Positionen verteidigten, bleibt unverständlich. Sie übersahen, dass das Whistleblowing nicht aus heiterem Himmel erfolgte, sondern im Kontext einer kapitalen Fehlleistung von Verantwortlichen der Bank geschah. Die Beschwichtigungen, das geschredderte Material habe keinen historischen Wert besessen, verkannten die reale Lage des Geldinstituts vollkommen. Sie brachten es in die unmögliche Situation, dafür Beweise beizubringen – und führten zum Eingeständnis, man wisse gar nicht, was überhaupt vernichtet wurde. Der Versuch, die ganze Verantwortung dem Archivar Haggenmüller zuzuschieben, erwies sich spätestens dann als unfair und schädlich, als dessen Schicksal als bedauernswertes Unfallopfer bekannt wurde.

Das Desaster komplett machte schließlich Verwaltungsratspräsident Robert Studer im Fernsehen, als er versuchte, Meili zum geltungssüchtigen Würstchen herabzuwürdigen. Sein Versuch, die Glaubwürdigkeit des Whistleblowers durch Unterstellungen zu erschüttern, machte den Kampf um die eigene Glaubwürdigkeit aussichtslos. Bei all dem ist völlig unerheblich, ob Christoph Meili überhaupt nur eine einzige Seite historisch bedeutsamer Dokumente gefunden und vor dem Reißwolf gerettet hat. Vielleicht waren die Papiere tatsächlich „völlig uninteressant", wie Robert Studer behauptete. Ebenso unerheblich ist, aus welchen Motiven der Wachmann handelte. Entsprechend wenig Resonanz erzielte eine der Presse zugespielte interne Untersuchung der Bank, die zeigte, dass Arbeitskollegen schon drei Wochen vor dem entscheidenden 8. Januar 1997 Meili mehrmals beim Verlassen des Schredderraums beobachtet hatten. Gegenüber einem andern Wachmann soll er sich geäußert haben, man werde noch von ihm hören. Aus dem Protokoll seiner Einvernahme bei der Polizei geht hervor, dass für Meili nicht die juristische Untersuchung der Aktenvernichtung das „Hauptziel" seiner Aktion gewesen sei, sondern der öffentliche Druck auf die Banken: „Ich dachte dabei insbesondere an den Jewish World Congress und Senator D'Amato."[46]

Vieles deutet darauf hin, dass sich Christoph Meili, der kleine Wachmann in gekündigter Stellung, den zudem Schulden drückten und der sich von Vorgesetzten nicht zum ersten Mal ungerecht behandelt fühlte, mit seiner Akten-Aktion wichtig machen wollte. Das Desaster, das er bei der SBG auslöste, und das die Fusion mit dem Schweizerischen Bankverein vermutlich beschleunigte, hat er nicht zu verantworten. Wo in politisch sensiblen Kontexten durch Whistleblowing politisch sensible Dinge bekannt werden, ge-

---

[46] SonntagsZeitung, 18.01.1998.

raten rasch Proportionen in Unordnung und Abläufe werden unkontrollierbar. Der Fall der Aktenvernichtung zeigt, dass eine Institution in allen Fällen am besten fährt, das Haus in Ordnung zu bringen und dabei besonders potenziell unliebsame Dinge mit höchster Priorität zu bereinigen.

6. Margot O'Toole: Whistleblowing als Scientific Dissent und politische Hexenjagd[47]

6.1 Der Hintergrund: Wissenschaftliche Kontroversen

Mitte der achtziger Jahre arbeitete der Nobelpreisträger David Baltimore mit seinem Team am Massachusetts Institute of Technology (MIT) an der auch im Kampf gegen das HI/AIDS-Virus höchst bedeutungsvollen Frage, wie sich das menschliche Immunsystem vor unbekannten Mikroorganismen schützt. Die Arbeit wurde teilweise an transgenen Mäusen durchgeführt und sollte darüber Aufschluss geben, ob die Tiere das transferierte Gen zur Entwicklung eines Antikörpers nutzen konnten. Baltimore, unter Biologen als Wunderkind berühmt, seit er 1975 mit 37 – zusammen mit Howard Temin und Renato Dulbecco – den Nobelpreis für Medizin erhalten hatte, gilt bis heute als einer der führenden Spezialisten auf dem Gebiet der molekularen Immunologie.

Weil Baltimore mit seiner Forschergruppe in jener Zeit wissenschaftlich kontroverse Positionen vertrat, wurde er häufig zu öffentlichen Diskussionen über Gentechnik und die HIV/AIDS-Problematik eingeladen. Dabei schreckte er vor polemischen Äußerungen nie zurück. Gegnern von Tierversuchen warf er zum Beispiel Menschenverachtung vor, weil sie das Wohlergehen von Mäusen über das Recht von Patienten auf angemessene Behandlung stellten. In solchen Auseinandersetzungen wurde Baltimore oft als überheblich, arrogant und stur empfunden. Dies brachte ihm zahlreiche Feindschaften ein. Seine Gegner wagten sich allerdings nicht aus der Deckung, solange der brillante Forscher und einflussreiche Lehrer wissenschaftlich unanfechtbar schien.

Zu Baltimores Team gehörte in jener Zeit die brasilianische Biologin japanischer Abstammung Thereza Imanishi-Kari. Sie verfügte über methodolo-

---

47   Diese Fallstudie basiert auf der ausführlichen Analyse von Kevles (1998).

gische und serologische Kenntnisse, die den anderen Mitgliedern der Forschungsgruppe fehlten. Und sie galt als hart arbeitende, ungeduldige, ihre Mitarbeiter fordernde Wissenschaftlerin. Ihre fachliche Kompetenz war so unbestritten, dass ihre mangelhaften Englischkenntnisse und ihre administrative Schlampigkeit nicht ins Gewicht fielen.

Zusammen mit David Baltimore figurierte Thereza Imanishi-Kari als Co-Autorin einer interdisziplinären Arbeit der Wissenschaftszeitschrift *Cell*[48]. Die Publikation beschrieb nicht nur, wie transgene Mäuse das ihnen eingepflanzte Gen zur Immunabwehr nutzen konnten, sondern auch, dass die ursprünglich vorhandenen Antikörper bei Anwesenheit des Zusatz-Gens anders in Erscheinung traten als in seiner Abwesenheit.

Thereza Imanishi-Kari leitete aus diesem Befund eine Theorie des Immunsystems ab, die sie als „Mimikry"[49] bezeichnete. Für ihre weitere Karriere war dieser Ansatz von größter Bedeutung. Falls es ihr nämlich gelang, ihre Hypothese von der molekularen Mimikry zu belegen, stiegen ihre Chancen auf eine feste Anstellung („tenure") erheblich.

Der Artikel in *Cell* war der Ausgangs- und Mittelpunkt eines Aufsehen erregenden Skandals, der die Karriere der jungen Forscherin aus Brasilien und ihres Mentors David Baltimore schwer beschädigte und erst 1996 – 10 Jahre später – durch die Rehabilitation der Wissenschaftler beendet wurde.

6.2 Der Whistleblower: Margot O'Toole

Ausgangspunkt der später als „Fall David Baltimore" bezeichneten Affäre war der Wunsch Thereza Imanishi-Karis, mit zusätzlichen Untersuchungen ihre Mimikry-Theorie zu untermauern und möglichst noch auszubauen. Dafür stellte sie Margot O'Toole, eine eben promovierte Forschungsanfängerin, ein. Margot O'Toole, die Schlüsselfigur im *Fall Baltimore*, galt als extravertierte und eher schwierige Person. Sie wich keiner Kontroverse aus, wenn sie der Ansicht war, andere verstießen gegen das, was sie selbst für richtig hielt. Ihre Mutter beschrieb sie als „[...] virtually bred to confront trouble."[50]

---

[48] Vgl. Weaver et al. (1986).

[49] Als Mimikry wird in der Biologie die Gabe der zur Täuschung und zum Selbstschutz dienenede Anpassung bezeichnet (vgl. Duden Fremdwörterbuch, Mannheim, 6te Auflage 1997, Bibliografisches Institut).

[50] Kevles (1998), 20.

Im Laufe der Affäre steigerte sie sich in die Sache hinein: Sehr bald sprach
sie nicht mehr von unterschiedlichen Interpretationen eines wissenschaftlichen Experiments, sondern von vorsätzlichem Betrug. In offenkundig zu-
nehmender Selbsttäuschung vergrub sie sich auch in unhaltbaren Positionen und kooperierte mit Menschen, die ihr zwar Recht gaben, aber sie systematisch zum Spielball ihrer eigenen Interessen machten. Auf dem Höhepunkt der öffentlichen Auseinandersetzung galt sie als einsame Kämpferin
für mehr Ehrlichkeit in der Forschung und wurde als mutiger Whistleblower mit Ethikpreisen gefeiert. Am Ende der leidvollen Affäre hat auch sie
persönlichen Schaden genommen.

6.3   Die Entwicklung der Affäre

Wie Thereza Imanishi-Kari befand sich auch Margot O′Toole zum Zeitpunkt ihrer Anstellung in einer entscheidenden Phase ihrer beruflichen
Entwicklung. Kurz nach ihrer Promotion wurde von ihr erwartet, dass sie
selbständig wissenschaftlich arbeiten konnte. Thereza Imanishi-Kari und
Margot O′Toole unterschieden sich in charakterlicher und professioneller
Hinsicht so sehr, dass sie im Arbeitsalltag nicht miteinander zu Recht kamen. Margot O′Toole erbrachte nach Ansicht von Thereza Imanishi-Kari
nicht genügend Leistung, war nicht fleißig und engagiert genug bei der Sache und ging verschwenderisch mit knappen Ressourcen um. Margot
O′Toole dagegen suchte – und fand – die Ursache der Probleme im zwischenmenschlichen Bereich. Das Unglück nahm seinen Lauf, als Margot
O′Toole von Thereza Imanishi-Kari beauftragt wurde, einen bestimmten
Versuch zu wiederholen und dabei die empirische Evidenz des (von Thereza Imanishi-Kari erstmals demonstrierten) Mimikry-Sachverhalts zu verbessern.

Das Experiment gelang O'Toole entweder gar nicht oder sie kam zu Ergebnissen, die längst nicht so interessant waren wie die ihrer Chefin. Im folgenden Streit äußerte Thereza Imanishi-Kari die Ansicht, Margot O′Toole
bemühe sich nicht in ausreichendem Maße. Und Margot O′Toole erklärte
den Versuch ihrer Vorgesetzten für nicht wiederholbar, da er auf Fehlern
oder doch zumindest auf einseitiger Interpretation beruhte. In einem Laborbuch fand Margot O′Toole 17 Seiten, die ihre Sicht der Dinge zu erhär-
ten schienen. Sie entwendete die Papiere und kopierte sie, um sie später als
Beweis für ihren Verdacht zu benutzen, Thereza Iminashi-Kari habe bei
ihrem Experiment betrogen.

Vieles weist darauf hin, dass im Verlauf der Affäre ihre intellektuelle Distanz ab und das Maß der Selbsttäuschung von Margot O'Toole zunahm. Die zunehmende Schärfe ihrer Anklagen führten zu mehreren Nachprüfungen der hinter der Veröffentlichung stehenden Arbeiten durch Forscher des MIT und der Tufts University (welche Imanishi-Kari eine Assistenzprofessur angeboten hatte). Das Resultat war in allen Fällen bescheiden: Zwar traten einige kleinere Fehler bei der Buchführung der Rohdaten zutage. Doch weil die Gesamtaussage des Papiers in keiner Weise tangiert war, drängte sich weder der Rückzug der *Cell*-Publikation noch auch nur eine Korrektur auf. Als Ursache der Kontroverse wurde bald ein technisches Problem im Zusammenhang mit einer für jeden Versuch in einem schwierigen Verfahren neu herzustellende Substanz lokalisiert. Hier hätte man den Disput ohne Gesichtsverlust für die involvierten Personen beenden können. Dies geschah jedoch nicht.

Charles Maplethorpe, ein anderer Mitarbeiter von Thereza Imanishi-Kari – ein Mann, der nicht in der Lage war, eigene Fehler oder Unzulänglichkeiten zu erkennen, sondern in allem persönliche Angriffe und Intrigen sah – schloss sich Margot O'Toole im Kampf gegen die verhasste Chefin an. Um seinem Anliegen Nachdruck zu verleihen, nahm er auch Kontakt mit den Wissenschafts-Journalisten Ned Feder und Walter W. Stewart auf, die sich darauf spezialisiert hatten, Betrugsfälle im Wissenschaftsbetrieb aufzudecken.

Schnell erkannten die Medienleute, dass der Clou der Geschichte weniger die Anschuldigungen der Anfängerin O'Toole waren als die Verwicklung des umstrittenen Nobelpreisträgers David Baltimore. Sie stellten ihn, der bloß Co-Autor der *Cell*-Publikation gewesen war, in den Mittelpunkt ihrer Recherchen über das vermeintliche „Watergate der Wissenschaft".

Nach einigem Zögern gab Baltimore Neder und Schwarz nach und nahm sich der Sache noch einmal an. Danach äußerte er sich verärgert über die – seiner Überzeugung nach durch Schlampigkeit verursachten – Fehler seiner Mitarbeiterin Imanishi-Kari. Wie anderen Gutachtern vor ihm erschienen ihm die Unregelmäßigkeiten so unbedeutend, dass sich ein Rückzug der Veröffentlichung nicht aufdrängte.

Kritischer beurteilte er die Arbeit von Feder und Stewart, denen er ihr generalisierendes Urteil über einen komplexen Sachverhalt aufgrund einer kleinen und selektiv inkriminierenden Auswahl von Daten vorwarf. Die einseitige, unfaire und inquisitorische Hatz gegen Imanishi-Kari erinnerte David Baltimore an Senator McCarthys *Ausschuss gegen unamerikanische Um-*

triebe, der in den 50er Jahren viele Intellektuelle und Künstler wegen angeblicher Linkstendenzen verhört, verleumdet und teilweise verurteilt oder des Landes verwiesen hatte. Baltimore hatte Mitleid mit Thereza Imanishi-Kari und stellte sich hinter sie, denn er war von der prinzipiellen Richtigkeit ihrer Thesen überzeugt. Schließlich drohte er den beiden Journalisten am Telefon mit einem Prozess wegen Rufschädigung und Verleumdung.

6.4 Die Mobilisierung der Politik

Als Feder und Stewart nicht weiter kamen, wandten sie sich im Winter 1988, fast zwei Jahre nach Publikation des *Cell*-Artikels, an Mitarbeiter des Abgeordneten John D. Dingell, einen unnachgiebigen Kämpfer gegen jeden Missbrauch von Steuergeldern. Damit lag er im Trend. Es war das zweitletzte Jahr der zweiten Präsidentschaft Ronald Reagans, der dem Land Misstrauen gegenüber öffentlichen Institutionen eingeimpft hatte. In diesem Klima kam es – initiiert von Al Gore, damals Senator von Tennesse – zu Hearings zum Thema *Betrug in der bio-medizinischen Forschung*. Dingell nutzte die Gelegenheit zur Profilierung, und zwei seiner Mitarbeiter unterstützten ihn dabei. Ohne Fachwissen senkten sie den Daumen über vermeintliche Sünder, heizten Kontroversen an und präparierten ihre Zeugen.

Aufgrund der Intervention von Feder und Stewart verlangte John Dingell einen Untersuchungsausschuss zur vermuteten Fälschung am MIT. Als Instrument seiner Bemühungen diente ihm ein kurz zuvor im Nationalen Gesundheitsamt (National Institutes of Health, NIH) gegründetes Office of Scientific Integrity (OSI). Willfährig nutzte dessen Chef James Wyngaarden das Fehlen von Prozedurvorschriften, um Dingell einen schnellen Erfolg melden zu können. In dem unfairen Verfahren kamen zunächst nur die Zeugen der Anklage, vorab Margot O'Toole, zu Wort. Die Angeschuldigten Imanishi-Kari und Baltimore wurden zunächst nicht angehört.

Als der Nobelpreisträger schließlich doch zu einem Hearing geladen wurde, weigerte er sich, vor einem wissenschaftlich ahnungslosen Politiker Rechenschaft über die Publikation von 1986 abzulegen. Er benützte aber die Gelegenheit, Dingell nach allen Regeln der Kunst vorzuführen, seine Argumentation zu widerlegen und die politischen Motive der Kampagne bloßzustellen. Dingell wurde rot vor Zorn – und Baltimore hatte einen einflussreichen Feind mehr.

Dingell war nun heiß darauf, am Beispiel Baltimore ein Exempel zu statuieren. Er setzte, inklusive Geheimdienst, alle vorhandenen Instrumente ein, um den Betrug zu belegen. Aufgrund von später als fehlerhaft erkannten Tintenanalysen wies der Politiker der Forscherin Imanishi-Kari nach, dass ihre Angaben über die Abfolge ihrer Eintragungen im Laborbuch nicht stimmten. Baltimore hatte nicht übertrieben, als er sich an die McCarthy-Zeit erinnert fühlte: In der Öffentlichkeit verbreitete sich der Eindruck, dass in den mit Steuergeldern finanzierten Labors Wissenschaftler mit konspirativen Mitteln Betrügereien begingen und vertuschten. In der Folge musste David Baltimore als Präsident der Rockefeller Universität zurücktreten und Thereza Imanishi-Kari erhielt keine Forschungsgelder mehr.

6.5   Das Ende der Geschichte

Es vergingen zehn Jahre, bis 1996 ein Ausschuss der NIH die eigenen Untersuchungsgremien scharf kritisierte und feststellte, was nüchterne Gutachter schon vor Beginn der Hexenjagd wussten: Weder hatte Thereza Imanishi-Kari Experimente gefälscht noch hatte sie etwas vortäuschen wollen. Ihre Fehler waren die schlampige Führung ihres Laborbuchs und die Tatsache, dass sie sich von ihrer Hypothese etwas zuviel erhofft hatte.

Schwacher Trost nach zehn verschwendeten Jahren in ihrem Forscherleben: David Baltimore wurde im Jahr seiner Rehabilitation zum Präsidenten des California Institute of Technology ernannt und Thereza Imanishi-Kari erhielt eine permanente Professur an der Tufts University und neue Forschungsmittel.

Margot O'Toole hatte nach ihrem Ausscheiden aus dem Team Imanishi-Karis Mühe, eine neue Stelle zu finden. Ihre Unterstützer – und wohl auch sie selbst – sahen darin einen Beleg für Konspiration und Rache an einer mutigen Whistleblowerin.

6.6   Kommentar

Der Fall Baltimore könnte für die forschende Industrie von potenziell großer Bedeutung sein. Welche Lehren sind für die Whistleblowing-Diskussion und für Scientific Dissent aus dem Fall zu ziehen?

> ➤ Dass es auch im Wissenschaftsbetrieb unredliche Menschen gibt, die Daten manipulieren und teilweise sogar bewusst fälschen, ist bekannt. Die Deutsche Forschungsgemeinschaft hat dazu kürzlich einen Bericht

vorgelegt und Ombudsleute eingesetzt.[51] Allerdings: Zumindest im wissenschaftlichen Dissens lassen sich Unterschiede zwischen gut und böse bzw. Fortschritt und Regression nicht auf die Gegensatzpaare Whistleblower versus angeklagte Institution reduzieren. Es gibt unabsichtliche Schlampereien und auch einen Graubereich wissenschaftlicher Interpretationsdifferenzen.

➤ Erst als die Angelegenheit aus den Händen des *Office of Scientific Integrity* genommen und dem Rechtssystem übergeben wurde, kam jenes Maß an Fairness in die Untersuchungen, das letztlich zur Wiederherstellung des Ansehens von David Baltimore und Thereza Imanishi-Kari führte. Um ein möglichst hohes Maß an Objektivität zu wahren, sollten Anschuldigungen wegen wissenschaftlichen Betrugs nach denselben Regeln und mit den gleichen prozeduralen Auflagen beurteilt werden wie gewöhnliche Rechtsfälle.

➤ Wo sich Menschen gegenseitig misstrauen oder gar bekämpfen, können Kommunikationsinhalte zur Interpretationsangelegenheit werden. Wo a-priori-Verdächtigungen (oder Selbsttäuschung) über spezifische Verhaltensweisen vorhanden sind, kann die Suche nach Belegen dafür zur Obsession werden. Bewusst oder unbewusst werden aus der Fülle der vorhandenen Daten nur noch diejenigen wahrgenommen, die mit der eigenen Interpretation der Dinge übereinstimmen. In den Worten der Neurophysiologin und Nobelpreisträgerin Rita Levi-Montalcini: „Facts that fit into a preconceived hypothesis attract attention, are singled out, and remembered. Facts that are contrary to it are disregarded, treated as exceptions, and forgotten."[52]

➤ Wo Interpretationsspielräume bestehen, können diese mit wissenschaftlichem Anspruch zu Lasten des Gegners und zur Bestätigung der a-priori-Verdächtigung ausgelegt werden und wo harte wissenschaftliche Fakten nichts mehr hergeben, können moralische Bedenken eingeführt und die Angelegenheit damit auf eine andere Ebene gehoben werden.

➤ Wo zu allem Unglück noch ein – im Sinne der Ankläger – voreingenommenes politisches Umfeld besteht, das zum nachträglichen Beweis seiner Vorverurteilung, Belastungsmaterial zu erhalten hofft, kann eine Behörden-Maschinerie in Gang gesetzt und dabei immense Ressourcen verschwendet werden – ohne dass man der Wahrheit dadurch einen Schritt näher käme.

---

51 Vgl. www.dfg.de

52 Levi-Montalcini (1988).

➢ Was für andere Fälle von wissenschaftlichem Dissens von größter Bedeutung ist, drückte David Baltimore in den folgenden Worten aus: „No study is ever complete [...]. Deciding to write up a study is an arbitrary and personal decision [...]. It is crucial to remember, and often forgotten, that a paper does not claim to be an absolute assurance of truth, only a moment´s best guess by one group of investigators. Because all of these judgements are less than wholly objective, another investigator might have come to a different conclusion using the same data. In a real sense, a scientific paper is a subjective product.‟[53]

➢ Und schließlich: Wenn es möglich ist, während einer Auseinandersetzung durch Gesten und Kompromissangebote Kritikern zu vermitteln, dass man sie und ihr Anliegen ernst nimmt und gewillt ist, einen als unbefriedigend empfundenen Zustand durch konkrete Korrekturen zu verbessern, sollte dies unbedingt getan werden. Dadurch kann der Sache nicht nur die emotionale Hitze entzogen werden, es fallen für alle Beteiligten auch geringere Friktionskosten an.

7. Whistleblowing als praktizierte Gewissensfreiheit[54]

7.1 Der Hintergrund: Ein neues Antiemetikum

Bei der Erforschung der pharmakologischen Effekte verschiedener Stoffe auf den Magen-Darm-Trakt stieß ein Forscherteam[55] des Pharmakonzerns Beecham-Wülfing auf eine Substanz, die Brechreiz und Erbrechen verhin-

---

53 Zitiert nach Kevles (1998), 387.

54 Diese Fallstudie beruht auf den verschiedenen Gerichtsunterlagen, Arbeitsgericht Mönchengladbach vom 12.08.1987-5 CA 606/87, BVerfGE 7, 198, 204ff. und Bundesarbeitsgericht-Pressemitteilung Nr. 17/89. Weitere interessante Materialien: Clara-Immerwahr-Auszeichnung, Denninger, Erhard: Arbeitsverweigerung aus Gewissensgründen-Rechtsgutachten im Auftage des IPPNW; Februar 1988; Gatzemeier, Matthias: Arbeitsverweigerung aus Gewissensgründen – Philosophische Überlegungen zum Neusser Ärztefall. LAG Düsseldorf vom 05.09.1990 - 11 Sa 1364/ 87; Angestellten-Magazin 1/90, 7f.; Meister, Brigitta; Nebenwirkungen und wie man mit ihnen umgeht – Teil 1; Verweigerung von gewissenswidrigen Tätigkeiten; Witt, Gregor: Gewissensfreiheit im Beruf. Ich danke Benjamin Leisinger für das Zusammenstellen dieser Fallstudie.

55 Diesem Forscherteam gehörten unter anderen der Chemiker C.S. Fake und der Pharmakologe Dr. Sanger an.

dern konnte. Das Antiemetikum wurde mit der internen Typenbezeichnung BRL 43694 versehen.

Erbrechen tritt besonders häufig als Folge der Seekrankheit auf; es ist auch ein Nebeneffekt der Chemo- oder Strahlentherapie bei der Krebsbehandlung und eine Folge der Strahlenkrankheit. Die ersten Forschungsergebnisse wurden 1985 von dem Forscherteam in einem so genannten *Decision A Document*[56] zusammengefasst. In diesem Bericht hieß es bezüglich des Anwendungsbereiches des Medikamentes: „Falls sich die Strahlenkrankheit, hervorgerufen durch die Strahlentherapie des Krebses oder als Folge eines Nuklearkrieges, durch einen 5-HAT M-Rezeptor-Antagonisten als behandelbar oder verhütbar erweisen sollte, würde das Marktpotential für solch eine Substanz signifikant erhöht werden."

Das Management der Forschungsabteilung entschied im November 1985, die Substanz BRL 43694 weiter zu entwickeln. Nachdem als Vorbereitung klinischer Tests am Menschen verschiedene metabolische[57] Studien und toxikologische Prüfungen in zwei Tierarten erfolgreich abgeschlossen waren, verfassten die Wissenschaftler im Dezember 1986 ein *Decision C Document*,[58] in dem sie die möglichen Anwendungsgebiete beschrieben.

Tests an 12 Patienten in England zeigten, dass nach intravenöser Verabreichung des Medikamentes das Erbrechen sofort stoppte und mehrere Stunden unterdrückt wurde. Aufgrund dieser Resultate beschloss das Management 1987, einen Teil der weiteren Forschung, namentlich die Entwicklung der oralen Darreichungsformen, an die Tochtergesellschaft in Neuss zu vergeben. Das dafür vorgesehene Team wurde zu einer Einweisung nach England eingeladen.

7.2   Die Whistleblower: Das Forscherteam aus Neuss

Das Team, das in Neuss die orale Anwendung des Wirkstoffes erproben sollte, wurde von Wolfgang Greb, dem Forschungschef von Beecham, geleitet. Greb informierte Bernd Richter, den Leiter der Humanpharmakologie, darüber, dass die orale Form von BRL 43694 in Neuss entwickelt wür-

---

56   Decision A: Auswahl der experimentellen Toxikologie und weitere Abschätzungen.

57   Studien über die Wirkung der Substanz auf den Stoffwechsel.

58   Decision C: Auswahl von Phase-1-Studien (pharmakologisch-toxikologische Versuche u. a. an verschiedenen Tierarten, erste Anwendungen am Menschen) bei gesunden Freiwilligen.

de und dass die noch wenig erfahrene Brigitte Ludwig die dafür nötigen Versuche unter Richters Aufsicht durchführen sollte.

7.3 Kündigung nach Arbeitsverweigerung

Bei der Information des deutschen Teams im April 1987 soll, laut Aufzeichnungen Grebs, ein Kollege, der schon seit 1985 mit der Substanz gearbeitet hatte, auf das „riesige Marktpotenzial" bei NATO-Soldaten hingewiesen haben, wenn diese mit dem künftigen Antiemetikum gegen die Folgen nuklearer Verstrahlung behandelt werden müssten.

Zwei Wochen später erfuhr Greb, dass das deutsche Forscherteam wegen der möglichen Anwendung gegen die Folgen eines Atomkrieges medizinisch-ethische Vorbehalte gegen seinen Auftrag hege. Drei Ärzte, Bernd Richter, Brigitte Ludwig und ein weiterer Kollege,[59] zwei Krankenschwestern[60] und eine Sekretärin,[61] hatten mit der Erprobung der Substanz ethische Probleme. Sie argumentierten,

➢ dass ein Nuklearkrieg – erstens – zur Tötung und Gefährdung einer unübersehbar großen Anzahl von Menschen führe,

➢ dass es – zweitens – einen allgemeinen Zusammenhang zwischen der Herstellung des besagten Präparates und einem Atomkrieg gebe, da die Verfügbarkeit des Antiemetikums einen Atomkrieg als führbar und gewinnbar erscheinen ließe, was seine Folgen verharmlose und die Kriegsgefahr wiederum erhöhen könne,

➢ und dass es – drittens – einen unmittelbaren Zweck-Mittel-Zusammenhang gebe, der auf eine Verwendung des Präparates in einem Atomkrieg schließen ließe.[62]

In der Folge fanden einige Gespräche statt, in denen die Firma ihre Absicht bekräftige, das Medikament primär zur Behandlung des mit der Krebstherapie einher gehenden Erbrechens vorzusehen. Die Substanz würde der NATO lediglich zur weiteren Erprobung übergeben.

---

[59] Norbert Neumann

[60] Viola Adelt und Angela Bertram

[61] Andrea Oppermann

[62] Die aufgezählten Argumente sind den *Philosophische(n) Überlegungen zum Neusser Ärztefall* von Prof. Dr. Matthias Gatzemeier entnommen.

Trotz dieser Gespräche und weiterer Beteuerungen, das Medikament für friedliche medizinische Zwecke entwickeln zu wollen, lehnten die Forscher es ab, die vorgesehenen Tests durchzuführen. Bei einem Gespräch in Anwesenheit des Betriebsratvorsitzenden wurde ein Schreiben überreicht, in dem die Firma erklärte, dass die „Intension dieser Entwicklung die Emesis bei Chemotherapie als primäre Indikation ist. Zweckbestimmung der Entwicklung dieser Substanz ist nicht der militärische Einsatz im Falle eines nuklearen Krieges."[63]

Da die Erklärung aber nicht von der Geschäftsleitung, sondern nur von zwei Prokuristen unterschrieben war, weigerten sich die Forscher, die Substanz BRL 43694 zur Bearbeitung zu übernehmen. Nach weiteren endgültigen Weigerungen wurde der Betriebsrat im Mai 1987 zur ordentlichen Kündigung angehört. Obwohl die Belegschaftsvertreter ablehnten, wurden die Wissenschaftler entlassen.

7.4   Das gerichtliche Nachspiel

Gegen ihre Kündigung erhoben die Forscher vergeblich Klage vor dem Arbeitsgericht Mönchengladbach, weshalb sie sich ans Landesarbeitsgericht Düsseldorf wandten. Doch auch die zweite Instanz wies ihre Klage ab.

Erfolg hatten die Wissenschaftler erst vor dem Bundesarbeitsgericht, das den Rechtsstreit ans Landesarbeitsgericht zur Neubeurteilung zurückwies. Es argumentierte, dass die grundrechtlich geschützte Gewissensfreiheit, wegen der mittelbaren Drittwirkung[64] der Grundrechte und der unmittelbaren Horizontalwirkung der Gewissenfreiheit,[65] auch in zivilrechtlichen Arbeitsverträgen Geltung habe.

Das Bundesarbeitsgericht befand, dass ein Arbeitgeber einem Arbeitnehmer keine Arbeit zuweisen dürfe, die den Arbeitnehmer in einen Gewis-

---

63 Amtsgerichtsurteil Dr. Richter gegen Beecham-Wülfing vom 12.08.1987, 5f.

64 Nach dieser, erstmals im Lüth-Urteil (BVerfGE 7, 198, 204ff.) entwickelten Auffassung ist in den Grundrechten auch eine objektive Ordnung aufgestellt, in der eine prinzipielle Verstärkung der Geltungskraft der Grundrechte zum Ausdruck kommt. Die Grundrechte haben also Schutz-, Richtlinien-, Impuls- und Auslegungshilfefunktion.

65 Art. 4 Abs. 1 GG schützt die Freiheit des Gewissens nicht nur gegen staatliche Maßnahmen, wie es andere Freiheitsrechte tun, sondern auch gegen ungerechtfertigte Beeinträchtigungen durch Private (Rechtsgutachten von Prof. Dr. Erhard Denninger, Professor für öffentliches Recht und Rechtsphilosophie an der Wolfgang Goethe-Universität Frankfurt a.M., 9ff.).

senskonflikt versetze, der unter Abwägung der beiderseitigen Interessen vermeidbar wäre. Ein Arbeitgeber solle nur dann zur Kündigung berechtigt sein, wenn der Arbeitnehmer schon bei Vertragsabschluss damit rechnen musste, dass

➢ er seinem Gewissen widersprechende Tätigkeiten werde ausführen müssen,

➢ zwingende betriebliche Erfordernisse es nicht zuließen, den Arbeitnehmer mit einer anderen Tätigkeiten zu befassen oder

➢ wenn zu erwarten sei, dass es in Zukunft zu zahlreichen weiteren Gewissenskonflikten kommen werde, weil eine anderweitige Beschäftigung nicht möglich sei.

Die zuletzt genannte Kündigungsmöglichkeit nahm in der Folge das Landesarbeitsgericht in dem Fall auch an.[66]

7.5 Kommentar

Fälle von empfundener Gewissensnot sind sehr schwierig zu beurteilen. Es scheint, als ob auch in diesem Fall noch andere, mit dem im Vordergrund stehenden Problem nicht in Verbindung stehende Probleme eine Rolle gespielt haben, die Defizite in der Unternehmenskultur offen legten.

Aber: Die Wissenschaftler, die sich für den gerichtlichen Weg entschieden, verloren trotz allem ihre Arbeit, und dies bleibt unbefriedigend. Andererseits: Wer Menschen, die sich einer Krebstherapie unterziehen mussten, persönlich kennt und ihrer Leiden ansichtig geworden ist, weiß um den Segen von Medikamenten, wie sie hier zur Diskussion stehen.

Wie wäre der Fall ausgegangen, wenn die Whistleblower gleich an die Presse oder an sonst einen Dritten gelangt wären und nur ihre Sicht der Dinge aufgezeigt hätten? Wäre dann diese für viele Krebskranke wertvolle Substanz jemals entwickelt worden?[67]

---

[66] LAG Düsseldorf vom 05.09.1990 – 11 (6) Sa 1364/ 87 vom 13.02.1991 – 11 Sa 1349/87; Angestellten-Magazin 1/90, 7f.

[67] Es gibt heutzutage verschiedene Antiemetika, die auf Serotonin-Antagonisten beruhen.

Literaturverzeichnis

Adams St.: Hoffmann La Roche gegen Adams. Unionsverlag Zürich 1984.

Albert U. / Silverman M.: Making Management Philosophy a Cultural Reality. In: Personnel No. 1/2 (1984), 12-21.

Anderson R.M. et al.: Divided Loyalties. Whistle-Blowing at BART. Purdue University, West Lafayette 1980.

Anechiarico F. / Jacobs J.B.: The Pursuit of Absolute Integrity. How Corruption Controls Makes Government Ineffective. University of Chicago Press, Chicago (Ill.) 1996.

Apel K.-O.: Fallibilismus, Konsenstheorie der Wahrheit und Letztbegründung. In: Forum für Philosophie Bad Homburg (Hrsg.): Philosophie und Begründung. Suhrkamp, Frankfurt a.M. 1987, 116-211.

Apel K.-O.: Diskurs und Verantwortung. Das Problem des Übergangs zur post-konventionellen Moral. Suhrkamp, Frankfurt a.M. 1988.

Arendt H.: Eichmann in Jerusalem. Ein Bericht von der Banalität des Bösen. Piper, München, 8. Auflage 1992.

Bailey R.: The True State of the Planet. Free Press, New York 1995.

Barnett T. et al.: The Internal Disclosure Policies of Private-Sector Employers: An Initial Look at Their Relationship to Employee Whistleblowing. In: Journal of Business Ethics, Vol. 12 (1993), 127-136.

Bartlett Chr.A. / Goshal S.: Die wahre Aufgabe des Topmanagements heute. In: Harvard Business Manager, Nr. 2 (1995), 56-65.

Baumeler E.: Schwarze Zahlen oder rotes Kleid? Wie und worüber in Unternehmen gesprochen wird. In: Neue Zürcher Zeitung, Beilage Mensch und Arbeit, 12.09.2001, 81.

Beck-Bornholdt H.-P. / Dubben H.-H.: Der Hund, der Eier legt. Erkennen von Fehlinformation durch Querdenken. Rowohlt, Reinbek bei Hamburg 1997.

Behrman J.N.: Adequacy of International Codes of Behaviour. In: Journal of Business Ethics, Vol. 31 (2001), 51-64.

Berenbeim R.E.: Global Corporate Ethics Practices: A Developing Consensus. The Conference Board, New York 1999.

Berger P.L. / Luckmann Th.: Die gesellschaftliche Konstruktion der Wirklichkeit. Eine Theorie der Wissenssoziologie. Fischer, Frankfurt a.M. 1980.

Berkel K. / Herzog R.: Unternehmenskultur und Ethik. Sauer Verlag, Heidelberg 1997.

Bertalanffy L.: General System Theory. In: Bertalanffy L. / Rapoport A. (Eds.): General Systems. University of Michigan Press, Ann Arbor (Mich.) 1956, 1-10.

Beyer H. et al.: Unternehmenskultur und innerbetriebliche Kooperation. Gabler, Wiesbaden 1995.

Blankenburg E.: Über die Unwirksamkeit von Gesetzen. In: Archiv für Rechts- und Sozialphilosophie, Jg. 63, H. 1 (1977), 31-58.

Bloch E.: Das Prinzip Hoffnung, 3 Bände. Suhrkamp, Frankfurt a.M. 1959.

Boisjoly R.P. et al.: Roger Boisjoly and the Challenger Disaster. The Ethical Dimensions. In: Journal of Business Ethics, Vol. 8 (1989), 217-230.

Bowie N.E.: Unternehmenskodizes: können sie eine Lösung sein? In: Lenk H. / Maring M. (Hrsg.): Wirtschaft und Ethik. Reclam, Stuttgart 1992, 337-349.

Bowman J. et al.: Professional Dissent: An Annotated Bibliography and Resource Guide. Garland, New York 1983.

Bradshaw D.: Family Values Replace the Dash for Cash. In: Financial Times, 25.05.1998.

Braun H.-J. (Hrsg.): Ethische Perspektiven: Wandel der Tugenden. Verlag der Fachvereine Zürich, Zürich 1989.

Bräuninger F. / Hasenbeck M.: Die Abzocker. Selbstbedienung in Politik und Wirtschaft. Econ, Düsseldorf 1994.

Brief A.P. et al.: Resolving Ethical Dilemmas in Management: Experimental Investigations of Values, Accountability, and Choice. In: Journal of Applied Social Psychology, Vol. 21 (1991), 380-396.

Brink A.: Holistisches Shareholder-Value-Management. Rainer Hampp Verlag, München 2000.

Bruno K: Greenwash + 10: The UN´s Global Compact, Corporate Accountability and the Johannesburg Earth Summit. Corpwatch, San Francisco 2002.

Bunderson J.St.: Normal Injustices and Morality in Complex Organizations. In: Journal of Business Ethics, Vol. 33 (2001), 181-190.

Bürgin L.: Irrtümer der Wissenschaft. Verkannte Genies, Erfinderpech und kapitale Fehlurteile. Bastei Lübbe, Bergisch Gladbach, 2. Auflage 2001.

Buß E.: Lehrbuch der Wirtschaftssoziologie. De Gruyter, Berlin/New York 1985.

Callahan E.S. / Collins J.W.: Employee Attitudes Toward Whistleblowing: Management and Public Policy Implications. In: Journal of Business Ethics, Vol. 11 (1992), 939-948.

Camara D.H.: Die Spirale der Gewalt. Styria, Graz/Köln 1971.

Camps F.: Warning an Auto Company About an Unsafe Design. In: Westin A.F. (Ed.): Whistle-Blowing!: Loyalty and Dissent in the Corporation. McGraw-Hill, New York 1981, 119-129.

Carl Friedrich von Siemens Stiftung (Hrsg.): Einführung in den Konstruktivismus. Oldenbourg, München 1985.

Chafetz M.E.: The Tyranny of Experts. Blowing the Whistle on the Cult of Expertise. Madison Books, New York 1996.

Chen A.Y.S. et al.: Reinforcing Ethical Decision Making Through Corporate Culture. In: Journal of Business Ethics, Vol. 16 (1997), 855-865.

Chirayath V. et al.: Differential Association, Multiple Normative Standards, and the Increasing Incidence of Corporate Deviance in an Era of Globalization. In: Journal of Business Ethics, Vol. 41 (2002), 131-140.

Chye Koh H. / Boo E.A.Y.: The Link Between Organizational Ethics and Job Satisfaction: A Study of Managers in Singapore. In: Journal of Business Ethics, Vol. 29 (2001), 309-324.

Clarkson Center for Business Ethics (Ed.): Principles of Stakeholder Management. „The Clarkson Principles". University of Toronto Press, Toronto 1999.

Claudius M.: Scheue niemand soviel als Dich selbst. Aus „An meinen Sohn Johannes". In: Der Wandsbecker Bote. Manesse Verlag, Zürich 1947.

Cleek M.A. / Leonard S.L.: Can Corporate Codes of Ethics Influence Behaviour? In: Journal of Business Ethics, Vol 17 (1998), 619-630.

Conference Board Europe (Ed.): Global Corporate Ethics Practices: A Developing Consensus. (Research Report 1243-99-RR), Brüssel/New York 1999.

Cummings L.S.: The Financial Performance of Ethical Investment Trusts: An Australian Perspective. In: Journal of Business Ethics, Vol. 25 (2000), 79-92.

Curtler H. (Ed.): Shame, Responsibility and the Corporation. Haven Publications, New York 1986.

Dahrendorf R.: Gesellschaft und Freiheit. Piper, München 1981.

Daniell M.H.: World of Risks: Next Generation Strategy for a Volatile Era, John Wiley, New York 2000.

Davidson D.L.: Managing Product Safety: The Ford Pinto. In: Harvard Business School Case Studies, HBS 383–129 1984, 111-119.

De George R.T.: Business Ethics, McMillan Publishing Company, New York 3rd Edition 1990.

De George R.T.: Whistle-blowing. In: Enderle G. et al. (Hrsg.): Lexikon der Wirtschaftsethik. Herder, Freiburg/Basel/Wien 1993, 1275-1278.

Deal T.E. / Kennedy A.A.: Corporate Cultures. The Rites and Rituals of Corporate Life. Addison-Westley, Reading (Mass.) 1982.

Dealler St.: Das BSE-Risiko ist größer, als sie denken. In: Frankfurter Allgemeine Zeitung, Nr. 281, 02.12.2000, 41 und 43.

Deiseroth D.: Berufsethische Verantwortung in der Forschung. LIT, Münster 1996.

Deiseroth D.: Whistleblowing. Zivilcourage am Arbeitsplatz. In: Blätter für Deutsche und Internationale Politik. Jg. 45 (2000), 188-198.

Deiseroth D.: Whistleblowing in Zeiten von BSE. Der Fall der Tierärztin Dr. Margrit Herbst. Berlin-Verlag Arno Spitz, Berlin 2001.

Didion J.: Fixed Opinions, or the Hinge of History. In: The New York Review of Books, Vol. L, No. 1 (2003), 54-59.

Dietzfelbinger D.: Aller Anfang ist leicht. Unternehmens- und Wirtschaftsethik für die Praxis. Herbert Utz Verlag München, 3. überarbeitete und erweiterte Auflage 2002.

Dill P.: Unternehmenskultur. Grundlagen und Anknüpfungspunkte für ein Kulturmanagement. In: BDW Service- und Verlagsgesellschaft (Hrsg.): Schriften zur Kommunikationsarbeit, Bonn 1986.

Dill P. / Hügler G.: Unternehmenskultur und Führung betriebswirtschaftlicher Organisationen. Ansatzpunkte für ein kulturbewusstes Management. In: Heinen E. / Fank M. (Hrsg.): Unternehmenskultur. Perspektiven für Wissenschaft und Praxis. Oldenbourg, München, 2. Auflage 1997, 141-209.

Dinkel R. et al. (Eds.): Improving Drug Safety – A Joint Responsibility. Springer, Berlin/New York/London 1991.

Dollar D.: Globalization, Inequality, and Poverty Since 1980. Development Research Group. World Bank, August 2001.

Donaldson Th.: Corporations and Morality. Prentice-Hall, Englewood Cliffs (NJ) 1982.

Donaldson Th.: Values in Tension: Ethics Away from Home. In: Harvard Business Review, September/October (1996), 48-62.

Donaldson Th. / Dunfee Th.W.: Ties that Bind. A Social Contracts Approach to Business Ethics. Harvard Business School Press, Boston (Mass.) 1999.

Dozier J.B. / Miceli M.P.: Potential Predictors of Whistle-Blowing: A Prosocial Behavior Perspective. In: Academy of Management Review, Vol. 10 (1985), 823-836.

Drewermann E.: Kleriker – Psychogramm eines Ideals. Walter-Verlag, Olten/Freiburg i.Br., 8. Auflage 1990.

Drucker P.: Neue Management-Praxis. Band 1. Econ, Düsseldorf 1974.

Durkheim E.: Über soziale Arbeitsteilung. Suhrkamp, Frankfurt a.M. 1999.

Dworkin T.M. / Baucus M.S.: Internal Versus External Whistleblowing: A Comparison of Whistleblowering Processes. In: Journal of Business Ethics, Vol. 17 (1998), 1281-1298.

Earle T.C. / Cvetkovich G.: Social Trust: Towards a Cosmopolitan Society. Westport, Connecticut 1995.

Ehrlich P. / Ehrlich A.: The Betrayal of Science and Reason. Island Press, Washington D.C. 1996.

Elliston F. et al.: Whistleblowing Research. Methodological and Moral Issues. Praeger, New York 1985.

Enderle G.: Die Goldene Regel für Manager? In: Lattmann Ch. (Hrsg.): Ethik und Unternehmensführung. Physika-Verlag, Heidelberg 1988, 130-148.

Enderle G.: Handlungsorientierte Wirtschaftsethik. Grundlagen und Anwendungen. Haupt, Bern/Stuttgart/Wien 1993.

Environics International (Ed.): Millenium Poll, New York 1999.

Environics International (Ed.): Global Issues Monitor 2001, New York 2001.

Eschenburg Th.: Erinnerungen 1933–1999. Letzten Endes meine ich doch ... Siedler Verlag, Berlin 2000.

Etzioni A.: Die Faire Gesellschaft. Jenseits von Sozialismus und Kapitalismus. Fischer, Frankfurt a.M. 1996.

Evan W.M. / Freeman R.E.: A Stakeholder Theory of the Modern Corporation: Kantian Capitalism. In: Beauchamp T.C. / Bowie N.E. (Eds.): Ethical Theory and Business, Prentice Hall, Englewood Cliffs (NJ) 1988, 97-106.

Ewen St.W.B. / Pusztai A.: Effect of Diets Containing Genetically Modified Potatoes Expressing Galanthus Novalis Lectin on Rat Small Intestine. In: LANCET, No. 354, 16.10.1999, 1353-1354.

Falkenberg L. / Herremans I.: Ethical Behaviour in Organizations: Directed by the Formal or Informal Systems? In: Journal of Business Ethics, Vol. 14 (1995), 133-143.

Fank M.: Ansatzpunkte für eine Abgrenzung des Begriffs Unternehmenskultur anhand der Betrachtung verschiedener Kulturebenen und Konzepte der Organisationstheorie. In: Heinen E. / Fank M. (Hrsg.): Unternehmenskultur. Perspektiven für Wissenschaft und Praxis. Oldenbourg, München, 2. Auflage 1997, 240ff.

Festinger L.: Theorie der kognitiven Dissonanz. Verlag Hans Huber, Bern/Stuttgart/Wien 1978.

Fisher C.: Manager´s Perceptions of Ethical Codes: Dialectics and Dynamics. In: Business Ethics: A European Review, Vol. 10 (2001), 145-162.

Foucault M.: Überwachen und Strafen. Die Geburt des Gefängnisses. Suhrkamp, Frankfurt a.M. 1976.

Fried E.: Anfechtungen, Fünfzig Gedichte. Quarthefte. Verlag Klaus Wagenbach, Berlin 1988.

Fromm E.: Analytische Charaktertheorie. In: Erich Fromm: Gesamtausgabe, Band 2, dva, Stuttgart 1980.

Galtung J.: Gewalt, Frieden und Friedensforschung. In: Senghaas D. (Hrsg.): Kritische Friedensforschung. Suhrkamp, Frankfurt a.M. 1971, 55-104.

Gebert D.: Die offene Organisation als Leitkonzept. In: Blickle G. (Hrsg.): Ethik in Organisationen. Verlag für Angewandte Psychologie, Göttingen 1998, 149-165.

Geißlinger H.: Die Imagination der Wirklichkeit. Experimente zum radikalen Konstruktivismus. Campus Verlag, Frankfurt a.M./New York 1992.

Gellerman S.W.: Why „Good" Managers Make Bad Ethical Choices. In: Harvard Business Review, July/August (1986), 85-90.

Gellert D.: Insisting on Safety in the Skies. In: Westin A.F. (Ed.): Whistle-Blowing!: Loyalty and Dissent in the Corporation. McGraw-Hill, New York 1981, 17-30.

Geser H.: Organisation als moralische Akteure. Ein Thesenpapier. In: Arbeitshefte für ethische Forschung, Nr. 21, Zürich 1989, 28-37.

Ghosal S. / Moran P.: Bad for Practice: A Critique of the Transaction Cost Theory. In: Academy of Management Review, Vol. 21 (1996), 13-47.

Gibson K.: The Moral Basis of Stakeholder Theory. In: Journal of Business Ethics, Vol. 26 (2000) 245-257.

Gioia D.A.: Pinto Fires and Personal Ethics: A Script Analysis of Missed Opportunities. In: Journal of Business Ethics, Vol. 11 (1992), 379-389.

Giuliani R.W. (with Ken Kurson): Leadership. miramax book, New York 2002.

Glazer M.P. / Glazer P.M.: The Whistle Blowers. Exposing Corruption in Government and Industry. Basic Books, New York 1989.

Gollwitzer H.: Krummes Holz – aufrechter Gang. Zur Frage nach dem Sinn des Lebens. Chr. Kaiser Verlag, München 1970.

Grace D. / Cohen S.: Business Ethics. Australian Problems and Cases. Oxford University Press, Melbourne, 2nd Edition 1998.

Graham E.M.: Fighting the Wrong Enemy. Antiglobal Activists and Multinational Enterprises. Institute for International Economics, Washington D.C. 2000.

Grant C.: Whistle Blowers: Saints of Secular Culture. In: Journal of Business Ethics, Vol. 39 (2002), 391-399.

Granville King III: The Implications of an Organization's Structure on Whistleblowing. In: Journal of Business Ethics, Vol. 20 (1999), 315-326.

Gröschner R.: Zur rechtsphilosophischen Fundierung einer Unternehmensethik. In: Steinmann H. / Löhr A. (Hrsg.): Unternehmensethik. Verlag C.E. Poeschel, Stuttgart 1989, 93-113.

Gussmann B. / Breit C.: Ansatzpunkte für eine Theorie der Unternehmenskultur. In: Heinen E. / Fank M. (Hrsg.): Unternehmenskultur. Perspektiven für Wissenschaft und Praxis. Oldenbourg, München, 2. Auflage 1997.

Haas R.D.: Unternehmensethik als globale Herausforderung. In: Forum Wirtschaftsethik, Jg. 2, H. 3 (1994), 1-3.

Habermas J.: Theorie des kommunikativen Handelns. 2 Bände. Suhrkamp, Frankfurt a.M. 1981.

Habermas J.: Vorstudien und Ergänzungen zur Theorie des kommunikativen Handelns. Suhrkamp, Frankfurt a.M. 1984.

Habermas J.: Erläuterungen zur Diskursethik. Suhrkamp, Frankfurt a.M. 1991.

Habermas J.: Die Normalität einer Berliner Republik. Kleine politische Schriften VIII. Suhrkamp, Frankfurt a.M. 1995.

Habermas J.: Faktizität und Geltung. Beiträge zur Diskurstheorie des Rechts und des demokratischen Rechtsstaats. Suhrkamp, Frankfurt a.M. 1998.

Habermas J.: Die Einbeziehung des Anderen. Studien zur politischen Theorie. Suhrkamp, Frankfurt a.M. 1999a.

Habermas J.: Moralbewußtsein und kommunikatives Handeln. Suhrkamp, Frankfurt a.M., 7. Auflage 1999b.

Habermas J. / Luhmann N.: Theorie der Gesellschaft und Sozialtechnologie. Suhrkamp, Frankfurt a.M. 1971.

Hailey A.: Bittere Medizin. Ullstein Verlag, Berlin/Frankfurt a.M. 1984.

Hansson O.: Arzneimittel-Multis und der SMON Skandal. Die Hintergründe einer Arzneimittelkatastrophe. Z-Verlag, Berlin 1979.

Hansson O.: Ciba Geigy Intern. Unionsverlag, Zürich 1987.

Hare R.M.: Eine moderne Form der ‚Goldenen Regel'. In: Birnbacher D. / Hoerster N. (Hrsg.): Texte zur Ethik. dtv, München 6. Auflage 1987, 109-124.

Harpes J.-P.: Konsens und Kompromiss in Ethik und Politik. Plädoyer für eine bescheidene Variante der Diskursethik. In: Harpes J.-P. / Kuhlmann W. (Hrsg.): Zur Relevanz der Diskursethik. Anwendungsprobleme der Diskursethik in Wirtschaft und Politik. LIT, Münster 1997, 117-135.

Harpes J.-P. / Kuhlmann W. (Hrsg.): Zur Relevanz der Diskursethik. Anwendungsprobleme der Diskursethik in Wirtschaft und Politik. LIT, Münster 1997,

Hebel J.P.: Werke, Band 2, Gedichte. Briefe, Insel, Frankfurt a.M. 1968.

Heinen E. / Fank M.: Unternehmenskultur. Perspektiven für Wissenschaft und Praxis. Oldenbourg, München, 2. Auflage 1997.

Hellman H.: Great Feuds in Science. Ten of the Liveliest Disputes Ever. John Wiley, New York 1998.

Henecka H.P.: Grundkurs Soziologie. Leske + Budrich, Opladen, 4. durchgesehene und bearbeitete Auflage 1993.

Herkert J.R.: Management´s Hat Trick: Miuse of „Engineering Judgement" in the Challenger Incident. In: Journal of Business Ethics, Vol. 10 (1991), 617-620.

Hesse J. / Schrader H.CH.: Die Neurosen der Chefs. Die seelischen Kosten der Karriere. Eichborn Verlag, Frankfurt a.M. 1994.

Hillebrandt A.: Upanishaden. Die Geheimlehre der Inder. Eugen Diedrichs Verlag, Köln 1986.

Hillmann K.-H.: Allgemeine Wirtschaftssoziologie. Eine grundlegende Einführung. Verlag Franz Vahlen, München 1988.

Hinterhuber H.H. et al..: Leadership als Lebensstil. In: Frankfurter Allgemeine Zeitung Nr. 30, 05.02.2001, 33.

Hirschman A.O.: Exit, Voice and Loyalty: Reponses to Decline in Firms, Organisations and States. Harvard University Press, Cambridge (Mass.) 1970.

Hirschman A.O.: Leidenschaften und Interessen. Politische Begründungen des Kapitalismus vor seinem Sieg. Suhrkamp, Frankfurt a.M. 1980.

Hjulmand K.: Det umuliges kunst: Politik og den politiske forbruger. Kapitel 2, Kopenhagen 1997.

Hobsbawn E.J.: Das Zeitalter der Extreme. dtv, München, 1998.

Höffe O.: Lexikon der Ethik. Beck, München, 3. neu bearbarbeitete Auflage 1986.

Höffe O.: Moral als Preis der Moderne. Ein Versuch über Wissenschaft. Technik und Umwelt. Suhrkamp, Frankfurt a.M., 3. Auflage 1995.

Höffe O.: Aristoteles´ universalistische Tugendethik. In: Rippe K.P. / Schaber P. (Hrsg.): Tugendethik. Reclam, Stuttgart 1998, 42-68.

Höffe O.: Demokratie im Zeitalter der Globalisierung. Beck, München, überarbeitete und aktualisierte Neuauflage 2002.

Holler M. J. / Illing G.: Einführung in die Spieltheorie. Springer, Berlin/Heidelberg 2000.

Homann K.: Die Rolle ökonomischer Überlegungen in der Grundlegung der Ethik. In: Hesse H. (Hrsg.): Wirtschaftswissenschaft und Ethik, Duncker & Humblot, Berlin, 2. unveränderte Auflage 1989, 215-240.

Homann K.: Homo oeconomicus und Dilemmastrukturen. In: Sautter H. (Hrsg.): Wirtschaftspolitik in offenen Volkswirtschaften. Göttingen 1994, 387-411.

Homann K.: Die Bedeutung von Anreizen in der Ethik. In: Harpes J.-P. / Kuhlmann W. (Hrsg.): Zur Relevanz der Diskursethik. Anwendungsprobleme der Diskursethik in Wirtschaft und Politik. LIT, Münster 1997, 139-166.

Homann K.: Die Legitimation von Institutionen. In: Korff W. et al. (Hrsg.): Handbuch der Wirtschaftsethik. Band 2: Ethik wirtschaftlicher Ordnungen. Gütersloher Verlagshaus, Gütersloh 1999, 50-95.

Homann K.: Wirtschaftsethik: Wo bleibt die Philosophie. In: Koslowski P. (Hrsg.): Wirtschaftsethik – Wo ist die Philosophie? Physika-Verlag, Heidelberg 2001, 207-226.

Homann K. / Blome-Drees F.: Wirtschafts- und Unternehmensethik. Vandenhoeck & Ruprecht, Göttingen 1992.

Homann K. et al.: Wirtschaftswissenschaft und Ethik. In: Hesse H. (Hrsg.): Wirtschaftswissenschaft und Ethik. Duncker & Humblot, Berlin, 2. unveränderte Auflage 1989, 9-33.

Honecker M.: Einführung in die Theologische Ethik. De Gruyter, Berlin/New York 1990.

Hösle V.: Philosophie der ökologischen Krise. Beck, München 1991.

Hubbard B.: Substantial Evidence. A Whistle-Blower's True Tale of Corruption, Death and Justice. New Horizon Press, Far Hills 1998.

Hubig Chr.: Technik- und Wirtschaftsethik – Syngergien und Disparitäten. In: Koslowski P. (Hrsg.): Wirtschaftsethik – Wo ist die Philosophie? Physika-Verlag, Heidelberg 2001, 179-206.

Illich I.D.: Almosen und Folter, München 1970.

Izraeli D. / BarNir A.: Promoting Ethics through Ethics Officers: A Proposed Profile and An Application. In: Journal of Business Ethics, Vol. 17 (1998), 1189-1196.

Janis I.L.: Groupthink. Psychological Studies of Policy Decision and Fiascoes. Houghton Mifflin, New York 1982.

Jaspers K.: Was ist Philosophie? Ein Lesebuch. Piper, München 2. Auflage 1997.

Jensen H.S.: Unternehmensethik – Die Kopenhagener Schule. In: Koslowski P. (Hrsg.): Wirtschaftsethik – Wo ist die Philosophie? Physika-Verlag, Heidelberg 2001, 19-21.

Jensen J.V.: Ethical Tension Points in Whistleblowing. In: Journal of Business Ethics, Vol. 6 (1987), 321-328.

Johnson H.: Bribery in International Markets: Diagnosis, Clarification and Remedy. In: Journal of Business Ethics, Vol. 4 (1985), 447-455.

Jonas H.: Das Prinzip Verantwortung. Ex Libris, Zürich 1987.

Jones Th.M. / Gautschi F.H.: Will the Ethics of Business Change? A Survey of Future Executives. In: Journal of Business Ethics, Vol. 7 (1988), 231-248.

Jubb P.B.: Whistleblowing: A Restrictive Definition and Interpretation. In: Journal of Business Ethics, Vol. 21 (1999), 77-94.

Kant I.: Die Metaphysik der Sitten. Werkausgabe Band VIII. Suhrkamp, Frankfurt a.M., 9. Auflage 1991a.

Kant I.: Grundlegung zur Metaphysik der Sitten. Werkausgabe Band VII. Suhrkamp, Frankfurt a.M., 11. Auflage 1991b, 11-102.

Kaplan E.B.: The Corporate Ethics Crusade. In: Foreign Affairs Vol. 80, No. 5 (2001), 105-119.

Kaptein M.: The Ethics Thermometer: An Audit-Tool for Improving the Corporate Moral Reputation. In: Corporate Reputation Review, Vol. 2, No. 1 (1998), 10-15.

Kaptein M.: Guidelines for the Development of an Ethics Safety Net. In: Journal of Business Ethics, Vol. 41 (2002), 217-234.

Katholieke Universiteit Brabant: Management Beyond Borders. An International Study among Managers in Nine EU Countries. Tilburg 1996.

Kerber W.: Sittlich handeln unter dem Druck ökonomischer Sachzwänge. In: Hesse H. (Hrsg.): Wirtschaftswissenschaft und Ethik. Duncker & Humblot, Berlin, 2. unveränderte Auflage 1989, 241-258.

Kettner M.: Sachzwang. Über einen kritischen Grundbegriff der Wirtschafts-ethik. In: Koslowski P. (Hrsg.): Wirtschaftsethik – Wo ist die Philosophie? Physika-Verlag, Heidelberg 2001, 117-144.

Kevles D.J.: The Baltimore Case. A Trial of Politics, Science, and Character. W.W.Norton, New York 1998.

King M.J.: Sustainability: Advantaged or Disadvantaged? Do Organisations That Deliver Value to All Stakeholders Produce Superior Financial Performance? In: The Journal of Corporate Citizenship, No. 3 (2001), 99-125.

Kleinfeld A.: Persona Oeconomica. Personalität als Ansatz der Unternehmensethik. Physica Verlag, Heidelberg 1998.

Koch E.: „Herr Meili, Szenen aus dem Welttheater", Das Magazin, 25.04.1998.

Kohlberg L.: The Philosophy of Moral Development, Harper & Row, New York 1984.

Kohlberg L.: Die Psychologie der Moralentwicklung. Suhrkamp, Frankfurt a.M. 1995.

Korff W. et al. (Hrsg.): Handbuch der Wirtschaftsethik, 4 Bände, Gütersloher Verlagshaus, Gütersloh 1999.

Koslowski P.: Wirtschaftsethik – Wo ist die Philosophie? Warum Philosophie die Ökonomie nicht nur den Ökonomen überlassen kann. In: Koslowski P. (Hrsg.): Wirtschaftsethik – Wo ist die Philosophie? Physika-Verlag, Heidelberg 2001, 11-18.

Krämer W.: Denkste! Trugschlüsse aus der Welt der Zahlen und des Zufalls. Piper, München/Zürich, 4. Auflage 2001.

Krämer W.: So lügt man mit Statistik. Piper, München/Zürich, 3. Auflage 2002.

Krämer W. / Mackenthun G.: Die Panikmacher. Piper München/Zürich 2001.

Krech D. et al.: Grundlagen der Psychologie. Band 7. Sozialpsychologie. Beltz Verlag, Weinheim/Basel 1985.

Kriele M.: Legitimität und Widerstand. In: Höffe O. et al. (Hrsg.): Praktische Philosophie/Ethik. Fischer, Frankfurt a.M. 1981.

Küng H.: Projekt Weltethos. Piper, München/Zürich 1990.

Küng H.: Weltethos für Weltpolitik und Weltwirtschaft. Piper, München/Zürich 1997.

Küng H. / Kuschel K.-J. (Hrsg.): Wissenschaft und Weltethos. Piper, München, 2001.

Küng H. (Hrsg.): Globale Unternehmen – globales Ethos. Frankfurter Allgemeine Buch, Frankfurt 2001.

Kungfutse: Gespräche – Lun Yü. Eugen Diedrichs Verlag, Köln 1987.

Kurtines W. / Gewirtz J. (Eds.): Morality, Moral Behaviour and Moral Development. John Wiley, New York 1984.

Laotse: Tao te King, Diogenes Verlag, Zürich 1985.

Larmer R.A.: Whistleblowing and Employee Loyalty. In: Journal of Business Ethics, Vol. 11 (1992), 125-128.

Larsen T. / Sørensen M.: Top Leaders Boycott Unethical Companies. In: Borsens Nyhedsmagasin, No. 1 (2001), 14ff.

Lattmann, Ch. (Hrsg.): Die Unternehmenskultur. Ihre Grundlagen und ihre Bedeutung für die Führung der Unternehmung. Physika Verlag, Heidelberg 1990.

Lay R.: Kommunikation für Manager. Econ, Düsseldorf 1989.

Lay R.: Die Macht der Moral. Unternehmenserfolg durch ethisches Management. Econ, Düsseldorf 1993.

Leisinger K.M.: Gouvernanz oder: „Zuhause muss beginnen, was leuchten soll im Vaterland". In: Leisinger K.M. / Hösle V. (Hrsg.): Entwicklung mit menschlichem Antlitz. Die Dritte und die Erste Welt im Dialog. Beck, München 1995, 114-173.

Leisinger K.M.: Unternehmensethik. Globale Verantwortung und modernes Management. Beck, München 1997.

Leisinger K.M.: Die Sechste Milliarde. Bevölkerungswachstum und Nachhaltige Entwicklung. Beck, München, 2. unveränderte Auflage 2000.

Leisinger K.M.: Biotechnologie, Ernährungssicherheit und Politik. Zur „politischen Oekonomie der landwirtschaftlichen Biotechnologie für Entwicklungsländer. Novartis Stiftung, Basel 2001.

Leisinger K.M. et al.: Six Billion and Counting. Population Growth and Food Security in the 21st Century. IFPRI/Johns Hopkins University Press, Washington D.C. 2002.

Lenk H. / Maring M.: Das moralphilosophische Fundament einer Ethik für Organisationen – korporative und individuelle Verantwortung. In: Blickle G. (Hrsg.): Ethik in Organisationen. Verlag für Angewandte Psychologie, Göttingen 1998.

Lenk H. / Maring M. (Hrsg.): Wirtschaft und Ethik. Reclam, Stuttgart 1992.

Levi-Montalcini R.: In Praise of Imperfection. Basic Books, New York 1988.

Lewis D.: Whistleblowing Procedures at Work: What are the Implications for the Human Resource Practitioners? In: Business Ethics: A European Review, Vol. 11, No. 3 (2002), 202-209.

Lieberman A.: Facts Versus Fears. A Review of the 20 Greatest US Health Scares of Recent Times. American Council on Science and Health, New York 1997.

Loges W.E. / Kidder R.M.: Global Values, Moral Boundaries. A Pilot Survey. Camden (Maine) 1997.

Lomborg B.: The Sceptical Environmentalist. Measuring the Real State of the World. Cambridge University Press, New York 2001.

Losey J.E. et al.: Transgenic Pollen Harms Monarch Larvae. In: NATURE, No. 399 (1999), 214.

Luhmann N.: Soziale Systeme, Grundriss einer allgemeinen Theorie. Suhrkamp, 3. Auflage Frankfurt 1988a.

Luhmann N.: Zur Gesellschaftstheorie der Moral. In: Paradigm Lost. Enke Verlag, Stuttgart 1988b.

Luhmann N.: Die Gesellschaft der Gesellschaft, zwei Bände. Suhrkamp, Frankfurt a.M. 1997.

Lumer C.: Motivation zu moralischem Handeln und Diskursethik. In: Harpes J.-P. / Kuhlmann W. (Hrsg.): Zur Relevanz der Diskursethik. Anwendungsprobleme der Diskursethik in Wirtschaft und Politik. LIT, Münster 1997, 5-22.

Maak Th.: Republikanische Wirtschaftsethik als intelligente Selbstbindung. Beiträge und Berichte des Instituts für Wirtschaftsethik der Universität St. Gallen, Nr. 81, St. Gallen 1998.

Mackenzie C.: The Choice of Criteria in Ethical Investment. In: Business Ethics A European Review, Vol 7, No. 2 (1998), 81-86.

Mandeville B.: Die Bienenfabel. Suhrkamp, Frankfurt a.M. 1980.

Markl H.: Freiheit der Wissenschaft, Verantwortung der Forscher. In: Lenk H. (Hrsg.): Wissenschaft und Ethik. Reclam, Stuttgart 1991, 40-53.

Maturana H.R.: Erkennen: Die Organisation und Verkörperung von Wirklichkeit. Vieweg, Braunschweig/Wiesbaden, 2. Auflage 1985.

Maxeiner D. / Miersch M.: Lexikon der Öko-Irrtümer. Fakten statt Umweltmythen. Piper. München/Zürich, 2. Auflage 2002.

McDonald G.: Business Ethics: Practical Proposals for Organisations. In: Journal of Business Ethics, Vol. 25 (2000), 169-184.

McMurtry J.: Why Protestors are Against Corporate Globalization. In: Journal of Business Ethics, Vol. 40 (2002), 201-205.

Meadows D. et al.: Limits to Growth. Potomac Associates Books, London 1972.

Meadows D. et al.: Beyond the Limits. Earthscan Publications, London 1992.

Mehafdi M.: The Ethics of International Transfer Pricing. In: Journal of Business Ethics, Vol. 28 (2000), 365-381.

Mehnert J.S.: Die Gewerkschafts-Bande. Der größte Wirtschaftsskandal der Nachkriegsgeschichte. Rotbuchverlag, Berlin, 2. Auflage 1998.

Miceli M.P. / Near J.P.: The Relationship Among Beliefs, Organizational Position, and Whistle Blowing Status: A Discrimimant Analysis. In: Academy of Management Journal, Vol. 27, No. 4 (1984), 687-705.

Miceli M.P. / Near J.P.: Blowing the Whistle. The Organizational and Legal Implications for Companies and Employees. Lexington Books, New York 1992.

Milgram St.: Das Milgram-Experiment. Zur Gehorsamsbereitschaft gegenüber Autorität. Rowohlt, Reinbek bei Hamburg 1974.

Mittelstraß J.: Vom Nutzen des Irrtums in der Wissenschaft. In: Naturwissenschaften, Jg. 84 (1997), 291-299.

Mittelstraß J.: Wissenschaftskommunikation: Woran scheitert sie? In: Spektrum der Wissenschaft, August 2001, 82-89.

Molt P.: Eine neue Dimension der Ordnungspolitischen Diskussion. In: Die Politische Meinung, Nr. 396, 2002, 55-66.

Moore G.: Corporate Social and Financial Performance: An Investigation in the U.K. Supermarket Industry. In: Journal of Business Ethics, Vol. 24 (2001), 299-315.

Moser K. / Hertel G.: Ethisches Verhalten in Organisationen: Möglichkeiten psychologischer Eignungsdiagnostik. In: Blickle G. (Hrsg): Ethik in Organisationen. Verlag für Angewandte Psychologie, Göttingen 1998, 169-184.

Mudrack P.E.: An Investigation into the Acceptability of Workplace Behaviors of a Dubious Ethical Nature. In: Journal of Business Ethics, Vol. 12 (1993), 517-524.

Murphy E.: The Best Corporate Citizens Perform Better Financially. In: Business Ethics. Vol. 16, No. 2 (2002), 8-13.

Murphy K.R.: Honesty in the Workplace. Brooks and Cole, Belmont 1993.

Murphy P.E. / Enderle G.: Managerial Ethical Leadership: Examples do matter. In: Business Ethics Quarterly, Vol. 5, No. 1 (1995), 117-128.

Nader R. et al. (Eds.): Whistle-Blowing: The Report of a Conference on Professional Responsibility. Grossman Publishers, New York 1972.

Nash L.L.: Ethics Without the Sermon. In: Harvard Business Review, November/December (1981), 79-90.

Natorp P.: Sozialpädagogik. Ferdinand Schöningh, Paderborn, 7. Auflage 1974.

Near J.P. / Miceli M.P.: Organizational Dissidence: The Case of Whistle-Blowing. In: Journal of Business Ethics, Vol. 4 (1985), 1-16.

Nell-Breuning O.v.: Baugesetze der Gesellschaft. Solidarität und Subsidiarität. Herder Verlag, Freiburg i.Br./Basel/Wien 1990.

Neuberger O.: Führen und geführt werden. Enke Verlag, Stuttgart 1994.

Newstrom J.W. / Ruch W.A.: The Ethics of Management and the Management of Ethics. In: Michigan State University (MSU) Business Topics, East Lansing, Vol. 23 (1975), 29-37.

Nichols M.L. / Day V.E.: A Comparison of Moral Reasoning of Groups and Individuals on the „Defining Issue Test". In: Academy of Management Journal, Vol. 25 (1982), 201-208.

Niehüser W.: Klatsch, Gerüchte, Mobbing – informelle Kommunikation im Unternehmen. In: Hindelang G. et al. (Hrsg.): Gebrauch der Sprache. Lit-Verlag, Münster 1995.

Nielsen R.P.: What Can Managers Do About Unethical Management? In: Journal of Business Ethics, Vol. 6 (1987), 309-320.

Norton, Th.W.: Understanding Professional Misconduct: The Moral Responsibilities of Professionals. In: Journal of Business Ethics, Vol. 10 (1991), 621-623.

Nye D.: The „Privacy in Employment" Critique: A Consideration of Some of the Arguments for „Ethical" HRM Professional Practice. In: Business Ethics: A European Review, Vol. 11, No. 3 (2002), 224-232.

Ogger G.: Nieten in Nadelstreifen. Deutschlands Manager im Zwielicht. Droemer Verlag, München 1992.

Osterloh M.: Unternehmenskultur. In: Enderle G. et al. (Hrsg.): Lexikon der Wirtschaftsethik. Herder Verlag, Freiburg/Basel/Wien 1993, 1139-1142.

Paine L.Sh: Managing for Organizational Integrity. In: Harvard Business Review, March/April (1994), 106-117.

Parsons T.: Das System der modernen Gesellschaften. Juventa Verlag, Weinheim und München, 5. Auflage 2000.

Peters Ch. / Branch T.: Blowing the Whistle. Praeger, New York 1972.

Peters T.G. / Waterman R.M.: In Search of Excellence. Harper & Row, New York 1982.

Piaget J.: Das moralische Urteil beim Kinde. Klett-Cotta Stuttgart, 2. Auflage 1983.

Pianin E.: Danish Professor Denounced for „Scientific Dishonesty". In: Washington Post 08.01.2003, A20.

Pieper A. / Thurnherr U. (Hrsg.): Angewandte Ethik. Eine Einführung. Beck, München 1998.

Pieper A.: Ethik und Moral. Eine Einführung in die praktische Philosophie. Beck, München 1985.

Pierenkemper T.: Wirtschaftssoziologie. Bund Verlag, Köln 1980.

Pies I.: Institutionsethik versus Diskursethik. Zwei konkurrierende Moraltheorien für die moderne Gesellschaft. In: Harpes J.-P. / Kuhlmann W. (Hrsg.): Zur Relevanz der Diskursethik. Anwendungsprobleme der Diskursethik in Wirtschaft und Politik. LIT, Münster 1997, 313-326.

Platon: Der Staat. (Politeia). Deutscher Taschenbuch Verlag/Artemis, München 1991.

Popper K.R.: Die offene Gesellschaft und ihre Feinde. 2 Bände, UTB/Francke, Tübingen, 6. Auflage 1980.

Posner B.Z.: Individuals´s Moral Judgement and its Impact on Group Processes. In: International Journal of Management, Vol. 3, No. 2 (1986), 5-11.

Pruzan P.: Corporate Reputation: Image and Identity. In: Corporate Reputation Review Vol. 4, No. 1 (2001), 50-64.

Rawls J.: Eine Theorie der Gerechtigkeit. Suhrkamp, Frankurt a.M. 1975.

Rich A.: Wirtschaftsethik, Grundlagen in theologischer Perspektive. Band 1, Gütersloh, 3. Auflage 1987.

Rich A.: Wirtschaftsethik II. Marktwirtschaft, Planwirtschaft, Weltwirtschaft aus sozialethischer Sicht. Gütersloher Verlagshaus, Gütersloh 1990.

Riklin A.: Politische Ethik. Vorträge der Aeneas-Silvius-Stiftung an der Universität Basel, Helbing & Lichtenhahn, Basel 1987.

Rippe K.P. / Schaber P.: Einleitung. In: Rippe K.P./Schaber P. (Hrsg.): Tugendethik. Reclam, Stuttgart 1998, 7-18.

Ritters H.: Artikel zum Tode des Philosophen „Um ein Vorurteil von innen bittend". In: Frankfurter Allgemeine Zeitung, Nr. 63, 15.03.2002, 49.

Roman R.M. et al.: The Relationship Between Social and Financial Performance – Repainting a Portrait. In: Business & Society, Vol. 38, No. 1 (1999), 109-125.

Ropohl G.: Verantwortungskonflikte im technischen Handeln. In: Hoffmann J. (Hrsg.): Irrationale Technikadaption als Herausforderung an Ethik, Recht und Kultur. IKO Verlag, Frankfurt a.M. 1997, 55-80.

Rüstow A. et al.: Das Versagen des Wirtschaftsliberalismus. Das neoliberale Projekt. Metropolis, Marburg 2001.

Sader M.: Psychologie der Gruppe. Grundlagentexte Psychologie. Juventa Verlag, Weinheim/München, 4. Auflage 1994.

Schmidheiny St.: Kurswechsel. Droemer Knaur, München 1992.

Schmidt H.: Auf der Suche nach einer öffentlichen Moral. Deutsche Verlags-Anstalt, Stuttgart 1998.

Schmidt S.J. (Hrsg.): Der Diskurs des Radikalen Konstruktivismus. Suhrkamp, Frankfurt a.M. 1991.

Schmidt-Salzer J.: Entscheidungssammlung Produkthaftung, Band II, Berlin 1979.

Schmidt-Salzer J.: Entscheidungssammlung Produkthaftung, Band IV, München 1982.

Schminck-Gustavus Ch.V.: Der "Prozeß" gegen Dietrich Bonhoeffer und die Freilassung seiner Mörder. J.H.W. Dietz Nachfolger, Bonn, 2. Auflage 1996.

Schumann O.J.: Wirtschaftsethik und Radikaler Konstruktivismus. Hampp, München/Mering 2000.

Schwarb Th.M.: „Ich verpfeife meine Firma ...". Einführung in das Phänomen des „Whistle Blowing". Erschienen als Reihe A: Discussion Paper 98-01 der Fachhochschule Solothurn Nordwestschweiz, Hochschule für Wirtschaft, Juli 1998.

Schwartz M.: The Nature of the Relationship Between Corporate Codes of Ethics and Behaviour. In: Journal of Business Ethics, Vol. 32 (2001), 247-262.

Schwartz M.S.: A Code of Ethics for Corporate Code of Ethics. In. Journal of Business Ethics, Vol. 41 (2002), 27-43.

Seebass G.: Kollektive Verantwortung und individuelle Verhaltenskontrolle. In: Wieland J.(Hrsg.): Die moralische Verantwortung kollektiver Akteure. Physika-Verlag, Heidelberg 2001, 79-99.

Sen A.: Ökonomie für den Menschen. Wege zu Gerechtigkeit und Solidarität in der Marktwirtschaft. dtv, München 2000.

Sen A.: On Ethics and Economics. Blackwell, Oxford 1987.

Siegrist M. / Cvetkovich G.: Better Negative than Positive? Evidence of a Bias for Negative Information about Possible Health Dangers. In: Risk Analysis, Vol. 21, No. 1 (2001), 199-206.

Siegrist M.: The Influence of Trust and Perception of Risk and Benefits on the Acceptance of Gene Technology. In: Risk Analysis, Vol. 20 (2000), 195-203.

Silverman M. et al.: Bad Medicine, The Prescription Drug Industry in the Third World. Stanford University Press, Stanford 1992.

Simon H.A.: Entscheidungsverhalten in Organisationen. Landsberg, 3. Auflage 1981.

Simon J.: The Ultimate Resource 2. Princeton University Press, Princeton (NJ) 1996.

Simonis U.E.: Globale Umweltpolitik. Ansätze und Perspektiven. B.I. Taschenbuch Verlag, Mannheim/Leipzig/Zürich 1996.

Simons R.: Kontrolle bei selbständig handelnden Mitarbeitern. In: Harvard Business Manager, Nr. 3 (1995), 98-105.

Sims R.L. / Keenan J.P.: Predictors of External Whistleblowing: Organizational and Intrapersonal Variables. In: Journal of Business Ethics, Vol. 17 (1998), 411-421.

Solverman M. et al.: Bad Medicine. The Prescription Drug Industry in the Third World, Stanford University Press, Stanford (CA) 1992.

Soutar G. et al.: The Impact of the Work Environment on Ethical Decision Making: Some Australian Evidence. In: Journal of Business Ethics, Vol. 13 (1994), 327-339.

Spaemann R.: „Philosophie als Lehre vom glücklichen Leben" In: Bien G. (Hrsg.): Die Frage nach dem Glück. Fromann-Holzboog Verlag, Stuttgart 1978.

Steinmann H. / Löhr A. (Hrsg.): Unternehmensethik. Verlag C. E. Poeschel, Stuttgart 1991.

Steinmann H. / Olbrich Th.: Ethik-Management: integrierte Steuerung ethischer und ökonomischer Prozesse. In: Blickle G. (Hrsg.): Ethik in Organisationen. Verlag für Angewandte Psychologie, Göttingen 1998, 95-115.

Stoll M.L.: The Ethics of Marketing Good Corporate Conduct. In: Journal of Business Ethics, Vol. 41 (2002), 121-129.

Streeten P.: Globalisation. Threat or Opportunity? Copenhagen Business School Press, Copenhagen 2001.

Strobel L.P.: Reckless Homicide? And Books, South Bend (IN) 1980.

Sudhir V. / Murthy P.N.: Ethical Challenge to Businesses: The Deeper Meaning. In: Journal of Business Ethics, Vol. 30 (2001), 197-210.

Sun Tzu: The Art of War, Shambhala, London 1991.

The Conference Board (Ed.) / Garone St.J.: The Link Between Corporate Citizenship and Financial Performance – Research Report. New York 1999.

Thielemann U. / Breuer M.: Ethik zahlt sich langfristig aus – stimmt das?. In: Forum Wirtschaftsethik Jg. 8, H. 2 (2000), 8-13.

Thielemann U.: Wirtschaftsethik als Anstrengung zur Überwindung von Philosophievergessenheit. In: Koslowski P. (Hrsg.): Wirtschaftsethik – Wo ist die Philosophie? Physika-Verlag, Heidelberg 2001, 145-178.

Tödt H.E.: Perspektiven theologischer Ethik. Chr. Kaiser Verlag, München 1988.

Torres C.: Vom Apostolat zum Partisanenkampf. Rowohlt, Reinbek bei Hamburg 1969.

Ugarteche O.: The False Dilemma. Globalization – Opportunity or Threat. Zed Books, London 2000.

Ulfkotte U: Mit Umweltthemen Panik verbreiten: Verseuchtes Trinkwasser, vergiftete Fußballtrikots und andere vermeintliche Skandale. In: Frankfurter Allgemeine Zeitung, Nr. 221, 22.09.2000, 9.

Ulrich P.: Der entzauberte Markt. Eine wirtschaftsethische Orientierung. Herder Verlag, Freiburg/Basel/Wien 2002.

Ulrich P.: Führungsethik. Ein grundrechte-orientierter Ansatz. Beiträge und Berichte des Instituts für Wirtschaftsethik der Universität St. Gallen, Nr. 69, St. Gallen 1998.

Ulrich P.: Integrative Wirtschaftsethik. Grundlagen einer lebensdienlichen Ökonomie. Haupt, Bern/Stuttgart/Wien 1997.

Ulrich P.: Korrektive, funktionale oder grundlagenkritische Wirtschafts-ethik? Leitideen zu einer ethikbewussten Ökonomie. Beiträge und Berichte des Instituts für Wirtschaftsethik der Universität St. Gallen, Nr. 38, St. Gallen 1990.

Ulrich P.: Transformation der ökonomischen Vernunft. Fortschrittsperspek-tiven der modernen Industriegesellschaft. Haupt, Basel/Stuttgart/Wien 1986.

UNDP (Ed.): Bericht zur menschlichen Entwicklung 2001, Oxford University Press, New York/Bonn 2001.

Utting P.: The Global Compact and Civil Society: Averting a Collision Course. UNRISD News Nr. 25, Genf July 2002.

Vere W.W.: The Ethics of Adverse Drug Reactions. In: Adverse Drug Re-action Bulletin, No. 128 (1988), 480-483.

Victor B. / Cullen J.B.: The Organizational Base of Ethical Work Climates. In: Administrative Science Quarterly, Vol. 33 (1988), 101-125.

Vinten G (Ed.): Whistleblowing. Subversion or Corporate Citizenship. St. Martin´s Press, New York 1994.

Wallraff G.: Der Aufmacher. Der Mann, der bei „Bild" Hans Esser war. Kiepenheuer & Witsch, Köln 1977.

Waters J.A.: Catch 20.5: Corporate Morality as an Organizational Phenome-non. In: Organizational Dynamics, Spring 1978 3-18.

Watzlawick P. (Hrsg.): Die erfundene Wirklichkeit. Wie wissen wir, was wir zu wissen glauben? Beiträge zum Konstruktivismus. Piper, München, Neuausgabe 1985.

Watzlawick P.: Anleitung zum Unglücklichsein. Piper, München 1976.

Watzlawick P.: Wie wirklich ist die Wirklichkeit? Piper, München, 17. Auflage 1989.

Waxenberger B.: Integritätsmanagement. Ein Gestaltungsmodell prinzipien-geleiter Unternehmensführung. Haupt, Bern/Stuttgart/Wien 2001.

Weaver D. et al.: Altered Repertoire of Endogenous Immunoglobulin Gene Expression in TransgenicMice Containing a Rearranged Mu Heavy Chain Gene. In: Cell, No. 45 (1986), 247-259.

Weber M.: Politik als Beruf. In: Max Weber: Gesammelte Politische Schrif-ten. J.C.B.Mohr/UTB, Tübingen, 5. Auflage 1988, 505-560

Weber M.: Wirtschaft und Gesellschaft. Grundriss der verstehenden Soziologie (1922), J.C.B.Mohr/UTB, Tübingen, 5. revidierte Auflage, 1980.

Werhane P.H.: Engineers and Management: The Challenge of the Challenger Incident. In: Journal of Business Ethics, Vol 10 (1991), 605-616.

Werhane P.H.: Persons, Rights, and Corporations. Prentice Hall, Englewood Cliffs (NJ) 1985.

Wieland J.: Unternehmensethik: Die Ethik der Governancestrukturen wirtschaftlicher Transaktionen. In: Koslowski P. (Hrsg.): Wirtschaftsethik – Wo ist die Philosophie? Physika-Verlag, Heidelberg 2001.

Williams B.: Der Begriff der Moral. Eine Einführung in die Ethik. Reclam, Stuttgart 1986.

Willke H.: Systemtheorie I: Grundlagen. Lucius & Lucius (UTB), Stuttgart, 5. Auflage 1996.

Wilmot St.: Corporate Moral Responsibility: What Can We Infer From Our Understanding of Organizations? In: Journal of Business Ethics, Vol. 30 (2001), 161-169.

Wimbush J.C. / Shepard J.M.: Toward an Understanding of Ethical Climate: Its Relationship to Ethical Behaviour and Supervisory Influence. In: Journal of Business Ethics, Vol. 13 (1994), 637-647.

Wittgenstein L: Über Gewißheit. Suhrkamp, Frankfurt 1989.

Wotruba Th.R. et al.: The Impact of Ethics Code Familiarity on Manager Behavior. In: Journal of Business Ethics, Vol. 33 (2001), 59-69.

Personen- und Sachregister

Homann, K. ...6, 60, 102, 120ff., 143, 152, 156

Homo oeconomicus .... 151f.

Hösle, V. 138

Individualethik 6, 98, 143f., 154f., 158

Jubb, P. 28, 78, 92

Kant, I. 13, 100, 142, 211, 222

Kettner, M. 120, 214

Kleinfeld, A. 131, 139, 151ff., 155f.

Kofi Annan 112, 114, 203, 276

Kohlberg, L. 77, 134, 137, 141, 164f.

Konsens 7, 43, 46, 48f., 89, 94, 100, 104, 106, 122, 203f., 206, 213, 233, 247

Konstruktivismus ....50ff.

Korruption 9, 16, 26, 61, 108

Kreativität 108, 158, 169, 186

Küng, H. 10f., 74, 203

Lay, R. 10f., 74, 136, 154, 170, 210

Legalität 13, 58, 60f., 116, 130

Legitimität 8, 24, 30, 37, 45, 47, 57, 60ff., 78f., 95, 100, 102, 105, 116, 126, 130, 177, 203, 206, 214, 224, 226, 238

Lenk, H. 105, 115, 130, 151

Loyalität ....13, 22-26, 32, 86, 95, 135, 142, 146f.

Macht 27, 37, 57, 115, 121, 124, 137, 180, 198, 244

Medien 4, 28, 33, 37, 67, 71, 81, 94, 96, 167, 178, 197, 202, 242, 262, 282, 285f.

Menschenrechte 8, 30, 61, 80, 95, 113, 117, 125, 204, 228, 256f.

Menschenwürde 109, 125

Miceli, M. 27, 31, 33, 76ff., 92, 197, 198

Milgram, S. .... 145ff.

Misstrauen 39, 292

Mittelstraß, J. .... 39, 42f.

Mobbing 10, 34f., 193, 243, 247

Motivation 25, 69, 71, 79, 84, 92, 96, 102, 148, 158, 164, 166, 181, 184ff.

Nash, L. 84

Near, J. .. 27, 31, 33, 77f., 92, 197f.

Organisationskultur 77

Popper, K. R. ....169f.

Rawls, J. ....218, 220f.

Reputation 244

Rich, A. 85, 104

Risikomanagement 190, 199

Sachzwang ....214f.

Schwarb, T. M. 23, 28

Selbstverpflichtung...61, 101, 133, 157

Shareholder 106, 127, 244

Smith, A. 124

Sozialleistungen 62, 126, 220, 222

Stakeholder ...127, 164, 177, 183, 199, 202, 205f., 211, 213, 216, 219, 224, 227ff., 245, 249

Tugendethik ....135, 141f.

Ulrich, P. ......6, 17, 23, 63, 101f., 104f., 112, 119, 154, 158, 202, 205f.

Zum Autor

Klaus M. Leisinger ist Präsident und Geschäftsführer der Novartis Stiftung für Nachhaltige Entwicklung und Professor für Entwicklungssoziologie an der Universität Basel. Er ist Präsident der Schweizerischen Subkommission für Bretton-Woods-Institutionen und Mitglied der bundesrätlichen Beratungskommission für internationale Entwicklung. Klaus M. Leisinger dient als Berater in einer Anzahl internationaler wissenschaftlicher Organisationen.

Kontakt:

Prof. Dr. Klaus M. Leisinger
Novartis Stiftung für Nachhaltige Entwicklung, Basel

Tel.: +41/61/697 72 00
Fax: +41/61/697 71 04
E-Mail: klaus_m.leisinger@group.novartis.com
Internet: www.novartisstiftung.com

Fairness-Stiftung: Wenn unfaire Attacken zusetzen

Whistleblowing ist kein Entlassungsgrund, stellt das Bundesarbeitsgericht fest (1 BvR 2049/00). Wer vor Gericht oder in juristischen Untersuchungs-verfahren gegen seinen Chef aussagt, kann nicht automatisch dafür entlassen werden. Niemand dürfe Nachteile erleiden, weil er seine staatsbürgerliche Pflicht erfülle und in einem Ermittlungsverfahren zutreffende Aussagen zum Verhalten des eigenen Chefs mache. Ein Arbeitnehmer hatte der Staatsanwaltschaft Unterlagen übergeben, die er als Betriebsrat persönlich gesammelt hatte. Die Behörde ermittelte seit 1996 wegen angeblicher Unregelmäßigkeiten der Gesellschaft. Das Landesarbeitsgericht hatte zuvor die Kündigung des Arbeitnehmers durch den Geschäftsführer für rechtens gehalten. Das Bundesverfassungsgericht hob das Urteil auf und verwies die Angelegenheit zu einer neuen Urteilsfindung an des Landesarbeitsgericht zurück.

Whistleblowing führt nicht notwendiger Weise zur Entlassung. Und nicht jeder professionelle Dissens entgleist den Verantwortlichen. Doch der Umgang mit professionellem Dissens ist in vielen Unternehmen und Organisationen unprofessionell, oft geht das Dissensmanagement daneben – teilweise mit enormer destruktiver Energie und mit Flurschäden für das ganze Unternehmen. Wo sich Führungskräfte im Umgang mit Dissens sowie mit Wert- und Zielkonflikten nicht professionell zu helfen wissen oder mehr als eine Leiche im Keller haben, sind unfaire Attacken oft der Anfang. Abmahnungen, Kündigungen, Kündigungsschutzklagen, Wiedereinstellungen, Aufhebungsverträge und Abfindungen sind Schlussakkorde von Wert- und Zielkonflikten, für die ein Vorgang wie Whistleblowing symptomatisch ist.

In diesem Fachgebiet verfügt die Fairness-Stiftung über umfassende Expertise. Sie berät nicht nur Führungskräfte, wenn sich diese als Zielscheibe unfairer Attacken sehen, sondern sie vermittelt auch Know-how an Führungskräfte und Unternehmen, wie mit Dissens, Wert- und Zielkonflikte fair umgegangen werden kann.

Denn nicht selten wird professioneller Dissens mit Dissens beantwortet. Nicht wenige fühlen sich durch sachlichen Dissens zum Dissens, zur Abwertung, Ausgrenzung und Demütigung von Andersdenkenden provoziert. Abweichende Ansichten, die Gegenseite in Begründungzwang und -not bringt, wird zum Anlass für unfaire Attacken genommen. Das Repetoire der unfairen Akteure ist vielfältig und reicht von Formen systematischen, subtilen Psychoterrors bis hin zur psychischen und ökonomischen Enthauptung.

Wer die Courage hat, seine eigene berufliche Tätigkeit wie die der gesamten Firma unter ethischen Gesichtspunkten zu betrachten, wer wenigstens die gesetzlichen, rechtlichen, gesundheitlichen, sozialen und ökologischen Standards erwartet und einfordert, der findet sich mitunter in Konfrontation mit Kollegen oder Chefs wieder. Vor allem Führungskräfte, die tieferen Einblick in die Gepflogenheiten einer Organisation haben, können allein schon durch interne Kritik auf dem Dienstweg in den Teufelskreis unfairer Attacken geraten. Viele vermuten das ohnehin und haben gelernt, wegzuschauen, wegzuducken und wegzuerklären.

Wer jedoch als Führungskraft mit unfairen Attacken konfrontiert ist oder in Zukunft besser mit professionellem Dissens und mit Wertekonflikten umgehen will, kann die gemeinnützigen und unentgeltlichen Dienstleistungen der Fairness-Stiftung nutzen.

Im Internet bietet die Fairness-Stiftung unter www.fairness-stiftung.de viele hundert Dokumente, Informationsseiten, Checks und Tests an, mit denen sich Führungskräfte, Selbständige und Freiberuflicher in Situationen unfairer Attacken selbst weiter helfen können. Eine eigene Suchmaschine hilft, relevante Gerichtsurteile zu sichten. Ständig werden die Seiten erweitert und aktualisiert. Über die Freecall-Hotline 0800-7836673 stehen Führungskräften werktäglich von 17 bis 20 Uhr fachlich ausgewiesene und geschulte Berater der Fairness-Stiftung in akuten Fällen unfairer Attacken zur Verfügung. Sie unterstützen dabei, die Situation zu klären, Spielräume auszuloten, eine Strategie heraus zu finden und den Einsatz von Anwälten und jurististen Schritten abzuklären.

Da die Dienste auch anonym und damit absolut diskret in Anspruch genommen werden können, ist die Arbeit der Fairness-Stiftung ausschließlich von Spenden abhängig. Ohne Spenden ist diese Arbeit nicht möglich.

Dr. Norbert Copray, Direktor der Fairness-Stiftung

zfwu

Zeitschrift für Wirtschafts- und Unternehmensethik

herausgegeben von
Dr. Thomas Beschorner, Markus Breuer, Dr. Dr. Alexander Brink,
Dr. Matthias König, Dr. Olaf J. Schumann

Die *zfwu* ist eine wissenschaftliche Fachzeitschrift, die darauf abzielt, durch eine theoretisch-konzeptionelle *und* empirisch-praktische Ausrichtung, sowohl der Wissenschaft als auch Vertretern und Vertreterinnen der Wirtschaft und der Politik ein Diskussionsforum zur Wirtschafts- und Unternehmensethik bereitzustellen. Methodischer und inhaltlicher Pluralismus, eine grundsätzlich interdisziplinäre Ausrichtung sowie die Publikation auch unkonventioneller Artikel sollen dieses Ziel unterstützen. Es können Beiträge in deutscher und in englischer Sprache veröffentlicht werden. Eingereichte Manuskripte werden einem **doppelt-verdeckten Gutachterverfahren** unterzogen.

Die *zfwu* erscheint dreimal im Jahr. Inhaltlich stehen zwei Ausgaben eines Jahrgangs jeweils unter einem **Themenschwerpunkt**. Eine Nummer jeden Jahres ist als thematisch offenes Heft konzipiert, in dem Autoren/innen Gelegenheit haben, zu verschiedensten Themen aus dem weiten Feld der Wirtschafts- und Unternehmensethik zu publizieren.

Abonnement

Wir möchten Sie auf die **günstigen Konditionen** zum Bezug unserer Zeitschrift hinweisen: Die Kosten eines Abonnements belaufen sich auf EURO 33,75 (3 Ausgaben / anno). Studierenden wird ein Rabatt von 50 % gewährt. **Mitglieder des dnwe erhalten einen Nachlass von 30 %.** In dem Preis ist die kostenlose Benutzung des online-Archivs mit eingeschlossen.

Mit der *zfwu* nehmen Sie an der aktuellen Diskussion zur Wirtschafts- und Unternehmensethik teil. Informieren Sie sich über den aktuellen Stand der wissenschaftlichen Diskussion sowie der praktischen Umsetzung im Unternehmen und in der Gesellschaft. Wir würden uns sehr freuen, Sie als Abonnent der *zfwu* begrüßen zu können. Gerne lassen wir Ihnen auch ein **kostenloses Probeexemplar** zukommen; füllen Sie dafür bitte den Coupon aus.

Nähere Informationen zu den einzelnen Ausgaben der *zfwu* (Inhaltsübersicht einschließlich Zusammenfassungen) sowie ein „Call for Papers" für die kommenden zwei Ausgaben finden Sie auf

www.zfwu.de